Das

Viehgewährschaftsrecht

von

Christian Meißner
Rechtsanwalt in Würzburg

Dritte, vollständig neu bearbeitete Auflage

München, Berlin und Leipzig
J. Schweitzer Verlag (Arthur Sellier)
1927.

Druck von Dr. F. P. Datterer & Cie., Freising-München

Vorwort zur dritten Auflage.

Das Viehgewährschaftsrecht wird gekennzeichnet durch das Ineinandergreifen der allgemeinen kaufrechtlichen Vorschriften und der besonderen Bestimmungen über den Viehkauf. Wird der auf diese Weise verschlungene Rechtsstoff im Anschluß an die einzelnen Gesetzesvorschriften erläutert, so ist eine übersichtliche Gliederung unmöglich. Um diesem Mißstand zu entgehen, erscheint die dritte Auflage im Gegensatz zur Erläuterungsform der früheren Auflagen in stofflich geordneter Darstellung.

Der innere Zusammenhang des gesamten Kaufrechts mit den allgemeinen Bestimmungen des Bürgerlichen Gesetzbuchs gibt das als Sonderrecht gedachte Viehgewährschaftsrecht der Einwirkung dieser allgemeinen Vorschriften preis. Die sich hieraus ergebenden, gerade für den Viehkauf besonders schwierigen Fragen sind in den Kreis der Erörterungen einbezogen; bei der Auslegung wurde der Erwägung Rechnung getragen, daß durch ein Übermaß dieser Einwirkung der allgemeinen Vorschriften auf das Viehgewährschaftsrecht der vom Gesetzgeber mit der Sonderregelung verfolgte Zweck durchkreuzt und vereitelt würde.

Auf Grund eigener Sachkunde sind die Erörterungen auf praktische Verwendbarkeit abgestellt. Das Ziel war, unter Vermeidung von Weitschweifigkeit eine gedrängte, aber erschöpfende Darstellung des gesamten Rechtsstoffes in übersichtlicher Gliederung zu geben. Wenn sich hiebei der Verfasser auch an die Erörterung von Fragen gewagt hat, die eine wissenschaftliche Sachkunde erfordern, so war er sich seiner Unzulänglichkeit auf diesem Gebiete wohl bewußt. Die hiedurch gezogenen Grenzen wurden eingehalten.

Den in der Rechtsanwendung am häufigsten vorkommenden Fällen (z. B. Tuberkulose, Frömmigkeit, Zugfestigkeit, Alter, Trächtigkeit usw.) wurde besondere Beachtung geschenkt, im übrigen aber erstrebt, jeden denkbaren Fall zu erfassen. Schrifttum und Rechtsprechung sind mit tunlichster Sorgfalt verwertet.

Unbeschadet des Strebens nach wissenschaftlicher Durchdringung des Stoffes ist darauf Bedacht genommen, durch klare und gemeinverständliche Sprache auch dem Laien die Handhabung des Buches zu ermöglichen. Die eingehenden Inhalts- und Wortverzeichnisse werden dies erleichtern.

Würzburg, im März 1927.

Der Verfasser.

Abkürzungen.

A. M. = Anderer Meinung.
Babl = Babl, Die Gewährleistung bei Viehveräußerungen nach dem Bürgerlichen Gesetzbuch.
Bem. = Bemerkung.
Bolze = Bolze, Die Praxis des Reichsgerichts in Zivilsachen.
Denkschr. = Denkschrift zum Entwurf eines bürgerlichen Gesetzbuches.
Dieckerhoff = Dieckerhoff, Gerichtliche Tierarzneikunde (1899).
Dieckerhoff, Gewährleistung = Dieckerhoff, Die Gewährleistung beim Viehhandel und das Währschaftssystem im Entwurf des Bürgerlichen Gesetzbuches (Berlin 1895).
Eccius = Eccius, in den Beiträgen zur Erläuterung des deutschen Rechts, begründet von Gruchot, Bd. 43 (Sechste Folge, dritter Jahrgang, 1899) S. 305 ff.
E. I. = Der von der ersten Kommission ausgearbeitete Entwurf eines bürgerlichen Gesetzbuches.
Endemann = Endemann, Einführung in das Studium des Bürgerlichen Gesetzbuchs.
Fröhner = Fröhner, Lehrbuch der gerichtlichen Tierheilkunde (1921).
Goldbeck = Goldbeck, Gesundheitspflege der Militärpferde (Berlin 1902).
Gruchot = Beiträge zur Erläuterung des deutschen Rechts, begründet von Gruchot, herausgegeben von Rassow, Küntzel und Eccius.
Hachenburg = Hachenburg, Das Recht der Gewährleistung beim Tierhandel.
Hirsch-Nagel = Hirsch-Nagel, Die Gewährleistung beim Viehhandel (1902).
JW. = Juristische Wochenschrift.
Kom.Ber. = Bericht der XII. Kommission des Reichstages vom 12. Juni 1896.
Krückmann = Krückmann, Anfechtung, Wandelung und Schadenersatz beim Viehkauf (Neudamm 1904).
Kuhlenbeck = Kuhlenbeck, Das Bürgerliche Gesetzbuch für das Deutsche Reich (Berlin 1898).
Lebrecht = Lebrecht, Das Württembergische und das Badische Gesetz betreffend Gewährleistung beim Viehhandel (Stuttgart 1890).
LZ. = Leipziger Zeitschrift.
Malkmus = Malkmus, Handbuch der gerichtlichen Tierheilkunde (1921).
Mainhard = Mainhard, Die Gewährleistung beim Tierhandel nach dem deutschen Bürgerlichen Gesetzbuche (Karlsruhe 1899).
Mot. = Motive zu dem Entwurfe eines bürgerlichen Gesetzbuches für das Deutsche Reich. Amtliche Ausgabe (Berlin 1896).
Mugdan = Die gesamten Materialien zum Bürgerlichen Gesetzbuch für das Deutsche Reich, herausgegeben und bearbeitet von B. Mugdan (Berlin 1899).

Neumann J. = Neumann, Jahrbuch des deutschen Rechts (Berlin).
Planck = Planck, Bürgerliches Gesetzbuch nebst Einführungsgesetz.
Prot. II = Protokolle der Kommission für die zweite Lesung des Entwurfs des Bürgerlichen Gesetzbuchs. Im Auftrag des Reichsjustizamtes bearbeitet von Dr. Achilles, Dr. Gebhard und Dr. Spahn.
RG. = Entscheidungen des Reichsgerichts in Zivilsachen.
RGK. = Kommentar der Reichsgerichtsräte.
Rein = Rein, Die Bestimmungen des Bürgerlichen Gesetzbuches über die Gewährleistung bei Viehveräußerungen (München 1899).
ROHG. = Entscheidungen des Reichsoberhandelsgerichts, herausgegeben von Räten des Gerichtshofes.
ObLG. = Sammlung von Entscheidungen des obersten Gerichtshofes bzw. obersten Landesgerichtes in Bayern.
OLG. = Rechtsprechung der Oberlandesgerichte.
SeuffA. = Seufferts Archiv für Entscheidungen der obersten Gerichte in deutschen Staaten.
Scherer = Dr. M. Scherer, Recht der Schuldverhältnisse des Bürgerlichen Gesetzbuches für das Deutsche Reich.
Scherer, Viehgewährschaftsrecht = Dr. M. Scherer und Dr. C. Scherer, das in Deutschland geltende Viehgewährschaftsrecht (Leipzig 1891).
Schneider = Schneider, Rechtsregeln des Viehhandels nach deutschem Gesetze (München 1899).
Staub = Staub-Pinner, Handelsgesetzbuch.
Staudinger = Staudingers Kommentar zum Bürgerlichen Gesetzbuche.
Stölzle = Stölzle, Viehkauf (Viehgewährschaft) nach dem Bürgerlichen Gesetzbuche. 6. Aufl. (Berlin 1926).
Völderndorff = Völderndorff, Das Bayerische Gesetz vom 26. März 1859 die Gewährleistung bei Viehveräußerungen betreffend (München 1883).
VSG. = Viehseuchengesetz vom 26. Juni 1909 (RGBl. 519).
VVG. = Gesetz über den Versicherungsvertrag vom 30. Mai 1908 (RGBl. 263).
Warneyer = Warneyer, Jahrbuch der Entscheidungen auf dem Gebiete des Zivil-, Handels- und Prozeßrechtes.
Wrangel = Graf Wrangel, Das Buch vom Pferde (Stuttgart 1902).
Wrede-Oehmke = Wrede und Oehmke, Recht und Unrecht im Pferde- und Viehhandel (1909).

Inhaltsverzeichnis.

II. Abschnitt.

Die besonderen Vorschriften des Viehgewährschaftsrechts.

III. Abschnitt.

Der Hauptmängel-Katalog der Kaiserlichen Verordnung.

IV. Abschnitt.

Nichthauptmängel und Mangel zugesicherter Eigenschaft.

Gesetzestext.

In den Fußnoten sind die Paragraphen des Textes angegeben, in welchen die betreffende Gesetzesvorschrift erörtert wird.

Gewährleistung wegen Mängel der Sache.

Haftung für Fehler und zugesicherte Eigenschaften.

§ 459. Der Verkäufer einer Sache haftet[1]) dem Käufer dafür, daß sie zu der Zeit, zu welcher die Gefahr auf den Käufer übergeht[2]), nicht mit Fehlern behaftet ist, *die den Wert oder die Tauglichkeit zu dem gewöhnlichen oder dem nach dem Vertrage vorausgesetzten Gebrauch aufheben oder mindern. Eine unerhebliche Minderung des Wertes oder der Tauglichkeit kommt nicht in Betracht*[3]).

Der Verkäufer haftet auch dafür, daß die Sache zur Zeit des Überganges der Gefahr die zugesicherten Eigenschaften hat[4]).

Kenntnis bzw. grobfahrlässige Unkenntnis des Mangels.

§ 460. Der Verkäufer hat einen Mangel der verkauften Sache nicht zu vertreten, wenn der Käufer den Mangel bei dem Abschlusse des Kaufes kennt[5]). Ist dem Käufer ein Mangel der *im § 459 Abs. 1*[6]) bezeichneten Art infolge grober Fahrlässigkeit unbekannt geblieben, so haftet der Verkäufer, sofern er nicht die Abwesenheit des Fehlers zugesichert hat, nur, wenn er den Fehler arglistig verschwiegen hat[7]).

Pfandversteigerung.

§ 461. Der Verkäufer hat einen Mangel der verkauften Sache nicht zu vertreten, wenn die Sache auf Grund eines Pfandrechts in öffentlicher Versteigerung unter der Bezeichnung als Pfand verkauft wird[8]).

---

[1]) s. unten § 12. [2]) s. unten § 16.
[3]) Für den Viehkauf ersetzt durch § 482 BGB.
[4]) s. unten § 15. [5]) s. unten § 12 III 1.
[6]) An Stelle des § 459 Abs. 1 BGB. ist für den Viehkauf § 482 BGB. zu setzen.
[7]) s. unten § 12 III, 2.
[8]) s. unten § 28 II, 8.

Anspruch auf Wandelung. Minderung.

§ 462. Wegen eines Mangels, den der Verkäufer nach den Vorschriften der §§ 459[1]), 460[2]) zu vertreten hat, kann der Käufer Rückgängigmachung des Kaufes (Wandelung[3]) *oder Herabsetzung des Kaufpreises (Minderung)*[4]) verlangen.

Schadenersatzanspruch.

§ 463. Fehlt der verkauften Sache zur Zeit des Kaufes eine zugesicherte Eigenschaft, so kann der Käufer statt der Wandelung *oder der Minderung*[4]) Schadenersatz wegen Nichterfüllung[5]) verlangen. Das Gleiche gilt, wenn der Verkäufer einen Fehler arglistig verschwiegen hat[6]).

Vorbehaltlose Annahme.

§ 464. Nimmt der Käufer eine mangelhafte Sache an, abschon er den Mangel kennt, so stehen ihm die in den §§ 462, 463 bestimmten Ansprüche nur zu, wenn er sich seine Rechte wegen des Mangels bei der Annahme vorbehält[7]).

Vollziehung der Wandelung.

§ 465. Die Wandelung *oder die Minderung*[8]) ist vollzogen, wenn sich der Verkäufer auf Verlangen des Käufers mit ihr einverstanden erklärt[9]).

Erbieten des Verkäufers zur Wandelung.

§ 466. Behauptet der Käufer dem Verkäufer gegenüber einen Mangel der Sache, so kann der Verkäufer ihn unter dem Erbieten zur Wandelung und unter Bestimmung einer angemessenen Frist zur Erklärung darüber auffordern, ob er Wandelung verlange. Die Wandelung kann in diesem Falle nur bis zum Ablaufe der Frist verlangt werden[10]).

Folgen der Wandelung.

§ 467. Auf die Wandelung finden die für das vertragsmäßige Rücktrittsrecht geltenden Vorschriften der §§ 346 bis 348, 350 bis 354, 356 entsprechende Anwendung[11]); *im Falle des*

---

1) An Stelle des § 459 Abs. I tritt für die Viehgewährschaft § 482, während Abs. II des § 459 unveränderte Geltung hat.
2) s. unten § 12 III.
3) s. unten § 13 und § 20.
4) Die Minderung ist durch § 487 Abs. I ausgeschlossen.
5) s. unten § 24.
6) s. unten § 24 I 2.
7) s. unten § 12 III 3.
8) Vgl. oben Anm. 4.
9) s. unten § 20 V.
10) s. unten § 20 IV.
11) s. unten § 20 VI; hinsichtlich der Verpflichtung des Verkäufers s. § 22, des Käufers s. § 23.

*§ 352 ist jedoch die Wandelung nicht ausgeschlossen, wenn der **Mangel** sich erst bei der Umgestaltung der Sache gezeigt hat*[1]. Der Verkäufer hat dem Käufer auch die Vertragskosten zu ersetzen[2].

Haftung für Angabe der Grösse eines Grundstücks.

*§ 468. Sichert der Verkäufer eines Grundstücks dem Käufer eine bestimmte Größe des Grundstücks zu, so haftet er für die Größe wie für eine zugesicherte Eigenschaft. Der Käufer kann jedoch wegen Mangels der zugesicherten Größe Wandelung nur verlangen, wenn der **Mangel** so erheblich ist, daß die Erfüllung des Vertrags für den Käufer kein Interesse hat.*

Verkauf mehrerer Tiere.

§ 469. Sind von mehreren verkauften Sachen nur einzelne mangelhaft, so kann nur in Ansehung dieser Wandelung verlangt werden, auch wenn ein Gesamtpreis für alle Sachen festgesetzt ist[3]. Sind jedoch die Sachen als zusammengehörend verkauft, so kann jeder Teil verlangen, daß die Wandelung auf alle Sachen erstreckt wird, wenn die mangelhaften Sachen nicht ohne Nachteil für ihn von den übrigen getrennt werden können[4].

Haupt- und Nebensache.

§ 470. Die Wandelung wegen eines Mangels der Hauptsache erstreckt sich auch auf die Nebensache[5]. Ist die Nebensache mangelhaft, so kann nur in Ansehung dieser Wandelung verlangt werden[6].

Herabsetzung des Gesamtpreises.

§ 471. Findet im Falle des Verkaufs mehrerer Sachen für einen Gesamtpreis die Wandelung nur in Ansehung einzelner Sachen statt, so ist der Gesamtpreis in dem Verhältnisse herabzusetzen, in welchem zur Zeit des Verkaufs der Gesamtwert der Sachen in mangelfreiem Zustande zu dem Werte der von der Wandelung nicht betroffenen Sachen gestanden haben würde[7].

---

[1] s. unten § 20 III. [2] s. unten § 22 II 4. [3] s. unten § 21 I.
[4] s. unten § 21 II 2. [5] s. unten § 21 II 1. [6] s. unten § 21 I u. II, 1.
[7] s. unten § 21 I.

Minderung.

§ 472[1]). Bei der Minderung ist der Kaufpreis in dem Verhältnisse herabzusetzen, in welchem zur Zeit des Verkaufs der Wert der Sache in mangelfreiem Zustande zu dem wirklichen Werte gestanden haben würde.

Findet im Falle des Verkaufs mehrerer Sachen für einen Gesamtpreis die Minderung nur wegen einzelner Sachen statt, so ist bei der Herabsetzung des Preises der Gesamtwert aller Sachen zugrunde zu legen.

§ 473[2]). Sind neben dem in Geld festgesetzten Kaufpreise Leistungen bedungen, die nicht vertretbare Sachen zum Gegenstande haben, so sind diese Leistungen *in den Fällen* der §§ *471, 472* und nach dem Werte zur Zeit des Verkaufs in Geld zu veranschlagen. Die Herabsetzung der Gegenleistung des Käufers erfolgt an dem in Geld festgesetzten Preise; ist dieser geringer als der abzusetzende Betrag, so hat der Verkäufer den überschießenden Betrag dem Käufer zu vergüten.

Mehrere Käufer oder Verkäufer.

§ 474[3]). Sind auf der einen oder der anderen Seite Mehrere beteiligt, so kann von jedem und gegen jeden Minderung verlangt werden.

Mit der Vollziehung der von einem der Käufer verlangten Minderung ist die Wandelung ausgeschlossen.

Rechte des Käufers bei mehreren Fehlern.

§ 475[3]). Durch die wegen eines Mangels erfolgte Minderung wird das Recht des Käufers, wegen eines anderen Mangels Wandelung oder von neuem Minderung zu verlangen, nicht ausgeschlossen.

Beschränkung der Gewährleistungspflicht.

§ 476. Eine Vereinbarung, durch welche die Verpflichtung des Verkäufers zur Gewährleistung wegen Mängel der

---

[1]) § 472 hat für die Viehgewährschaft keine Bedeutung, da die Minderung durch § 487 Abs. I ausgeschlossen ist.

[2]) Eine Erläuterung des § 473 ist bei seiner Bedeutungslosigkeit für den Viehkauf nicht erforderlich.

[3]) Die §§ 474, 475 sind für die Viehgewähr schaft nicht anwendbar, weil durch § 487 Abs. die Minderung ausgeschlossen ist.

Sache erlassen oder beschränkt wird, ist nichtig, wenn der Verkäufer den Mangel arglistig verschweigt[1]).

Verjährung.

§ 477. Der Anspruch auf Wandelung *oder auf Minderung*[2]) sowie der Anspruch auf Schadenersatz wegen Mangels einer zugesicherten Eigenschaft verjährt[3]), sofern nicht der Verkäufer den Mangel arglistig verschwiegen hat[4]), bei beweglichen Sachen *in sechs Monaten von der Ablieferung*[5]) *bei Grundstücken in einem Jahre von der Übergabe an.* Die Verjährungsfrist kann durch Vertrag verlängert werden[6]).

Beantragt der Käufer gerichtliche Beweisaufnahme zur Sicherung des Beweises, so wird die Verjährung unterbrochen. Die Unterbrechung dauert bis zur Beendigung des Verfahrens fort. Die Vorschriften des § 211 Abs. 2 und des § 212 finden entsprechende Anwendung[7]).

Die Hemmung oder Unterbrechung der Verjährung eines der im Abs. 1 bezeichneten Ansprüche bewirkt auch die Hemmung oder Unterbrechung der Verjährung der anderen Ansprüche[8]).

Mängelanzeige.

§ 478.[9]) Hat der Käufer den Mangel dem Verkäufer angezeigt, oder die Anzeige an ihn abgesendet, bevor der Anspruch auf Wandelung *oder auf Minderung*[10]) verjährt war, so kann er auch nach der Vollendung der Verjährung die Zahlung des Kaufpreises insoweit verweigern, als er auf Grund der Wandelung *oder der Minderung*[10]) dazu berechtigt sein würde[11]). Das gleiche gilt, wenn der Käufer vor der Vollendung der Verjährung gerichtliche Beweisaufnahme zur Sicherung des Beweises beantragt oder in einem zwischen ihm und einem späteren Erwerber der Sache wegen des Mangels anhängigen Rechtsstreite dem Verkäufer den Streit verkündet hat[12]).

---

1) s. unten § 12 IV.
2) Die Minderung ist durch § 487 Abs. I ausgeschlossen.
3) s. §§ 490 u. 492 BGB. u. unten § 26.
4) s. unten § 26 III.
5) Bei der Veräußerung von Tieren tritt die Verjährung gemäß § 490 Abs. I in sechs Wochen vom Ende der Gewährfrist bzw. von der Ablieferung (§ 492) an ein, s. unten § 26 IV.
6) s. unter § 26 IV
7) s. unten § 26 IV, 3.
8) s. unten § 26 I.
9) Die Vorschriften der §§ 478, 479 finden auf Nichthauptmängel Anwendung, wenn keine Gewährfrist vereinbart ist, s. unten § 27.
10) Die Minderung ist durch § 487 Abs. I ausgeschlossen.
11) s. unten § 27.
12) s. unten § 26 I u. III.

Hat der Verkäufer den Mangel arglistig verschwiegen, so bedarf es der Anzeige oder einer ihr nach Abs. 1 gleichstehenden Handlung nicht[1]).

Aufrechnung des verjährten Schadenersatzanspruches.

§ 479[2]). Der Anspruch auf Schadenersatz kann nach der Vollendung der Verjährung *nur* aufgerechnet werden, wenn der Käufer vorher eine der im § 478 bezeichneten Handlungen vorgenommen hat. Diese Beschränkung tritt nicht ein, wenn der Verkäufer den Mangel arglistig verschwiegen hat.

Gattungskauf.

§ 480. Der Käufer einer nur der Gattung nach bestimmten Sache kann statt der Wandelung *oder der Minderung*[3]) verlangen, daß ihm an Stelle der mangelhaften Sache eine mangelfreie geliefert wird. Auf diesen Anspruch finden die für die Wandelung geltenden Vorschriften der §§ 464 bis 466, des §§ 467 Satz 1 und der §§ 469, 470, 474 bis 479 entsprechende Anwendung[4]).

Fehlt der Sache zu der Zeit, zu welcher die Gefahr auf den Käufer übergeht, eine zugesicherte Eigenschaft oder hat der Verkäufer einen Fehler[5]) arglistig verschwiegen, so kann der Käufer statt der Wandelung, *der Minderung*[3]) oder der Lieferung einer mangelfreien Sache Schadenersatz wegen Nichterfüllung[6]) verlangen.

Privilegierte Tiergattungen.

§ 481.[7]) Für den Verkauf von Pferden, Mauleseln und Maultieren, von Rindvieh, Schafen und Schweinen gelten die Vorschriften der §§ 459 bis 467, 469 bis 480 nur insoweit, als sich nicht aus den §§ 482 bis 492 ein Anderes ergibt.

Hauptmängel.

§ 482. Der Verkäufer hat nur bestimmte Fehler (Hauptmängel[8]) und diese nur dann zu vertreten, wenn sie sich innerhalb bestimmter Fristen (Gewährfristen)[9]) zeigen.

Die Hauptmängel und die Gewährfristen werden durch eine mit Zustimmung des Bundesrats zu erlassende kaiserliche

[1]) s. unten § 27 u. § 19 IX.
[2]) Vgl § 490 Abs. 3 BGB.
[3]) Die Minderung ist durch § 487 Abs. I ausgeschlossen.
[4]) s. unten § 25.
[5]) Es muß sich um einen Hauptmangel handeln, s. unten § 4 III u § 24 I 2.
[6]) s. unten § 24. [7]) s. unten § 11. [8]) s. unten § 14.
[9]) s. unten § 17.

Verordnung[1]) bestimmt. Die Bestimmung kann auf demselben Wege ergänzt und abgeändert werden.

Gewährfrist.

§ 483. Die Gewährfrist beginnt[2]) mit dem Ablaufe des Tages, an welchem die Gefahr[3]) auf den Käufer übergeht.

Beweis des Hauptmangels.

§ 484. Zeigt sich ein Hauptmangel innerhalb der Gewährfrist, so wird vermutet[4]), daß der Mangel schon zu der Zeit vorhanden gewesen sei, zu welcher die Gefahr auf den Käufer übergegangen ist[5]).

Mängelanzeige.

§ 485. Der Käufer verliert die ihm wegen des Mangels zustehenden Rechte, wenn er nicht spätestens zwei Tage nach dem Ablaufe der Gewährfrist oder, falls das Tier vor dem Ablaufe der Frist getötet worden oder sonst verendet ist, nach dem Tode des Tieres den Mangel dem Verkäufer anzeigt[6]) oder die Anzeige an ihn abgesendet oder wegen des Mangels Klage gegen den Verkäufer erhebt oder diesem den Streit verkündet oder gerichtliche Beweisaufnahme zur Sicherung des Beweises beantragt[7]). Der Rechtsverlust tritt nicht ein, wenn der Verkäufer den Mangel arglistig verschwiegen hat[8]).

Änderung der Gewährfrist.

§ 486. Die Gewährfrist kann durch Vertrag verlängert oder abgekürzt werden. Die vereinbarte Frist tritt an die Stelle der gesetzlichen Frist[9]).

Wandelungsanspruch.

§ 487. Der Käufer kann nur Wandelung, nicht Minderung verlangen[10]).

Die Wandelung kann auch in den Fällen der §§ 351 bis 353, insbesondere wenn das Tier geschlachtet ist, verlangt werden[11]); an Stelle der Rückgewähr hat der Käufer den Wert des Tieres zu vergüten[12]). Das gleiche gilt in anderen Fällen, in denen der Käufer infolge eines Umstandes, den er zu vertreten hat, insbesondere einer Verfügung[13]) über das Tier, außerstande ist, das Tier zurückzugewähren.

---

[1]) s. unten §§ 30—35 [2]) s. unten § 17 II. [3]) s. unten § 16.
[4]) s. unten § 17 I u. § 18 II. [5]) s. § 16. [6]) s. unten § 19.
[7]) s. unten § 19 V. [8]) s. unten § 19 IX. [9]) s. unten § 17, III.
[10]) s. unten § 14 u. § 20. [11]) s. unten § 20 III. [12]) s. unten § 20 III u. § 23 I 2.
[13]) s. unten § 20 III.

Ist vor der Vollziehung der Wandelung eine unwesentliche Verschlechterung des Tieres infolge eines von dem Käufer zu vertretenden Umstandes eingetreten, so hat der Käufer die Wertminderung zu vergüten[1]).

Nutzungen hat der Käufer nur insoweit zu ersetzen, als er sie gezogen hat[2]).

Fütterungskosten.

§ 488. Der Verkäufer hat im Falle der Wandelung dem Käufer auch die Kosten der Fütterung und Pflege, die Kosten der tierärztlichen Untersuchung und Behandlung sowie die Kosten der notwendig gewordenen Tötung und Wegschaffung des Tieres zu ersetzen[3]).

Versteigerung des Tieres.

§ 489. Ist über den Anspruch auf Wandelung ein Rechtsstreit anhängig, so ist auf Antrag der einen oder der anderen Partei die öffentliche Versteigerung des Tieres und die Hinterlegung des Erlöses durch einstweilige Verfügung anzuordnen, sobald die Besichtigung des Tieres nicht mehr erforderlich ist[4]).

Verjährung.

§ 490. Der Anspruch auf Wandelung sowie der Anspruch auf Schadenersatz wegen eines Hauptmangels, dessen Nichtvorhandensein der Verkäufer zugesichert hat, verjährt in sechs Wochen von dem Ende der Gewährfrist an. Im Übrigen bleiben die Vorschriften des § 477 unberührt[5]).

An die Stelle der in den §§ 210, 212, 215 bestimmten Fristen tritt eine Frist von sechs Wochen.

Der Käufer kann auch nach der Verjährung des Anspruchs auf Wandelung die Zahlung des Kaufpreises verweigern. Die Aufrechnung des Anspruchs auf Schadenersatz unterliegt nicht der im § 479 bestimmten Beschränkung[6]).

Gattungskauf.

§ 491. Der Käufer eines nur der Gattung nach bestimmten Tieres kann statt der Wandelung verlangen, daß ihm an Stelle des mangelhaften Tieres ein mangelfreies geliefert wird. Auf diesen Anspruch finden die Vorschriften der §§ 488 bis 490 entsprechende Anwendung[7]).

---

1) s. unten § 23 I 2. 2) s. unten § 23 II. 3) s. unten § 22 II 1.
4) s. unten § 29 II 1 u. § 28 II 9. 5) s. unten § 26. 6) s. unten § 27.
7) s. unten § 25.

Übernahme der Gewährleistung und Zusicherung.

§ 492. Übernimmt der Verkäufer die Gewährleistung wegen eines nicht zu den Hauptmängeln gehörenden Fehlers oder sichert er eine Eigenschaft des Tieres zu, so finden die Vorschriften der §§ 487 bis 491 und, wenn eine Gewährfrist vereinbart wird, auch die Vorschriften der §§ 483 bis 485 entsprechende Anwendung[1]). Die im § 490 bestimmte Verjährung beginnt, wenn eine Gewährfrist nicht vereinbart wird, mit der Ablieferung des Tieres[2]).

Gewährleistung bei anderen entgeltlichen Verträgen.

§ 493. Die Vorschriften über die Verpflichtung des Verkäufers zur Gewährleistung wegen Mängel der Sache finden auf andere Verträge, die auf Veräußerung oder Belastung einer Sache gegen Entgelt gerichtet sind, entsprechende Anwendung[3]).

Kaiserliche Verordnung

betreffend die Hauptmängel und Gewährfristen beim Viehhandel vom 27. März 1899 (RGBl. 1899 S. 219 f.).

§ 1. Für den Verkauf von Nutz- und Zuchttieren[4]) gelten als Hauptmängel:

I. bei Pferden, Eseln, Mauleseln und Maultieren:

1. Rotz (Wurm)[5]) mit einer Gewährfrist von vierzehn Tagen;
2. Dummkoller[6]) (Koller, Dummsein) mit einer Gewährfrist von vierzehn Tagen; als Dummkoller ist anzusehen die allmählich oder infolge der akuten Gehirnwassersucht entstandene, unheilbare Krankheit des Gehirns, bei der das Bewußtsein des Pferdes herabgesetzt ist;
3. Dämpfigkeit[7]) (Dampf, Hartschlägigkeit, Bauchschlägigkeit) mit einer Gewährfrist von vierzehn Tagen; als Dämpfigkeit ist anzusehen die Atembeschwerde, die durch einen chronischen, unheilbaren Krankheitszustand der Lungen oder des Herzens bewirkt wird;

---

[1]) s. unten § 15. [2]) s. unten § 26 IV. [3]) s. unten § 28.
[4]) s. unten § 31. [5]) s. unten § 32 I 1. [6]) s. unten § 32 I 2.
[7]) s. unten § 32 I 3.

4. Kehlkopfpfeifen[1]) (Pfeiferdampf, Hartschnaufigkeit, Rohren) mit einer Gewährfrist von vierzehn Tagen; als Kehlkopfpfeifen ist anzusehen die durch einen chronischen und unheilbaren Krankheitszustand des Kehlkopfes oder der Luftröhre verursachte und durch ein hörbares Geräusch gekennzeichnete Atemstörung;
5. periodische Augenentzündung[2]) (innere Augenentzündung, Mondblindheit) mit einer Gewährfrist von vierzehn Tagen; als periodische Augenentzündung ist anzusehen die auf inneren Einwirkungen beruhende, entzündliche Veränderung an den inneren Organen des Auges;
6. Koppen[3]) (Krippensetzen, Aufsetzen, Freikoppen, Luftschnappen, Windschnappen mit einer Gewährfrist von vierzehn Tagen;

II. bei Rindvieh:
1. tuberkulose Erkrankung[4]), sofern infolge dieser Erkrankung eine allgemeine Beeinträchtigung des Nährzustandes des Tieres herbeigeführt ist, mit einer Gewährfrist von vierzehn Tagen;
2. Lungenseuche[5]) mit einer Gewährfrist von achtundzwanzig Tagen;

III. bei Schafen:
Räude[6]) mit einer Gewährfrist von vierzehn Tagen;

IV. bei Schweinen:
1. Rotlauf[7]) mit einer Gewährfrist von drei Tagen;
2. Schweineseuche[8]) (einschließlich Schweinepest) mit einer Gewährfrist von zehn Tagen.

§ 2. Für den Verkauf solcher Tiere, die alsbald geschlachtet werden sollen und bestimmt sind, als Nahrungsmittel für Menschen zu dienen (Schlachttiere[9]), gelten als Hauptmängel:

I. bei Pferden, Eseln, Mauleseln und Maultieren:
Rotz[10]) (Wurm) mit einer Gewährfrist von vierzehn Tagen;

---

[1]) s. unten § 32 I 4. [2]) s. unten § 32 I 5. [3]) s. unten § 32 I 6.
[4]) s. unten § 33 I 1. [5]) s. unten § 33 I 2. [6]) s. unten § 34 I.
[7]) s. unten § 35 I 1. [8]) s. unten § 35 I 2. [9]) s. unten § 31.
[10]) s. unten § 32 II.

II. bei Rindvieh:
tuberkulöse Erkrankung[1]), sofern infolge dieser Erkrankung mehr als die Hälfte des Schlachtgewichts nicht oder nur unter Beschränkungen als Nahrungsmittel für Menschen geeignet ist, mit einer Gewährfrist von vierzehn Tagen;

III. bei Schafen:
allgemeine Wassersucht[2]) mit einer Gewährfrist von vierzehn Tagen; als allgemeine Wassersucht ist anzusehen der durch eine innere Erkrankung oder durch ungenügende Ernährung herbeigeführte wassersüchtige Zustand des Fleisches;

IV. bei Schweinen:
1. tuberkulöse Erkrankung[3]) unter der in Nr. II bezeichneten Voraussetzung[4]) mit einer Gewährfrist von vierzehn Tagen;
2. Trichinen[5]) mit einer Gewährfrist von vierzehn Tagen;
3. Finnen[6]) mit einer Gewährfrist von vierzehn Tagen.

---

[1]) s. unten § 33 II.
[2]) s. unten § 34 II.
[3]) s. unten § 35 II 1.
[4]) s. unten § 33 II.
[5]) s. unten § 35 II 2.
[6]) s. unten § 35 II 3.

I. Abschnitt.

Die allgemeinen Rechtsvorschriften.

§ 1.

Das Verhältnis des Viehgewährschaftsrechtes zu den übrigen Vorschriften.

I. Die Vorschriften des BGB.

Die Haftung des Verkäufers für sachliche Mängel der Kaufsache ist für den Viehkauf durch besondere Bestimmungen (§§ 481—492 BGB.) geregelt, durch welche die gemeinhin anzuwendenden Vorschriften über Sachmängelhaftung des Verkäufers (§§ 459—480 BGB.) geändert und ergänzt werden. Das Viehgewährschaftsrecht ergibt sich also aus der Gegenüberstellung dieser besonderen zu den allgemeinen kaufrechtlichen Bestimmungen.

Die Vorschriften über die kaufrechtliche Haftung für Sachmängel bilden einen organischen Teil des BGB. Ihr Inhalt und ihre Tragweite wird deshalb beeinflußt und ergänzt durch die übrigen Bestimmungen dieses Gesetzes. Deshalb müssen insbesondere auch die allgemeinen Vorschriften über die Erfordernisse des rechtsgeschäftlichen Willens und die Folgen eines Willensmangels, namentlich des Irrtums[1]), der arglistigen Täuschung[2]) und des Zwangs auf den Kauf (Viehkauf) Anwendung finden; desgleichen die Vorschriften über schuldhafte Verletzung der Vertragspflicht (positive Vertragsverletzung[3])), über Verzug[4]), über Unmöglichkeit der Erfüllung[5]) und die Vorschriften über unerlaubte Handlungen[6]).

Bei der Anwendung dieser allgemeinen Vorschriften auf den Viehkauf ist jedoch im Auge zu behalten, daß der Gesetzgeber aus wohlerwogenen Gründen für die Mängelhaftung beim Viehkauf ein Sonderrecht einführen wollte und eingeführt hat, durch welches, abgesehen von besonderer Abrede und Zusicherung, die Haftung des Verkäufers auf ganz bestimmte Fehler (Hauptmängel) und auf die Wandlung beschränkt wurde. Eine Anwendung der allgemeinen Vorschriften in einem Ausmaße, daß hiedurch der Wille des Gesetzgebers durchkreuzt und der von ihm mit der Sonderregelung verfolgte Zweck vereitelt würde, ist unzulässig.

II. Das Handelsgesetzbuch.

Die §§ 481—492 BGB. gelten auch für Handelsgeschäfte, da nach § 382 HGB. diese Vorschriften des BGB. durch die Vorschriften des Handelsgesetzbuches über den Handelskauf (§§ 373—381 HGB.) nicht berührt werden. Auf den Viehhandelskauf finden demnach die Bestimmungen des Handelsgesetzbuches über den Handelskauf

---

[1]) S. unten § 2 S. 16 ff.
[2]) S. unten § 3 S. 20 ff.
[3]) S. unten § 6 S. 29 ff.
[4]) Vgl. unten § 20 VI 2.
[5]) S. unten § 9 S. 39 ff.
[6]) S. unten § 7 S. 34 ff.

nur insoweit Anwendung, als sie nicht mit den §§ 481—492 BGB. in Widerspruch stehen. Im Widerspruch mit den §§ 481—492 BGB. stehen vor allem die §§ 377 und 378 HGB. Diese Bestimmungen legen dem Käufer die Verpflichtung auf, den Mangel unverzüglich nach der Ablieferung, und wenn der Mangel ein verborgener ist, unverzüglich nach der Entdeckung zu rügen, andernfalls die Kaufsache als genehmigt gilt. Im Gegensatz hierzu wird durch § 485 für Hauptmängel und durch § 492, sofern eine Gewährfrist vereinbart ist, auch für andere Mängel dem Käufer die Verpflichtung auferlegt, den Mangel spätestens zwei Tage nach Ablauf der Gewährfrist anzuzeigen. Eine unter Einhaltung dieser Frist abgegebene Mängelanzeige ist unter allen Umständen rechtzeitig; eine nach Ablauf dieser Frist erfolgte Mängelanzeige ist (abgesehen vom Fall des arglistigen Verschweigens) unwirksam. Die §§ 481—492 BGB. enthalten keine Bestimmung über die Pflicht zur Anzeige eines Nichthauptmangels, wenn für diesen Mangel eine Gewährfrist nicht vereinbart ist. Es verbleibt aber in diesem Falle bei der unverzüglichen Rügepflicht der §§ 377 und 378 HGB., wenn der Viehkauf für beide Teile ein Handelsgeschäft ist[7]).

Im Widerspruch zu den §§ 481—492 BGB. steht ferner § 379 Abs. 2 HGB. Darnach kann der Käufer eine Kaufsache, wenn sie dem Verderb ausgesetzt ist und Gefahr in Verzug ist, unter Beobachtung der Vorschrift des § 373 verkaufen lassen. Betrachtet man die Gefahr einer Verschlechterung des Tieres als ein dem Verderb Ausgesetztsein, so ist beim Viehkauf ein Notverkauf nach § 379 Abs. 2 HGB. durch § 489 BGB. ausgeschlossen. Hiernach kann nur durch einstweilige Verfügung die öffentliche Versteigerung angeordnet werden, sobald die Besichtigung des Tieres nicht mehr erforderlich ist (vgl. unten § 29 II 1).

Alle übrigen Vorschriften des HGB. über den Handelskauf, insbesondere jene über die Folgen des Verzuges, über das Fixgeschäft und die Aufbewahrungspflicht des Käufers bei Bemängelung des Tieres gelten auch für den Viehkauf.

III. Marktordnungen und Handelsgebräuche.

Durch sogen. Marktordnungen können die gesetzlichen Bestimmungen über Voraussetzungen, Inhalt und Umfang der Gewährleistungspflicht nicht in der Weise geändert werden, daß diese Marktordnungen als autonome Rechtssatzungen zu erachten sind. Das Recht der Autonomie ist den Stellen, welche diese Marktordnungen (auch städtische Viehhofordnungen) erlassen, durch keine gesetzliche Vorschrift übertragen. Das wird auch nirgends behauptet. Dagegen sucht man zu dem gleichen Ergebnis durch Unterstellung eines Handelsgebrauchs zu gelangen, wonach sich alle Verkäufer und Käufer für Geschäfte, die auf dem betreffenden Markt abgeschlossen werden, den Bestimmungen der dort eingeführten Marktordnung unterwerfen.

In dem vom RG. entschiedenen Fall JW. 1922, 706 hatte das

[7]) Düringer-Hachenburg § 351; Ritter, Bem. zu § 382; Wrede 2; Hanke 11 Anm. 1; OLG. 22, 235 (KG.). A. M. Stölzle 114, ferner OLG. 12, 268 (hier nimmt aber das OLG. Hamm an, daß eine nach § 485 fristgemäße Anzeige wegen Verletzung von Treu und Glauben im Verkehr unter Umständen doch nicht als rechtzeitig erachtet werden könne).

Berufungsgericht tatsächlich festgestellt, daß sich auf dem Frankfurter Pferdemarkt ein Handelsgebrauch herausgebildet habe, wonach sich alle Verkäufer und Käufer dem Schiedsgericht des Landwirtschaftlichen Vereins in Frankfurt unterwerfen, wenn zwischen ihnen Streitigkeiten über Pferdekäufe ausbrechen, die auf dem Frankfurter Markte abgeschlossen sind. Das Berufungsgericht war weiter davon ausgegangen, daß die auf Märkten auftretenden Pferdehändler mit Handelsgebräuchen rechnen und sich ihnen stillschweigend unterwerfen, wenn sie, ohne sich nach ihnen zu erkundigen, Geschäfte abschließen; sie täten das im Vertrauen darauf, daß der die Übung wiedergebende Handelsgebrauch nicht unbillig sein werde. Dagegen stellte das Berufungsgericht auf, daß dies für Schiedsgerichtsklauseln nicht gelte, weil sich solchen ein Kaufmann unwissentlich nicht unterwerfe. Mit Recht hat das RG. in dieser letzteren Annahme keine tatsächliche Feststellung, sondern einen dem Revisionsangriff zugänglichen Erfahrungssatz erblickt und auf Grund der vorher getroffenen tatsächlichen Feststellungen das Urteil des OLG. aufgehoben mit der Begründung, daß, wer auf Märkten handelt und mit örtlichen Handelsgebräuchen rechnet sich nach ihrem Inhalt erkundigen müsse und daß er, wenn er das nicht tue, die im Verkehr erforderliche Sorgfalt verletze. Das Wesen der Handelsgebräuche bestehe gerade darin, daß sie überall da eingreifen, wo die Beteiligten geschwiegen haben. Zudem stellte das RG. auf Grund seiner eigenen Erfahrung fest, daß sich Kaufleute sehr häufig den Markt- oder Börsenordnungen bestimmter Plätze unterwerfen, ohne sie im einzelnen zu kennen und daß sie hinterher, wenn sich herausstellt, daß die Ordnung auch eine Schiedsgerichtsordnung enthält, sich auch an diese gebunden fühlen.

Gegen diese Entscheidung sind begründete Bedenken nicht zu erheben[8]). Nur darf ihre Bedeutung und Tragweite nicht überschätzt werden. Sie bezieht sich nur auf Marktgeschäfte unter Kaufleuten, da ein Handelsgebrauch nach § 346 HGB. nur Wirksamkeit unter Kaufleuten hat. Gegen den Nichtkaufmann müßte also der Beweis seiner Kenntnis und seiner Unterwerfung unter den Handelsgebrauch geführt werden, wenn er daran gebunden sein soll[9]).

Das RG. hatte ferner die tatsächliche Feststellung des BG. vorgefunden, daß die auf dem Markte handelnden Pferdehändler mit örtlichen Handelsgebräuchen rechnen. Aus dieser für das RG. gegebenen Tatsache hat das RG. die logische Schlußfolgerung gezogen, daß sie dann eben die Handelsgebräuche, so wie sie bestehen, ihrem ganzen Umfang nach gelten lassen müssen. Das ist richtig. Darauf kann es dann nicht mehr ankommen, ob ein Pferdehändler auch wirklich den Willen hatte, sich dem Handelsgebrauch zu unterwerfen, wenn sein entgegenstehender Wille beim Vertragsabschluß nicht in einer dem Vertragsgegner erkennbaren Weise hervorgetreten ist; denn unter Kaufleuten ist in Ansehung der Bedeutung und Wirkung dieser Unterlassung der Kundmachung (seines entgegenstehenden Willens) auf den Handelsgebrauch Rücksicht zu nehmen (§ 342 HGB.).

Die Kritik Stölzles (Viehkauf 118 ff.) an diesem Rechtsstandpunkt des RG. schießt daher über das Ziel. Recht hat Stölzle aber, wenn er sich

[8]) Dove, JW. 1922, 706 Anm.
[9]) JW. 1914, 673 (RG.); vgl. 1907, 149.

gegen den Mißbrauch wendet, der zuweilen mit Marktordnungen versucht wird. Die Marktordnung als solche hat keine Rechtswirksamkeit; sie wird aber zum rechtswirksamen Handelsgebrauch, wenn die auf dem Markt handelnden Kaufleute durch gleichförmige Übung die durch die Marktordnung aufgestellten Regeln als rechtsverbindlich anerkennen und anwenden. Ist das aber der Fall, so hat der Richter diese Marktregeln für alle von Kaufleuten geschlossenen Marktgeschäfte als bindend anzuerkennen, soferne nicht im Einzelfall der eine Teil dem anderen seinen entgegenstehenden Willen nachweisbar kundgegeben hat. Daß dem Kaufmann der Inhalt dieser Marktordnung bekannt war, ist nicht erforderlich [10]). Es darf also entgegen dem Standpunkt Stölzles 134 u. 140 die Anwendung der Marktregeln in diesen Fällen nicht von der positiven Feststellung abhängig gemacht werden, daß die Parteien die Marktregel zum Vertragsinhalt gemacht haben. Hievon ist jedoch die Ausnahme zu machen, daß auswärtige Kaufleute einem Handelsgebrauch von nur örtlicher Geltungskraft nur dann unterworfen sind, wenn sie ihn nachweisbar gekannt haben [11]).

Bei dem Marktgeschäft eines Nichtkaufmanns sind die Marktregeln nur dann verbindlich, wenn er sich nachweisbar der Marktordnung unterworfen hat. An diesen Nachweis sind zur Wahrung der Einheit und Sicherheit des Rechts — insoweit ist Stölzle beizupflichten — die strengsten Anforderungen zu stellen.

IV. Örtliche Statutenkollision.

Es kann im Einzelfalle zweifelhaft sein, ob die Haftung des Verkäufers für Sachmängel nach deutschem oder ausländischem Recht zu beurteilen ist. Nach der herrschenden Ansicht entscheidet in erster Linie die Selbstbestimmung der Parteien [12]), in zweiter Linie der Erfüllungsort [13]) (vgl. § 269 BGB.) über das anzuwendende Recht. Für die Frage, ob der Verkäufer seiner Lieferpflicht genügt hat, ist dessen Erfüllungsort maßgebend; für die Verpflichtung des Käufers zur rechtzeitigen Mängelanzeige ist das Recht des Käufers anzuwenden [14]). Bezüglich der Form ist Art. 11 EG. einschlägig, wonach sich diese nach den Gesetzen bestimmt, welche für das den Gegenstand des Rechtsgeschäftes bildende Rechtsverhältnis maßgebend sind. Es genügt jedoch auch die Beobachtung der Gesetze des Ortes, an dem das Rechtsgeschäft vorgenommen wird.

---

[10]) OLG. 23, 39 (Rostock); JW. 1919, 397 f. (RG.).

[11]) JW. 1919, 397 f. (RG.).

[12]) Es genügt eine aus den Umständen zu entnehmende stillschweigende Vereinbarung der Vertragsteile, wobei es auf den mutmaßlichen, vernünftigen Willen der beiden Vertragsteile ankommt (RG. 40, 197; 44, 154; 68, 203; 73, 379; 74, 174; 81, 237).

[13]) Dernburg, BürgR. Bd. 1 § 40 III; OLG. 12, 59; RG. 73, 387; vgl. Staub-Pinner Anm. 8 zum Anhang zu § 372; RGK. Bem. 11 vor § 104; der zweite Senat des RG. (RG. 66, 75; 73, 387; 78, 59; 81, 274; 95, 164; 102, 214; Recht 1908 Nr. 719); der fünfte Senat des RG. (RG. 103, 261) und der erste Senat des RG. (Warneyer 1922 Nr. 57 unter Preisgabe seines früheren gegenteiligen Standpunktes). Dagegen haben sich der 6. und 7. Senat in allerdings schon älteren Entscheidungen (RG. 61, 343; 62, 379) dafür ausgesprochen, daß Vertragsobligationen im Zweifel nicht nach dem Rechte des Erfüllungsortes, sondern nach dem Personalstatut des Schuldners zur Zeit des Vertragsschlusses, sei es das Recht des Wohnortes oder des Heimatsstaates, zu beurteilen sein sollen.

[14]) RG. 73, 390.

§ 2.
Die Anfechtung wegen Irrtums.

I. Beschränkung der Anfechtung durch das Reichsgericht.

Der Irrtum über den Inhalt der Erklärung bewirkt Anfechtbarkeit des Rechtsgeschäfts nach Maßgabe des § 119 BGB. Nach § 119 Abs. 2 gilt der Irrtum über eine solche Eigenschaft der Sache, die im Verkehr als wesentliche angesehen wird, als Irrtum über den Inhalt der Erklärung. Ein solcher Irrtum begründet somit die Anfechtbarkeit des Vertrages.

Das Reichsgericht versagt jedoch in ständiger Rechtsprechung die Anfechtung wegen Irrtums über sachliche Eigenschaften der Kaufsache insoweit, als wegen des Mangels dieser Eigenschaft vom Gesetz ein Gewährleistungsanspruch gewährt wird [1]), und zwar auch dann, wenn durch den Kaufvertrag jede Gewährleistungspflicht des Verkäufers ausgeschlossen ist [2]) oder der an sich bestehende Gewährleistungsanspruch durch Verjährung weggefallen ist [3]), ja selbst dann, wenn der Käufer den Mangel erst nach Ablauf der Verjährungsfrist (für den Wandlungsanspruch) entdeckt hat und infolge seiner Verborgenheit auch nicht früher entdecken konnte [4]). Nach diesem Standpunkt des Reichsgerichts findet also eine Anfechtung des Kaufs wegen Irrtums über das Vorhandensein einer verkehrswesentlichen Eigenschaft dann nicht statt, wenn der Mangel dieser Eigenschaft zugleich ein Sachmangel ist, für welchen § 459 (für den Viehkauf § 482 und § 459 Abs. 2) einen Gewährleistungsanspruch eröffnet.

Dagegen wird auch vom Reichsgericht die Irrtumsanfechtung zugelassen, wenn das Gesetz wegen des betreffenden Mangels einen Gewährleistungsanspruch nicht verleiht, sei es, weil dieser Mangel nach Kaufrecht vom Verkäufer überhaupt nicht zu vertreten ist [5]), sei es, daß Gewährleistungsansprüche mangels einer Übergabe der Kaufsache überhaupt noch nicht entstanden sind [6]). Aus diesem Standpunkt des Reichsgerichts ist für den Viehkauf die Folgerung zu ziehen, daß die Anfechtung wegen Irrtums über einen Hauptmangel oder eine zugesicherte Eigenschaft ausgeschlossen, dagegen wegen Irrtums über andere verkehrswesentliche Eigenschaften zulässig ist.

II. Begriff der verkehrswesentlichen Eigenschaften.

Es steht also bei einem Irrtum über andere sachliche Mängel als Hauptmängel und zugesicherte Eigenschaften die Rechtsprechung des Reichsgerichts der Zulässigkeit der Anfechtung nicht entgegen. Gleichwohl wird vielfach eine Irrtumsanfechtung beim Viehkauf auch in diesen Fällen versagt, indem aufgestellt wird, daß nur ein Irrtum über einen Hauptmangel als ein Irrtum über eine solche Eigenschaft, die im Verkehr als wesentliche angesehen wird, zu erachten

---

1) RG. 61, 171; 62, 282; 64, 269; 70, 429; 97, 351; Recht 1909 Nr. 1467, 1922 Nr. 1661; Gruchot 53, 940; 66, 452; JW. 1909, 655 u. 684; LZ. 1919, 1010.

2) LZ. 1916, 1180.

3) RG. 61, 177; 62, 282; 70, 429; Gruchot 54, 135.

4) RG. 61, 177; 62, 282.

5) Staub-Pinner, Bem. 56 zu § 377; vgl. Warneyer E. 1912 Nr. 365 u. 366; RG. 2. Mai 1905 V Nr. 458 (Freiheit des Grundstücks von der Straßenbaulast).

6) Warneyer 1909 Nr. 200; Gruchot 53, 939; RG. 53, 73; 66, 333; JW. 1911, 539; 1914, 295.

sei[7]). Diese Aufstellung ist verfehlt[8]). Wer wird z. B. leugnen wollen, daß im Verkehr Widersetzlichkeit und dadurch herbeigeführte Dienstunbrauchbarkeit oder Lebensgefährlichkeit eines Pferdes von jedermann als eine wesentliche Eigenschaft angesehen wird. Daß § 482 eine kaufrechtliche Haftung nur für Hauptmängel eintreten läßt, hat mit der Verkehrsauffassung nichts zu tun. Hauptmängel im Sinne des § 482 und Mängel einer wesentlichen Eigenschaft im Sinne des § 119 Abs. 2 sind grundverschiedene Begriffe[9]).

III. Widerlegung des reichsgerichtlichen Standpunktes.

Aber auch der Standpunkt des Reichsgerichts, durch welchen die Zulässigkeit der Anfechtung wegen Irrtums eines Sachmangels der Kaufsache lediglich eingeschränkt wird, unterliegt schweren Bedenken.

Das Reichsgericht stützt seine Ansicht mit folgenden Gründen: Nach Absicht des Gesetzgebers sollten durch §§ 459 ff. die Folgen der sachlichen Mängel der Kaufsache einheitlich und erschöpfend geregelt werden und es würde ein unerklärlicher Zwiespalt in das Gesetz hineingetragen werden, wenn auf den gleichen Tatbestand anderweitige zu demselben wirtschaftlichen Ergebnisse führende Normen angewendet werden könnten, durch welche die für die Haftung des Verkäufers nach mehrfacher Richtung eingeführten Beschränkungen einfach in Wegfall gebracht würden.

Diese Begründung ist nicht schlüssig. Anfechtbar ist schon die Aufstellung, daß der Gesetzgeber die Folgen der sachlichen Mängel der Kaufsache einheitlich und erschöpfend regeln wollte. Wenn damit lediglich gesagt sein soll, daß die Haftung, die für den Verkäufer wegen sachlicher Mängel **aus dem Kaufvertrag** begründet wird, in den §§ 459 ff. erschöpfend und einheitlich geregelt werden soll, dann ist dies richtig, beweist aber nichts; denn die §§ 459 setzen einen **gültigen** Kaufvertrag voraus, während § 119 einen wegen Mangels im Willen **ungültigen** Vertrag behandelt. §§ 459 ff. regeln die Folgen des Sachmangels, § 119 die Folgen des Willensmangels. Ebensowenig wird bewiesen mit dem vom Reichsgericht aufgestellten weiteren Grund, es werde ein unerklärlicher Zwiespalt in das Gesetz hineingetragen, wenn auf den gleichen Tatbestand anderweitige zu demselben wirtschaftlichen Ergebnis führende Normen in Anwendung gebracht werden könnten, durch welche die für die Haftung des Verkäufers nach mehrfacher Richtung eingeführten Beschränkungen einfach in Wegfall gebracht würden. Bei den Gewährleistungsansprüchen und der Anfechtung wegen Irrtums handelt es sich weder um den gleichen Tatbestand, noch um dasselbe wirtschaftliche Ergebnis. Die Anfechtung wegen Irrtums verlangt einen Irrtum, der Fehler zum

[7]) Stölzle 332. Hanke 174, stellt auf, daß weder Krankheiten noch andere Mängel einschließlich der Hauptmängel zu den wesentlichen Eigenschaften im Sinne des § 119 Abs. 2 gerechnet werden können, da darunter nur solche Eigenschaften zu verstehen seien, deren Vorhandensein im Verkehr über die Zugehörigkeit eines Tieres zu einer bestimmten, mehr oder weniger eng begrenzten Art von Tieren entscheidet. Ebenso Breucha, WürttJ. 1903, 253 ff.

[8]) RGK. Bem. 1 zu § 482.

[9]) Breucha, württ. Rechtspfl. 15, 254; Tielker, Gewährleistung beim Viehhandel 87; Krückmann 5; Planck, Bem. 2 zu § 482; RGK. Bem. 1 zu § 482; s. dagegen Schwaiger, SeuffBl. 1909, 325 ff., 371 ff.

Gegenstand hat, die schon zur Zeit des Vertragsschlusses vorhanden waren. Es kommt dann nicht darauf an, ob der Mangel bei der Übergabe weggefallen war. Der Gewährleistungsanspruch verlangt jedoch einen Mangel zur Zeit der Übergabe. Ist er in diesem Zeitpunkt vorhanden, so kommt nichts darauf an, daß er zur Zeit des Vertragschlusses nicht vorhanden war. Die Anfechtung wegen Irrtums muß nach § 121 unverzüglich nach Entdeckung des Irrtums erfolgen. Zur Erhaltung der Gewährleistungsansprüche ist nur die Anzeigefrist des § 485 einzuhalten; bei Nichthauptmängeln ohne Gewährfrist besteht überhaupt keine Anzeigepflicht. Im Irrtum über eine Eigenschaft kann nur derjenige sein, welcher von ihrem Vorhandensein überzeugt ist. § 119 bringt dies zum deutlichen Ausdruck, indem die Anfechtbarkeit nur bei der Annahme zugelassen wird, daß der Käufer bei Kenntnis der Sachlage und bei verständiger Würdigung des Falls nicht abgeschlossen haben würde. Diese Einschränkung gilt mit Nichten für die Gewährleistungsansprüche der §§ 459 ff. Selbst wenn der Verkäufer beweisen könnte, daß der Käufer auch bei Kenntnis des Mangels doch und zu demselben Preise gekauft hätte, dringt der Gewährleistungsanspruch des Käufers durch.

Auch die wirtschaftlichen Folgen der Anfechtung aus § 119 und des Kaufgewährleistungsanspruchs aus § 459 Abs. 2 sind durchaus nicht die gleichen. Vor allem sind mit dem kaufrechtlichen Gewährleistungsanspruche verschiedene Privilegien verbunden, so insbesondere die Vermutung des § 484, durch welchen dem Käufer die Beweislast wesentlich erleichtert wird; der Anspruch auf Ersatz der Vertragskosten (§ 467) und sonstiger Aufwendungen, insbesondere der Versendungs- und Fütterungskosten (§ 488). Alle diese Vorzüge kommen dem Käufer bei der Anfechtung aus § 119 nicht zu statten, im Gegenteil der Käufer, der nach § 119 anficht, muß dem Verkäufer Schadenersatz für das negative Vertragsinteresse leisten (§ 122), der wandelnde Käufer nicht. Hat der Käufer aus § 119 angefochten, so wird das Geschäft als von Anfang an nichtig behandelt. Dies wird durch die einseitige Erklärung des Käufers bewirkt, der dadurch festgelegt ist. Bei dem Wandelungsbegehren besteht dagegen das ius variandi.

Man wird deshalb die Anfechtung wegen Irrtums des Käufers über jede verkehrswesentliche Eigenschaft der Kaufsache, also auch über eine solche, bei deren Mangel Gewährleistungsansprüche aus dem Vertrag gegeben sind, grundsätzlich zulassen müssen[10]. Dem Verkäufer steht ja dieses Anfechtungsrecht unzweifelhaft auch zu und dies beweist, daß es sich hier um Dinge handelt, die mit Gewährleistungsansprüchen gar nichts zu schaffen haben.

Wenn der Käufer dem Verkäufer die Kuh gutgläubig als tuberkulös bezeichnet und der Verkäufer mit Rücksicht auf diese von ihm für wahr gehaltene Angabe die Kuh um einen geringen Preis verkauft hat, so kann der Verkäufer den Vertrag wegen Irrtums anfechten.[11]

[10] RGK. Bem. 1 zu § 482; Bem. 7 zu § 119 (damit in Widerspruch RGK. Bem. 6 B d zu § 459). Die herrschende Meinung steht auf dem gegenteiligen Standpunkt. S. die Nachweise bei Staudinger, Bem. III C zu § 119; Staub-Pinner, Anm. 56 zu § 377; Roth, LZ. 1919, 617; Krückmann, LZ. 1920, 206.

[11] LG. Lüneburg 28. April 1908 (Samml. Stölzle 45). A. M. Stölzle 334 mit der unzutreffenden Begründung, daß es sich hier lediglich um einen Irrtum im

Ebenso kann der Verkäufer, der den von ihm mit großen Opfern erworbenen Beschälhengst in der irrigen Annahme um billiges Geld verkauft, daß das Tier zeugungsunfähig ist, unzweifelhaft wegen Irrtums anfechten. Warum soll dies im umgekehrten Fall dem Käufer grundsätzlich verwehrt sein[12]).

Dabei ist die Zulässigkeit der Irrtumsanfechtung auch dann nicht auszuschließen, wenn der Irrtum auf grober Fahrlässigkeit des Käufers beruht. § 460 BGB. bestimmt nicht, wie aufgestellt wird[12a]), daß der grobfahrlässige Käufer als ein wissender zu behandeln ist, sondern nur, daß er einen vertraglichen Gewährleistungsanspruch nicht geltend machen kann.

Wenn freilich über den einen Rechtsbehelf (Irrtumsanfechtung oder Gewährleistungsanspruch) entschieden ist, dann ist der andere Rechtsbehelf ausgeschlossen[13]).

IV. Irrtum über den Gegenstand des Kaufs.

Übereinstimmung besteht darüber, daß die Anfechtung zulässig ist, soweit es sich um einen Irrtum nicht über eine bloße Eigenschaft der Kaufsache, sondern über deren Gegenstand handelt. Maßgebend für die Frage, ob eine Sache mangelhaft ist oder ob sie rechtlich als eine andere zu gelten hat, ist die Auffassung des Verkehrs[14]). Der Käufer war z. B. irrtümlich der Meinung, er kaufe das berühmte Rennpferd Ajax. Bei einem Irrtum über das Geschlecht des Tieres ist es Tatfrage des einzelnen Falles, ob hier ein Irrtum über eine Eigenschaft oder den Gegenstand vorliegt. Bei Pferden wird das Geschlecht regelmäßig nur die Bedeutung einer Eigenschaft haben. Wird jedoch das Pferd zur Zucht gekauft, so betrifft ein Irrtum über das Geschlecht den Gegenstand. Wenn der Käufer eines Nutzpferdes das Pferd für einen Wallach hält, während es in Wahrheit ein Hengst oder Spitzhengst (Klopfhengst)[15]) ist, dann irrt er über eine Eigenschaft, nicht über den Gegenstand. Will der Käufer einen Zuchthengst kaufen, während das Pferd in Wahrheit ein Wallach oder ein doppelseitiger Kryptorchite (Spitzhengst) ist, dann irrt er über den Gegenstand. Ist der zu Zuchtzwecken gekaufte Hengst zeugungsunfähig oder ist die Zuchtstute[16]) steril, dann liegt ein Irrtum über eine Eigenschaft nicht über den Gegenstand vor. Wer ein Schwein zum Schlachten kauft, der will ein weibliches oder doch in früher Jugend geschnittenes männliches Tier, weil das Fleisch des Ebers übelschmeckend ist. Nach

Motiv handle. Der Verkäufer, der die Kuh irrtümlich für tuberkulos hält, irrt aber doch über eine wesentliche Eigenschaft der Kaufsache und ein solcher Irrtum berechtigt nach der Vorschrift des § 119 zur Anfechtung.

12) Vgl. Krückmann S. 15.

12a) Danz, Jahrb. f. Dogm. 46, 473; Krückmann 31.

13) Staudinger, Bem. III 4 C zu § 119; vgl. Kiehl, JW. 1914, 502.

14) RG. 99, 38.

15) Klopfhengste (Spitzhengste, Kryptorchiden) sind solche Hengste, bei welchen eine oder beide Hoden in der Bauchhöhle oder im Leistenkanal zurückgeblieben sind. Derartige Pferde erwecken durch das Fehlen der Hoden im Hodensack den Anschein kastrierter Pferde (Fröhner 174); sie sind aber in Wahrheit Hengste, nur mit anormaler Lagerung der Hoden. Doppelseitige Kryptorchiten sind in der Regel unfruchtbar, einseitige Kryptorchiten sind nicht immer zeugungsfähig (Fröhner 177).

16) Unfruchtbarkeit kann bei Stuten durch die Änderung der Lebensbedingungen schnell entstehen (Fröhner 178).

der Verkehrsauffassung irrt der Käufer über den Gegenstand, wenn das Schwein in Wahrheit ein Eber ist[17]). Wenn in der Kaufurkunde das Tier als „Wallach", „Zuchtstier" usw. bezeichnet ist, so liegt darin noch nicht die Zusicherung einer Eigenschaft (s. hierüber unten S. 75).

§ 3.
Die Anfechtung wegen arglistiger Täuschung.

I. Arglistige Täuschung.

Wer durch arglistige Täuschung zur Abgabe einer Willenserklärung bestimmt ist, kann diese Erklärung anfechten (§ 123 BGB.). § 123 BGB. ist auch für den Viehkauf anwendbar[1]).

Zweifellos ist die Anfechtung auch dann zulässig, wenn über eine sachliche Eigenschaft der Kaufsache arglistig getäuscht wird, bei deren Mangel der Käufer einen kaufrechtlichen Gewährleistungsanspruch hat[2]). Nur kann der Käufer, der den Vertrag angefochten hat, nicht daneben den Wandelungsanspruch erheben. Es ist aber zulässig, daß er in erster Linie auf Nichtigkeit (§ 123) und hilfsweise auf Wandelung klagt (s. hierüber unten § 8).

Die arglistige Täuschung im Sinne des § 123 kann sich auch auf andere Tatsachen als Eigenschaften beziehen. Der Verkäufer versichert z. B. daß ein anderer für die Kuh 300 *RM* geboten habe, daß das Pferd bei einem Rennen einen Preis bekommen habe, daß der Zuchtstier in einer bekannten Zuchtstierhaltung verwendet worden sei, daß die Kuh aus einem Bauernstall und nicht von einem Händler gekauft sei.

Täuschung ist jedes wissentlich auf Irreführung des Käufers berechnete Verhalten[3]). Arglistig ist die Täuschung, wenn und weil sie den Zweck verfolgt oder wenigstens von dem Bewußtsein begleitet ist, daß durch die Täuschung die Willenserklärung des Getäuschten unzulässig beeinträchtigt wird. Es kommt nicht darauf an, ob auf den Getäuschten zu dessen Nachteil eingewirkt werden sollte. Entscheidend ist nur, ob der Getäuschte die Erklärung ohne die Einwirkung der Täuschung abgegeben hätte[4]). Es wird also zum Begriff der arglistigen Täuschung nicht mehr erfordert, als daß der Täuschende vorsätzlich durch Hervorrufung oder Benutzung des Irrtums des anderen dessen Willensentstehung beeinflußt[5]). Gibt der eine Teil zu erkennen, daß er nur unter einer bestimmten Voraussetzung ein Geschäft abschließen wolle, der andere aber erklärt bewußt unwahr, diese Voraussetzung sei vorhanden, so liegt arglistige Bestimmung zum Vertragsabschluß vor[6]).

Die arglistige Täuschung kann durch Vorspiegelung falscher Tatsachen und Verschweigen wahrer Tatsachen (s. unten S. 22 f.) erfolgen.

---

17) S. unten § 36 II 4.

1) HansGZ. 1906 Beibl. 100 (Hamburg); SchleswHolstAnz. 1906, 145 (Kiel).

2) RG. 96, 156; JW. 1913, 88; Warneyer 1913 Nr. 111; Staudinger-Kober, Bem. IV 4 zu § 123; RGK. Bem. 1 zu § 123. (Anders die frühere Rechtspr. RG. 48, 282; 70, 429.)

3) JW. 1905, 639; 1909, 308.

4) JRdsch. 1925 Nr. 1098 (RG.).

5) JW. 1924, 298 (RG.).

6) Recht 1924 Nr. 937 (RG.).

Wenn der Verkäufer durch einen Vertreter gehandelt hat, so kommt nach § 166 Abs. 1 regelmäßig [7]) der dolus auf Seite des Vertreters, nicht auf Seite des Vertretenen in Betracht, wobei es bei Kollektivvertretung genügt, wenn nur **ein** Vertreter arglistig gehandelt hat. Ein vom Verkäufer beigezogener Unterhändler ist regelmäßig nicht Vertreter (s. darüber unten § 15 II 1 auf S. 72), sondern Dritter im Sinne des § 123 Abs. 2 BGB. [8]).

II. Ursächlicher Zusammenhang zwischen Täuschung und Willenserklärung.

Voraussetzung der Anfechtung auf Grund der §§ 123, 124 ist der **ursächliche** Zusammenhang zwischen der Täuschung und dem Geschäftsabschluß [9]). Der Käufer muß zum Geschäftsabschluß bestimmt sein. Deshalb muß die arglistige Täuschung beim Vertragsabschluß (nicht erst bei der Übergabe) begangen sein. Erforderlich und genügend ist der Nachweis, daß der Käufer bei Kenntnis der wahren Sachlage das Geschäft überhaupt nicht oder doch nicht zu den vereinbarten Bedingungen, insbesondere zu dem bewilligten Kaufpreise, abgeschlossen haben würde. Es reicht daher auch eine Täuschung über unwesentliche Eigenschaften aus, soferne nur dieser Nachweis zu erbringen ist. Aber die Unwesentlichkeit der Eigenschaft wird im Einzelfall regelmäßig gegen die Annahme des ursächlichen Zusammenhanges sprechen. Der Nachweis dieses Zusammenhanges ist vorbehaltlich des vom Verkäufer zu erbringenden Gegenbeweises schon dann dargetan, wenn der durch die Täuschung hervorgerufene Irrtum geeignet war, einen verständigen Menschen zu dem Entschlusse zu bringen, sich auf das Geschäft überhaupt, oder doch zu den vereinbarten Bedingungen einzulassen [11]).

III. Vermögensbeschädigung ist nicht erforderlich.

Nicht erforderlich ist für die Anfechtbarkeit, daß durch die Täuschung eine Vermögensschädigung herbeigeführt wurde. Es gehört deshalb auch das Bewußtsein der Vermögensschädigung nicht zum Tatbestand der arglistigen Täuschung. Dadurch unterscheidet sich diese von Betrug (§ 823 Abs. 2 BGB. mit § 263 RStGB.) [12]).

Es ist also gleichgültig, ob das Tier infolge des Mangels, über

---

[7]) Ausnahme § 166 Abs. 2 BGB.

[8]) Indes genügt eine durch einen Dritten verübte arglistige Täuschung schon dann zur Anfechtung des Vertrags, wenn der Geschäftsherr die Täuschung kennen mußte (§ 123 Abs. 2), also die Unkenntnis des Geschäftsherrn auf Fahrlässigkeit beruht. Diese Fahrlässigkeit ist im Viehhandel bis zum Beweis des Gegenteils zu unterstellen, wenn der Verkäufer dem Schmuser bei den Vertragsverhandlungen freie Hand gelassen hat; denn mit den üblen Gepflogenheiten dieser Schmuser muß er rechnen. Es ist sogar in einem solchen Fall unter Umständen zulässig, den Schmuser, auch wenn er keine Abschlußvollmacht hatte, doch wenigstens als bevollmächtigt zur Unterrichtung des Käufers über die Eigenschaften des Kaufgegenstandes zu erachten (vgl. JW. 1909, 718; 1911, 575). Es fehlt also nicht an rechtlichen Handhaben, um dem unlauteren Spiel zu begegnen, welches erfahrungsgemäß nicht selten gewissenlose Händler durch die Schmuser treiben lassen. Ihre energische Anwendung durch den Richter ist geboten; vgl. unten S. 72.

[9]) Recht 1921 Nr. 1278 (RG.).

[10]) LZ. 1919, 791 (RG.).

[11]) Vgl. Bolze 20 Nr. 778; SeuffA. 36 Nr. 7.

[12]) Warneyer 1909, 440 (RG.); JW. 1912, 69 (RG.); Recht 1923 Nr. 1000 (RG.).

welchen der Käufer hinweggetäuscht wurde, weniger wert ist als der bewilligte Kaufpreis. Immerhin ist dieser Umstand als ein tatsächlicher Behelf gegen die Annahme des ursächlichen Zusammenhangs zwischen Täuschung und Willenserklärung zu verwerten.

IV. Die Anfechtungserklärung und ihre Wirkung.

Die Anfechtung einer nach § 123 anfechtbaren Willenserklärung kann nur binnen Jahresfrist erfolgen. Die Frist beginnt mit dem Zeitpunkt, in welchem der Anfechtungsberechtigte die Täuschung entdeckt (§ 124). Die Anfechtungserklärung kann nur gegenüber dem Vertragsgegner, nicht auch dessen Sondernachfolger (Zessionar) gegenüber geltend gemacht werden[13]. Von mehreren nach § 123 Anfechtungsberechtigten kann jeder für sich das Anfechtungsrecht geltend machen[14]) und zwar gegenüber allen Vertragsgegnern[15]) oder auch nur gegenüber dem einen der mehreren Vertragsgegner, der die Täuschung verübt hat[16]).

Wird das Rechtsgeschäft angefochten, so ist es als von Anfang an nichtig anzusehen. Es wird also durch die Anfechtungserklärung bewirkt, daß der Vertrag in dinglicher Weise (also auch gegenüber Dritten, z. B. dem Zessionar des Verkäufers) nichtig ist, so daß für die Geltendmachung von Ansprüchen aus diesem Vertrage (z. B. Wandlung oder Schadenersatz nach § 463) keine Möglichkeit mehr besteht. In der bloßen Geltendmachung der arglistigen Täuschung kann eine Anfechtung nur dann gefunden werden, wenn der Zusammenhang ergibt, daß damit die Vernichtung des Vertrags bezweckt ist[17]).

Hat der Käufer vor dem Prozesse die Anfechtung wegen arglistiger Täuschung zweifelsfrei in unbedingter[18]) und endgültiger Weise erklärt und erhebt er dann die Wandelungsklage, so ist diese Klage, wenn die Anfechtung wegen arglistiger Täuschung begründet und somit rechtswirksam war, abzuweisen (vgl. hierüber unten § 8).

§ 4.

Arglistiges Verschweigen.

I. Unterdrückung eines Mangels.

Wie oben S. 20 dargelegt, kann eine arglistige Täuschung, die zur Anfechtung des Vertrages berechtigt, auch durch arglistiges Verschweigen wahrer Tatsachen erfolgen.

Ein solches arglistiges Verschweigen ist zunächst stets dann gegeben, wenn besondere Maßnahmen oder Kunstgriffe zur Verheimlichung des Mangels angewendet werden.

Der Verkäufer eines Pferdes täuscht z. B. den Käufer über den Spat des Pferdes dadurch absichtlich hinweg, daß er ihm das Pferd

[13]) SeuffA. 69 Nr. 168 (RG.).
[14]) RG. 56, 423.
[15]) JW. 1906, 83.
[16]) RG. 62, 184; 65, 405; JW. 1907, 301; Gruchot 56, 871 (RG.).
[17]) Recht 1908 Nr. 2620 (RG.).
[18]) Eine bedingte Anfechtungserklärung ist wirkungslos (RG. 66, 153; JW. 1907, 476 RG.).

nur in besonders schneller Gangart vorführen läßt. Oder der Verkäufer läßt, um das Nachgeben des Pferdes auf der Vorderhand zu verdecken, dem Pferde beim Vorführen den Kopf hochhalten; oder der Verkäufer täuscht den Käufer bei der Sprungprobe eines Zuchtbullens, der gut aufspringt, aber den Geschlechtsteil nicht einzuführen vermag, hierüber dadurch hinweg, daß er im entscheidenden Augenblick den Stier von der Kuh herunterzieht. In solchen Fällen hat man es mit dem Unterdrücken einer wahren Tatsache im Sinne des § 263 RStGB. zu tun, das zum Schadenersatz auf Grund des § 823 Abs. 2 verpflichtet[1]).

II. Bloßes Verschweigen bei Offenbarungspflicht.

Aber auch ohne eine solche, unmittelbar auf Täuschung berechnete Handlung kann das bloße Verschweigen dann arglistig sein, wenn eine Pflicht zur Mitteilung des für die Entschließung des Vertragsgegners erheblichen Umstandes besteht. Eine solche Offenbarungspflicht liegt aber einem Vertragschließenden nicht allgemein, sondern nur dann ob, wenn Treu und Glauben nach der Verkehrsauffassung das Reden erfordern, der andere Teil also nach den Grundsätzen eines reellen Geschäftsverkehrs eine Aufklärung erwarten durfte[2]). Ob diese Voraussetzung gegeben ist, muß auf Grund der zwischen den Vertragsteilen bestehenden Rechtsbeziehungen nach den Verhältnissen des einzelnen Falles beurteilt werden[3]).

Der Verkäufer ist also nicht schlechtweg verpflichtet, die ihm bekannten[4]) Mängel der Kaufsache anzuzeigen. Das bloße, wenn auch bewußte Verschweigen eines Mangels füllt den Begriff des arglistigen Verschweigens noch nicht aus. Es muß einmal nach den Umständen des Einzelfalles eine Pflicht zur Offenbarung nach den Grundsätzen eines ehrlichen Geschäftsverkehrs gegeben sein und dazu muß das spekulative Moment auf Seite des Verkäufers hinzutreten, sich durch das Verschweigen eine günstigere Lage gegenüber dem Käufer zu schaffen oder zu erhalten, also die Ausbeutung einer unrichtigen Vorstellung des Käufers[5]).

Im Viehhandel hat sich auf Grund der Bestimmungen der alten Viehgewährschaftsgesetze durch langjährige und von der früheren Rechtsprechung anerkannte Übung der Satz ausgeprägt: „Augen auf, Kauf ist Kauf!“ Bei den verkauften Tieren handelt es sich um lebende Individuen, bei denen die Verschiedenheit überaus groß ist. Es wäre durchaus verfehlt, wollte man auf Grund der alteingewurzelten Übung im Viehhandel unterstellen, daß Treu und Glauben nach der Verkehrsauffassung dem Verkäufer die Pflicht zur Offenlegung von Mängeln unter keinen Umständen auferlegen. Immerhin wird die Verkehrsauffassung wenigstens dann noch als reell angesehen werden können,

---

[1]) Über den Unterschied des arglistigen Verschweigens und des Unterdrückens im Sinne des § 263 StGB. vergl. RGSt. 15, 220; 41, 376; BayObLG. 21, 180.

[2]) RG. 62, 149; 77, 314.

[3]) RG. 111, 234.

[4]) Der Kenntnis kann Verdacht gleichstehen, BayZ. 1918, 223 (RG.); Gruchot 63, 469 (RG.). Es kann deshalb unter Umständen arglistiges Verschweigen angenommen werden, wenn der Verkäufer dem Käufer seinen Zweifel an dem Nichtvorhandensein des Mangels unterschlägt. (Dolus eventualis.) JW. 1903 Beil. 99; diese Entscheidung wird von Stölzle 288 zu Unrecht angegriffen.

[5]) BayZ. 1916, 30 (RG.).

wenn sie dem Verkäufer nicht zur Pflicht macht, daß er auf jeden ihm bekannten Mangel hinweist. Handelt es sich um einen Mangel, der leicht wahrnehmbar ist, so braucht der Verkäufer diesen Mangel nicht breitzutreten. Er wird unterstellen dürfen, daß der Käufer den Mangel bei der Besichtigung wahrnimmt[6]).

Beim Pferdekauf pflegt der Käufer das Pferd vor dem Kauf zu probieren. Der Verkäufer wird regelmäßig annehmen dürfen, daß diese Prüfung sachgemäß erfolgt ist und sich dabei der Käufer über die Eigenschaften des Pferdes im Gebrauch unterrichtet hat. Was er als bekannt voraussetzen darf, braucht er nicht anzugeben. Man kann dem Verkäufer nicht zumuten, daß er durch Breittreten des Mangels beim Käufer den Eindruck erweckt, daß der Fehler größer sei als er in Wirklichkeit ist. Auch dann würde keine Arglist vorliegen, wenn der Verkäufer zwar annimmt, daß der Käufer den Mangel nicht kennt, aber auch bei Kenntnis des Mangels auf ihn kein Gewicht legen würde. Es ist das Bewußtsein der Erheblichkeit des Mangels erforderlich[7]).

Bei der Besonderheit des Viehkaufs wird man eine Verpflichtung zur Offenlegung von Mängeln überhaupt nur dann aufstellen können, wenn sich der Verkäufer bewußt ist, daß infolge dieses Mangels der Käufer das Tier für seine Zwecke nicht brauchen kann.

III. Arglistiges Verschweigen eines Nichthauptmangels.

1. Für den **Begriff** des arglistigen Verschweigens begründet es keinen Unterschied, ob ein gesetzlicher Hauptmangel im Sinne des § 482 oder ein sonstiger Fehler, für den den Verkäufer keine kaufrechtliche Haftung trifft, verschwiegen wird[8]).

Wohl aber kann diese Frage von Bedeutung werden, wenn es sich um die Folgen handelt. Beim Viehkauf ist die kaufrechtliche Gewährleistungspflicht des Verkäufers nur für Hauptmängel und zugesicherte Eigenschaften begründet. Wird ein Mangel arglistig verschwiegen, der nicht zu den Hauptmängeln gehört und dessen Abwesenheit auch nicht zugesichert wurde, dann begründet dieses arglistige Verschweigen die kaufrechtliche Gewährleistungspflicht des Verkäufers nicht[9]).

Es ist aber wohl zu beachten: Nur die kaufrechtliche Gewährleistungspflicht für Sachmängel, welche dem Verkäufer durch die §§ 459—492 BGB. auferlegt ist, kann wegen solcher arglistig verschwiegener Fehler, die weder Hauptmängel noch Mängel zugesicherter Eigenschaften sind, nicht in Anspruch genommen werden. Der Verkäufer haftet auch nicht etwa auf Grund der culpa in contrahendo auf Schadenersatz (s. hierüber unten § 5 S. 27). Indes ist der Käufer

[6]) Bolze 11 Nr. 357.

[7]) OLG. 38, 83; LZ. 1916, 1176 (RG.).

[8]) Hanke 167; Krückmann, BayZ. 1907, 29.

Im Ergebnis ebenso, jedoch mit widerspruchsvoller Begründung: Stölzle, BayZ. 1906, 438; 1907, 145.

Nunmehr stellt Stölzle (Viehkauf) 287 den Satz auf: Verschweigen eines nicht zu den Hauptmängeln gehörigen erheblichen Fehlers ist nicht arglistiges Verschweigen im Sinne des Gesetzes. Dieser Satz ist grundsätzlich unhaltbar. Arglist und Verschweigen sind Begriffe, die immer dieselben sein müssen, gleichviel welche Eigenschaft oder welcher Umstand vorenthalten wird.

[9]) RG. 102, 308; Stölzle 289.

deswegen nicht rechtlos gestellt, sondern nur auf die §§ 123 und 826, sowie, wenn das arglistige Verschweigen sich zu einem Unterdrücken im Sinne des § 263 RStGB. verstärkt, § 823 Abs. 2 beschränkt[10]).

2. Ist ein **Hauptmangel** arglistig verschwiegen[11]), so stehen dem Käufer folgende Rechtsbehelfe zur Seite:

a) Er kann, sofern er durch das arglistige Verschweigen bestimmt wurde, den Vertrag überhaupt oder doch zu den vereinbarten Bedingungen abzuschließen, den Kauf anfechten (§ 123) und daneben regelmäßig (s. hierüber unten § 7) das negative Vertragsinteresse (§ 826 evtl. § 823 Abs. 2), nicht aber Schadenersatz wegen Nichterfüllung verlangen[12]). Der Anfechtungsanspruch verjährt in einem Jahr, der Schadenersatzanspruch in drei Jahren seit Kenntnis der Täuschung.

b) Wenn nicht rechtswirksam angefochten ist, kann der Käufer vor allem die Wandlung verlangen (§ 487), daneben Schadenersatz wegen unerlaubter Handlung. Der Umfang dieses Schadenersatzanspruchs bemißt sich nach dem Grundsatz des § 249 BGB. (s. unten § 7): es handelt sich also nicht um Schadenersatz wegen Nichterfüllung, der nach § 463 **neben der Wandlung** nicht geltend gemacht werden kann. Eine Pflicht zur Mängelanzeige besteht nicht. Der Wandlungsanspruch verjährt in 30 Jahren; der Schadenersatzanspruch aus der unerlaubten Handlung dagegen in drei Jahren seit der Kenntnis des Schadens (§ 852).

c) **Statt** der Wandlung kann der Käufer Schadenersatz wegen Nichterfüllung verlangen (§ 463 BGB.). Der zum Ersatz verpflichtende Umstand ist der Mangel; der Käufer ist so zu stellen, wie er stehen würde wenn der Mangel nicht vorhanden wäre. Der Ersatzanspruch hat nicht zur Voraussetzung, daß die Vertragsbestimmungen durch das Verschweigen beeinflußt wurden[13]). Eine Pflicht zur Mängelanzeige besteht nicht; der Ersatzanspruch verjährt in 30 Jahren.

d) Ein Schadenersatz wegen positiver Vertragsverletzung kommt neben dem Schadenersatz wegen Nichterfüllung nicht in Frage.

3. Ist ein **Nichthauptmangel dessen Abwesenheit auch nicht zugesichert wurde** arglistig verschwiegen, so kann der Käufer weder Wandlung noch Schadenersatz wegen Nichterfüllung verlangen. Er ist auf das Recht der Anfechtung[14]) (§ 123) und Ersatz des negativen Vertragsinteresses beschränkt.

Er kann, wenn er beim Vertrage stehen bleibt, den Schaden verlangen, den er dadurch erlitten hat, daß er im Irrtum über das Vorhandensein des Mangels war (z. B. Ansteckung seines übrigen Viehbestandes). Unrichtig ist die Aufstellung[15]), daß der beim Vertragsschluß über eine Eigenschaft der Kaufsache arglistig Getäuschte durch eine in Kenntnis der Täuschung erfolgte Bestätigung des Ver-

---

[10]) Siehe meine Abhandlung in BayZ. 1906, 470 und in JW. 1912, 897. Vgl. Then, BayZ. 1906, 225; Stölzle, BayZ. 1906, 436; Krückmann, BayZ. 1907, 29.

[11]) Um das arglistige Verschweigen eines Hauptmangels als solchen annehmen zu können, ist es nicht erforderlich, daß der Verkäufer gerade den Charakter des Mangels als Hauptmangel erkannt hat. Es genügt, wenn er die charakteristischen Symptome und die Erheblichkeit des Mangels gekannt hat. Handelt es sich z. B. um Tuberkulose einer Kuh, so genügt es, wenn der Käufer gewußt hat, daß die Kuh chronisch hustet.

[12]) RG. 83, 245; 103, 159 u. 419.

[13]) Recht 1919 Nr. 1374, 1375, 2100 (RG.).

[14]) RG. 96, 150.

[15]) Recht 1917 Nr. 1372 ((RG.); dagegen RG. 103, 159.

trags den außervertraglichen Schadenersatzanspruch verliere. Das würde dazu führen, daß neben der Wandlung niemals Schadenersatz aus der unerlaubten Handlung verlangt werden könnte; denn das Wandlungsbegehren schließt Anerkennung des Vertrags ein. Richtig ist nur so viel, daß bei Aufrechthaltung des Vertrags ein Anspruch auf Geldersatz nur ausnahmsweise (z. B. bei Ansteckung des Viehbestandes durch das seuchenkranke Kauftier) gegeben sein kann, weil die Anwendung des § 249 an sich regelmäßig nur zur Beseitigung des Vertrags führt[16]).

IV. Beweislast.

Der Käufer ist beweispflichtig für das Verschweigen und die Arglist, auf der das Verschweigen beruht. Wenn der Verkäufer einwendet, der Käufer habe seine Erklärungen nicht vollständig wiedergegeben, so ist es Sache des Käufers, zu beweisen, daß die vom Verkäufer weiter behauptete Erklärung nicht abgegeben wurde[17]). Indes dürfen die Anforderungen an einen solchen Beweis nicht zu streng gestellt werden. Der Richter muß sich damit begnügen, wenn der beweispflichtige Käufer etwaige Umstände, die für die Positive sprechen könnten, widerlegt[18]).

Der Käufer ist auch beweispflichtig für die besonderen Umstände, aus denen der Richter den Schluß zu ziehen hat, daß nach den Grundsätzen eines reellen Geschäftsverkehrs Treu und Glauben die Pflicht zum Reden erfordern.

Und endlich muß dann noch der Käufer die spekulative Absicht des Verkäufers aus den gegebenen Umständen dartun[19]).

§ 5.

Verschulden bei Eingehung des Vertrages.

Die ständige Rechtsprechung des RG. stellt den Grundsatz auf: Wer beim Vertragsabschluß Umstände, von denen er weiß oder sich sagen muß, daß sie für den Willensentschluß des anderen Teils von wesentlicher Bedeutung sind, vorsätzlich oder fahrlässig verschweigt oder darüber unrichtige Angaben macht, ist zum Ersatz des dem anderen Teil daraus entstehenden Schadens verpflichtet (culpa in contrahendo)[1]).

Aber dieser Grundsatz gilt nur, wo die Voraussetzungen der Ersatzpflicht nicht besonders geregelt sind. Er muß gegenüber ausdrücklichen Gesetzesbestimmungen für ein einzelnes Rechtsverhältnis zurückstehen. Diese Sonderregelung ist für den Viehkauf bei der Haftung des Verkäufers wegen Verschweigens eines Fehlers und wegen Zusicherung von Eigenschaften einer Kaufsache gegeben. Diese ist im § 463 BGB.

---

16) RG. 83, 246; JW. 1910, 943; Warneyer 1918 Nr. 181.

17) SeuffA. 58 Nr. 166.

18) JW. 1918, 814 (RG.).

19) Dazu gehört der Nachweis, daß der Verkäufer die erforderliche Mitteilung, obwohl er sich der aus der Sachlage des Falls gegebenen Offenbarungspflicht bewußt war, unterlassen hat aus der Erwägung heraus, daß die Mitteilung der Tatsache oder auch nur die Andeutung von der Möglichkeit ihres Eintrittes den Kaufentschluß des Anderen beeinträchtigen könnte (Gruchot 63, 469 [RG.]).

1) RG. 93, 165; 95, 60; 97, 327; 103, 50 und 157; 107, 357; JW. 1917, 743; 1915, 240 und 577. A. M. Stölzle 306.

davon abhängig gemacht, daß der Verkäufer eine Eigenschaft zugesichert oder einen Hauptmangel arglistig verschwiegen hat[2]).

§ 463 bezieht sich nur auf zugesicherte Eigenschaften und hinsichtlich des arglistigen Verschweigens nur auf solche Mängel, für welche dem Verkäufer nach dem Gesetz die kaufrechtliche Gewährleistungspflicht obliegt. Das sind also für den gemeinen Kauf die Mängel, die unter § 459 Abs. 1 fallen, für den Viehkauf nur Hauptmängel (§ 482) und ferner für den gemeinen Kauf und den Viehkauf zugesicherte Eigenschaften. Es kann also wegen arglistigen Verschweigens eines Nichthauptmangels, dessen Abwesenheit auch nicht zugesichert wurde, ein Schadenersatzanspruch aus § 463 überhaupt nicht abgeleitet werden[3]).

Das führt folgerichtig zu der Annahme, daß wegen arglistigen Verschweigens eines solchen Mangels ein Schadenersatzanspruch auch mit culpa in contrahendo nicht begründet werden kann, denn der Sinn des § 463 geht dahin, daß bei einem Kauf auch dann, wenn ein Mangel arglistig verschwiegen wurde, ein vertraglicher Schadenersatzanspruch wegen Nichterfüllung nur dann verliehen ist, wenn es sich um einen gewährleistungspflichtigen Mangel handelt. Erst recht nicht kann ein solcher Anspruch erhoben werden, wenn er nur fahrlässiger-, also nicht arglistigerweise verschwiegen wurde. Das gilt schon für gemeines Kaufrecht; es muß erst recht gelten für den Viehkauf. Denn, wie in den Gesetzgebungsarbeiten zum Ausdruck gebracht ist und auch aus § 482 hervorgeht („der Käufer hat *nur* Hauptmängel zu vertreten"), verfolgte der Gesetzgeber aus Gründen der Rechtssicherheit und zur Abschneidung von Prozessen den ausgesprochenen Zweck, auf dem Gebiete des Viehkaufs im Einklang mit dem deutschen Rechtssystem den Kreis der von dem Verkäufer zu vertretenden Mängel einzuschränken[4]). Das ganze System des Viehgewährschaftsrechts würde durchbrochen, wenn man dem Verkäufer eine *kaufrechtliche Gewährleistungspflicht* für einen nach Kaufrecht nicht zu vertretenden Fehler bloß deshalb überbürden würde, weil er mit Arglist oder gar nur aus bloßer Fahrlässigkeit einen solchen Mangel nicht angegeben hat, sei es, daß er fahrlässigerweise den Mangel überhaupt nicht kannte, sei es, daß er fahrlässigerweise annahm, der Mangel sei nicht erheblich oder der Käufer lege darauf keinen Wert. In den Fällen, in welchen der Verkäufer einen ihm bekannten Nichthauptmangel arglistig verschwiegen hat, steht dem Käufer der Anfechtungsanspruch aus § 123 und der Schadenersatzanspruch aus § 826, und wenn das arglistige Verschweigen ein Unterdrücken darstellt, auch aus § 823 Abs. 2 mit § 263 RStGB. zur Seite; einen vertraglichen Gewährleistungsanspruch hat er nicht. Wird der Mangel aus bloßer Fahrlässigkeit verschwiegen, so ist ein Schadenersatzanspruch aus unerlaubter Hand-

[2]) Vgl. SeuffA. 78 Nr. 7 (RG.), ausführlicher in BayZ. 1922, 260. Wenn dort gesagt ist, daß die Haftung des Verkäufers wegen Verschweigens eines Fehlers und wegen falscher Zusicherung von Eigenschaften einer Kaufsache in § 463 Satz 2 BGB. davon abhängig gemacht sei, daß der Verkäufer *arglistig* verschwiegen oder zugesichert habe, so ist dies ungenau. Die Zusicherung verpflichtet nach § 463 Satz 1 auch dann zum Schadenersatz wegen Nichterfüllung, wenn die Zusicherung im besten Glauben und ohne Fahrlässigkeit abgegeben wurde.

[3]) RG. 102, 308; s. hierüber oben S. 25.

[4]) Vgl. Denkschrift S. 64—67 (Mugdan 2, 647 f.).

lung so wenig gegeben, wie ein Gewährleistungsanspruch aus dem Vertrag. Das Sonderrecht der Viehgewährschaft würde vollständig über den Haufen geworfen, wenn man in diesem Fall auf dem Umwege über die culpa in contrahendo einen vertraglichen Schadenersatzanspruch wegen Nichterfüllung als Folge der fahrlässigen Nichtoffenbarung eines jeglichen erheblichen Mangels einführen würde.

Die Rechtsprechung des Reichsgerichts über Verschulden beim Vertragsabschluß nötigt hiezu nicht, denn das RG. betont, daß eine allgemeine Offenbarungspflicht bei Abschluß eines Vertrags nicht besteht[5]), sondern nur dann anzuerkennen ist, wenn Treu und Glauben nach der Verkehrssitte das Reden erfordern[6]). Beim Viehkauf unterstellt der redliche Verkehr eine solche Offenbarungspflicht des Verkäufers nicht. In den beteiligten Verkehrskreisen wird zwar unter Umständen von dem Verkäufer erwartet, daß er ihm bekannte und für den Entschluß des Käufers als ausschlaggebend erkannte Mängel nicht verschweigt. Es wird ihm aber nicht angesonnen, daß er vor dem Verkauf eine Untersuchung des Tieres vornimmt. Es handelt sich hier nicht etwa um eine im Verkehr eingerissene Nachlässigkeit oder Unsitte, sondern um eine mit der Natur des Kaufgegenstandes (Tier) im Einklang stehende und vom Standpunkt des Gesetzgebers des Viehgewährschaftsrechts berechtigte Übung.

Ist zur Zeit des Vertrages ohne Kenntnis des Verkäufers die verkaufte Kuh mit Maul- und Klauenseuche behaftet und es wird infolge dieses Mangels der Viehbestand des Käufers angesteckt, so kann hiewegen ein Schadenersatzanspruch des Käufers jedenfalls nicht mit der culpa in contrahendo gerechtfertigt werden. Eine andere Frage ist die, ob nicht ein Verschulden bei der Vertragserfüllung vorliegt, wenn der Verkäufer das mit diesem gefährlichen Mangel behaftete Rind dem Käufer übergibt, ohne sich vorher von dem Zustande des Tieres überzeugt zu haben. Hier kann der durch Ansteckung anderer Tiere herbeigeführte Schaden mit der Vertragsklage wegen Verschuldens bei der Erfüllung des Vertrags verlangt werden (s. hierüber unten S. 29ff). Außerdem kann eine fahrlässige Verletzung des Eigentums (des Viehbestands) gemäß § 823 Abs. 1, unter Umständen auch ein Verstoß gegen das Viehseuchengesetz und im Zusammenhalt mit diesem ein Schadenersatzanspruch nach § 823 Abs. 2 in Frage kommen.

Aus § 463 BGB. ist aber die weitere Folgerung zu ziehen, daß auch wegen arglistigen Verschweigens eines Hauptmangels oder eines Nichthauptmangels, dessen Abwesenheit zugesichert wurde, neben der Wandlung ein Schadenersatz jedenfalls nicht mit der culpa in contrahendo begründet werden kann; denn wenn § 463 bestimmt, daß in diesem Fall statt der Wandlung Schadenersatz wegen Nichterfüllung verlangt werden kann, so ist damit gesagt, daß wegen arglistigen Verschweigens eines solchen Mangels neben der Wandlung Schadenersatz wegen Nichterfüllung nicht verlangt werden kann.

5) RG. 62, 150.

6) SeuffA. 79 Nr. 60. Der Geschädigte muß seinen Schaden und die Offenbarungspflicht des Gegners dartun; er muß ferner dartun, daß dieser seiner Offenbarungspflicht nicht genügt hat. (Staub Anm. 16 zu § 347; unrichtig dagegen Anm. 2 zu § 347; in dem dort erwähnten Urteil des RG. 93, 166 handelte es sich in Wahrheit nicht um culpa in contrahendo, sondern um Verschulden bei der Erfüllung des Vertrags).

Gilt aber diese Beschränkung sogar im Fall des arglistigen Verschweigens des Mangels, so muß sie erst recht gelten, wenn der Mangel nur fahrlässig verschwiegen wurde.

Das Ergebnis ist also: Beim Viehkauf kann mit der culpa in contrahendo ein Anspruch auf Ersatz des Schadens nicht begründet werden, der durch einen sachlichen Mangel des Tieres herbeigeführt wurde. Wohl aber kann ein Schadenersatz wegen Verschuldens beim Vertragsschluß begehrt werden, wenn sich das Verschulden auf andere Umstände bezieht, als auf sachliche Mängel des Tieres (s. unten § 6).

Bei Tieren, die zum Schlachten nach lebendem Gewicht verkauft werden, werden häufig die Tiere vom Verkäufer überfüttert, um beim Abwiegen ein höheres Gewicht und damit einen höheren Kaufpreis zu erzielen. Das Gewicht stellt aber in diesem Fall keine Eigenschaft des Tieres dar[7]). Es handelt sich somit auch nicht um die Vorspiegelung einer *Eigenschaft*, in welchem Fall das Reichsgericht in analoger Anwendung des § 436 einen Schadenersatz wegen Nichterfüllung zubilligt. Erst recht nicht handelt es sich um *Zusicherung* einer Eigenschaft[8]). Aber es liegt Verschulden beim Vertragsschluß vor und da sich das Verschulden nicht auf einen sachlichen Mangel, sondern auf einen anderen Umstand bezieht, stehen die Vorschriften des BGB. über die Gewährleistungspflicht des Verkäufers der Geltendmachung des Schadenersatzanspruchs wegen Verschuldens beim Vertragsschluß nicht im Wege. In der Vorspiegelung des werterhöhenden Umstands liegt übrigens auch eine arglistige Täuschung (§ 123 BGB.) und ein zum Schadenersatz verpflichtende unerlaubte Handlung[9]).

Der Umfang des Schadenersatzes, zu dem die culpa in contrahendo verpflichtet, wird durch § 249 BGB. bestimmt[10]). Es ist der Zustand herzustellen, der bestehen würde ,wenn der zum Ersatz verpflichtende Umstand — das ist das arglistige Verschweigen und die dadurch bewirkte Täuschung — nicht eingetreten wäre (s. hierüber unten § 7).

§ 6.

Verschulden bei Erfüllung des Vertrages.

1. Soweit der Schuldner seine Vertragspflicht durch Unterlassung der Erfüllung schuldhaft verletzt, ist durch § 286 BGB. seine Schadenersatzpflicht von dem Erfordernis des Verzugs abhängig gemacht. Soweit aber eine solche *Unterlassung* nicht in Frage steht, sondern es sich um eine *positive* Vertragsverletzung[1]) handelt, ist der Rechts-

[7]) Unrichtig OLG. 33, 284 (KG.).

[8]) Zutreffend OLG. 33, 284, wo allerdings für diese Ansicht nur der eine Grund angeführt wird, daß eine Zusicherung im Sinne des § 459 Abs. 2 BGB. nicht gegeben sei.

[9]) Vgl. OLG. 33, 284; Stölzle 264; vgl. unten § 7.

[10]) RG. 103, 50; SeuffA. 75 Nr. 124.

[1]) Der Begriff „positive Vertragsverletzung" ist dem Gegensatz zur Vertragsverletzung durch Unterlassung entnommen. Er setzt nicht voraus — wie Stölzle 305 und 307 im Anschluß an Staub, Anm. 174 zum Anhang zu § 374 annimmt — daß durch die Vertragsverletzung der Vertragszweck in erheblicher Weise gefährdet wird. Das ist nur die Voraussetzung für das Recht des Gläubigers, die Rechte des § 326 (Rücktritt oder Schadenersatz wegen Nichterfüllung des ganzen Vertrages) ohne vorherige Fristsetzung und Androhung geltend zu machen (RG. 106, 22). Stölzle 305 f. wirft den Anspruch aus positiver Vertragsverletzung, der ein Anspruch aus dem Vertrag ist, mit dem Anspruch aus der unerlaubten Handlung zusammen.

satz anerkannt: Eine schuldhafte Verletzung der Vertragspflicht verpflichtet den Schuldner ohne weiteres zum Schadenersatz[2]).

Dieser Rechtssatz, der vom Reichsgericht unmittelbar aus § 276 BGB. abgeleitet wird, ist allgemein anerkannt, wenn auch hinsichtlich seiner Begründung eine große Meinungsverschiedenheit besteht.

Dem Verkäufer erwächst aus dem Vertrag die Lieferungspflicht. Er hat nach § 433 dem Käufer die verkaufte Sache zu übergeben. Das schließt die vertragliche Verpflichtung des Verkäufers ein, den konkreten Kaufgegenstand nach dem Vertragsabschluß bis zur Übergabe vor Verlust und Schaden zu bewahren. Verletzt er vorsätzlich oder fahrlässig diese vertragliche Verpflichtung, so ist er schadenersatzpflichtig.

Es handelt sich also um eine positive Vertragsverletzung, wenn der Verkäufer das verkaufte Pferd nach dem Vertragsschluß zu Schanden reitet oder es erhitzt von starker Bewegung in einem zugigen Stall einstellt. Bekommt das Pferd infolgedessen eine Krankheit, so muß der Verkäufer dem Käufer allen hieraus entstehenden Schaden ersetzen, wobei es völlig unerheblich ist, ob der Käufer nach den Gewährleistungsvorschriften für diese Krankheit einzustehen hat.

Der Lieferungspflicht ist aber nicht schon dadurch genügt, daß der Verkäufer, der seine Verpflichtung, den Kaufgegenstand vor Schaden zu behüten, in keiner Weise verletzt hat, den Kaufgegenstand so wie er eben ist, übergibt, sondern er muß ihn in der Beschaffenheit übergeben, für welche er nach dem Kaufvertrag einzustehen hat. Der Inhalt der Leistungspflicht des Verkäufers wird hinsichtlich der Beschaffenheit des Kaufgegenstandes durch die §§ 482, 492 bestimmt. Liefert der Verkäufer, der nach dem Vertragsschluß seine Pflicht, die Kaufsache vor Schaden zu behüten, erfüllt hat, den Gegenstand frei von Rechten Dritter und frei von denjenigen Mängeln, für die er nach § 482 einzustehen hat, und mit den Eigenschaften, die er zugesichert hat (§ 492), so hat er seine Leistungspflicht mit ihrem vollen Inhalt erfüllt. Es kommt dann nur noch darauf an, ob die Art und Weise, in welcher er die ihrem Inhalt nach durch die §§ 493 mit 482, 492 bestimmte Leistung erfüllt, im Einklang mit der Vorschrift des § 242 steht, wonach der Schuldner verpflichtet ist, die Leistung so zu bewirken, wie Treu und Glauben mit Rücksicht auf die Verkehrssitte es erfordern.

Ein Beispiel wird den Unterschied zwischen der Leistung des Gegenstandes in vertragsmäßiger Beschaffenheit (Leistungsinhalt) und der Art und Weise der Leistung (§ 242) klarstellen. Der Verkäufer einer Kuh, der eine Gewährschaft nicht besonders übernommen und eine Eigenschaft nicht zugesichert hat, haftet nicht für ansteckenden Scheidekatarrh der verkauften Kuh, da diese Krankheit keinen Hauptmangel darstellt. Der Inhalt seiner Leistungspflicht geht deshalb nicht dahin, daß er die Kuh frei von ansteckendem Scheidekatarrh übergibt. Wenn er aber die Kuh dem Käufer übergibt, ohne ihn auf das Vorhandensein dieser Krankheit aufmerksam zu machen, so wird dem Käufer durch die unvermeidliche Ansteckung seines übrigen Viehbestandes erheblicher Schaden zugefügt. Treu und Glauben mit

---

[2]) RG. 106, 22; 52, 19; 53, 201; 62, 120; 66, 291.

Rücksicht auf die Verkehrssitte erheischen, daß der Verkäufer den Käufer vor diesem Schaden bewahrt. Verletzt er schuldhaft, also vorsätzlich oder fahrlässig, diese vertragliche Verpflichtung, so ist er zum Schadenersatz verpflichtet. Die Sache liegt aber nicht so, daß der Käufer die mit ansteckendem Scheidekatarrh behaftete Kuh überhaupt nicht abnehmen muß. Er kommt, wenn ihm der Verkäufer die Übergabe der Kuh anbietet und er die Kuh wegen dieses Mangels zurückweist, in Annahmeverzug. Aber der Verkäufer hat die Verpflichtung, den Käufer vor der Übergabe auf das Vorhandensein des ansteckenden Scheidekatarrhs aufmerksam zu machen, damit sich dieser vor Schaden behüten kann.

Der Verkäufer verletzt schuldhaft seine Vertragspflicht, wenn er dem Käufer ein Tier übergibt, ohne sich vorher von dem Gesundheitszustand des Tieres unterrichtet zu haben. Das Maß der hiernach dem Verkäufer vor der Übergabe obliegenden Prüfung wird durch die Verkehrssitte bestimmt. Hiernach hat der Käufer nicht etwa in jedem Fall eine Untersuchung des Tieres durch einen Tierarzt vornehmen zu lassen, bevor er es übergibt. Aber man kann von ihm verlangen, daß er das tut, was jeder sorgsame Tierhalter (bonus pater familiae) zu tun gewohnt ist. Ein solcher schaut sich von Zeit zu Zeit seinen Viehbestand an; er beobachtet die Freß- und Ganglust und auch, ob das Tier irgendeine äußere Verletzung, einen Ausfluß aus den Geschlechtsorganen, den Ohren, den Nasenlöchern hat. Darauf muß sich der Verkäufer das Tier vor der Übergabe ansehen. Entdeckt er dabei Auffälligkeiten, die den Verdacht einer erheblichen Erkrankung nahelegen, so muß er das Tier durch einen Tierarzt untersuchen lassen. Er muß eben so handeln, wie ein bonus pater familiae als Tierhalter handelt. Die Sorgfalt des bonus pater familiae gibt den Maßstab für die Verpflichtung, die ihm als vertragsmäßige gegenüber seinem Abkäufer durch § 242 BGB. auferlegt ist. Verletzt er vorsätzlich oder fahrlässig diese Pflicht und ist ihm infolge dessen der vorhandene Ausfluß aus der Scheide oder der Mangel der Freß- und Gehlust unbekannt geblieben, so hat er fahrlässig die ihm nach § 242 hinsichtlich der Art und Weise der Leistung obliegende Verpflichtung verletzt und wenn hieraus dem Käufer ein Schaden erwächst, so hat der Verkäufer wegen positiver Vertragsverletzung diesen Schaden zu ersetzen (§ 276).

2. Wenn ein unmittelbarer Zusammenhang des Verschuldens mit dem sachlichen Mangel besteht, mit anderen Worten, wenn das Verschulden des Verkäufers nur darin besteht, daß er vorsätzlich oder fahrlässig mangelhaft geliefert hat, dann ist zunächst zu prüfen, ob nicht der Ersatz auch dieses Schadens durch die Vorschriften über die Gewährleistung für sachliche Mängel der Kaufsache geregelt ist; denn hinter dieser Sonderregelung müßte dann die allgemeine Vorschrift des § 276 zurücktreten. Der § 463 BGB. stellt aber lediglich auf das Verschulden beim Vertragsabschluß ab. Über die Frage, ob der Verkäufer auf Schadenersatz haftet, wenn er bei der Erfüllung des Vertrags durch Lieferung einer mangelhaften Sache schuldhaft handelt, enthalten die Gewährleistungsvorschriften keine Bestimmung. Der § 276 BGB. ist also auch auf ein Erfüllungsverschulden des Verkäufers anwendbar. Nur darf dabei nicht übersehen werden, daß der Inhalt der dem Verkäufer obliegenden Leistung hinsichtlich der Beschaffenheit durch die Gewährleistungsvorschriften (wenigstens beim Speziesкauf) erschöpfend geregelt ist. Hiernach hat der Verkäufer nur für den Mangel zugesicherter Eigenschaften oder für die gesetzlichen Fehler (Hauptmängel) aufzukommen. Der Verkäufer erfüllt also seine Leistungspflicht ihrem vollen Inhalte nach, wenn das Tier frei von Hauptmängeln und frei vom Mangel zugesicherter Eigenschaften ist. Liegt aber ein Hauptmangel oder der Mangel einer zugesicherten Eigenschaft vor und der Verkäufer liefert dieses Tier, obwohl er den Mangel kennt oder bei Anwendung der im Verkehr erforderlichen Sorgfalt kennen müßte, so ist er wegen positiver Vertragsverletzung zum Schadenersatz verpflichtet. Aber nicht darin liegt der Grund der Ersatzpflicht, daß der Käufer die Sache mit dem Mangel liefert, sondern darin, daß er sie bewußt oder fahrlässig mit einem von ihm zu vertretenden Mangel, also schuldhaft vertragswidrig liefert. Den im Minderwert des Tieres bestehenden Schaden kann aber der Käufer nicht neben der Wandlung geltend machen; denn die Wandlung besteht darin, daß der Vertrag rückgängig gemacht wird, und es ist kein Raum für einen daneben geltend gemachten Schadenersatzanspruch, der ausschließlich in einem durch den sachlichen Mangel des Tieres herbeigeführten Minderwert besteht. Nur insoweit, als durch die schuldhaft mangelhafte Lieferung dem Käufer ein Schaden zugefügt worden ist, der nicht in dem durch den Mangel herbeigeführten Minderwert des Tieres besteht, kann neben dem Wandlunganspruch ein Schadenersatzanspruch geltend gemacht werden.

Wenn z. B. der Verkäufer beim Verkauf des Pferdes an einen Droschkenkutscher zugesichert hat, daß das Pferd gewöhnt sei und das Pferd im Bewußtsein davon übergibt, daß das Pferd nicht gewöhnt ist, so kann der Käufer, der die Wandlungsklage erhoben hat, nicht daneben Ersatz seines Schadens verlangen, weil er das Pferd für seinen Betrieb nicht gebrauchen kann. Dem Käufer stünde an sich dieser Schadenersatzanspruch wegen Nichterfüllung in Gemäßheit des § 463 BGB. zu. Wenn er aber die Wandlung gewählt hat, dann kann er diesen Schadenersatzanspruch aus § 463 nicht geltend machen und das kann dann auch nicht auf dem Umwege des Schadenersatzanspruches auf Grund der positiven Vertragsverletzung der Fall sein. Es gilt eben der Grundsatz: Soweit der Ersatz eines Schadens auf Es gilt eben der Grundsatz: Soweit das Gesetz die Gewährleistungspflicht regelt, geht diese Sonderreglung der allgemeinen Regelung des § 276 vor und es kann deshalb dieser gleiche konkrete Schaden nicht aus § 276 zum Ersatz beansprucht werden[3]).

Wenn nun das Tier lediglich mit einem Mangel geliefert wird, den der Verkäufer nach den kaufrechtlichen Gewährleistungsansprüchen überhaupt nicht zu vertreten hat, so genügt der Verkäufer beim Speziesкauf seiner Leistungspflicht ihrem vollen Inhalt nach, also auch hinsichtlich ihrer Beschaffenheit, wenn er dem Käufer dieses Tier liefert. Ein Schadenersatzanspruch wegen Minderwerts infolge dieses Mangels kann also unter keinen Umständen beansprucht werden, also auch dann nicht, wenn der Käufer bei der Erfüllung diesen Mangel kennt.

---

[3]) Vgl. RGK. Bem. 6 und 10b zu § 459; RG. 53, 202.

Nur ist aus § 242 die Verpflichtung des Verkäufers abzuleiten, daß er bei dieser Erfüllung den Käufer vor einem anderen Schaden behütet. Er muß ihn also darauf aufmerksam machen, daß das Pferd ein Schläger ist, oder daß die Kuh mit ansteckendem Scheidekatarrh behaftet ist. All dies natürlich nur unter der Voraussetzung, daß er diesen Mangel entweder kennt oder bei der ihm nach der Verkehrssitte vor der Übergabe obliegenden Prüfung des Tieres hätte erkennen müssen. Hat der Verkäufer den Käufer schuldhafterweise nicht auf den Mangel aufmerksam gemacht, so ist er auf Grund dieser positiven Vertragsverletzung zum Ersatz des Schadens verpflichtet, der dadurch entstanden ist, daß das Kaufpferd ein anderes Pferd durch Ausschlagen verletzt oder durch die Kaufkuh die anderen Kühe des Käufers mit Scheidekatarrh angesteckt wurden[4]). Dieser Schadenersatzanspruch ist vollständig unabhängig von den Gewährleistungsvorschriften. Er kann neben dem Wandelungsanspruch erhoben werden.

Der Käufer muß aber das Tier trotz des Mangels, den ja der Verkäufer nicht zu vertreten hat, abnehmen. Der Verkäufer muß ihn nur in die Lage versetzen, Vorkehrungen zu treffen, durch welche er sich vor Schädigung infolge des Mangels nach Tunlichkeit bewahrt.

3. Was den Umfang des Schadenersatzanspruchs aus der positiven Vertragsverletzung anlangt, so haftet der Schuldner für alle Folgen der Vertragsverletzung und es entfällt die Haftung nur dann, wenn der Schaden gegen den natürlichen Lauf der Dinge infolge Hinzutretens eines Ereignisses entstand, das mit der Vertragsverletzung nichts zu tun hat[5]). Es sind eben die Grundsätze des adäquaten ursächlichen Zusammenhangs anzuwenden. Es ist das positive Erfüllungsinteresse zu ersetzen, nicht nur das negative[6]).

Ein mitwirkendes Verschulden des Käufers und seiner Erfüllungsgehilfen bei der Abnahme des Tieres ist nach den allgemeinen Grundsätzen des § 254 BGB. zu berücksichtigen[7]).

Über die Beweislast vgl. Staub, Anm. 16 zu § 347. Der Erfüllungsort für die Schadenersatzpflicht wegen positiver Vertragsverletzung ist der gleiche wie der Erfüllungsort für die Hauptverpflichtung (s. unten § 29 I 2).

4. Der Ausschluß der Haftung für positive Vertragsverletzung durch Vereinbarung ist wirksam, soweit lediglich Fahrlässigkeit in Frage kommt. Dagegen kann die Haftung für eigenen Vorsatz (anders für Vorsatz der Erfüllungsgehilfen, § 278) nicht im voraus erlassen werden (§ 276 Abs. 2 BGB.)[8]).

5. Die Verjährung. Die herrschende Meinung nimmt an, daß der Schadenersatzanspruch wegen positiver Vertragsverletzung, soweit das Verschulden im unmittelbaren Zusammenhang mit einem sachlichen Mangel der Kaufsache steht, der kurzen Verjährungsfrist der Gewährleistungsansprüche, beim gemeinen Kauf der 6 monatlichen, beim Viehkauf der 6 wöchentlichen Verjährungsfrist untersteht[9]).

---

4) Vgl. Staudinger, Bem. III a zu § 276.

5) RGK. Bem. 4 zu § 276; vgl. JW. 1913, 546 (RG.).

6) JW. 1912, 743 (RG.); Oertmann, LZ. 1914, 514 billigt dagegen nur das negative Erfüllungsinteresse zu. Die Frage bleibt dahingestellt bei RG. 93, 165.

7) Vgl. Staub, Bem. 12 b und 14 zu § 347.

8) RG. 89, 8.

9) Staub, Anm. 203 zu Anhang zu § 374; Staudinger, Vorbem. 5 e vor § 459; RG. 53, 200; JW. 1904, 366 (RG.).

Dieser Ansicht ist nicht beizupflichten. Der Grund der Ersatzpflicht besteht ausschließlich im Verschulden. Daß dieses Verschulden mit einem sachlichen Mangel in Zusammenhang steht, ist belanglos. Der Gewährleistungsanspruch und ein hieraus nach § 463 abzuleitender Schaden steht im unmittelbaren Zusammenhang mit dem Inhalt der Leistung. Der Schadenersatzanspruch wegen positiver Vertragsverletzung wird erst durch das Hinzutreten eines besonderen selbständigen Ereignisses vermittelt und unterliegt daher nicht der kurzen Verjährungsfrist der §§ 477, 490[10]).

§ 7.

Anspruch aus der unerlaubten Handlung.

Unabhängig von den Vertragsansprüchen und dem Anfechtungsrecht legt das Gesetz demjenigen, der vorsätzlich oder fahrlässig das Eigentum eines anderen widerrechtlich verletzt (§ 823 Abs. 1)[1]) oder der gegen ein den Schutz eines anderen bezweckendes Gesetz verstößt (§ 823 Abs. 2) oder der in einer gegen die guten Sitten verstoßenden Weise einem anderen vorsätzlich Schaden zufügt (§ 826), die Verpflichtung zum Ersatz des daraus entstehenden Schadens auf.

Es ist nun sehr wohl möglich, daß die Verletzung einer Vertragspflicht zugleich auch den Tatbestand einer solchen unerlaubten Handlung erfüllt; dann ist neben dem Anspruch aus dem Vertrage auch der Anspruch aus dem Delikt und die diesen Ansprüchen entsprechende Haftung gegeben[2]).

Die einfache Verletzung einer Vertragspflicht stellt natürlich an sich noch keine unerlaubte Handlung dar. Eine nach den §§ 823, 826 schon an sich unerlaubte Handlung wird aber dieses ihres Charakters als unerlaubte Handlung mit den vom Gesetz auf die unerlaubte Handlung gesetzten Folgen nicht dadurch entkleidet, daß durch die Handlung zugleich gegen eine Vertragspflicht verstoßen wird. Es sind also die Voraussetzungen der Verletzung der Vertragspflicht und der unlaubten Handlung selbständig und unabhängig voneinander zu behandeln[3]). Unabhängig von dem Vertragsanspruch und dem Deliktsanspruch besteht das Recht der Anfechtung nach § 123[4]) (siehe oben S. 20).

Wer einen erheblichen Mangel arglistig verschweigt, setzt hiedurch den Tatbestand des § 826, soferne er in seinen Vorsatz die Vorstellung aufnimmt, daß hierdurch der Käufer geschädigt werden kann[5]). Die Voraussetzung der Ersatzpflicht aus § 826 ist also

---

Das RG. 93, 4 hat in einer im übrigen recht unklaren Entscheidung hinsichtlich der gleichgelagerten Frage beim Werkvertrag ausgesprochen, daß für den Anspruch aus § 635 die kurze Frist des § 638, für den Anspruch aus § 276 die 30jährige Frist des § 195 laufe.

[10]) RGK. Bem. 6 B g zu § 459.

[1]) Zu beachten ist, daß durch den § 823 Abs. 1 nur die sogenannten absoluten Rechte, z. B. das Eigentum, nicht aber das Vermögen als solches geschützt wird.

[2]) JW. 1904, 166.

[3]) Liszt, Delikts-Obligationen 10; Weyl, Verschuldungsbegriffe 267; Recht 1902, 236; 1905, 646; Mathiesen in JW. 1908, 62.

[4]) SeuffA. 63 Nr. 2 (RG.).

[5]) Sind Folgen eingetreten, die der Täter nicht in den Kreis seiner Vorstellungen einbezogen hat, dann fehlt es insoweit an dem Vorsatz des § 826. (Warneyer 1913 Nr. 42: RGK. Bem. 3 zu § 826 unter Hinweis auf Urt. d. RG. v. 2. Mai 1907 VII 417/06.)

eine Vermögensbeschädigung des Käufers und das gilt in gleicher Weise für die Ersatzpflicht aus § 823 Abs. 2 BGB. mit § 263 RStGB. im Falle der wissentlich unwahren Vorspiegelung einer Eigenschaft oder der Unterdrückung eines Mangels. Bei gegenseitigen Verträgen bedarf es, um eine unmittelbare Schädigung des Getäuschten feststellen zu können, einer Abwägung des Wertes von Leistung und Gegenleistung[6]. Der Käufer, der Schadenersatzansprüche aus einer unerlaubten Handlung ableitet, hat daher regelmäßig nachzuweisen, daß er infolge der unerlaubten Handlung einen höheren Kaufpreis bezahlt hat, als dem gemeinen Wert der Sache entspricht, und daß der Verkäufer wenigstens mit dieser Möglichkeit gerechnet hat[7].

Was den Umfang des Schadenersatzes betrifft, so hat der für die unerlaubte Handlung Ersatzpflichtige[8] den Zustand herzustellen, der bestehen würde, wenn der zum Ersatz verpflichtende Umstand nicht eingetreten wäre (§ 249). Der zum Ersatz verpflichtende Umstand ist aber nicht die Unwahrheit der vorgespiegelten Eigenschaft (das Vorhandensein des verheimlichten Mangels), sondern die Täuschung und der dadurch bewirkte Irrtum[9].

Folgerichtig kann mit dem Anspruch aus der unerlaubten Handlung Schadenersatz wegen des Minderwerts des Tieres infolge des Mangels nur dann beansprucht werden, wenn der Käufer durch das arglistige Verhalten zum Abschluß des Kaufvertrags — überhaupt oder unter den vereinbarten Bedingungen — bestimmt worden ist[10]. Der Schadenersatz ist dann gemäß § 249 durch Herstellung des Zustandes zu leisten, der bestehen würde, wenn der Verkäufer den Käufer nicht durch das arglistige Verhalten in seinem Willen beeinflußt hätte. Dieses sogen. negative Vertragsinteresse kann in dem Unterschied zwischen dem vereinbarten Kaufpreis und dem Preise, den der Käufer ohne diese Willensbeeinflussung bewilligt hätte, nur dann gefunden werden, wenn sich feststellen läßt, daß sich der Verkäufer auch mit dem niedrigeren Preise begnügt haben würde[11].

Das Reichsgericht bewilligt aber in konstanter, freilich anfechtbarer Rechtsprechung im Falle einer betrüglichen Vorspiegelung einer Eigenschaft auf Grund analoger Anwendung des § 463

[6] RGStr. 16, 1 (Plenarentsch.): 44, 230. Ob ein Schaden entstanden ist, kann nur durch Vergleichung der Vermögenslage des Geschädigten vor Vertragsschluß mit der Vermögenslage festgestellt werden, in die er durch den Vertragsschluß gekommen ist, also nur unter Berücksichtigung nicht nur aller Nachteile, die ihm hieraus entstanden sind, sondern auch aller Vorteile, die er dadurch erlangt hat. (LZ. 1917, 1171 [RG.]; Gruchot 55, 349; RG. 54, 140.)

[7] Mathiesen in JW. 1908, 62. Eventualdolus genügt bei § 263 RStGB. wie bei § 826 BGB. Vgl. DJZ. 1906, 1095 (RG.).

[8] Über die Haftung eines Dritten, der an der unerlaubten Handlung teilgenommen hat s. RG. 103, 160.

[9] Das RG. hat seinen früheren gegenteiligen Standpunkt (RG. 59, 155; 62, 384; 63, 110) aufgegeben (JW. 1907, 670; RG. 66, 335; 103, 159; Warneyer 1909 Nr. 179; 1912 Nr. 333; 1917 Nr. 100).

[10] Das gilt nur für den Schaden, soweit er in dem Minderwert des Kauftieres selbst besteht, nicht aber für einen anderweitigen Schaden (z. B. infolge Ansteckung anderer Tiere durch das Kauftier). Stölzle 326 geht daher zu weit, wenn er aufstellt, daß der Verkäufer aus §§ 823, 826 nur dann hafte, wenn der Käufer durch unerlaubte Handlung des Verkäufers zum Kaufabschluß bestimmt worden sei. Die von ihm angezogene Entsch. d. RG. in JW. 1915, 1191 behandelt nicht den Anspruch aus der unerlaubten Handlung, sondern den Vertragsanspruch auf das positive Erfüllungsinteresse.

[11] JW. 1915, 1192; Gruchot 55, 350; RG. 83, 247 f.; 103, 159.

den dort für den Fall des arglistigen Verschweigens eines Fehlers und die Zusicherung einer Eigenschaft eingeräumten Vertragsanspruch auf Schadenersatz wegen Nichterfüllung, wenn das Vorhandensein der vorgespiegelten Eigenschaft nicht zugesichert wurde[12]).

Der Schadenersatzanspruch aus der unerlaubten Handlung kann gemäß § 249 auch zur vollständigen Aufhebung des Vertrages führen, wenn nämlich das Tier infolge des Mangels, über dessen Vorhandensein der Käufer getäuscht wurde, für dessen Zwecke überhaupt nicht brauchbar ist[13]). Der Betrogene kann in denjenigen Fällen, in denen er es vorzieht beim Vertrage stehen zu bleiben und auf Grund des Vertrages Schadenersatz wegen der verübten Täuschung zu verlangen, diesen Anspruch gemäß § 826 bzw. auch § 823 Abs. 2 geltend machen, gleichviel ob er den Vertrag innerhalb der einjährigen Frist des § 124 angefochten hat oder nicht. Wenn wegen Ablaufs der in § 124 für die Anfechtung vorgeschriebenen einjährigen Frist das dinglich wirkende Anfechtungsrecht verloren ging, so schließt dieser Verlust doch nicht den schuldrechtlichen Anspruch des Beschuldigten aus, im Wege des Schadenersatzes aus der unerlaubten Handlung die Herstellung des früheren Zustandes in der Form zu verlangen, daß der Betrogene von der durch arglistige Täuschung erlangten Willenserklärung zum Nachteil des Betrogenen keinen Gebrauch machen darf[14]). Trotz Versäumung der Anzeigefrist des § 124 kann deshalb der Schadenersatzanspruch zwar nicht die dingliche, aber die schuldrechtliche Rückgängigmachung des Rechtsgeschäfts herbeiführen[15]).

§ 8.

Konkurrenz der mehreren Ansprüche.

Es ist schon mehrfach darauf hingewiesen worden, daß Vertrags-, Anfechtungs- und Deliktsanspruch im allgemeinen unabhängig voneinander sind. Wo die Verletzung einer Vertragspflicht zugleich auch den Tatbestand einer unerlaubten Handlung (§§ 823 Abs. 2, 826) oder die Anfechtbarkeit nach § 123 begründet, hat der Käufer die Wahl, ob er den Anfechtungsanspruch, den vertraglichen Gewährleistungsanspruch oder den Anspruch aus der unerlaubten Handlung geltend machen will. Die verschiedenen Ansprüche stehen selbständig nebeneinander; sie sind auch in ihren Wirkungen verschieden. Durch die wirksame Anfechtung wird der Vertrag mit dinglicher Wirkung (gegen jedermann) vernichtet, während die Wandlung nur die schuldrechtliche Verpflichtung zur Rückgewähr der beiderseitigen Leistungen begründet. Auch der Anspruch aus der unerlaubten Handlung kann zur schuldrechtlichen Rückgängigmachung des Vertrags führen. Dieser Anspruch kann auch dann erhoben werden, wenn die einjährige Anfechtungsfrist des § 124 versäumt ist[1]); er wird auch durch eine Bestätigung des Vertrags nach § 144 BGB. nicht ausgeschlossen.

Der Käufer kann auch die mehreren Ansprüche nebeneinander

---

[12]) S. hierüber und über die Unanwendbarkeit dieses Grundsatzes auf den Viehkauf unten § 24 I 3.
[13]) RG. 103, 154.
[14]) JW. 1918, 815 (RG.).
[15]) Recht 1922 Nr. 584 (RG.); RG. 103, 154.
[1]) Recht 1922 Nr. 584 (RG.); s. oben Anm. 14.

geltend machen, sofern sie einander nicht begrifflich ausschließen. Der Anfechtungsanspruch aus §§ 119, 123 und der vertragliche Gewährleistungsanspruch schließen einander begrifflich aus. Denn durch die wirksame Anfechtung wird der Vertrag vernichtet, so daß für einen Vertragsanspruch (z. B. den Wandlungsanspruch) die Grundlage fehlt[2]). Ebensowenig kann neben einer wirksamen Anfechtung ein Anspruch auf Schadenersatz wegen Nichterfüllung des Vertrags erhoben werden[3]). Wohl aber kann neben wirksamer Anfechtung Schadenersatz aus der unerlaubten Handlung erhoben werden[4]). Freilich wird der Schadenersatzanspruch durch die dingliche Vernichtung des Vertrags infolge der Anfechtung zumeist in der Hauptsache erfüllt sein. Neben dem Gewährleistungsanspruch (Wandlung) kann Schadenersatz aus der unerlaubten Handlung gefordert werden.

Wie durch wirksame Anfechtung die Geltendmachung vertraglicher Gewährleistungsansprüche ausgeschlossen wird, so kann die Geltendmachung des Gewährleistungsanspruchs (Wandlung) dazu führen, daß das Anfechtungsrecht verloren geht. Wenn sich nämlich derjenige, der die Wandlung verlangt, darüber klar ist[5]), daß er damit die Rechtsbeständigkeit des Vertrags anerkennt, so liegt darin eine Bestätigung des Vertrags, durch welche eine *spätere* Anfechtung ausgeschlossen wird (§ 144 BGB.). Hat sich der Verkäufer auf Verlangen des Käufers mit der Wandlung einverstanden erklärt (§ 465), so ist eine spätere Anfechtung wirkungslos, weil ja durch die Wandlung der Vertrag — wenn auch nur schuldrechtlich — rückgängig gemacht ist.

Übrigens genügt nicht schon die Tatsache, daß der Kauf wegen arglistiger Täuschung oder Irrtums angefochten wurde, zur Ausschließung des vertraglichen Gewährleistungsanspruchs; denn ein Vertrag wird nicht schon dadurch unwirksam, daß er angefochten wird; sondern er ist es nur dann, wenn die Voraussetzungen gegeben sind, unter denen er nach gesetzlicher Vorschrift angefochten werden kann[6]).

Soweit mehrere dem Käufer zur Wahl stehende Ansprüche sich begrifflich gegenseitig ausschließen, kann der Käufer diese Ansprüche wenigstens hilfsweise (eventuell) miteinander verbinden[7]).

Wenn in der Klage ein und derselbe Antrag in verschiedener Weise begründet wird, so liegt keine Klagenverbindung im Sinne des § 260 ZPO. vor; es handelt sich um einen einzigen Anspruch. Wird die Klage auf Rückzahlung des Kaufpreises und Rücknahme der Kaufsache mit Nichtigkeit des Vertrags nach § 123 eventuell mit dem Wandlungsrechte begründet, so ist die Begründung dieses Anspruchs in sich widersprechend. Denn bei der unterstellten Nichtigkeit ist das Vertragsverhältnis vernichtet, während der Wandlungsanspruch einen noch zu Recht bestehenden Vertrag voraussetzt. Eine solche Eventualbegründung, die

---

2) RG. 71, 433; Recht 1918 Nr. 986; Planck, Bem. 1a zu § 459; Staudinger-Kober, Bem. IV 4 zu § 123.

3) Warneyer 1917, 116; SeuffA. 66 Nr. 141 (RG.); 77 Nr. 55 (RG.).

4) Lent, IDR. 1911, 37; RG. 96, 156.

5) Man geht schon weit, wenn man dies bei jedem Rechtsanwalt unterstellt; ein Bauer oder kleiner Geschäftsmann ist sich jedenfalls darüber nicht klar. Er will, auch wenn er sich betrogen fühlt, durch die Wandlungsklage die Beseitigung des Vertrags herbeiführen, aber er denkt nicht daran, den Vertrag zu bestätigen. — Zu weitgehend daher Stölzle 313 unter Hinweis auf LZ. 1921, 409; Staudinger, Bem. IV 4 zu § 123.

6) Warneyer 1917, 116; JW. 1916, 438.

7) RG. 96, 156.

mit der primären Begründung im Widerspruch steht, ist zulässig[8]). Durch eine solchermaßen begründete Klage wird sowohl der Vertragsanfechtungsanspruch wie der Wandlungsanspruch rechtshängig[9]). Das hat nach § 477 Abs. 3 BGB. die Folge, daß durch die hiemit bewirkte Unterbrechung der Verjährung des Wandlungsanspruchs auch die Verjährung des Anspruchs auf Schadenersatz wegen Nichterfüllung (§ 463) unterbrochen wird.

Wenn der Kläger den Anspruch auf Rückzahlung des Kaufpreises, Rücknahme des Tieres und Futtergeld primär mit dem Wandlungsrecht, eventuell mit der Nichtigkeit des Vertrags nach § 123 begründet, dann kann der Richter den zweiten Klagegrund der Anfechtung zurückstellen. Ein Einwand des Beklagten, daß der Wandlungsklage durch die Anfechtung die Grundlage entzogen sei, ist solange unbeachtlich, als nicht der Beklagte zugibt oder selbst aufstellt, daß die Anfechtung rechtswirksam erfolgt ist[10]), m. a. W. daß er den Kläger durch arglistige Täuschung bestimmt und dieser rechtzeitig angefochten hat[11]).

Läßt man die Anfechtung wegen Irrtums grundsätzlich zu[12]), so würde das Ergebnis für den Käufer unangenehmer werden können. Erweisen sich die Voraussetzungen für die Anfechtung wegen Irrtums als gegeben, so müßte der Richter das Geschäft infolge der einseitig wirksamen Anfechtung als von Anfang an nichtig (§ 142) behandeln. Das würde dann dazu führen, daß dem Käufer Fütterungskosten nur unter dem Gesichtspunkt der Geschäftsführung ohne Auftrag zugebilligt werden könnten und daß der Käufer nicht nur keinen Ersatz von Transportkosten verlangen, sondern sogar selbst dem Verkäufer solchen Ersatz leisten müßte[13]). Auf jeden Fall wird durch die begründete Anfechtung wegen Irrtums oder arglistiger Täuschung der Wandelungsanspruch in concreto ausgeschlossen, da dieser einen gültigen Vertrag voraussetzt und die Wirkung der Anfechtung Nichtigkeit des Vertrags ist[14]).

Beispiele: Das Pferd ist, wie dem Verkäufer bekannt ist, ein Kopper. Als es während der Kaufverhandlungen Anstalten zum Koppen macht, läßt der Verkäufer das Pferd schnell antraben, um dem Käufer den Mangel zu verbergen. Hier ist die Haftung aus dem Vertrage (Hauptmangel) und die Haftung aus dem Delikt nebeneinander begründet. Die Haftung aus dem Vertrage ist eine gesteigerte, weil der Mangel arglistig verschwiegen wurde (§ 463). Die Haftung aus dem Vertrage besteht selbst dann, wenn sie vertragsmäßig ausgeschlossen wurde, da diese Vereinbarung wirkungslos wäre (§ 476 vgl. unten § 12 IV). Der Käufer kann aber den Vertrag auch anfechten. Dadurch verliert er alle Rechte aus dem Vertrag, der ja

8) Gaupp-Stein, Bem. II 1 zu § 260 und dortige Nachweise.
9) Vgl. Hellwig, Zivilprozeßrecht 1, 327.
10) Vgl. BayZ. 1922, 259 (RG.).
11) Vgl. dagegen Staudinger, Bem. VI 3 zu § 123, wo unter Hinweis auf SeuffA. 77 Nr. 55 (RG.) aufgestellt wird: Insbesondere ist, wenn ein Vertrag wegen arglistiger Täuschung angefochten wird, damit die Geltendmachung eines Schadenersatzanspruchs aus § 463 ausgeschlossen, solange nicht feststeht, daß die Anfechtung unbegründet ist.
12) S. oben S. 17.
13) S. oben S. 18.
14) Vgl. Krückmann S. 24; Planck, Bem. 1 a zu § 459.

durch die Anfechtung beseitigt ist. Der Käufer kann aber das negative Vertragsinteresse verlangen.

Der Verkäufer sichert zu, daß das Pferd fromm ist, obwohl er die gegenteilige Eigenschaft kennt. Er haftet aus dem Vertrag in gesteigerter Weise (§ 463), weil er die Eigenschaft zugesichert hat (§ 459 Abs. II); er haftet daneben aus dem Delikt. Dem Käufer steht endlich der Anfechtungsanspruch nach § 123 Abs. I (Betrug) zu. Hätte sich der Verkäufer selbst über die Eigenschaft des Tieres in einem Irrtum befunden, so würde zwar die gesteigerte Haftung aus dem Vertrag, nicht aber ein Anspruch aus dem Delikt und ebensowenig der Anfechtungsanspruch nach § 123 gegeben sein.

Der Verkäufer eines Pferdes hat dessen Zähne eingefeilt, um den Käufer über das Alter des Pferdes zu täuschen (vgl. unten § 44). Gesprochen wird über das Alter des Pferdes nichts. Der getäuschte Käufer hat aus dem Vertrage keinen Anspruch; denn eine Haftung ist weder durch Verabredung noch durch das Gesetz begründet. Dagegen hat der Käufer den Deliktsanspruch (§§ 823 Abs. 2, 826) und den Anfechtungsanspruch wegen arglistiger Täuschung (§ 123 Abs. I). Ebenso liegt der Fall, wenn der Verkäufer die Haare des Pferdes gefärbt oder den Hornspalt durch Zustreichen verdeckt hat.

Bei der Probe eines Bullens auf dessen Sprungfähigkeit (s. unten § 40 IV) zieht der vorführende Käufer den Stier, der zwar ordnungsgemäß aufspringt, aber seinen Geschlechtsteil wegen mangelhafter Entwickelung nicht in die Scheide der Kuh einzuführen vermag, sofort nach dem Aufspringen weg, um die Entdeckung dieses Mangels zu erschweren. Dem auf diese Weise getäuschten Käufer steht der Anfechtungsanspruch nach § 123 und der Deliktsanspruch zu, und zwar auch dann, wenn eine Gewährschaft wegen Sprungfähigkeit vom Verkäufer nicht übernommen oder sogar ausdrücklich abgelehnt wurde.

Daneben kommt für diese sämtlichen Fälle auch noch die Anfechtung wegen Irrtums in Betracht; sie ist jedoch nach der Ansicht des RG. in den ersten zwei Fällen nicht zulässig, weil hier wegen des Mangels, über welchen getäuscht wurde, das Gesetz Gewährleistungsansprüche zuläßt (s. oben S. 16).

§ 9.

Unmöglichkeit der Erfüllung und Unmöglichkeit der mangelfreien Erfüllung.

I. Unmöglichkeit der Erfüllung.

1. **Ursprüngliche Unmöglichkeit.** § 306 BGB. bestimmt: „Ein auf eine unmögliche Leistung gerichteter Vertrag ist nichtig." Unmöglich ist z. B. die dem Verkäufer obliegende Leistung zur Übergabe des Tieres, wenn es zur Zeit des Vertragsschlusses verendet ist. Dem steht es gleich, wenn sich das Tier in einem Zustande befindet, der jede für diese Tierart bestimmungsgemäße Verwendbarkeit für immer ausschließt, so daß die Tötung des Tieres notwendig ist, oder wenn der Vertragszweck vollständig vereitelt wird. Wenn sich z. B. ein Reitpferd ein Bein gebrochen hat, so steht dies dem Untergang gleich. Wenn ein Reitpferd dauernd zum Reitgebrauch untauglich ist, aber noch als Ackerpferd Verwendung finden kann, so ist

das dem Untergang gleichzustellen, weil hiedurch der Vertragszweck vereitelt wird.

§ 307 BGB. bestimmt: „Wer bei Schließung eines Vertrages, der auf eine unmögliche Leistung gerichtet ist, die Unmöglichkeit der Leistung kennt oder kennen muß, ist zum Ersatz des Schadens verpflichtet, den der andere Teil dadurch erleidet, daß er auf die Gültigkeit des Vertrages vertraut, jedoch nicht über den Betrag des Interesses hinaus, welches der andere Teil an der Gültigkeit des Vertrages hat."

Wenn z. B. das verkaufte Pferd zur Zeit des Abschlusses des Vertrags infolge einer Lungenentzündung eben verendet war oder schon in den letzten Zügen lag, so ist der Kaufvertrag nichtig. Hat der Verkäufer von der Erkrankung des Pferdes — Lungenentzündung — nichts gewußt und nichts wissen können, so kann Schadenersatz von ihm nicht gefordert werden. Wenn ihm aber die Erkrankung des Pferdes an Lungenentzündung bereits bekannt war, und er infolgedessen mit der Möglichkeit des Untergangs des Pferdes rechnen mußte, so ist er zum Ersatz des negativen Vertragsinteresses verpflichtet. Er ist in diesem Falle auch wegen sittenwidriger Schadenzufügung (§ 826) zum Schadenersatz (§ 249) verpflichtet.

2. **Nachträgliche Unmöglichkeit.** Wird die Erfüllung der Leistung erst nach dem Abschluß des Vertrages unmöglich, so kommt es darauf an, ob diese Unmöglichkeit durch einen Umstand herbeigeführt wurde, den der Verkäufer zu vertreten hat. Ist das der Fall, so ist der Verkäufer schadenersatzpflichtig; anderenfalls wird er von der Verpflichtung zur Leistung frei (§ 275 BGB.). Auch hier handelt es sich um die wirkliche Unmöglichkeit der Erfüllung, also um den Untergang oder um einen dem Untergange gleichstehenden Zustand des Tieres. Die Frage, ob der Schuldner den Umstand, durch welchen die nachträglich eingetretene Unmöglichkeit herbeigeführt wurde, zu vertreten hat, ist nach §§ 276 ff. zu beurteilen. Nach § 276 hat der Schuldner Vorsatz und Fahrlässigkeit zu vertreten. Der Verkäufer wird durch den Kaufvertrag verpflichtet, dem Käufer die Sache zu übergeben (§ 433). Wird die Erfüllung dieser Verpflichtung aufgeschoben, so hat der Verkäufer dem Käufer gegenüber die vertragliche Verpflichtung, bis zur Übergabe die Kaufsache, soweit es in seinen Kräften steht, vor Schaden zu behüten. Verletzt er vorsätzlich oder fahrlässig diese Verpflichtung, so kann der Käufer Schadenersatz wegen Nichterfüllung verlangen (§§ 276, 325 BGB.)[1]).

Dabei kommt es nicht darauf an, ob der Umstand, durch den die Leistung unmöglich geworden ist, durch einen Mangel herbeigeführt wurde, den der Verkäufer nach dem Kaufgewährschaftsrecht zu vertreten hat. Auch wenn den Verkäufer für diesen Mangel nach den §§ 459 ff., 482 eine Haftung nicht trifft, ist er zum Schadenersatz wegen Nichterfüllung auf Grund seines Verschuldens bei Erfüllung verpflichtet.

II. Qualitative Unmöglichkeit.

Nach Kaufrecht hat der Verkäufer die zur Zeit der Übergabe vorhandenen Mängel zu vertreten. Der Kreis der nach den kaufrechtlichen

[1]) Vgl. RG. 52, 19; Schöller bei Gruchot 46, 20.

Gewährleistungsvorschriften vom Verkäufer zu vertretenden Mängel ist in den §§ 482 und 459 Abs. 2 in Verbindung mit § 492 genau bestimmt. Hiernach haftet der Verkäufer aus dem Vertrage nur für die Hauptmängel, für Fehler, wegen welcher er die Gewährleistung übernommen hat, und für den Mangel zugesicherter Eigenschaften. Wenn nun zwischen dem Vertragsabschluß und dem Zeitpunkte, zu welchem die Gefahr auf den Käufer übergeht (Übergabe), ein Fehler entsteht, so ergibt sich die gerade für den Viehkauf weittragende Frage, ob und inwieweit der Verkäufer für einen solchen nachträglich entstandenen Mangel einzustehen hat.

Dem Verkäufer erwächst aus dem Vertrage die Lieferungspflicht. Dieser Lieferungspflicht ist nicht schon dadurch genügt, daß der Verkäufer den konkreten Kaufgegenstand, so wie er eben ist, übergibt, sondern er muß ihn in der Beschaffenheit und mit den Eigenschaften übergeben, für deren Vorhandensein der Verkäufer nach dem Inhalt des Vertrages — also schon an sich nach dem Gesetze (§ 459 Abs. 1; beim Viehkauf § 482) und auf Grund seiner Zusicherung (§ 459 Abs. 2) oder Übernahme der Gewährleistung (§ 492) — einzustehen hat. Hinsichtlich der Beschaffenheit der Kaufsache wird also der Leistungsinhalt durch §§ 482, 459 Abs. 2 und § 492 bestimmt[2]). Hat die Sache einen Mangel, für den hiernach der Verkäufer einzustehen hat, und ist die Beseitigung des Mangels nicht möglich, so wäre rein wörtlich genommen beim Spezieskauf der Vertrag auf eine unmögliche Leistung gerichtet (§ 306), und wenn ein solcher Mangel erst zwischen Vertragsabschluß und Übergabe eintritt, so wäre die Erfüllung der Leistung nachträglich unmöglich geworden. In der Tat vertritt das Reichsgericht den Standpunkt, daß ein solcher Mangel, namentlich das Fehlen zugesicherter Eigenschaften, beim Spezieskauf die Erfüllbarkeit der Leistung ausschließen[3]).

Diese Ansicht ist jedoch nicht begründet. Beim Spezieskauf geht die Leistungspflicht gemäß § 433 nur auf Gewährung der bestimmten Sache und in Ansehung der nicht gewährbaren Eigenschaften besteht lediglich die Haftung aus den kaufrechtlichen Gewährleistungsvorschriften (§§ 459 ff., 482 ff.). Die tatsächlich vorhandene Unmöglichkeit, fehlerfrei zu liefern, kann beim Spezieskauf schon deshalb keine Unmöglichkeit im Sinne der §§ 306, 275 sein, weil der Käufer nach jenen kaufrechtlichen Vorschriften einen solchen Mangel auch dann zu vertreten hat, wenn der Mangel durch einen Umstand herbeigeführt wird, den er an sich nicht zu vertreten hätte, während § 307 BGB. bestimmt: „Wer bei der Schließung eines Vertrages, der auf eine unmögliche Leistung gerichtet ist, die Unmöglichkeit der Leistung kennt oder kennen muß", ist zum Ersatz des negativen Vertragsinteresses verpflichtet. Die Ersatzpflicht hängt also von einem Verschulden ab und bei vorliegendem Verschulden ist der Umfang des Schaden-

---

[2]) Das gilt beim Spezieskauf (RG. 52, 355; 53, 73) wie beim Gattungskauf (RG. 52, 355; 63, 298); vgl. zu dieser Frage Staub, Anm. 42 zum Anhang zu § 374.

[3]) Gruchot 53, 938; JW. 1912, 72. Neuerdings hat das RG. (Recht 1926 Nr. 1936) ausgesprochen: „Die Zusicherung einer Eigenschaft, deren Beschaffung von Anfang an unmöglich ist, begründet nicht die Nichtigkeit des Vertrags nach § 306, sondern — nach Übergabe der Kaufsache — die Haftung des Verkäufers nach § 459 Abs. 2 und § 480 Abs. 2, weil die allgemeine Vorschrift des § 306 insoweit durch die besonderen Bestimmungen ausgeschlossen ist".

ersatzes beschränkt. Nach § 463 haftet aber der Verkäufer, der eine Eigenschaft zugesichert hat, beim Mangel dieser Eigenschaft auf vollen Schadenersatz wegen Nichterfüllung selbst dann, wenn ihn kein wie immer geartetes Verschulden trifft.

Daraus ergibt sich die zwingende Folgerung, daß ein sachlicher Mangel eine Unmöglichkeit im Sinne der §§ 306, 275 BGB. unter keinen Umständen darstellen kann. Das gilt selbst dann, wenn es sich um eine Eigenschaft handelt, von deren Gewährbarkeit die Erreichbarkeit des Vertragszweckes überhaupt abhängt. Auch dann liegt keine Unmöglichkeit im Sinne des Gesetzes vor[4]). Daraus ergibt sich eine weitere Folgerung. Weder der Käufer noch der Verkäufer können sich wegen eines vom Verkäufer zu vertretenden Mangels, dessen Beseitigung unmöglich ist, auf ursprüngliche oder nachträgliche Unmöglichkeit berufen[5]).

Dagegen kann natürlich der Käufer die Annahme der Kaufsache als vertragswidrig ablehnen und die Einrede des nicht erfüllten Vertrages geltend machen. Niemals aber kann der Käufer hieraus mehr Rechte ableiten, als ihm nach den gesetzlichen Gewährleistungsvorschriften zustehen. Er kann deshalb nicht etwa den Verkäufer in Gemäßheit des § 326 nach vorheriger Androhung und Fristsetzung auf Schadenersatz wegen Nichterfüllung verklagen, wenn ihm dieser Schadenersatzanspruch nicht auf Grund der kaufrechtlichen Gewährleistungsvorschriften zusteht, was nur bei der Zusicherung einer Eigenschaft oder bei arglistigem Verschweigen eines Hauptmangels und nach der Rechtsprechung des Reichsgerichts auch bei betrügerischer Vorspiegelung einer Eigenschaft[6]) der Fall ist (§ 463 BGB.).

Die Grundsätze über den Leistungs**verzug** können beim Spezieskauf schon deshalb nicht angewendet werden[7]), weil der Verkäufer unter keinen Umständen verpflichtet ist, einen anderen als den durch den Vertrag bestimmt bezeichneten Gegenstand zu liefern.

Theoretisch betrachtet können Gewährleistungsansprüche erst mit der Übergabe entstehen. Hieraus wird in der Tat der Rechtsgrundsatz abgeleitet, daß der Käufer vor der Übergabe keinen Gewährleistungsanspruch geltend machen kann[8]). Indes hat sich die praktische Rechtsanwendung zu dem Zugeständnis bequemen müssen, daß dann, wenn sich der zu vertretende Mangel erweislich und offenbar bis zur Übergabe nicht beseitigen läßt, dem Verkäufer nicht zugemutet werden

---

[4]) Vgl. Staub, Anm. 42 zu § 374; a. M. RGK. Bem. 4 Abs. 1 zu § 275 und Bem. 2 Abs. 2 zu § 306, wo in einem solchen Falle völlige Unmöglichkeit angenommen wird. Das Unterscheidungsmerkmal zieht übrigens eine so flüssige Grenze, daß in der Praxis damit nichts anzufangen wäre.

[5]) RGK. Bem. 6 A zu § 459. Das gilt nach der Übergabe (JW. 1912, 72, RG.; Recht 1926 Nr. 1936, RG.) aber auch schon vorher. (A. M. Gruchot 53, 938, RG.; JW. 1912, 72, RG.).

[6]) S. hierüber unten § 24 I 3.

[7]) A. M. Staub, Anm. 42a (a. E.) zum Anhang zu § 374. Beim Gattungskauf liegt die Sache anders; hier wird ein Gegenstand geschuldet, den der Verkäufer in mangelfreiem Zustand aus der Gattung auszuscheiden hat. Wird ein Gegenstand mit zu vertretenden Mängeln angeboten, so ist es nicht der geschuldete Gegenstand. Der Verkäufer kann also mit einem solchen Gegenstand überhaupt nicht erfüllen. Er kann durch Mahnung des Käufers in Verzug gesetzt werden. § 480 BGB. bestätigt diese Auffassung. Insoweit sind die Ausführungen Staubs, der sich auf RG. 52, 355; 54, 81 beruft, zutreffend.

[8]) RG. 53, 78; Warneyer 1917 Nr. 83; JW. 1905, 230; 1914, 295; 1916, 255; LZ. 1915, 286 (RG.); 1917, 872 (RG.); Recht 1919 Nr. 567 (RG.).

könne, sich die Sache erst übergeben zu lassen, er vielmehr berechtigt sei, schon vor der Übergabe die Gewährleistungsansprüche geltend zu machen[9]). Dabei ist aber der Käufer in diesen Fällen nicht auf die Gewährleistungsansprüche beschränkt, sondern er ist bis zur Übergabe wahlweise berechtigt, auch die Einrede des nicht erfüllten Vertrages zu erheben, weil die Lieferung einer mangelhaften Sache keine Vertragserfüllung ist[10]). In diesem Fall hat der Verkäufer die vertragsmäßige Beschaffenheit des Kaufgegenstandes zu beweisen[11]). Nach der Übergabe kann der Käufer nur noch den Gewährleistungsanspruch erheben. Die Einrede des nicht erfüllten Vertrags kann er nicht mehr geltend machen[12]).

Eine gewisse Verwirrung wurde aber dadurch hervorgerufen, daß man im Fall der Zurückweisung einer Kaufsache wegen Mangelhaftigkeit die §§ 320 ff. in vollem Umfang für anwendbar erklärt[13]).

In Wahrheit aber liegt die Sache so: Wenn vor der Übergabe feststeht, daß ein vom Verkäufer zu vertretender Mangel nicht beseitigt werden kann und infolgedessen auch bei der Übergabe noch vorhanden wäre, so kann der Käufer schon vor der Übergabe alle ihm nach den Vorschriften über die kaufrechtliche Gewährleistungspflicht zustehenden Rechte geltend machen; nicht mehr und nicht weniger. Ob man den Inhalt dieser Rechtsbefugnis als Gewährleistungsanspruch auffaßt, oder ihm einen anderen Namen gibt, ist sachlich ohne jede Bedeutung[14]).

§ 10.

Verschlechterung des Tieres zwischen Vertragsschluß und Übergabe.

Wenn beim Spezieskauf zwischen dem Vertragsabschluß und der Übergabe ein Mangel entsteht, für den der Verkäufer nach dem Inhalt des Kaufvertrages in Gemäßheit der §§ 482, 459 Abs. 2 und 492 nicht haftbar ist, so ergibt sich die gerade für den Viehkauf weittragende Frage, ob und inwieweit der Verkäufer für einen solchen nachträglich entstandenen Mangel einzustehen hat. Beim Spezieskauf hat der Verkäufer das durch den Kaufvertrag bestimmte Tier zu liefern. Er muß es frei von Hauptmängeln und mit den zugesicherten Eigen-

9) RGK. Bem. 7 zu § 320 und Bem. 3 B b zu § 459; OLG. 33, 276; Schollmeyer, JherJ. 49, 59; Warneyer 1911, 358; JW. 1911, 539; 1912, 461; SeuffA. 67 Nr. 198 (RG.).

10) RGK. Bem. 3 B I b zu § 459; RG. 53, 70. Dabei handelt es sich nicht um eine eigentliche Wandlung, die erst nach der Übergabe in Betracht kommen kann, sondern um die Zurückweisung der Kaufsache wegen vertragswidriger Beschaffenheit. Unrichtig, weil von falscher Voraussetzung ausgehend, daher Krückmann, LZ. 1915, 1351, daß die Verjährung mit der Ablehnung der Kaufsache beginne, wenn Gewährschaftsansprüche vor der Übergabe geltend gemacht werden.

11) RGK. Bem. 8 zu § 320.

12) JW. 1903 Beil. S. 15.

13) RGK. Bem. 6 zu § 459; Staudinger-Kober, Bem. I B 1 b zu § 440; SeuffA. 46 Nr. 115 (Kiel, sogar für den Fall, daß der Mangel, der nach Kaufrecht nicht zu vertreten ist, schon beim Vertragsschluß vorhanden war); 59 Nr. 197 (Celle). — Richtig RGK. Bem. 7 zu § 320: „Der Käufer braucht die Kaufsache nicht anzunehmen, wenn sie nicht in der vertragsmäßigen (oder einer den gesetzlichen Anforderungen genügenden) Beschaffenheit angeboten wird."

14) Vgl. RGK. Bem. 7 zu § 320; Warneyer 1911 Nr. 321; 1912 Nr. 204.

schaften liefern. Für andere Mängel haftet er nicht. Maßgebend ist die Beschaffenheit zur Zeit des Gefahrübergangs[1]) (s. unten § 16).

Damit steht § 446 BGB. insoweit im Einklang, als hienach die Gefahr erst von der Übergabe an auf den Käufer übergeht. Weil aber andererseits der Verkäufer für andere Mängel als Hauptmängel und zugesicherte Eigenschaften nicht aufzukommen hat, kann ihm die Haftung für diese anderen Mängel nicht lediglich deshalb überbürdet werden, weil sie erst nach dem Kaufabschluß entstanden sind. Der Käufer kann nicht mehr verlangen, als daß ihm die Kaufsache mit den Eigenschaften übergeben wird, für deren Vorhandensein der Verkäufer nach §§ 482, 459 Abs. 2 haftet. Nun bestimmt allerdings der § 446, daß die Gefahr der Verschlechterung mit der Übergabe auf den Käufer übergeht. Damit ist jedoch nicht gesagt, daß jede nachteilige Veränderung, welche die Kaufsache bis zur Übergabe erfährt, von dem Verkäufer zu vertreten ist. Die Bedeutung des Gefahrübergangs liegt darin, daß von dem hiefür maßgebenden Zeitpunkt an ein Untergang oder eine Verschlechterung des Kaufgegenstandes den Ansprüchen des Verkäufers nicht mehr schaden kann, während Ereignisse aus der vorhergehenden Zeit auf sie nach den allgemeinen Vorschriften einwirken können[2]), aber nicht müssen.

Wenn also zwischen Vertragsabschluß und Übergabe durch Zufall ein Mangel des Tieres entsteht, so kann sich der Verkäufer der ihm nach den Kaufgewährschaftsvorschriften obliegenden Haftung für diesen Mangel nicht deshalb entschlagen, weil zur Zeit der Entstehung des Mangels der Vertrag schon abgeschlossen war; denn die Gefahr ist eben vor der Übergabe noch nicht auf den Käufer übergegangen und insoferne kann eine Verschlechterung des Kaufgegenstandes dem Verkäufer noch schaden. Es kommt dann eben noch darauf an, ob nach den kaufrechtlichen Gewährleistungsbestimmungen der Verkäufer für den betreffenden Mangel einzustehen hat oder nicht, mit anderen Worten, ob es sich um einen Hauptmangel, bzw. eine zugesicherte Eigenschaft handelt oder nicht. Handelt es sich um einen anderen Mangel, für den nach Kaufrecht den Verkäufer keine Haftung trifft, dann müßte an sich der Käufer die Ware als vertragsmäßige annehmen[3]).

Auch mit der Annahme einer qualitativen Unmöglichkeit der Erfüllung kann nicht geholfen werden; denn dem Verkäufer ist ja die

[1]) Ausnahme § 463, wo nur die an sich bereits bestehende Haftung verschärft wird, wenn der Mangel einer zugesicherten Eigenschaft schon zur Zeit des Vertragsabschlusses vorhanden war.

[2]) Vgl. Oertmann, Bem. 2 zu § 446; Planck, Bem. 2a zu § 446.

[3]) Vgl. Krückmann 51, der (wenigstens dem praktischen Ergebnis nach mit Recht) den Satz aufstellt: „Der Käufer trägt die Gefahr für Nichthauptmängel.“ Zu demselben Ergebnis kommen Schneider 68, Mecklenb. Z. 24, 327 (LG. Güstrow). Gegen diese Entscheidung wendet sich Hinrichsen (Meckl. Z. 25, 133). Er geht davon aus, daß die Gewährleistung nur für die Zeit nach der Übergabe in Betracht kommen könne und bis dahin der Richter nach § 242, 243, im Einzelfalle nach dem Vertragsinhalt und den Umständen festzustellen habe, welche Mängel nach Treu und Glauben mit Rücksicht auf die Verkehrssitte die Empfangbarkeit ausschließen. Zur Widerlegung genügt es auf JW. 1908 S. 9 (RG.) zu verweisen: Die Bedeutung der gesetzlichen Regelung der Gewährleistungsansprüche liegt gerade darin, den durch den Mangel des Kaufgegenstandes geschaffenen Interessenkonflikt zwischen Käufern und Verkäufern zu lösen; an Stelle schwankender von der Auffassung des Augenblicks abhängiger Anwendung der Grundsätze von Treu und Glauben mit Rücksicht auf die Verkehrssitte sind im Interesse der Rechts- und Verkehrssicherheit dem Käufer die Rechtsbehelfe positiv geregelt, die ihm zur Lösung jenes Konfliktes gegeben sind.

Lieferung des Tieres mit den Eigenschaften, die er nach Kaufrecht zu vertreten hat, durchaus möglich (s. oben § 9 II S. 41).

Es wäre aber ein geradezu unerträgliches Ergebnis, wenn der Käufer das von ihm gekaufte Pferd abnehmen müßte, obwohl seit der von ihm vorgenommenen Besichtigung dem Pferd ein Auge ausgeschlagen wurde. Diese Verpflichtung besteht in der Tat nicht, weil eine stillschweigende Vereinbarung der Vertragsteile zu unterstellen ist, daß der Käufer das Pferd in dem äußerlich wahrnehmbaren Zustande zu bekommen hat, von dem sich der Käufer bei der dem Vertragsabschluß vorausgegangenen Besichtigung überzeugt hat und daß somit dem Käufer bei einer gegenüber diesem Zustande bis zur Übergabe unzweifelhaft eingetretenen nicht unerheblichen Verschlechterung das Recht des Rücktritts vom Vertrage zustehen soll. Der Verkäufer weiß, daß sich der Käufer durch die Besichtigung des Pferdes von dessen Beschaffenheit überzeugen und das Pferd nur in dem Zustande übernehmen will, den er hiebei durch sinnliche Wahrnehmung unzweifelhaft feststellen konnte. Wenn der Verkäufer in Kenntnis dieser Willensrichtung des Käufers ohne Widerspruch gegen diese ihm bekannte Voraussetzung des Käufers abschließt, so billigt er stillschweigend diesen vom Käufer stillschweigend erklärten Willen und damit ist zwar nicht eine Gewährleistung bedungen, aber vereinbart, daß dem Käufer das Recht zum Rücktritt vom Vertrage bei einer wesentlichen Verschlechterung des bei der Besichtigung gegebenen und hiebei unzweifelhaft erkennbaren Zustandes eingeräumt wird. Dabei ist es dann unerheblich, ob diese Verschlechterung vor oder nach dem Abschluß des Kaufs eintritt. Der Zeitpunkt der letzten Besichtigung ist entscheidend.

Vormittags 10 Uhr hat der Verkäufer die Besichtigung des Reitpferdes vollendet. Nachdem sich der Käufer mit dem Verkäufer in dessen Wohnung begeben hat, wird das Pferd in den Stall zurückgeführt. Es wird durch einen auffliegenden Vogel erschreckt, macht einen Sprung und zerreißt sich dabei die Sehne, so daß es für den Reitgebrauch untauglich oder doch minderwertig ist. Käufer und Verkäufer schließen unmittelbar darnach den Kaufvertrag ohne Kenntnis des Unfalls ab. Über Gewährschaft ist nichts vereinbart. Der Käufer kann in diesem Falle den Vertrag wegen Irrtums anfechten (s. oben § 2). Er kann sich aber auch auf die stillschweigende Vereinbarung des Rechts zum Rücktritt berufen. Ist der gleiche Unfall unter denselben Umständen erst nach dem Kaufabschluß eingetreten, so versagt natürlich die Irrtumsanfechtung. Nur mit der Unterstellung einer stillschweigenden Vereinbarung kann das völlig unerträgliche Ergebnis abgewendet werden, daß der Käufer das Pferd gleichwohl abnehmen muß. Der Fall ist nicht anders zu entscheiden, wenn durch Vereinbarung jegliche Gewährleistung ausgeschlossen wurde. Es ist daneben stillschweigend vereinbart, daß bei einer nach der Besichtigung eingetretenen wesentlichen Verschlechterung des bei der Besichtigung unzweifelhaft feststellbaren Zustandes der Käufer das Tier nicht abzunehmen braucht.

War das Pferd bei der Besichtigung frisch und munter, so hat der Käufer noch keine Gewißheit darüber, ob nicht in dem Pferde der Keim einer Krankheit steckt. Immerhin erwartet er und der Verkäufer weiß dies, daß er nicht ein Pferd erhält, welches zur Zeit der Übergabe die bei der Besichtigung vorhandene Freß- und Gangluft verloren hat. Es kommt auf den bei der Besichtigung äußerlich wahrnehmbaren Zustand an. Ist dann bei der Übergabe der Zustand des Pferdes so, daß der Käufer im landläufigen Sinne sagen kann: „Das ist nicht mehr das Pferd, das ich gesehen habe", dann kann er sich auf die stillschweigende Vereinbarung berufen, wonach er das Pferd nicht abzunehmen braucht, wenn sein Zustand gegenüber dem bei der Besichtigung unzweifelhaft und äußerlich wahrnehmbaren Zustand wesentlich, also z. B. nicht nur vorübergehend verschlechtert ist.

Verfehlt ist die Annahme[4]), daß der Rechtssatz, wonach der Verkäufer nur Hauptmängel und zugesicherte Eigenschaftn zu vertreten habe, erst für die Zeit nach der Übergabe gelte, während vor diesem Zeitpunkte die allgemeinen Regeln des BGB. geltn, so daß der Käufer die Annahme wegen jedes erheblichen Mangels verweigern, den Käufer in Verzug setzen und sogar Schadenersatz wegen Nichterfüllung verlangen könne[5]). Diese Ansicht macht den Käufer für den Fall wehrlos, daß es in der Tat zur Übergabe gekommen ist. Es ist ja denkbar, daß der Verkäufer von der eingetretenen Verschlechterung vor der Übergabe gar nichts erfahren hat und auch der Käufer bei der Übergabe die Verschlechterung nicht merkt. Bedeutet die Verschlechterung einen Mangel, den der Verkäufer nach Kaufrecht nicht zu vertreten hat, dann könnte der Käufer nach der Übergabe nicht einmal Wandelung verlangen. Andererseits ist die Ansicht Stölzles (Viehkauf 92) unhaltbar, daß der Käufer wegen eines jeden erheblichen Mangels auch wenn ihn der Verkäufer nach Kaufrecht nicht zu vertreten hat, den Verkäufer in Verzug setzen und dann sogar auf Schadenersatz wegen Nichterfüllung verklagen könne, obwohl nach der Übergabe das gesetzliche Gewährschaftsrecht den Käufer nicht einmal zum Verlangen der Wandlung berechtigt. Und wie soll es gerechtfertigt werden, daß der Verkäufer wegen eines durch Zufall herbeigeführten von ihm nach Kaufrecht nicht zu vertretenden Mangels auf Schadenersatz wegen Nichterfüllung haften soll, obwohl die Freiheit der Sache von diesem Mangel nicht zum Inhalt seiner Erfüllungspflicht gehört? Man stelle sich vor, daß der Käufer nach dem Kauf, aber vor der Übergabe das Pferd durchprobiert, es von einem Tierarzt auf Herz und Nieren untersuchen läßt, wobei ein mehr oder minder erheblicher Mangel (sei es ein innerer Mangel oder ein Fehler an den Beinen, z. B. ein Überbein) gefunden wird. Soll auf diese Weise dem Käufer wirklich beim Viehkauf das Recht erwachsen, außer der Ablehnung der Annahme auch nach Schadenersatz wegen Nichterfüllung zu verlangen? Ein solches Ergebnis verträgt sich nicht mit dem Zweck, den der Gesetzgeber mit der Sonderregelung der Viehmängelhaftung verfolgt (s. oben § 1 I S. 12) und ist daher abzulehnen.

[4]) Stölzle 92; OLG. 22, 234 (Kiel); SeuffA. 65, 221. Auch Staudinger-Kober, Bem. 1a zu § 481 führt im Anschluß an Hinrichsen (Meckl. Z. 1907, 144) aus, daß vor der Übergabe der Käufer die Abnahme verweigern dürfe, wenn die Kaufsache nicht derart beschaffen sei, wie der Käufer es nach Treu und Glauben mit Rücksicht auf die Verkehrssitte erwarten könne (§§ 242, 243). Das ist grundsätzlich unrichtig aber auch deshalb, weil beim Viehkauf die Beteiligten genau wissen und sich darnach richten (Verkehrssitte), daß der Verkäufer nur für Hauptmängel und zugesicherte Eigenschaten einzustehen hat.

[5]) S. unrichtig Stölzle 92.

II. Abschnitt.

Die besonderen Vorschriften des Viehgewährschaftsrechtes.

§ 11.

Die privilegierten Tiergattungen.

I. Nach § 481 BGB. gelten für den Verkauf von Pferden, Eseln, Mauleseln und Maultieren, von Rindvieh, Schafen und Schweinen die Vorschriften des BGB. über die Gewährleistung des Verkäufers beim gemeinen Kauf (§§ 459—480) nur insoweit, als sich nicht aus den §§ 482—492 ein anderes ergibt. Man muß also für das Viehgewährschaftsrecht die besonderen Bestimmungen der §§ 482 bis 492 BGB. mit diesen allgemeinen kaufrechtlichen Bestimmungen zusammenhalten, um festzustellen, was für die Viehgewährschaft Rechtens ist.

II. Nur für die in § 481 ausdrücklich benannten Tiergattungen gilt dieses Sonderrecht, wobei das Alter der Tiere keinen Unterschied macht, so daß das Sonderrecht der §§ 481 ff. auch für Fohlen, Kälber, Lämmer und Saugschweine gilt. Für alle übrigen Tiergattungen gelten die allgemeinen Vorschriften der §§ 459 ff. ohne Einschränkung.

Das Sonderrecht ist nur auf lebende Tiere anzuwenden. Das ist im Gesetz zwar nicht ausdrücklich gesagt, aber angesichts der Besonderheiten der Viehgewährschaft selbstverständlich.

Wird ein Landgut mit lebendem Inventar verkauft, so kommt für die Mängel der mitverkauften Viehstücke an sich das Sonderrecht der §§ 481 ff. zur Anwendung. Dabei ist jedoch Voraussetzung, daß es sich nur um Mängel einzelner Tiere handelt[1]). Ist diese Voraussetzung gegeben, so kann, weil die einzelnen Viehstücke als Nebensache des Landgutes zu erachten sind, nur in Ansehung der einzelnen mangelhaften Tiere die Wandlung verlangt werden, nicht auch in Ansehung des Landguts selbst (§ 470 BGB., s. unten § 21 II 1). Dagegen ist § 469 BGB. auch in diesem Fall anwendbar, so daß, wenn das Handpferd eines zusammengehörigen Gespanns mangelhaft ist, die Erstreckung der Wandlung auf das mangelfreie Sattelpferd verlangt werden kann (s. unten § 21 II 2).

Eine andere Frage ist die, ob nicht beim Kauf eines Landgutes mit lebendem und totem Inventar um einen Gesamtpreis (Kauf in Bausch und Bogen) eine Gewährleistungspflicht für Mängel einzelner mitverkaufter Tiere durch stillschweigende Vereinbarung erlassen ist. Das ist regelmäßig anzunehmen[2]).

Wenn aber Gewährleistung nicht wegen Mängel einzelner Viehstücke als solcher verlangt wird, sondern geltend gemacht wird daß infolge Mangelhaftigkeit des lebenden Inventars (z. B. Verkalbungsseuche) die Tauglichkeit des Landguts selbst beeinträchtigt werde, also ein Fehler des Landguts im Ganzen vorliege, dann können nicht die Vorschriften der §§ 481 ff., sondern nur die Gewähr-

---

[1]) Thiele, DNotV. 1911, 632.
[2]) Zustimmend Stölzle 162; ebenso OLG. 28, 129 (Königsberg).

leistungsvorschriften des gemeinen Kaufs (§§ 459 ff.) zur Anwendung gebracht werden[3]). In gleicher Weise betrifft die Zusicherung eines bestimmten Milchertrags eine Eigenschaft des für die Milchwirtschaft eingerichteten Gutes[4]). Der Gewährleistungsanspruch wegen eines solchen Mangels verjährt weder in sechs Wochen, noch in sechs Monaten, sondern erst in einem Jahre von der Übergabe des Guts ab (§ 477 Abs. 1 BGB.)[5]).

Von den §§ 459—480 sind auf den Verkauf von Vieh uneingeschränkt anzuwenden die §§ 460, 461, 464, 466, 469, 470, 471, 476. Gar nicht anwendbar sind abgesehen von § 468 die §§ 472—474 und 475. Die übrigen Bestimmungen erleiden Änderungen.

§ 12.

Gewährleistungspflicht.

I. Gewährleistung.

Der Verkauf begründet für beide Teile Vertragspflichten, deren Inhalt durch die besonderen Abreden der Parteien und, soweit diese nichts Gegenteiliges vereinbart haben, durch das Gesetz bestimmt wird. Das gilt auch hinsichtlich der Beschaffenheit der Kaufsache. Die Vertragsteile sind völlig frei in der Bestimmung, welche Eigenschaften die Sache haben muß und welche Mängel sie nicht haben darf, um als vertragsmäßig gelten zu können und ebenso liegt es in der Macht der Vertragsteile, durch Vereinbarung die Folgen zu regeln, welche eintreten sollen, wenn die Beschaffenheit der Kaufsache nicht vertragsmäßig ist. Sie können z. B. vereinbaren, daß beim Vorhandensein eines Mangels nur eine Minderung des Kaufpreises (also keine Wandlung) eintreten soll.

Je nachdem dem Verkäufer eine Haftung für sachliche Mängel durch die Verabredung oder durch das Gesetz auferlegt ist, wird von einer verabredeten oder gesetzlichen Haftung gesprochen. Hierbei ist aber festzuhalten, daß auch die gesetzliche Haftung eine Haftung aus dem Vertrage ist.

1. Kraft Gesetzes haftet der Verkäufer aus dem Vertrag:

a) für gewisse Fehler ohne weiteres, das sind die sogenannten Hauptmängel (§ 482 Abs. 1 mit § 459 Abs. 1 BGB. unten § 14). Die Haftung tritt jedoch nur dann ein, wenn sich der Mangel innerhalb der Gewährfrist zeigt (§ 484 BGB., s. hierüber unten § 17 S. 89).

b) für andere Fehler und den Mangel von Eigenschaften nur dann wenn er das Nichtvorhandensein des Mangels oder das Vorhandensein der Eigenschaft zugesichert hat (§ 492 mit § 459 Abs. 2 BGB., s. unten § 15). Ist eine Gewährfrist vereinbart, so tritt die Haftung nur dann ein, wenn sich der Mangel innerhalb der Gewährfrist zeigt (s. hierüber unten § 17).

---

[3]) RG. 102, 307 (JW. 1921, 1360); Gruchot 36, 940; PosMSchr. 1912, 29 (Königsberg).
[4]) Recht 1921 Nr. 1331 (RG.).
[5]) Thiele, DNotV. 1911, 627; vgl. Recht 1921 Nr. 1134 (Hamburg).

Die Zusicherung ist wohl zu unterscheiden von der bloßen Übernahme der Gewährleistung. Die Zusicherung begründet nach § 463 unter Umständen Schadenersatzpflicht (s. unten § 24), die bloße Übernahme der Gewährleistung jedoch nicht; hier ist der Käufer auf die Wandelung beschränkt, weil der Sinn einer solchen Abmachung dahin geht, daß der Verkäufer in gleicher Weise wie für die Hauptmängel auch für den Mangel der besonders gewährten Eigenschaft einzustehen hat. Im Zweifel ist anzunehmen, daß der Wille der Vertragsteile nur auf das Mindere, die Übernahme der Gewährleistung, gerichtet war.

Der Begriff der Zusicherung erfordert eine zweiseitige Abmachung durch welche der Wille des Verkäufers für das Vorhandensein der Eigenschaft einzustehen zum Ausdruck gebracht wird. (Näheres hierüber s. unten § 15 I S. 71.) Stillschweigend kann nur in den seltensten Fällen für den Viehkauf eine solche Zusicherung gegeben werden. Der Verkauf eines Tieres zu einem bestimmten Gebrauchszweck enthält keine Zusicherung (s. unten § 15 II 1 S. 74).

Die Zusicherung muß ernst gemeint sein, vage Anpreisungen, unverbindliche Redensarten genügen nicht. Das ist von besonderer Bedeutung bei Untersuchung der Frage, ob eine Angabe, die Tiere seien fehlerfrei, gesund, den Begriff der Zusicherung erfüllt (s. unten § 15 II 1).

Nur auf die Zusicherung von Eigenschaften bezieht sich § 459 Abs. 2, nicht auch auf Zusicherungen über andere Verhältnisse (s. unten § 15 II 2).

Angaben über Größe und Gewicht können hierher gehören (s. unten § 44).

Grundsätzlich zieht auch eine nur geringfügige Abweichung von der zugesicherten Beschaffenheit die Haftung des Verkäufers nach sich (s. unten § 15 II).

Unter den Begriff der Zusicherung einer Eigenschaft fällt auch die Zusicherung des Nichtvorhandenseins eines Hauptmangels (s. unten S. 80 f.).

Die zugesicherte Eigenschaft muß zurzeit des Gefahrüberganges (s. unten § 16) vorhanden sein. Wenn eine Gewährfrist vereinbart ist, kommt dem Käufer die Erleichterung der Beweislast nach § 484, § 492 zu statten, andernfalls ist der Beweis strikte für den maßgebenden Zeitpunkt zu erbringen (s. unten § 18).

Ist Fehlerfreiheit (s. unten § 36) oder Gesundheit (s. unten § 37) zugesichert, so hat der Verkäufer doch nur die erheblichen Fehler bzw. Krankheitszustände zu vertreten. Die Eigenschaften, welche Gegenstand der Zusicherung sind, sind sehr verschieden; z. B. gut zu jedem Gebrauch (s. unten § 40 II), zugfest (s. unten § 41), gewöhnt (s. unten § 41), fromm (s. unten § 42), bestimmtes Alter (s. unten § 44), gute Milchkuh (s. unten § 40 III), Trächtigkeit (s. unten § 43), usw. (s. unten IV. Abschnitt).

c) Beim G a t t u n g s k a u f ist noch die Vorschrift des § 243 BGB. in Betracht zu ziehen, wonach die vom Verkäufer zur Erfüllung bestimmte Sache nur dann zur Erfüllung geeignet ist, wenn sie mittlerer Art und Güte ist. Wird eine Sache geliefert, welche lediglich diesem Erfordernis nicht genügt, so hat man es nicht mit einem Fehler im Sinne der §§ 459, 492 BGB. zu tun, die die kaufrechtliche Gewährleistungspflicht begründen könnte; sondern es handelt sich nur darum, daß mit einer solchen Lieferung der Verkäufer nicht erfüllt hat, so daß eben die gesetzlichen Folgen eintreten, die das Gesetz an die Nichterfüllung knüpft (s. hierüber unten § 25 IV).

2. Mit einer verabredeten Gewährleistung hat man es zu tun, wenn der Verkäufer die Gewährleistung wegen eines nicht zu den gesetzlichen Fehlern (Hauptmängeln) gehörenden Fehlers übernimmt, wobei dann die gesetzlichen Folgen (§ 492 BGB.) einer mangelhaften Lieferung eintreten, falls die Parteien nichts Gegenteiliges vereinbart haben.

II. Maßgebender Zeitpunkt für die Beschaffenheit der Kaufsache.

Der Verkäufer hat nur die zur Zeit des Gefahrüberganges (s. unten § 16) vorhandenen Mängel nach Kaufrecht zu vertreten. Dies gilt in gleicher Weise für die Hauptmängel, wie für den Mangel einer zugesicherten Eigenschaft. Die Vereinbarung: „Sollte einer dieser Fehler sich zeigen, so verpflichtet sich der Verkäufer zur Zurücknahme des Tieres" ist nur auf die beim Übergang der Gefahr schon vorhandenen Fehler zu beziehen[1]).

Fehlerfreiheit zur Zeit des Vertragsschlusses schließt also die Haftung nicht aus[2]), während andererseits der Verkäufer dann nicht haftet, wenn der Mangel wohl zur Zeit des Vertragsabschlusses, aber nicht mehr zur Zeit des Gefahrüberganges vorhanden ist. Ist zur Zeit des Gefahrüberganges ein zu vertretender Mangel vorhanden gewesen, so schließt sein nachträglicher Wegfall die einmal begründete Haftung des Verkäufers nicht mehr aus. Auch der abstellbare Mangel ist ein Mangel, der zu vertreten ist[3]).

Handelt es sich um den Kauf einer bestimmten Sache, so hat der Verkäufer dieses durch den Kaufvertrag bestimmte Tier zu liefern. § 482 mit § 459 Abs. 2 und § 492 bestimmen, in welcher physischen Beschaffenheit das Tier zu liefern ist, indem dort gesagt wird, für welche Mängel der Verkäufer haftet. Maßgebend ist die Beschaffenheit zur Zeit des Gefahrüberganges. Das Gesetz macht also für die Haftung an sich keinen Unterschied, ob der zu vertretende Mangel vor oder nach dem Kaufabschlusse entstanden ist. (Aus-

---

1) Stölzle 148; Samml. Stölzle 56 (LG. Kempten).

2) SeuffA. 66 Nr. 93 (RG.).

3) BayZ. 1911, 470 (LG. Kempten). Das gilt dem Grundsatz nach. Im Einzelfall kann aus § 157 BGB. der Vertragswille abgeleitet werden, daß bei einem alsbaldigen Wegfall des Mangels keine Haftung eintreten soll. So kann z. B. der Käufer beim Versendungskauf keine Ansprüche erheben, wenn der Mangel des Tieres bei der Übergabe an den Frachtführer vorhanden, aber bei der Ankunft des Tieres beim Käufer weggefallen war (RG. 55, 207). Hat der Verkäufer Gesundheit oder Fehlerfreiheit zugesichert, so werden von einer solchen Zusage vorübergehende Krankheiten oder Mängel regelmäßig überhaupt gar nicht betroffen (s. unten § 36 I 2); das übersieht Stölzle 145.

nahme § 463[4]). Wegen einer Verschlechterung, die nach dem Kaufabschluß eingetreten ist, kann somit die Gewährleistungspflicht des Verkäufers nur dann beansprucht werden, wenn die Verschlechterung einen Mangel darstellt, für welchen der Verkäufer nach § 482 mit § 459 Abs. 2 zu haften hat. Es ist jedoch eine stillschweigende Vereinbarung zu unterstellen, daß der Käufer zum Rücktritt vom Vertrag berechtigt sein soll, wenn seit der Besichtigung des Tieres, welche dem Kauf voranging, eine wesentliche Verschlechterung gegenüber dem bei der Besichtigung durch äußere Wahrnehmung unzweifelhaft feststellbaren Zustand eingetreten ist (s. hierüber oben S. 45).

Wenn zwischen Vertragsabschluß und dem Zeitpunkt des Gefahrübergangs das verkaufte Tier durch Zufall untergeht, kommt § 323 zur Anwendung[5]).

Untergang des Tieres liegt nicht bloß vor, wenn das Tier verendet ist, sondern schon dann, wenn es sich in einem Zustande befindet, welcher jede für diese Tierart bestimmungsgemäße Verwendbarkeit für immer ausschließt, so daß die Tötung des Tieres notwendig ist; wenn sich z. B. das Pferd ein Bein gebrochen hat, so steht dies dem Untergang gleich. Wenn ein als Reitpferd verkauftes Pferd nach dem Kaufabschluß dauernd zum Reitgebrauch unbrauchbar geworden ist, aber noch als Ackerpferd Verwendung finden kann, so ist dies dem Untergang gleich zu achten, weil hiedurch der Vertragszweck völlig vereitelt wird.

III. Gesetzlicher Ausschluß der Haftung des Verkäufers.

1. Kenntnis des Mangels seitens des Käufers zur Zeit des Kaufabschlusses schließt die Haftung des Verkäufers wegen des Mangels aus. (§ 460 BGB.).

a) Der Käufer muß den Mangel kennen. Sind mehrere Käufer beteiligt, so ist die Kenntnis aller erforderlich[6]). Wenn einer von mehreren Käufern, welcher die Kenntnis des Mangels hat, bei dem Vertragsabschluß nicht persönlich mitwirkt, sondern von dem anderen Käufer vertreten wird, kommen die allgemeinen Grundsätze über Kenntnis bei Vertretung in Anwendung.

Hat für den Käufer ein Vertreter den Kauf abgeschlossen so kommt die Kenntnis auf Seiten des Vertreters[7]), nicht auf Seiten des Vertretenen in Betracht (§ 166 Abs. 1); hat jedoch der Vertreter auf Grund einer Vollmacht gehandelt und der Vertretene dem Vertreter Auftrag zum Erwerb eines der species nach bestimmten Tieres erteilt, dann kommt neben der Kenntnis des Vertreters auch die Kenntnis des Vertretenen in Betracht (§ 166 Abs. 2). Entschei-

---

4) § 463 verschärft nur die an sich bereits bestehende Haftung, wenn der Mangel eine: zugesicherten Eigenschaft schon zur Zeit des Vertragsschlusses vorhanden war; s. u. § 24.

5) Vgl. Krückmann 51; s. oben S. 40.

6) Hirsch 23.

7) Vgl. OLG. 4, 32. Doch kann, wenn der Vertreter beim Vertragsabschluß seine Vertretungsmacht zum Nachteil des Käufers mißbraucht und der Verkäufer diesen Mißbrauch kennt, der Verkäufer hieraus keine Rechte ableiten (RG. 52, 99; 71, 219; 75, 301), also sich nicht auf den § 460 oder § 464 berufen (Recht 1921 Nr. 484 [RG.]).

dend für die Kenntnis ist die Zeit des Vertragsabschlusses; hat aber der Käufer erst nach Erteilung des Auftrags die Kenntnis erlangt, so schadet ihm diese nur dann, wenn er Zeit genug gehabt hätte, den Auftrag zu widerrufen.

b) Kenntnis des Mangels ist erforderlich, ein vager Verdacht genügt nicht; doch kann es dem Käufer als grobe Fahrlässigkeit angerechnet werden, wenn er einem solchen Verdachte vor dem Kaufsabschlusse nicht nachgeht (s. hierüber unter Ziff. 2). Dringender Verdacht im Sinne einer Vermutung steht der Kenntnis gleich[8]).

Wenn das Pferd bei der Besichtigung nach dem Käufer geschnappt hat, der Verkäufer hat aber den Käufer beruhigt, indem er versicherte, das Pferd sei nur übermütig, weil es längere Zeit gestanden habe, ist eine Kenntnis des Mangels der Frömmigkeit auf Seiten des Käufers nicht anzunehmen[9]).

Unter Mangel begreift § 460 Satz 1 sowohl den Mangel einer gesetzlichen Eigenschaft, als den Mangel einer zugesicherten Eigenschaft[10]). Ist nach dem Inhalte des Vertrages die bedungene Eigenschaft als zur Zeit des Kaufabschlusses noch nicht vorhanden vorausgesetzt, so wird die Haftung des Verkäufers durch die Kenntnis des Mangels auf Seiten des Käufers nicht ausgeschlossen. Hiervon werden die Fälle betroffen, in welchen der Verkäufer eine Eigenschaft in dem Sinne verspricht, daß sie sich erst nach dem Kaufsabschlusse zeigen soll[11]).

Der Verkäufer übernimmt z. B. die Haftung dafür, daß das Pferd, welches zur Zeit des Kaufabschlusses krumm geht, in vier Wochen wieder gerade gehen werde, oder daß die noch nicht trächtige Kuh beim nächsten Sprung trächtig wird.

§ 460 setzt voraus, daß der Käufer den Mangel, wie er objektiv in die Erscheinung tritt, kennt, erfordert also nicht, daß er sich der vollen Tragweite des Mangels bewußt sein oder sich eine richtige Vorstellung von dem Umfang des Mangels machen müsse[12]); immerhin ist erforderlich, daß sich der Käufer der Erheblichkeit des Mangels bewußt ist, weil er andernfalls den Fehler in seiner rechtlichen Bedeutung nicht kennt[13]).

c) Zur Zeit des Kaufabschlusses muß die Kenntnis vorhanden sein; erhält der Käufer erst nachher, wenn auch vor dem Zeitpunkt des Gefahrüberganges Kenntnis, so trifft § 460 nicht zu, eventuell kommt § 464 in Betracht (s. unten Ziff. 3).

Abgeschlossen ist der Kauf, wenn der Käufer den Antrag des Verkäufers angenommen hat oder umgekehrt. (§ 151.)

d) Die Haftung des Verkäufers ist ausgeschlossen. Wer wissentlich eine mangelhafte Sache kauft, billigt dadurch deren

---

8) Recht 1915 Nr. 2252 (RG.).
9) OLG. 17, 387 (RG.).
10) Staudinger, Bem. 2 zu § 460; Planck, Bem. 2 zu § 460.
11) Vgl. Planck, Bem. 2 zu § 460; Mot. II, 226 (Mugdan II, 125); Prot. II, 1349 f. (Mugdan II, 658); Endemann I § 161 Note 27; Eccius in Gruchots Beitr. 43, 309. Vgl. Staudinger, Bem. 1 g zu § 460.
12) OLG. 33, 279 (Königsberg); RG. 52, 167.
13) Gruchot 50, 368 ff. (RG.).

Beschaffenheit und verzichtet somit stillschweigend auf seinen Gewährleistungsanspruch. Dies gilt selbst dann, wenn der Verkäufer den Mangel arglistig verschwiegen hat[14].

e) Die Beweislast. Zunächst hat der Käufer zu beweisen, daß der Mangel zur Zeit des Gefahrüberganges vorhanden war[15]. Ist dieser Beweis erbracht, dann liegt dem Verkäufer der Beweis ob,

α) daß der Mangel schon zur Zeit des Kaufabschlusses vorhanden war, und

β) daß der Verkäufer den Mangel zu diesem Zeitpunkt gekannt hat.

2. Von der Gewährleistung sind ferner ausgeschlossen Hauptmängel, deren Vorhandensein dem Käufer nur infolge grober Fahrlässigkeit beim Kaufabschlusse unbekannt geblieben ist.

a) Nur auf Hauptmängel im Sinne des § 482 bezieht sich diese Vorschrift, nicht auf andere Mängel und Eigenschaften, für welche der Verkäufer zu haften hat.

Diese Vorschrift findet auch bei Hauptmängeln keine Anwendung,

α) wenn der Verkäufer das Nichtvorhandensein eines Hauptmangels zugesichert hat; dem Käufer kann es vom Verkäufer nicht zur Last gelegt werden, wenn er sich auf die Richtigkeit der ihm gemachten Zusicherung verläßt[16];

Zusicherung der Fehlerfreiheit schließt die Haftung für alle Hauptmängel, Zusicherung der Gesundheit für die meisten Hauptmängel (ausgenommen nur Koppen) in sich. Vgl. unten § 15.

β) wenn der Verkäufer den Hauptmangel arglistig verschwiegen hat. Über den Begriff des arglistigen Verschweigens s. oben S. 22.

b) Zur Zeit des Kaufabschlusses muß der Hauptmangel vorhanden sein und ebenso die Fahrlässigkeit des Käufers, auf welcher seine Unkenntnis beruht.

Hatte der Käufer zur Zeit des Kaufabschlusses Kenntnis von dem Mangel, so ist § 460 Satz 1 maßgebend; erlangt der Käufer erst nach dem Kaufabschluß Kenntnis, so kann eventuell § 464 und daneben § 460 Satz 2 in Betracht kommen.

c) Auf grobe Fahrlässigkeit muß die Unkenntnis des Käufers zurückzuführen sein.

Erforderlich ist grobe Fahrlässigkeit; es genügt nicht, wenn der Käufer den Hauptmangel infolge von Fahrlässigkeit nicht kannte (kennen mußte § 122); vielmehr muß ein Verschulden vorliegen, das auch abgesehen von der verkehrsüblichen Sorgfalt unter allen Umständen tadelnswert erscheint[17]. Der Käufer muß also das Tier, falls er hierzu Gelegenheit hat, untersuchen, nicht gerade gründlich,

---

14) RG. 55, 214; JW. 1915, 444 und 506.

15) Inwieweit über das Vorhandensein des Mangels der Eid zugeschoben werden kann, vgl. unten § 18.

16) Kuhlenbeck, Bem. 3 zu § 460.

17) Kuhlenbeck, Bem. 2 zu § 460.

aber doch auch nicht ganz oberflächlich[18]), so gut er es eben versteht. In der Ablehnung der Besichtigung liegt regelmäßig grobe Fahrlässigkeit, da man nach der Verkehrssitte ein Nutztier nicht ohne Besichtigung zu kaufen pflegt[19]). Anders, wenn der Käufer das Tier genau kennt und noch kurz vor dem Ankauf gesehen hat oder wenn der Verkäufer den Käufer von der Besichtigung abgehalten oder abgelenkt hat[20]). In der Unterlassung von Erkundigungen ist grobe Fahrlässigkeit nicht zu erblicken[21]).

Bei einem Fachmann kann eher grobe Fahrlässigkeit festgestellt werden, als bei einem Laien[22]), da die grobe Fahrlässigkeit nur rücksichtlich der Hauptmängel in Betracht kommt[23]) und deren Feststellung für den Laien geradezu außer dem Bereich seines Könnens liegt. Auch für einen Laien kann übrigens grobe Fahrlässigkeit in Betracht kommen, wenn er einer ihm aufgestiegenen Vermutung eines Hauptmangels nicht nachgeht, und sicher liegt eine grobe Fahrlässigkeit dann vor, wenn der Käufer eine genügend deutliche Angabe des Mangels durch den Verkäufer in leichtsinniger Weise überhörte oder gar überhören wollte[24]).

Wenn grobe Fahrlässigkeit des Käufers einmal festgestellt ist dann kann dem Käufer, sofern der Verkäufer den Hauptmangel nicht arglistig verschwiegen hat, auch nicht mit § 138 Abs. 2 geholfen werden[25]). Dafür besteht auch kein Bedürfnis; denn eine Ausbeutung liegt ja beim Mangel einer Arglist des Verkäufers nicht vor.

d) Beweislast. Der Käufer muß wie immer (mit der Erleichterung des § 484) beweisen, daß der Hauptmangel zur Zeit des Gefahrüberganges vorhanden war. Der Verkäufer hat dann zu beweisen, daß er schon zur Zeit des Kaufabschlusses vorhanden war und daß der Käufer ihn beim Kaufabschlusse hätte erkennen müssen, wenn er sich nicht grobfahrlässig verhalten hätte. Die Replik des Käufers, daß der Verkäufer den Mangel arglistig verschwiegen hat, ist dann hinwiederum vom Käufer zu erweisen[26]).

3) Vorbehaltlose Annahme. Die Haftung des Verkäufers wird durch vorbehaltlose, in Kenntnis des Mangels erfolgte Annahme ausgeschlossen. (§ 464 BGB.)

Die gesetzliche Vertragshaftung[27]) des Verkäufers für Hauptmängel und aus der Zusicherung ist ausgeschlossen. Ob auch die verabredete Haftung ausgeschlossen ist, ist von dem Inhalt der Verabredung abhängig.

§ 464 greift auch gegenüber einem Deliktsanspruch aus § 823

18) Cosack I § 127, I, 3 b.
19) Vgl. OLG. 40, 295 (Jena).
20) JW. 1909, 108; Stölzle 152.
21) Recht 1912 Nr. 2205.
22) Scherer, Bem. 2 zu § 460; Schneider 150; vgl. DJZ. 1903, 405.
23) Unzutreffend sind daher die Beispiele bei Scherer, Bem. 2 zu § 460.
24) Schneider 120.
25) A. M. Scherer, Bem. 3 zu § 460.
26) Vgl. Planck, Bem. 1 zu § 460.
27) Vgl. oben S. 48.

Abs. 2 und § 826 durch [28], das gleiche gilt für die Vertragsanfechtung nach § 123 (s. oben S. 20ff.); es liegt Bestätigung (§ 141 BGB.) vor.

Nur für den Mangel ist die Haftung ausgeschlossen, den der Käufer gekannt hat.

Die Voraussetzungen, unter denen die Haftung ausgeschlossen ist, sind folgende:

a) Angenommen muß der Käufer das Tier haben, d. h. er muß das ihm zwecks Erfüllung (also nicht nur zur Probe, Besichtigung) gelieferte Tier als Erfüllung (nicht bloß zur Aufbewahrung) behalten haben [28]). Daß eine solche Annahme vorliegt, hat der Verkäufer zu beweisen.

Für den Begriff der Annahme im Sinne des § 464 ist es nicht erforderlich, daß der Käufer die Erfüllung als eine tadellose angenommen hat; vielmehr genügt es, wenn er die als Leistung aus dem Vertrage angebotene Leistung körperlich hinnimmt und dabei durch sein Verhalten zu erkennen gibt, daß er die Leistung als eine der Hauptsache nach dem Vertrage entsprechende Erfüllung anerkenne [29]).

Auch für Handelsgeschäfte muß die Kenntnis des Käufers bei der Annahme vorliegen, wenn dessen Rechte mangels Vorbehalts ausgeschlossen sein sollen. Außerdem können bei beiderseitigem Handelskauf die Rechte wegen eines Mangels, für den keine Gewährfrist gilt, schon durch Versäumung der unverzüglichen Anzeige verloren gehen (§ 377 HGB.) [30]).

Übrigens ist nicht in jeder der Vorschrift des § 377 HGB. entsprechenden Mängelanzeige zugleich ein nach § 464 genügender Vorbehalt zu erblicken [31]).

Wird die Annahme von einem Vertreter [32]) des Käufers bestätigt so ist dessen Kenntnis, nicht die des Vertretenen entscheidend (§ 166 Abs. 1); hat jedoch der Vertretene dem durch Vollmacht bestellten Vertreter Auftrag zu der Annahme gegeben, so kann neben der Kenntnis des Vertreters auch die des Vertretenen von Bedeutung werden (§ 166 Abs. 2).

Der Grundsatz des § 464 kann auch in dem Falle angewendet werden, daß der Käufer in Kenntnis des Mangels den Kaufpreis vorbehaltlos bezahlt [33]), wie überhaupt die Wandelung überall da ausgeschlossen ist, wo der Käufer die Ware in Kenntnis des Mangels dem Verkäufer gegenüber genehmigt hat [34]). In einer Weiterveräußerung des Tieres liegt nicht unter allen Umständen Verzicht;

---

28) RG. 59, 104; JW. 1915, 444; Recht 1921 Nr. 484 (RG.). A. M. Geppert, JherJ. 67, 211; JW. 1911, 756.

29) JW. 1906, 763; 1907, 150.

30) S. oben S. 13.

31) JW. 1906, 763.

32) Vgl. hierüber unten § 15 II.

33) SchleswHolstAnz. 1906, 261 (Kiel). Doch ist dem Zahlenden unverwehrt, darzulegen, daß dieser im allgemeinen berechtigte Schluß nach den besonderen Umständen des Falls unbegründet ist SeuffA. 74, 43 (Hamburg).
Abschlagszahlungen schließen nicht notwendig einen Verzicht auf das Wandlungsrecht in sich (Recht 1915 Nr. 1063 [RG.]).

34) Vgl. OLG. 12, 53.

ebensowenig in einer Tötung, selbst wenn diese Handlungen nach Entdeckung des Mangels vorgenommen werden, s. darüber unten § 20 III.

b) **Gekannt haben muß der Käufer den Mangel** (s. hierüber oben S. 52) und zwar bei der Annahme. Nur die wirkliche Kenntnis, nicht der bloße Verdacht schließt die Haftung aus[35]). Es genügt nicht, daß der Käufer den Mangel bei einiger Aufmerksamkeit hätte erkennen müssen. War der Mangel noch so offensichtlich, hat ihn aber der Käufer nicht bemerkt, so ist kein Vorbehalt nötig; war dagegen der Mangel noch so versteckt, so ist der Vorbehalt erforderlich, wenn zufälligerweise der Käufer den Mangel sofort entdeckte[36]). Eine andere Frage ist es, ob nicht aus der Offensichtlichkeit des Mangels der Richter die Überzeugung schöpfen kann, daß der Käufer den Mangel gekannt hat. Das ist Sache der freien richterlichen Beweiswürdigung[37]).

Für die Kenntnis des Mangels auf Seiten des Käufers ist der Verkäufer **beweispflichtig**.

Auf welche Weise der Käufer die Kenntnis des Mangels erlangt hat, ist natürlich gleichgültig[38]). Sind mehrere Tiere zusammen verkauft, so tritt der Rechtsverlust nur hinsichtlich des Mangels desjenigen Tieres ein, den der Käufer bei der vorbehaltlosen Annahme gekannt hat[39]). Sind zwei Tiere als zusammengehörig verkauft und bezüglich eines Tieres der Rechtsverlust des § 464 eingetreten, bezüglich des anderen Tieres aber nicht, so daß hierwegen Wandlung verlangt werden kann, so kann die Wandlung gemäß § 469 auch auf das genehmigte Tier erstreckt werden (s. unten § 21 II 2).

c) Der Ausschluß der Haftung des Verkäufers tritt dann nicht ein, **wenn sich der Käufer seine Rechte wegen des Mangels bei der Annahme vorbehält.**

Dazu ist erforderlich und genügend jede unzweideutige Erklärung des Käufers, aus welcher der Verkäufer entnehmen muß, daß der Käufer seine Ansprüche aus dem Mangel wahren wolle[40]); eine Mängelrüge steht dem nicht unter allen Umständen gleich, denn möglicherweise ist die Erklärung so zu verstehen, daß die Kaufsache trotz des gerügten Mangels genehmigt wird[41]).

Der Mangel, wegen dessen der Käufer sich seine Rechte vorbehalten will, muß **spezialisiert** werden. Nur für den oder die bezeichneten Mängel ist der Vorbehalt rechtswirksam[42]). Ein Vorbehalt dahin gehend, daß sich der Käufer seine Rechte vorbehalte, weil die Kuh nicht frisch und gesund sei, würde in dieser Allgemein-

35) Recht 1908 Nr. 720 (RG.).

36) Hat der Käufer den Mangel schon beim Vertragsabschluß gekannt, so kommt § 460 in Anwendung.

Grobe Fahrlässigkeit genügt hier im Gegensatz zu § 460 nicht. Cosack § 127 II 8a; Scherer, Bem. 2 zu § 464.

37) Vgl. Schneider 151 Anm. 140.

38) Mot. 2, 229. (Mugdan 2, 126.) Vgl. aber auch JW. 1900, 348 Nr. 21.

39) Recht 1909 Nr. 3747 (RG.); Stölzle 158.

40) Vgl. dagegen Staudinger, Bem. 7 zu § 464.

41) Vgl. Recht 1909 Nr. 654 (Braunschweig).

42) Cosack § 127 II, 8, a.

heit selbst dann nicht durchgreifen, wenn der Verkäufer rechtsverbindlich zugesichert hätte, daß die Kuh frisch und gesund sei.

Bei der Annahme ist der Vorbehalt zu machen; die Anwendung dieses Grundsatzes bereitet keine Schwierigkeiten, wenn der Verkäufer oder der Käufer bei der Ablieferung persönlich anwesend oder durch einen Bevollmächtigten vertreten sind.

Der Bote (Viehtreiber, Frachtführer), dessen Aufgabe lediglich in der Übermittlung bzw. Abholung der Kaufsache besteht, hat nicht das Recht, selbstbestimmend Erklärungen für seinen Auftraggeber abzugeben [43]. Ein solcher Bote kann daher weder die Annahme erklären, noch die Annahmeerklärung bzw. Vorbehaltserklärung empfangen. Die Annahme ist eine empfangsbedürftige Erklärung. Sind also bei der Ablieferung nicht beide Teile zugegen gewesen, so ist die Annahme erst dann erfolgt, wenn der Käufer seinen Willen, die Sache als Erfüllung anzunehmen, ausdrücklich oder durch konkludente Handlungen dem Verkäufer zu erkennen gegeben hat [44]. Diese ausdrückliche oder stillschweigende Erklärung muß also an den Verkäufer gerichtet sein und wird wirksam, wenn sie ihm zugegangen ist. Bis zu diesem Zeitpunkte kann sie annulliert werden (indem z. B. der Käufer sein Schreiben durch ein gegenteiliges Telegramm überholen läßt). Auch hier muß der Vorbehalt bei der Annahme, nicht etwa „ohne Verzug nach der Annahme" gemacht werden. Der Vorbehalt kann auch schon vor der Annahme erfolgen, nur muß er bei der Annahme erkennbar aufrecht erhalten werden [45].

Die Beweislast dafür, daß der Vorbehalt rechtswirksam gemacht wurde, trifft den Käufer [46].

4. Durch Versäumung der Mängelanzeige, die durch § 485 BGB. vorgeschrieben ist, verliert der Käufer die Gewährleistungsansprüche (s. hierüber unten § 19 VII).

IV. Beschränkung und Änderung der Gewährleistungspflicht durch Vereinbarung.

1. Es ist schon oben S. 48 darauf hingewiesen worden, daß für die Ansprüche des Käufers wegen sachlicher Mängel der Kaufsache in erster Linie die Vereinbarung der Vertragsteile maßgebend ist.

Im Entwurf I § 396 war dies besonders zum Ausdruck gebracht: „Die Haftung des Veräußerers wegen Mängel kann durch Vertrag erweitert, beschränkt oder aufgehoben werden." Bei der zweiten Lesung ist dieser Satz als selbstverständlich gestrichen worden [47]. Dessen Geltung ergibt sich aus den allgemeinen Grundsätzen

---

[43]) Vgl. unten § 19 II u. III; Staudinger, Bem. 6; Oertmann, Bem. 3 zu § 464; Stölzle 161; Recht 1910 Nr. 2516.
[44]) A. M. Scherer, Bem. 5 zu § 464, der für den Fall der Abwesenheit des Käufers bei der Ablieferung den § 464 für unanwendbar betrachtet.
[45]) RG. 58, 261; 73, 148.
[46]) Scherer, Bem. 4 zu § 464; Staudinger, Bem. 4 zu § 464 u. dortige Nachweise.
[47]) Prot. II, 1406 und 1339 (Mugdan II, 677 und 656).

über die Vertragsfreiheit. Die Parteien können also jegliche Art der Haftung durch den Vertragsinhalt begründen oder ausschließen; das kann natürlich auch noch nach Abschluß des Vertrags geschehen.

Ist die Gewährleistung vertraglich ausgeschlossen, so wird hierdurch regelmäßig die Anfechtung wegen Irrtums nicht ausgeschlossen[48]; denn es wird nur ausnahmsweise als Vertragswille zu unterstellen sein, daß der Käufer das volle Risiko für das Vorhandensein etwa vorhandener Mängel übernimmt.

Für das Zustandekommen einer Vertragsberedung, durch welche die Haftung des Verkäufers für sachliche Mängel der Kaufsache ausgeschlossen wird, und für deren Feststellung im Wege der Auslegung gelten die allgemeinen Vorschriften; es kann sonach eine die Haftung ändernde Vereinbarung auch aus den Umständen entnommen werden, wenn diese einen derartigen Vertragswillen außer Zweifel stellen[49].

Nur unter ganz besonderen Umständen kann ausnahmsweise eine Erweiterung der Haftung durch stillschweigende Erklärung begründet werden (s. unten § 15 II S. 74). Dadurch, daß der Käufer, für den Verkäufer erkennbar, das Tier zu einem bestimmten Gebrauchszweck erwirbt, wird nicht ohne weiteres eine Erweiterung der Haftung begründet. (S. unten § 15 II S. 75.)

Im übrigen kann sich die Änderung der gesetzlichen Vorschriften durch den Vertragsinhalt sowohl auf den Umfang, als auf den Inhalt der Haftung beziehen.

Derartige Vereinbarungen müssen nicht notwendigerweise bei dem Vertragsabschlusse erfolgen, können ihm vielmehr auch zeitlich nachgehen[50].

Aber nur durch Vertrag können die gesetzlichen Bestimmungen über Inhalt und Umfang der Gewährleistung geändert werden, also nicht durch sog. Marktordnungen und Marktregeln[51], es sei denn, daß sich die Parteien durch ausdrückliche oder stillschweigende Vereinbarung ihnen unterworfen haben, oder durch Handelsgebrauch daran gebunden sind[52].

Insbesondere kann, was den Umfang der Haftung anlangt, durch Verabredung die Verpflichtung des Verkäufers zur Gewährleistung erlassen oder beschränkt werden. Für die Verabredung des Ausschlusses der Gewährleistungspflicht behalten auch unter der Herrschaft des Bürgerlichen Gesetzbuches die bisher rechtsüblichen Wendungen (z. B. wie die Kette fällt schlecht für gerecht, mit Gewähr bis vor den Stall, für Hagel und Wind, wie es dasteht, Haar um Haar usw.) ihre praktische Bedeutung.

---

48) Vgl. Stölzle 161.

49) Planck, Bem. 1 zu § 476. Mot. 2, 238. So wird z. B. bei der Übernahme eines Landgutes mit lebendem und totem Inventar um einen Gesamtpreis (Kauf in Bausch und Bogen) eine Gewährleistungspflicht für die einzelnen verkauften Tiere regelmäßig als durch stillschweigende Vereinbarung erlassen angesehen werden können (s. hierüber oben S. 47).

50) Hirsch 25.

51) BayZ. 1922, 201.

52) Vgl. hierüber oben S. 13.

In der Äußerung: „Bei mir hat dem Ochsen noch nie etwas gefehlt, für weiteres garantiere ich nicht", ist Ausschluß der Haftung für die Hauptmängel nicht zu erblicken[53]) Die Formel: „Wie besehen" wird beim Viehkauf regelmäßig nur auf erkennbare Mängel zu beziehen sein.

Während nun stillschweigend eine Ausdehnung der gesetzlichen Haftung nur ganz ausnahmsweise begründet werden kann, liegt es nahe, aus dem erkennbar gemachten Gebrauchszwecke eine vertragliche Einschränkung der Gewährschaftspflicht abzuleiten. Nur hat dies keine praktische Bedeutung, weil in derartigen Fällen durch die Kaiserliche Verordnung bereits eine gesetzliche Einschränkung der Gewährleistungspflicht normiert ist.

Bei dem Verkauf einer Kuh an den Schinder wird die Erlassung der Gewährleistungspflicht für die gesetzlichen Mängel zum Vertragsinhalt gehören; es besteht aber gar keine solche Gewährleistungspflicht; denn die Kaiserliche Verordnung führt eine solche nur für Nutz- und Zuchttiere und für Schlachttiere ein, welche bestimmt sind, als Nahrungsmittel für Menschen zu dienen.

Soll aus einem besonders niedrigen Kaufpreis auf stillschweigenden Ausschluß der Gewährleistung geschlossen werden[54]), so muß der Kaufpreis außer jedem Verhältnis zu dem Wert eines mangelfreien Tieres gleicher Art stehen.

Wenn sich der Verkäufer Gewährfreiheit ausbedingt und der Käufer darauf antwortet: „Aber gesund muß die Kuh sein", worauf der Verkäufer erwidert: „Sie ist gesund", so hat der Käufer den Ausschluß der Gewährschaft im Vertrauen auf die Gutgläubigkeit dieser Angabe genehmigt. Die Gewährschaft ist rechtswirksam ausgeschlossen, wenn die Angabe des Verkäufers gutgläubig war[55]).

Wenn der Käufer, was beim Schlachtviehkauf zuweilen vorkommt, das gekaufte Tier bei sich selbst versichert, d. h. für jedes Stück einen ziffermäßig vereinbarten Betrag als Versicherung abzieht, so liegt darin eine Vereinbarung auf Ausschluß der Gewährschaft[56]).

Im Wege der Vereinbarung können an Stelle der Gewährleistungspflicht anderweitige Folgen an das Vorhandensein eines Mangels geknüpft werden.

Immer dann, wenn der Sinn der betreffenden Abmachung dahin geht, daß der Verkäufer von seiner gesetzlichen Gewährleistungspflicht befreit sein soll und beim Vorhandensein eines Mangels nur die im Vertrage selbst genau bestimmten Folgen eintreten sollen, ist eine mit der einfachen Vertragserfüllungsklage verfolgbare Nebenabrede zum Kaufvertrag vorhanden[57]).

Haben die Vertragsteile vereinbart, daß der Käufer zum Rücktritt vom Vertrage berechtigt ist, wenn das Lahmen des Pferdes nicht innerhalb 14 Tage vergeht, dann sind die sich hieraus ergebenden

---

53) Samml. Stölzle 57 (OLG. Augsburg); Stölzle 161.
54) So Stölzle 162.
55) Stölzle 162.
56) Stölzle 162.
57) Vgl. Staudinger, Bem. I b zu § 487; Scherer, Anm. 10 zu § 459; vgl. dagegen Stölzle 463.

Rechte ausschließlich nach den §§ 346 ff. zu beurteilen; Gewährleistungsansprüche können nicht geltend gemacht werden[58]. Dasselbe gilt, wenn für diesen Fall vereinbart wird, daß der Käufer den zurückbehaltenen Kaufpreisrest von 200 Mark nicht zu bezahlen brauche[59].

Wenn die Vertragsteile vereinbaren: „Falls das Pferd einen gesetzlichen Fehler haben oder sonst nicht passen sollte, so findet lediglich Umtausch statt und zwar unter eventueller Herauszahlung oder Zuzahlung", so hat man es mit einer Umtauschklausel zu tun. Hiedurch ist die Gewährleistung ausgeschlossen. Der Käufer ist berechtigt, das Pferd zurückzugeben und sich aus den Beständen des Verkäufers ein anderes auszuwählen. Der Verkäufer hat zu bestimmen, ob und welcher Betrag von ihm herauszuzahlen oder vom Käufer zuzuzahlen ist[60] (§ 316 BGB.). Er hat diese Bestimmung nach billigem Ermessen zu treffen (§ 315 BGB.). Solange der Käufer ein anderes Pferd nicht ausgewählt hat, bleibt der Kaufvertrag mit seinem ursprünglichen Inhalt aufrecht; ist das Pferd ausgewählt, so wird der Inhalt dieses Vertrages hinsichtlich des Gegenstands und durch die Bestimmung des Verkäufers eventuell auch hinsichtlich des Preises geändert[61]

Wenn die Parteien vereinbaren, daß für den Fall des Vorhandenseins eines Hauptmangels der Kaufpreis um 100 Mark gekürzt werden solle, so hat es hierbei sein Bewenden[62] Der Käufer kann also in diesem Fall weder Wandelung noch Schadenersatz wegen Nichterfüllung nach § 463 verlangen. Durch eine solche Verabredung sind alle Folgen, welche das Gesetz an das Vorhandensein des Hauptmangels knüpft, ausgeschlossen, so daß also die §§ 487 ff. nicht angewendet werden können[62] Namentlich sind die Vorschriften über die Verjährung des Gewährleistungsanspruches (§§ 490, 492) nicht anwendbar, vielmehr greift die ordentliche Verjährung Platz[63]. Nicht einmal die §§ 482—486 BGB. können angewendet werden. Der Käufer, welcher in solchem Falle den Mangel behauptet, muß das Vorhandensein des Mangels beweisen; es kommt ihm keine gesetzliche Vermutung zu Hilfe, wohl aber die wissenschaftlichen Erfahrungen, deren Ergebnis ja die Aufstellung der Beweisregel des § 484 ist[64].

In gleicher Weise ist zu entscheiden, wenn A dem B zusichert, die Kuh werde bis Martini kalben, und für den Fall daß die Kuh erst nach Martini kalbt, für jeden Tag der Verspätung 1 Mark Futtergeld verspricht; denn der Sinn der Vereinbarung geht eben dahin, daß der Verkäufer für eine Verspätung der Geburt keine Gewährleistung

---

58) Bl. f. Thür. 24, 163.

59) Stölzle 465.

60) OLG. 33, 283 nach der Anm. gebilligt durch Urteil des Reichsgerichts vom 18. Oktober 1907.

61) Voraussetzung ist (§ 157 BGB.), daß sich unter den Beständen des Verkäufers ein Pferd befindet, welches für die Zwecke des Käufers brauchbar ist. Ist das nicht der Fall, so kann der Käufer nach § 326 Frist setzen. Über Umtauschvereinbarung auf Grund einer Mängelanzeige s. unten § 20 V S. 121.

62) Vgl. OGH. 5, 700; 6, 163; RGK. Bem. 2 zu § 492; Stölzle 464.

63) Vgl. OGH. 5, 700; 6, 163; Scherer, Bem. 10 zu § 459. — Vgl. dagegen OLG. 12, 57; BayZ. 1912, 28 (Nürnberg).

64) Anders wäre zu entscheiden, wenn der Verkäufer den Hauptmangel arglistig verschwiegen hätte; in diesem Falle hätte der Käufer die Wahl, ob er seine Rechte aus der Nebenverabredung oder aus der gesetzlichen Gewährleistungspflicht geltend machen will.

im Sinne des § 492 übernehmen will[65]). Wenn aber die Kuh überhaupt nicht kalbt, dann tritt wieder die gesetzliche Gewährleistung ein; denn Trächtigkeit hat der Verkäufer zugesichert und für den Fall, daß die Kuh überhaupt nicht trächtig war, sind vertragliche Folgen nicht vereinbart, es bleibt also beim Gesetz.

Beim Verkauf von Schlachtvieh wird zuweilen sog. „halbe Gewährschaft" bedungen, „halbe Gewährschaft auf Schlachten"; damit ist gemeint, daß der effektive Verlust, den der Käufer infolge irgend eines Mangels (nicht bloß Hauptmangels) beim Schlachten erleidet, vom Verkäufer und Käufer je zur Hälfte zu tragen ist. In dieser Verabredung liegt der Ausschluß der gesetzlichen Gewährleistungspflicht; die Folgen eines Mangels werden ausschließlich durch diese Vereinbarung bestimmt, wobei zugleich der Kreis der zu vertretenden Mängel vertraglich erweitert ist. Der Verlust ist unter Zugrundelegung des vom Käufer gezahlten Kaufpreises rechnerisch festzustellen. Für die Klage auf Zahlung der Differenz ist die Zuständigkeitsnorm des § 23 GVG. anzuwenden.

Haben die Parteien rücksichtlich des Umfangs der Haftung (Kreis der zu vertretenden Mängel) die gesetzliche Haftung erweitert, so bestimmt sich der Inhalt der Haftung, d. i. deren Wirkung, gemäß § 492 nach den für die gesetzliche Haftung bestehenden Vorschriften, soferne nichts anderes vereinbart ist, s. unten § 15.

2. Die Regel der Vertragsfreiheit ist den allgemeinen Ausnahmen, insbesondere jener des § 138 unterworfen, durch welchen der wucherischen Ausbeutung des wirtschaftlich Schwächeren ein Riegel vorgeschoben ist.

3. Eine besondere Ausnahme ist durch § 476 gesetzt, indem eine Vereinbarung, durch welche die dem Käufer nach dem Gesetze obliegende Verpflichtung zur Gewährleistung erlassen oder beschränkt wird, nichtig ist, wenn der Verkäufer[66]) den Mangel arglistig verschweigt.

Der Verkäufer haftet auf Grund der durch den Vertrag begründeten gesetzlichen Haftung nicht für alle Mängel des Tieres, sondern nur für die Hauptmängel und den Mangel der zugesicherten Eigenschaften. § 476 setzt daher ein arglistiges Verschweigen eines Hauptmangels voraus; ein arglistiges Verschweigen anderer Mängel[67]) wird durch § 476 nicht betroffen. Werden solche andere Mängel arglistig verschwiegen, so ist eine gesetzliche Haftung des Verkäufers aus dem Kaufvertrage nicht begründet. Doch ist dem Betrüger kein Freibrief ausgestellt, da ja dem Käufer der Anfechtungsanspruch und die Deliktsansprüche zustehen (vgl. hierüber oben S. 20 und 34).

---

[65]) Vgl. RGK. Bem. 2 zu § 492; a. M. Stölzle 464 mit 244.

[66]) oder nur einer von mehreren Verkäufern (Recht 1915 Nr. 1058).

[67]) Zusicherung einer Eigenschaft und vertragsgemäßer Ausschluß der Haftung für den Mangel dieser zugesicherten Eigenschaft ist begriffsmäßig (vgl. unten § 15 II 1) ausgeschlossen; es liegt eben dann keine Zusicherung vor. Wenn aber eine Eigenschaft betrügerisch versichert, wenn auch nicht zugesichert wird, dann läßt das Reichsgericht dieselben Folgen eintreten, wie im Fall der Zusicherung s. unten § 24 I 3.

Über den **Begriff des arglistigen Verschweigens** s. oben S. 22 ff.

Wenn nur **ein** Hauptmangel arglistig verschwiegen wurde, so ist nur bezüglich dieses arglistig verschwiegenen Mangels, nicht auch bezüglich der übrigen Hauptmängel die Vereinbarung über Gewährschaftsausschließung nichtig[68].

Für die Anwendbarkeit des § 476 kommt es nicht darauf an, ob gerade das arglistige Verschweigen den Käufer gehindert hat das Vorhandensein des Mangels zu erkunden[69].

Die Vereinbarung des Ausschlusses der Gewährleistungspflicht ist auch dann nichtig, wenn nur einer von mehreren Verkäufern arglistig verschwiegen hat[70].

§ 13.

Gewährleistungsanspruch.

I. Inhalt des Gewährleistungsanspruchs.

Der Gewährleistungspflicht des Verkäufers entspricht der Gewährleistungsanspruch des Käufers.

Grundsätzlich kann der Käufer nur Wandlung (s. unten § 20), nicht Minderung beanspruchen (§ 487 Abs. 1 BGB.). Das gilt für die gesetzliche Haftung des Verkäufers für Hauptmängel und für die Gewährleistung, die der Verkäufer wegen anderer Mängel oder wegen des Nichtvorhandenseins einer Eigenschaft durch besondere Verabredung übernommen hat (§ 492); es gilt endlich auch für zugesicherte Eigenschaften (§ 459 Abs. 2, § 492). Über den Unterschied zwischen Übernahme der Gewährleistung und Zusicherung (s. unten § 15 I).

Fehlt der verkauften Sache zur Zeit des Kaufs eine zugesicherte Eigenschaft oder hat der Verkäufer einen Hauptmangel beim Kauf arglistig verschwiegen, so kann der Käufer statt der Wandlung Schadenersatz wegen Nichterfüllung verlangen (§ 463 BGB. s. hierüber unten § 24).

Beim **Gattungskauf** kann der Verkäufer **statt** der Wandlung verlangen, daß ihm an Stelle der mangelhaften Sache eine mangelfreie geliefert wird (§ 480 BGB., s. hierüber unten § 25). Hat der Verkäufer einen Hauptmangel **bei der Übergabe** arglistig verschwiegen oder fehlt der Sache **bei der Übergabe** eine zugesicherte Eigenschaft, so kann der Käufer beim Gattungskauf statt der Wandlung (§ 487 Abs. 1 BGB.) oder des Anspruchs auf mangelfreie Ersatzlieferung (§ 480 Abs. 1 BGB.) Schadenersatz wegen Nichterfüllung verlangen (§ 480 Abs. 2 BGB., s. hierüber unten § 24).

---

68) RG. 62, 122.
69) LZ. 1918, 837 (RG.).
70) Recht 1915 Nr. 1058 (RG.).

II. Parteistellung.

1. Aktivlegitimation.

Der Anspruch steht dem Käufer zu und bei einem anderen Vertrag, der auf Veräußerung oder Belastung einer Sache gegen Entgelt gerichtet ist (§ 493), dem Erwerber der Sache.

Die Abtretung des Gewährleistungsanspruches ist zulässig. Der Gewährleistungsanspruch besteht darin, daß der Käufer von dem Verkäufer die Rückgängigmachung des Vertrages und die sich hieraus ergebenden Ansprüche gegen den Verkäufer geltend machen oder Schadenersatz wegen Nichterfüllung verlangen kann. Der Wandlungsanspruch geht auf Beseitigung des ursprünglichen Kaufvertrages und daraus ergeben sich, wenn der Kaufvertrag ganz oder teilweise erfüllt ist, Verpflichtungen des Käufers und des Verkäufers, die Zug um Zug zu erfüllen sind (§ 467 mit § 346 BGB.). Der Vollzug der Wandlung ist abhängig davon, daß der Käufer Zug um Zug die ihm aus der Wandlung obliegenden Verpflichtungen erfüllt. Es ist aber anerkannten Rechtens, daß die Abtretung des Anspruches aus einem gegenseitigen Vertrag zuläßig ist, wobei freilich das Einrederecht des anderen Teils aus den §§ 320, 321 und 404 BGB. nicht berührt wird[1]).

Der Wandlungsanspruch ist insoferne auf eine unteilbare Leistung gerichtet, als nur der ganze Vertrag gewandelt werden kann.

Ist z. B. ein Tauschvertrag geschlossen, wonach Huber 2 Schimmelstuten erhalten und dafür an Müller 2 Rappwallachen hingegeben und eine Tauschaufgabe von 1000 Mark bezahlt hat, so ist es wohl zulässig, daß Huber den ihm auf Grund des Wandlungsanspruches zustehenden Anspruch auf Rückzahlung der Tauschaufgabe im Teilbetrag von 600 Mark an Schmitt überträgt. Dieser ist aber für die Geltendmachung dieses Rückforderungsanspruches gegenüber Müller davon abhängig, daß Huber in der Tat den Wandlungsanspruch gegen Müller geltend macht und rechtzeitig einklagt. Es handelt sich also um eine unteilbare Leistung im Sinne des § 432 mit der Folge, daß der Schuldner Müller nur an die beiden Gläubiger Huber und Schmitt gemeinschaftlich leisten und jeder dieser Gläubiger nur die Leistung an alle fordern kann. Anders könnte der Fall zu beurteilen sein, wenn der Käufer nur Forderungen aus der Wandlung hat, denen kein Gegenanspruch des Verkäufers aus der Wandlung gegenübersteht.

---

[1]) RG. 51, 170; 64, 122; Gruchot 55, 640. Eine Entscheidung des RG., die sich speziell mit der Abtretung des Gewährleistungsanspruchs befaßt, ist mir nicht bekannt. — Stölzle 144 beruft sich für die Zulässigkeit der Abtretung des Gewährleistungsanspruchs auf Gruchot 49, 406 (RG.). Diese Entscheidung behandelt aber nur den Fall, daß bei der Abtretung einer Forderung der bisherige Gläubiger dem neuen Gläubiger gegenüber die Haftung für Güte und Einbringlichkeit der Forderung übernommen hat und erklärt den Anspruch aus dieser Haftung für abtretbar. — In einem Urteil vom 18. September 1915 (Breslauer AK. 1916, 20) hat das RG. dahingestellt gelassen, ob das Recht auf Vollziehung der Wandlung abtretbar sei. Jedenfalls könne derjenige, dem es abgetreten sei, Rückgängigmachung des Kaufs nur in der Weise begehren, daß er gegen Rückgewähr des Kaufgegenstands Rückzahlung des Kaufpreises erhält, den der ursprüngliche Käufer dem auf Wandlung in Anspruch genommenen ursprünglichen Verkäufer bezahlt hat.

Zweifellos kann aber der Käufer seinen gesamten Wandlungsanspruch, das ist also den Inbegriff der Ansprüche auf die Wandlung (Zustimmung des Verkäufers zum Wandlungsbegehren) und aus der Wandlung (Rückgewähr) einem Dritten übertragen. Dringt dieser mit dem Wandlungsanspruch durch und erhebt der Beklagte den Zurückbehaltungseinwand wegen der ihm gegen den Käufer aus der Wandlung zustehenden Gegenansprüche, so tritt Verurteilung zur Rückgabe Zug um Zug ein.

Hat der Käufer das gekaufte Tier auf der Grundlage des Versicherungsvertragsgesetzes versichert, so geht der ihm gegen den Verkäufer zustehende Gewährleistungsanspruch insoweit auf den Versicherer über, als dieser dem Versicherungsnehmer den Schaden ersetzt. Der Übergang kann nicht zum Nachteil des Versicherungsnehmers geltend gemacht werden (§ 118 VVG.). Unter dem Gewährleistungsanspruch im Sinne des § 118 VVG. sind nur die Ansprüche zu verstehen, die sich aus der kaufrechtlichen Haftung des Käufers für Mängel und zugesicherte Eigenschaften ergeben, aber auch alle diese Ansprüche, also der Wandlungsanspruch (§ 487), der Schadenersatzanspruch (§ 463) und beim Gattungskauf der Anspruch auf Ersatzlieferung (§ 480). Ist ein anderer Inhalt der Gewährleistungspflicht durch besondere Verabredung bedungen, z. B. Preisnachlaß, so fällt auch der sich hieraus ergebende Anspruch unter den Begriff des Gewährleistungsanspruches. Übrigens bestimmt § 67 VVG., daß der Anspruch, der dem Versicherungsnehmer auf Ersatz des Schadens (wegen Beschädigung der Kaufsache) gegen einen Dritten zusteht, auf den Versicherer übergeht, soweit dieser dem Versicherungsnehmer den Schaden ersetzt. Auch in diesem Falle kann der Übergang nicht zum Nachteil des Versicherungsnehmers geltend gemacht werden. Unter § 67 fällt z. B. der Anspruch des Versicherungsnehmers auf Schadenersatz wegen Verschlechterung des Tieres durch positive Vertragsverletzung (vgl. oben S. 29).

Der Übergang des Gewährleistungsanspruches (§ 118 VVG.) und des Schadenersatzanspruches (§ 67 VVG.) tritt kraft Rechtens (cessio legis) mit dem Augenblick ein, in welchem der Versicherer dem Versicherungsnehmer die Entschädigung ausbezahlt. Auf diesen Rechtsübergang finden gemäß § 412 BGB. die hinsichtlich der Übertragung einer Forderung geltenden Vorschriften der §§ 399—404, 406—410 BGB. entsprechende Anwendung. Der Versicherungsnehmer muß also insbesondere dem Versicherer die erforderlichen Auskünfte und Beweisbehelfe zur Verfügung stellen (§ 402 BGB.). Er muß dem Versicherer auf Verlangen eine öffentlich beglaubigte Urkunde über den Übergang des Anspruches ausstellen (§ 403 BGB.). Andererseits kann der Schuldner (Verkäufer) dem Versicherer die Einwendungen entgegensetzen, die zur Zeit des Überganges der Forderung gegen den Versicherungsnehmer begründet waren (§ 404 BGB.). Der Schuldner kann eine ihm gegen den Versicherungsnehmer zustehende Forderung auch dem Versicherer gegenüber aufrechnen; es sei denn, daß er beim Erwerb dieser Forderung von dem Übergang des Gewährleistungsanspruches auf den Versicherer Kenntnis hatte oder daß die Forderung erst nach

Erlangung dieser Kenntnis und später als der auf den Versicherer übergegangene Gewährleistungsanspruch fällig geworden ist (§ 406 BGB.). Der Versicherer muß eine Leistung, die der Verkäufer an den Versicherungsnehmer (Käufer) nach dem Übergang des Gewährleistungsanspruches bewirkt, sowie jedes Rechtsgeschäft, das nach diesem Zeitpunkte zwischen dem Verkäufer und dem Versicherungsnehmer (Käufer) in Ansehung des Gewährleistungsanspruches und des sich hieraus ergebenden Anspruches auf Rückgewähr vorgenommen wird, gegen sich gelten lassen; es sei denn, daß der Verkäufer den Übergang des Gewährleistungsanspruches auf den Versicherer bei der Leistung oder der Vornahme des Rechtsgeschäftes kennt (§ 407 BGB.). Die Vorschrift des § 407 BGB. findet bei einer nochmaligen Abtretung des Gewährleistungsanspruches durch den Käufer und bei einer gegen den Käufer erfolgten gerichtlichen Pfändung und Überweisung des Gewährleistungsanspruches entsprechende Anwendung (§ 408 BGB.).

Kenntnis von dem Übergang des Gewährleistungsanspruches auf den Versicherer setzt voraus, daß der Verkäufer weiß, daß der Anspruch nicht mehr dem versicherten Käufer, sondern dem Versicherer zusteht. Diese Kenntnis hat der Verkäufer regelmäßig nicht schon dann, wenn er weiß, daß der Versicherungsnehmer von dem Versicherten für den Verlust entschädigt wurde[1]). Das kann ausnahmsweise der Fall sein, wenn der Verkäufer die gesetzliche Vorschrift des § 118 VVG. kennt, was ihm erst nachgewiesen werden müßte. Daß dies die Auffassung des Gesetzes ist, ergibt sich aus § 408 Abs. 2 BGB. Hiernach gilt folgendes: Hatte der Käufer den Gewährleistungsanspruch vor dessen Übergang auf den Versicherer bereits an Maier abgetreten, dann muß Maier eine Leistung des Verkäufers aus dem Gewährleistungsanspruch an den Versicherer gegen sich gelten lassen, wenn der Käufer dem Versicherer gegenüber anerkennt, daß der Gewährleistungsanspruch kraft Gesetzes auf den Versicherer übergegangen ist, es sei denn, daß der Verkäufer bei der Leistung, die an Maier erfolgte Abtretung kennt. Mit anderen Worten, wenn diese Anerkennung des Käufers über den gesetzlichen Übergang des Anspruches nicht abgegeben ist, braucht Maier eine Leistung des Verkäufers an den Versicherer nicht anzuerkennen. § 118 VVG. und § 67 VVG. bestimmen, daß der Übergang des Gewährleistungsanspruches nicht zum Nachteil des Versicherungsnehmers (Käufers) geltend gemacht werden kann. Diese Vorschrift ist gleichlautend mit den Bestimmungen, die das BGB. in Einzelfällen für den gesetzlichen Übergang einer Forderung gegeben hat. (§ 268 Abs. 3, § 426 Abs. 2, § 774 Abs. 1, § 1143 Abs. 1, § 1150, § 1225, § 1607 Abs. 2.) Der Sinn dieser Vorschrift besteht darin, daß durch den Übergang des Gewährleistungsanspruches auf den Versicherer der Versicherungsnehmer (Käufer) nicht schlechter gestellt werden darf, als er gestellt sein würde, wenn der Übergang des Gewährleistungsanspruches nicht erfolgt wäre. Der Hauptfall, in dem die Vorschrift zur Anwendung zu kommen hat,

[1]) Unrichtig Stölzle 76.

ist der, daß nur ein Teil des Gewährleistungsanspruches auf den Versicherer übergegangen ist. Dann steht dem Käufer für die Befriedigung des ihm verbliebenen Teils des Gewährleistungsanspruchs der Vorrang vor dem auf den Versicherer übergegangenen Teil zu.

Wenn Körner an Schreiner ein Pferd um den bezahlten Kaufpreis von 2000 Mark verkauft hat und das Pferd, das vom Käufer Schreiner sofort versichert worden war, mit einem Erlös von 150 Mk. notgeschlachtet wurde, so steht dem Schreiner gegen Körner ein Anspruch auf Rückzahlung von 1850 Mark und Ersatz der Fütterungskosten und tierärztlichen Behandlung mit 200 Mark, im ganzen also ein Anspruch auf 2050 Mark zu. Die Versicherungs-Gesellschaft hat an Schreiner 1200 Mark für Versicherungsschutz bezahlt. Es ist sonach dem Schreiner ein Ausfall von 850 Mark erwachsen. In Höhe der Versicherungssumme von 1200 Mark ist der Gewährleistungsanspruch auf die Versicherungs-Gesellschaft übergegangen, die hierauf gegen Körner Urteil erwirkt und Zwangsvollstreckung wegen der Hauptsache und 200 Mark Prozeßkosten betrieben hat. Die Zwangsvollstreckung ergab für den Teilbetrag von 900 Mark Befriedigung, im übrigen Pfändungsabstand. Der Versicherer muß von den vereinnahmten 900 Mark dem Schreiner 850 Mark abgeben [3]).

Durch die Abtretung oder den gesetzlichen Übergang des Gewährleistungs-Anspruches verliert der Käufer die Aktivlegitimation zur Geltendmachung des Gewährleistungs-Anspruches. Ist aber der Gewährleistungsanspruch des Käufers schon vor dem Übergang dieses Anspruches auf einen Dritten rechtshängig geworden, so wird hierdurch zwar nicht das Recht des Käufers ausgeschlossen, den geltend gemachten Anspruch abzutreten und es wird dadurch auch nicht verhindert, daß der Anspruch kraft Gesetzes auf einen Dritten übergeht. Die Abtretung (der Übergang) hat jedoch auf den Prozeß keinen Einfluß. Der Käufer bleibt also Prozeßpartei, er verliert seine Aktivlegitimation nicht und ist deshalb berechtigt, alle rein prozeßrechtlichen Handlungen vorzunehmen. Materiellrechtlich führt er allerdings den Prozeß nur als Vertreter des Gläubigers, auf den die Forderung übergegangen ist. Er muß deshalb, wenn ihm der Beklagte einen Einwand aus der geschehenen Abtretung entgegenhält, seinen Antrag dahin ändern, daß der Beklagte zur Leistung an den neuen Gläubiger verurteilt wird; andernfalls wäre seine Klage abzuweisen (§ 265 ZPO.)[4])

2. Passivlegitimation. Beklagter ist der Verkäufer. Hat dieser das Tier mit derselben Gewährschaft, die er dem Kläger gegeben hat, von einem Dritten erworben, so kann die Klage nicht unmittelbar gegen den Dritten gerichtet werden. Ein sogenannter Sprungregreß ist unzulässig[5]).

Wenn jedoch der Verkäufer seinem Käufer den ihm gegen den Dritten zustehenden Gewährleistungsanspruch abtritt (s. oben Ziff. 1), so kann der Dritte unmittelbar verklagt werden.

---

[3]) Vgl. Stölzle 77.

[4]) RG. 40, 340; 56, 301; 76, 217; 88, 7; 102, 179. Nach JW. 1916 847 ist der Kläger, der den Antrag nicht auf Zahlung an den neuen Gläubiger umgestellt hat, selbst dann mit der Klage abzuweisen, wenn der Beklagte den Einwand des Forderungsübergangs nicht erhoben hat, aber die unstreitige Tatsache des Forderungsübergangs vom Kläger selbst vorgetragen ist.

[5]) Stölzle 143.

§ 14.

Hauptmängel.

1. Die lediglich auf Grund des Kaufvertrages an sich dem Verkäufer auferlegte Haftung besteht beim Viehkauf darin, daß der Verkäufer nur die in der Kaiserlichen Verordnung[1]) aufgeführten Hauptmängel zu vertreten hat; für andere Mängel haftet er auf Grund des bloßen Vertragsabschlusses nicht. Selbst wenn das Tier mit einer (nicht unter den Hauptmängeln aufgeführten) ansteckenden Krankheit, z. B. Maul- und Klauenseuche, behaftet ist, hat der Käufer, wenn keine besondere Abrede getroffen ist, keinen Gewährleistungsanspruch; das gilt selbst dann, wenn der Verkäufer die Krankheit beim Verkauf arglistig verschwiegen hat (s. oben S. 24). Unter Umständen steht dem Käufer ein Schadenersatzanspruch auf Grund unerlaubter Handlung (s. oben S. 25 und 34) oder wegen positiver Vertragsverletzung (s. oben S. 29, nicht aber wegen culpa in contrahendo, s. oben S. 27) zu, oder das Recht zu, den Vertrag wegen arglistiger Täuschung (s. oben S. 20) oder doch wegen Irrtums (s. oben S. 16) anzufechten.

2. § 459 Abs. I gilt auch für Hauptmängel insoweit, als der Verkäufer dafür haftet, daß das verkaufte Tier zur Zeit des Gefahrüberganges nicht mit einem Hauptmangel behaftet ist. S. unten S. 83.

Wegen der Zeit des Überganges der Gefahr vgl. unten S. 84.

3. Voraussetzung der Haftung für den Hauptmangel ist jedoch, daß sich der Hauptmangel innerhalb der Gewährfrist zeigt (§ 482 Abs. I Satz 2) (s. unten S. 88).

Wenn die Abwesenheit eines bestimmten Hauptmangels zugesichert wurde, dann tritt zwar die verschärfte Haftung aus § 463 ein; allein für die gesetzliche Haftung aus dem Vertrage wegen dieses Hauptmangels (also für den Wandlungsanspruch aus § 482 und den Schadenersatzanspruch aus § 463) müssen alle Erfordernisse erfüllt sein, welche für die Haftung wegen des Hauptmangels ohne Zusicherung seiner Abwesenheit vom Gesetz erfordert sind (es muß sich also der Fehler innerhalb der Gewährfrist gezeigt haben und die Rüge des § 485 rechtzeitig erfolgt sein), vgl. unten S. 80 f.

Wenn aber der Verkäufer in verbindlicher Weise Fehlerfreiheit oder Gesundheit ohne Vereinbarung einer Gewährfrist zugesichert hat, dann kann die Haftung (Wandlung oder Schadenersatz) wegen eines Hauptmangels auch dann beansprucht werden, wenn sich der Hauptmangel innerhalb der Gewährfrist nicht gezeigt hat und der Anzeigetermin des § 485 nicht eingehalten ist. Es müssen dann nur die Voraussetzungen für die Haftung wegen zugesicherter Eigenschaften erfüllt sein[2]). Dazu gehört Anzeigeerstattung nach § 478[3]).

[1]) Mot. 2, 253 (Mugdan 2, 140).
[2]) S. darüber unten S. 68.
[3]) S. darüber unten S. 174.

4. Die Liste der Hauptmängel ist durch die Kaiserliche Verordnung vom 27. März 1899 in erschöpfender Weise aufgestellt.

Die Verordnung kann mit Zustimmung des Reichsrats von der Reichsregierung jederzeit abgeändert oder ergänzt werden; es ist dadurch die Möglichkeit gegeben, ihren Inhalt den Fortschritten der Wissenschaft jederzeit anzupassen. Bislang ist von diesem Recht noch kein Gebrauch gemacht. Eine die Bestimmung der Hauptmängel und deren Gewährfristen ändernde Verordnung würde natürlich nur auf die nach ihrem Inkrafttreten geschlossenen Verträge Anwendung finden können. Eine solche Abänderung tritt, wenn sie nicht anderes bestimmt, mit dem 14. Tage nach Ablauf des Tages der Ausgabe des betr. Reichsgesetzblattes in Berlin in Kraft.

Die Kaiserliche Verordnung stellt für den Verkauf von Nutz- und Zuchttieren und für den Verkauf von Schlachttieren (über den Unterschied s. unten § 31) verschiedene Hauptmängellisten auf.

1. Für den Verkauf von Nutz- und Zuchttieren gelten als Hauptmängel:
   a) bei Pferden, Eseln, Mauleseln und Maultieren: Rotz (s. unten § 32 II 1), Dummkoller (s. unten § 32 II 2), Dämpfigkeit (s. unten § 32 I 3), Kehlkopfpfeifen (s. unten § 32 I 4), periodische Augenentzündung (s. unten § 32 I 5), Koppen (s. unten § 32 I 6);
   b) bei Rindvieh: tuberkulöse Erkrankung unter gewissen Voraussetzungen (s. unten § 33 I 1) und Lungenseuche (s. unten § 33 I 2);
   c) bei Schafen: Räude (s. unten § 34 I);
   d) bei Schweinen: Rotlauf und Schweineseuche (s. unten § 35).
2. Für den Verkauf von Schlachtvieh gelten als Hauptmängel:
   a) bei Pferden, Eseln, Mauleseln und Maultieren: Rotz (s. unten § 32 II);
   b) bei Rindvieh: tuberkulöse Erkrankung unter gewissen Voraussetzungen (s. unten § 33 II);
   c) bei Schafen: allgemeine Wassersucht (s. § 34 II);
   d) bei Schweinen: tuberkulöse Erkrankung unter bestimmten Voraussetzungen, Trichinen und Finnen (s. unten § 35 II).

§ 15.

Übernahme der Gewährleistung und Zusicherung.

I. Unterschied zwischen Übernahme der Gewährleistung und Zusicherung.[1]

Abgesehen von Hauptmängeln hat der Verkäufer sachliche Mängel der Kaufsache nur dann zu vertreten, wenn er die Gewährleistung wegen eines nicht zu den Hauptmängeln gehörenden Fehlers übernommen oder eine Eigenschaft des Tieres zugesichert hat (§ 492 mit § 459 Abs. 2 BGB.). § 492 macht somit einen Unterschied zwischen Übernahme der Gewährleistung und Zusicherung einer Eigenschaft. Der Unterschied kann nicht darin liegen, daß man einen Gegensatz sucht

[1] Vgl. Planck, Bem. 1 a b zu § 492.

zwischen dem Begriff „Fehler", von dem bei der Übernahme der Gewährleistung in § 492 die Rede ist, und dem Begriff „Eigenschaft", von dem bei der Zusicherung in § 459 Abs. 2 die Rede ist[2]); denn ein solcher Gegensatz beruht nur in der Betrachtungsweise, er liegt nicht in den Begriffen. Die Zusicherung der Eigenschaft „fromm" besteht zugleich in der Zusicherung des Nichtvorhandenseins eines Fehlers (Bösartigkeit) und die Gewährleistung wegen eines Fehlers (Bösartigkeit) besteht zugleich in der Gewährleistung wegen des Nichtvorhandenseins einer Eigenschaft (Frömmigkeit). Nach dem gemeinen Sprachgebrauch sollte man überhaupt meinen, es könne keinen Unterschied machen, ob der Verkäufer erklärt, ich sichere zu, daß das Pferd fromm ist, oder ob er sagt, ich übernehme die Gewährleistung, daß das Pferd fromm ist. Aber § 492 macht in der Tat einen Unterschied, zu dessen Verständnis allerdings das Sprachgefühl nicht ausreichend ist, sondern die Kenntnis der rechtsgeschichtlichen Entwicklung zu Hilfe genommen werden muß. Vor Inkrafttreten des Bürgerlichen Gesetzbuches war in den meisten Gebieten Deutschlands die Haftung des Viehverkäufers für sachliche Mängel nach dem deutschrechtlichen System geregelt, das durch zwei Merkmale gekennzeichnet ist: Es wird von Gesetzeswegen nur für ganz bestimmte Mängel (Hauptmängel) gehaftet und wegen aller Mängel, auch der Nichthauptmängel, deren Vertretung der Verkäufer durch besondere Vereinbarung übernommen hat, kann lediglich Rückgängigmachung des Vertrags, also nicht Minderung oder Schadenersatz verlangt werden. Übernahm nun der Verkäufer die Haftung für einen Nichthauptmangel, so erschöpfte sich beim Vorhandensein des Mangels Recht und Pflicht der beiden Teile in der Rückgängigmachung des Vertrages. Das war die Bedeutung der altrechtlichen Gewährschaft. Das Bürgerliche Gesetzbuch hat zwar das deutschrechtliche System beibehalten, es hat aber einen neuen Begriff mit der Zusicherung der Eigenschaft geschaffen, mit der Folge, daß, wenn eine zugesicherte Eigenschaft schon bei Vertragsabschluß nicht vorhanden war, der Käufer kraft Gesetzes die Wahl hat, ob er Wandlung oder Schadenersatz wegen Nichterfüllung verlangen will. Der Begriff, den die bisherige Rechtssprache mit der Gewährleistung in dem Sinne verbunden hat, daß die Folge dieser Gewährleistung nur in Rückgängigmachung des Vertrages bestand, ist in diesem Sinne von § 492 übernommen worden.

Ein Beispiel: Der Käufer fragt bei den Vertragsverhandlungen den Verkäufer, ob das Pferd fromm sei. Der Verkäufer erwidert, er habe das Pferd erst gestern auf dem Markt gekauft und wisse es daher nicht, aber er übernehme trotzdem hiefür die Gewährleistung. Hier hat der Verkäufer dem Käufer nicht versichert (zugesichert), daß das Pferd auch wirklich fromm sei. Der Käufer kann nur Wandlung

---

[2]) Die Annahme, daß der Gesetzgeber unter Zusicherung einer Eigenschaft nur die Zusicherung eines Vorzugs im Gegensatz zur Zusicherung des Nichtvorhandenseins positiver Fehler verstehe, ist nicht begründet (Stölzle im Recht 1904, 299). Es ist zweifellos, daß mit der Zusicherung „die Pferde sind gesund" genau dasselbe gesagt ist, wie mit der Zusicherung „die Pferde sind nicht krank". Daß aber die Zusicherung der Gesundheit als Zusicherung einer Eigenschaft aufzufassen ist, ist unbestreitbar. SeuffA. 58 Nr. 4 (RG.); JW. 1902 Beil. S. 270 Nr. 207 (RG.).

nicht etwa Schadenersatz wegen Nichterfüllung (§ 463) verlangen; denn der Verkäufer hat zwar für die Frömmigkeit Gewähr geleistet, aber die Frömmigkeit nicht zugesichert. Nunmehr verstehen wir den Unterschied. Eine Zusicherung im Sinne des § 459 Abs. 2 mit § 492 liegt nur dann vor, wenn der Verkäufer in vertragsmäßig bindender Weise versichert, daß die Eigenschaft in der Tat wirklich vorhanden sei. Es muß also immer im Einzelfall unter Berücksichtigung der besonderen Umstände geprüft werden, ob bei einer als verbindlich zu erachtenden Erklärung der Verkäufer tatsächlich zum Ausdruck gebracht hat, daß die Eigenschaft in der Tat vorhanden sei, oder ob er lediglich ohne eine solche Zusage den Willen zum Ausdruck brachte, für den Mangel, wenn er vorhanden sei, einzustehen. Dabei ergibt sich in der rechtlichen Konstruktion ein weiterer Unterschied. Bei der Übernahme der Gewährleistung wegen eines Mangels ist die Gewährleistungspflicht Inhalt der Verabredung. Bei der Zusicherung einer Eigenschaft kann dies auch, aber es muß nicht notwendig der Fall sein. Der Begriff der Zusicherung ist schon dann erfüllt, wenn der Verkäufer dem Käufer im Bewußtsein, daß der Käufer auf diese Angabe Wert legt, das Vorhandensein einer Eigenschaft vertragsmäßig (s. unten S. 71) versichert. Er braucht nicht zum Ausdruck zu bringen, daß er dafür haften wolle. Diese Folgerung zieht das Gesetz (§ 459 Abs. 2) aus der Tatsache der Zusicherung. Inhalt des Vertrages ist die Zusicherung, daß die Eigenschaft vorhanden ist. Zusicherung ist begrifflich mehr, als die bloße Angabe einer Eigenschaft im Laufe der Verhandlungen. Die Zusicherung verlangt nach ihrem Begriffe eine solche Erklärung, daß der Käufer das Vorhandensein der Eigenschaft für sicher erachten darf. Zusicherung verstärkt den Begriff der Versicherung durch die darin liegende Beziehung zu dem Käufer. Dabei geht begrifflich die Erklärung des Verkäufers nur dahin, daß das Tier zur Zeit der Erklärung die betreffende Eigenschaft hat[3]), während die Vorschrift des § 459 hieraus die Folgerung zieht, indem sie den künftigen Zeitpunkt festlegt, in welchem die Eigenschaft noch vorhanden sein muß.

Der Verkäufer erklärt z. B. auf die Frage des Käufers, wieviel die Kuh Milch gebe, daß sie täglich 10—12 Liter Milch gebe; hier erklärt der Verkäufer nur, daß die Kuh dermalen eine solche ist, welche 10—12 Liter Milch gibt. Das Gesetz zieht aus dieser Erklärung die Folge, daß Verkäufer dafür haften muß, daß die Kuh diese Eigenschaft im Moment des Gefahrüberganges hat.

Wenn dagegen der Verkäufer dafür garantiert, daß die Kuh beim Käufer täglich 10—12 Liter Milch geben werde, dann hat er durch den Inhalt seiner Erklärung eine vertragliche Haftung für die künftige Eigenschaft (vgl. unten S. 79/80) übernommen. (Gewährleistung.) Der Verkäufer kann die Haftung dafür übernehmen, daß das Pferd, welches zur Zeit des Kaufabschlusses krumm geht, in 4 Wochen wieder gerade gehen werde. (Gewährleistung.) Er haftet auf Grund dieses seines Garantieversprechens, die Verjährungsfrist beginnt erst mit dem Ablauf der 4 Wochen[4]).

---

[3]) Wenn der Kauf unter der Bedingung abgeschlossen wird, daß das Tier eine bestimmte Eigenschaft hat, so kommt das regelmäßig rechtlich auf eine Zusicherung hinaus, nicht auf einen bedingten Kauf. Staudinger, Bem. IV 1 g zu § 459.

[4]) Ganz anders liegt übrigens der Fall, wenn der Verkäufer lediglich seiner Meinung

Es kann im Einzelfalle schwierig sein, zu entscheiden, ob wirklich eine Zusicherung oder nur das Mindere, die Übernahme einer Gewährleistung vorliegt. Im Zweifel wird man das Mindere anzunehmen haben[5]). Dabei kommt es aber nicht auf die Worte an, die gebraucht worden sind (§ 157 BGB.). Es kann sehr wohl sein, daß nach den besonderen Umständen des Falls eine Zusicherung anzunehmen ist, wenn der Verkäufer erklärt hat, daß er die „Gewährleistung" für einen Mangel übernehme, und umgekehrt ist es denkbar, daß in den Ausdrücken „ich garantiere" oder „ich sichere zu", daß die Kuh fromm ist, nur die Übernahme der Gewährleistung, nicht aber eine Zusicherung im Sinne des § 459 Abs. 2 mit der Verpflichtung zur vollen Schadloshaltung des Käufers zu erblicken ist[6]). In dieser Schadenersatzpflicht des Verkäufers, die durch die Zusicherung begründet wird, nicht aber durch die Übernahme der Gewährleistung, besteht die einzige praktische Auswirkung der Unterscheidung zwischen Zusicherung und Gewährleistung.

II. Erfordernisse der Zusicherung einer Eigenschaft.

1. Vertragsmäßigkeit der Zusicherung.

Wie die Übernahme der Gewährleistung, so fordert auch der Begriff der Zusicherung eine vertragsmäßige Abmachung. Die beiden Vertragsteile müssen darüber klar sein, daß es sich um eine verbindliche Angabe des Verkäufers handelt, auf welche der Käufer sich bei Vertragsabschluß verlassen kann. Aber es ist für den Begriff der Zusicherung nicht erforderlich, daß der Wille des Verkäufers für das Vorhandensein der Eigenschaft einzustehen, zum Ausdruck gebracht wird[7]). Das ist die gesetzliche Folge der Zusicherung. Es ist nicht wesentlicher Inhalt der Vertragsabrede.

Genügend und erforderlich ist, daß eine Eigenschaft durch den Inhalt des Vertrages bedungen ist[8]).

Wenn bei einem Verkauf von zehn Schweinen der Käufer sagt: „Soll ich für die beiden kränklichen Schweine auch 113 Mark bezahlen?" und Verkäufer erwidert: „Sei nur ruhig, wir wollen noch mehr Geschäfte miteinander machen. Wenn den Schweinen etwas passiert, brauchst du sie nicht zu bezahlen", so liegt weder Gewährleistung noch Zusicherung vor, sondern ein Verzicht auf den Kaufpreis etwa verendeter Schweine[9]). Würde der Schlußsatz der Äußerung des Verkäufers gelautet haben: „Wenn den Schweinen etwas passiert, so

---

Ausdruck gibt, das Krummgehen werde in einigen Tagen vorüber sein; eine Gewährleistung oder gar Zusicherung ist darin regelmäßig nicht zu erblicken; denn der Verkäufer muß sich sagen, daß hiermit nur eine Erwartung ausgesprochen wird, die sich möglicher Weise auch nicht verwirklichen wird.

[5]) Planck, Bem. 1 a g zu § 492; Dernburg 2 § 192; OLG. 8, 448 (Posen); HessRspr. 1903, 3 (LG. Gießen); Stölzle 431.

[6]) In der Erklärung: „Ich sichere dir ausdrücklich zu, daß die Kuh auf allen vier Strichen Milch gibt" wurde nur die Übernahme der Gewährleistung, nicht eine Zusicherung mit der Folge erblickt, daß der Verkäufer zur vollen Schadloshaltung des Käufers verpflichtet ist. (NaumburgAK. 1906, 85 [LG. Stendal]), s. dagegen Hanke 123; Stölzle 431.

[7]) Vgl. Recht 1918 Nr. 505 (RG.).

[8]) Vgl. Staudinger, Bem. IV 1a zu § 459.

[9]) So mit Recht eine von Stölzle 430 mitgeteilte und gebilligte Entscheidung des AG. Salzungen aus dem Jahre 1919.

bin ich auch noch da", ſo wäre ſie als Verſprechen voller Schadlos-haltung aufzufaſſen.

In der Erklärung des Verkäufers, die Kuh ſei bisher von einem Manne gemolken worden, ein Weibsbild könne ſie nicht melken, iſt die Zuſicherung zu erblicken, daß ſich die Kuh von einem Manne melken laſſe. Denn ſo mußte und ſollte auch nach dem Willen des Verkäufers der Käufer dieſe Erklärung auffaſſen[10]).

a) Zur Verbindlichkeit einer Erklärung gehört vor allem, daß ſie *vom Verkäufer oder ſeinem Vertreter* abgegeben wurde. Sind mehrere als Verkäufer beteiligt, ſo muß die Erklärung von *allen* Verkäufern abgegeben ſein, andernfalls ſich die anderen Verkäufer, welche nicht gewährt oder zugeſichert haben, die Wandelung nicht gefallen zu laſſen brauchen[11]). Regelmäßig wird jedoch aus den Umſtänden ſtillſchweigende Bevollmächtigung des einen Verkäufers durch die übrigen zur Abgabe verbindlicher Zuſicherungen zu folgern ſein. Ein vom Verkäufer beigezogener Unterhändler iſt regelmäßig nicht Vertreter des Verkäufers; anders wenn ihm Abſchlußvollmacht erteilt iſt. An und für ſich braucht der Verkäufer für Zuſicherungen des Unterhändlers, der nicht Vertreter iſt, nicht aufzukommen[12]); darauf wird oft von Verkäufern geſündigt, die vermögensloſen Unterhändlern freies Spiel laſſen, um dem Käufer alle möglichen Eigenſchaften zu verſichern. Der Richter wird einem derartigen unreellen Handelsgebaren dadurch begegnen können, daß er aus den Umſtänden eine ſtillſchweigende Bevollmächtigung des Unterhändlers zur Abgabe verbindlicher Zuſicherungen ableitet. Als ein ſolcher Umſtand kann möglicherweiſe ſchon die Tatſache gelten, daß dem Handelsmann aus früheren Fällen dieſe Praxis des Unterhändlers bekannt geworden war und er ihn gleichwohl wieder beigezogen hat, ohne den Käufer darauf aufmerkſam zu machen, daß er für die Worte des Unterhändlers nicht einſtehe (vgl. oben S. 21 Note 8).

Der Vertreter ſelbſt kann wegen einer von ihm gegebenen Zuſicherung mit einem Vertragsanſpruch (z. B. auf das Erfüllungsintereſſe) nicht in Anſpruch genommen werden; dagegen kann ſeine Haftung auf Grund unerlaubter Handlung (§ 823 Abſ. 2 BGB. mit § 263 RStGB., § 826 BGB.) in Betracht kommen.

b) *Zum Vertragsinhalt* muß die Zuſicherung *gehören*[13]); es genügt nicht, wenn eine Erklärung nur *gelegentlich* der Vertragsverhandlungen abgegeben wurde[14]). Beide Vertragsteile müſſen die Erklärung des Verkäufers als Beſtandteil des Vertrages gewollt haben. Dieſer Wille braucht nicht mit ausdrücklichen Worten geäußert werden, aber die Geſamtheit der Umſtände muß ergeben, daß die Erklärung als Vertragsinhalt vom Käufer

---

10) Unrichtig WürttZR. 1911, 53 (LG. Stuttgart) und Stölzle 440, der dieſe Entſcheidung billigt.

11) Staudinger, Bem. IV 1 d zu § 459.

12) Vgl. SeuffArch. Bd. 60 Nr. 140 (RG.); JW. 1904, 354; Recht 1916 Nr. 35 (RG.).

13) JW. 1903 Beil. S. 43 und 124.

14) BayZ. 1922, 259 (RG.).

gefordert und vom Verkäufer erteilt worden ist[15]). Nicht jedes dictum ist ohne weiteres als Zusicherung zu betrachten; eine solche liegt aber dann vor, wenn der Verkäufer in erkennbarer Weise auf das Vorhandensein bestimmter Eigenschaften des Tieres Gewicht legt, und der Verkäufer im Bewußtsein hiervon seine Erklärung in vertragsmäßig bindender Weise (s. unten S. 74) abgibt[16]). Die Mitteilung einer subjektiven Meinung des Verkäufers über einen für die Kaufsache in Betracht kommenden Umstand enthält nicht notwendig die Zusicherung der entsprechenden Eigenschaft[17]), sollte auch diese Meinungsäußerung (z. B. über das Alter des Pferdes) durch eine Frage des Käufers veranlaßt sein[18]). Wenn in einem schriftlichen Vertrag als verkauft bezeichnet sind „ein Paar Wallachen", so liegt in dieser Bezeichnung keine Zusicherung oder Gewährleistung. Der Verkäufer ist also nicht gewährpflichtig, wenn das eine Pferd ein Spitzhengst ist.

Für den Begriff der Zusicherung ist keineswegs der Nachweis erforderlich, daß der Käufer zum Geschäftsabschluß oder auch nur zur Bewilligung des vereinbarten Kaufpreises durch die Erklärung bestimmt wurde[19]).

Der Unterschied zwischen unverbindlicher Anpreisung und Zusicherung wird oft nicht leicht zu finden sein; an und für sich ist es Sache des Käufers, darzutun, daß die Zusicherung als vertragsmäßig bindende abgegeben wurde. Dabei ist eine Eideszuschiebung über die „Zusicherung" grundsätzlich dann nicht zulässig, wenn durch den Eid nicht nur die Tatsache der Erklärung des Verkäufers, sondern auch die rechtsgeschäftlich verpflichtende Natur dieser Erklärung festgestellt werden soll; denn die Feststellung des Verpflichtungswillens durch Parteieid ist nicht angängig, weil sie von dem Eidespflichtigen ein Rechtsurteil verlangen würde[20]). Aber über die Tatsachen kann der Eid zugeschoben werden, aus welchen der Verpflichtungswille vom Richter gefolgert werden kann. Im Zweifel wird man sich dafür entscheiden, daß jede während der Vertragsverhandlungen abgegebene positive Versicherung des Verkäufers auch zum Inhalte des Vertrages gehört. Das entspricht dem Willen der Beteiligten und der Sicherheit des Verkehrs; der Käufer muß sich darauf verlassen können, daß der Verkäufer seine Angaben über den Kaufgegenstand auch zu vertreten hat und der Verkäufer kann sich nicht beschwert fühlen, wenn man ihn beim Worte nimmt. Das gilt beim Viehkauf in verstärktem Maße, weil hier die Feststellung der Eigenschaften vielfach besonders schwierig, ja oft (wegen der Verborgenheit oder des nur periodischen Auftretens eines Fehlers)

---

15) Recht 1919 Nr. 566.

16) Vgl. RG. 54, 219; Recht 1903 Nr. 164; DJZ. 1903, 31; Gruchot 48, 595; 53, 975; Recht 1916 Nr. 1870 (RG.); WarneyerE. 1922, 12. Es genügt sogar zum Begrif der Zusicherung, daß der Käufer beim Vertragsschluß erkennbar auf eine bestimmte Eigenschaft der Sache Gewicht legt, sie zur Vertragsbedingung macht und daß der Verkäufer hiegegen keinen Widerspruch erhebt (Recht 1918 Nr. 505 [RG.]).

17) Recht 1908 Nr. 2310.

18) Recht 1909 Nr. 975; Recht 1916 Nr. 1870.

19) Staudinger, Bem. IV 1 i zu § 459.

20) Köttger im Recht 1904, 566.

ganz unmöglich ist. Es entspricht der Verkehrsauffassung, daß jede positive Angabe des Verkäufers, die sich nicht als vage Anpreisung darstellt, ernst genommen wird und ernst genommen werden darf. Es ist mir noch nie in der Praxis vorgekommen, daß sich ein Verkäufer, dem eine solche positive Angabe durch Zeugen nachgewiesen war, darüber gewundert hat, daß dieser Angabe verbindliche Kraft beigemessen wurde.

Ist für die Gültigkeit des Vertrages vom Gesetze eine bestimmte Form vorgeschrieben, dann muß die Eigenschaft in der formellen Vertragsurkunde zugesichert (gewährt) sein, um als Inhalt des Vertrages gelten zu können[21]). Bei der Formfreiheit der auf die Veräußerung und Belastung von Vieh gerichteten Verträge kommt dies hier nicht in Betracht. Dagegen ist es für den Viehkauf von großer Bedeutung, ob die Gewährleistung bzw. Zusicherung einer Eigenschaft in der von den Parteien freiwillig errichteten Vertragsurkunde aufgenommen sein muß, um als Inhalt des Vertrages gelten zu können.

Vorausgesetzt ist dabei, daß es sich bei der mündlichen Erklärung auch wirklich um eine vertraglich bindende Zusicherung gehandelt hat. Das Weglassen einer diesbezüglichen Besprechung aus der Urkunde spricht immerhin dagegen. Denn eine Vertragsurkunde hat die tatsächliche Vermutung der Vollständigkeit für sich; es bedarf gegenüber der Urkunde des Nachweises, daß die mündliche Erklärung trotz ihrer Weglassung aus der Urkunde fortgelten sollte[22]).

Dieser Nachweis wird noch schwieriger sein, wenn die Verabredung der Beurkundung schon vor[23]) dem Abschluß des Vertrages getroffen wurde; denn in diesem Falle ist die Absicht der Vertragsteile im Zweifel dahin gegangen, sich erst durch die Beurkundung wie überhaupt, so auch bezüglich der einzelnen Elemente des Geschäftes vertraglich zu binden, so daß nach dem Willen der Vertragschließenden nur der Inhalt der Vertragsurkunde maßgebend sein soll (vgl. § 154 Abs. 2 BGB.).

c) Eine Gewährleistung oder eine Zusicherung kann selbst beim gemeinen Kauf nur unter ganz besonderen Umständen auch in einer stillschweigenden Erklärung des Verkäufers gefunden werden. Das ergibt sich aus § 459 Abs. 1, der im Unterschied vom Mangel zugesicherter Eigenschaften von den Fehlern der Sache handelt und auch für diese auf den „nach dem Vertrage" vorausgesetzten Gebrauch abstellt. Vertragsmäßig vorausgesetzte Eigenschaften sind also noch nicht zugesichert[23a]). Das gilt in verstärktem Maß beim Viehkauf; denn hier wird nach der Absicht des Gesetzgebers (§ 482) und nach der Verkehrsauffassung (§ 157) nur für genau bestimmte Mängel gehaftet. Der Verkäufer, welcher keine ausdrückliche Erklärung über eine Eigenschaft abgibt, denkt nicht daran, daß er eine Haftung

---

[21]) Eccius 309; RG. 52, 3; 56, 47.

[22]) RG. 52, 23; Recht 1903, 428; 1909 Nr. 1116; 1912 Nr. 11. Das RG. macht nunmehr diesen Nachweis sehr leicht vgl. LZ. 1918, 830; 1922, 229; BayZ. 1922, 96; RG. 80, 401.

[23]) RG. 94, 333.

[23a]) RG. 114, 239; vgl. jedoch für den Gattungskauf unten § 25 IV.

übernehmen will, und der Käufer weiß dies nur zu gut. Die Besonderheit des Viehkaufes führt deshalb dazu, daß in einer nur stillschweigenden Kundgebung der Ausdruck eines Verpflichtungswillens auf Seiten des Verkäufers fast niemals erblickt werden kann[24].

Deshalb enthält der Verkauf des Tieres zu einem dem Verkäufer erkennbaren Gebrauchszweck nicht ohne weiteres eine Zusicherung oder Gewährleistung[25]. In dem Verkauf eines Pferdes an einen Fuhrmann liegt keine stillschweigende Gewähr, daß sich das Pferd zum Fuhrmannsbetrieb eigne[26].

Wer ein „Reitpferd", einen „Zuchtstier", einen „Schlachtochsen" kauft, erhält durch diese bloße Bezeichnung noch keine Gewährschaft für die Tauglichkeit des Tieres zu dem betreffenden Vertragszweck[27]. § 459 Abs. I, der eine Haftung des Verkäufers für die Tauglichkeit zu dem gewöhnlichen oder dem nach dem Vertrage vorausgesetzten Gebrauche auferlegt, ist ja gerade vom § 482 für den Viehkauf beseitigt. Immerhin ist darin, daß ein Tier als „Reitpferd", „Jagdpferd", als ein „Zugochse", als eine „Schubkuh" ernstlich bezeichnet wird (z. B. in einer Zeitungsanzeige, in dem Vertrage), regelmäßig eine Zusicherung dafür zu erblicken, daß das betreffende Tier tatsächlich schon in der angegebenen Weise benützt worden ist. Für Gattungskauf s. unten § 25 IV.

Mit einer stillschweigenden Vereinbarung hätte man es übrigens nicht zu tun, wenn der Käufer das Vorhandensein einer bestimmten Eigenschaft zur Vertragsbedingung macht, und der Verkäufer, ohne hingegen Widerspruch zu erheben, abschließt[28]. Hier ist lediglich die Zustimmung des Verkäufers zu der vom Käufer gesetzten Vertragsbedingung stillschweigend erklärt.

d) Eine Zusicherung liegt namentlich dann nicht vor, wenn die Angabe des Verkäufers erkennbar nicht ernst gemeint ist. Auch hier wird die Sicherheit des Verkehrs eine nicht zu nachsichtige Anwendung gegen den Verkäufer erheischen. Der Schwerpunkt ist auf die „Erkennbarkeit" zu legen. Der Wille, sich nicht zu binden, wird insbesondere bei vagen Anpreisungen, die allgemein nur als Redensarten betrachtet werden, erkennbar sein. Als solche vage Anpreisungen muß man z. B. hinnehmen die

---

24) Vgl. Scherer, Anm. 7 zu § 481 und Schneider 163. Schneider weist im Recht 1903, 522 auf die Gefahr hin, welche alle Verkäufer bei einer zu weit gehenden richterlichen Annahme von „Zusicherungen" bei Kaufverträgen treffen muß und warnt davor, nicht so rasch mit der Annahme stillschweigender Zusicherungen zu sein. Ebenso Stölzle 443.

25) Stölzle 460; Krückmann 93; Planck, Bem. 1 a β zu § 492; RGK. Bem. 1 zu § 492; RG. 70, 82; SeuffA. 65 Nr. 182; Wrede 36; Hanke 135. A. M. Schneider 160; Scherer, Bem. VI zu § 492. Immerhin kann der erkennbar gemachte Gebrauchszweck für die Auslegung einer Gewährleistung von Bedeutung sein; hat der Käufer z. B. dem Verkäufer erkennbar gemacht, daß er die Ochsen zu den unmittelbar bevorstehenden Erntearbeiten brauche, so hat bei einer Gewährleistung für Fehlerfreiheit der Verkäufer auch für einen solchen Mangel einzustehen, der nur vorübergehender Natur ist, sofern nur hierdurch der sofortige Gebrauch der Ochsen für diese Erntearbeiten beeinträchtigt wird. So im Ergebnis zutreffend. SeuffArch. Bd. 62 Nr. 82 (Bamberg).

26) HessRspr. 1910, 49 (Darmstadt).

27) SeuffA. 65 Nr. 182 (Rostock). In diesem Falle handelte es sich um den Verkauf von Herdbuchsbullen, die, wie dem Verkäufer bekannt, vom Käufer zu Zuchtzwecken verwendet werden wollten.

28) Recht 1918 Nr. 505 (RG.); vgl. oben Anm. 16.

Äußerung des Verkäufers: „Es ist kein besserer Gaul im ganzen Ort“; „eine solche Kuh hast Du noch nicht in Deinem Stalle gehabt“; „an der Kuh ist gar nichts auszusetzen“. Das gleiche gilt von Ausdrücken wie „Prachtexemplar“[29]) oder „tadellos“[30]) oder „Der Gaul zieht für zwei“; doch muß in letzterem Fall das Pferd zugfest sein[31]). Mit solchen Äußerungen wird überhaupt nicht so fast eine Eigenschaft als ein subjektives Urteil zum Ausdruck gebracht. Meines Erachtens ist auch die allgemeine Erklärung, daß das Tier „keinen Fehler“ habe, daß es „um und um gerecht“, „frisch und gesund“ sei, im Zweifel unter die nicht verbindlichen Anpreisungen zu rechnen[32]). Daß der Verkäufer seine Ware lobt, muß ihm nachgesehen werden; solange er sich darauf beschränkt, dies in allgemeinen Redensarten zu tun, muß der Käufer erkennen, daß der Verkäufer damit keine bindende Zusage geben will. Allgemeiner kann sich der Verkäufer nicht wohl ausdrücken, als daß er seine Kuh als „tadellos“, „fehlerfrei“, „um und um gerecht“, „frisch und gesund“ bezeichnet; er will damit nichts anderes sagen wie der Verkäufer eines Stoffes, der ihn als „prima Qualität“ anpreist. Nur im Zweifel gilt diese Auslegung; man wird häufig beobachten, daß die Geriebenheit des Verkäufers eine allgemeine Redensart wählt, in dem Bewußtsein, daß dies der Käufer als Zusicherung einer bestimmten Eigenschaft auffassen wird.

Es fragt z. B. der Käufer, ob das Pferd einen guten Atem habe, und der Verkäufer beruhigt den Verkäufer damit, daß er sagt das Pferd habe keinen Fehler. In solchem Falle ist die Zusicherung eines guten Atems als gegeben zu erachten; darüber hinaus würde ich eine unverbindliche Anpreisung annehmen.

In der Erklärung des Verkäufers, das eine Pferd habe die Druse gehabt und sei im Abheilen begriffen, im übrigen seien die Pferde gesund, kann eine Zusicherung erblickt werden;[33]) denn durch den Zusammenhang der Äußerung (ausdrückliche Hervorhebung des einen Mangels) wird in dem Käufer der Eindruck erweckt, daß es sich hier um eine ernst zu nehmende Erklärung des Verkäufers handle.

Ist in einer Zeitungsanzeige das angebotene Pferd als gut durchgeritten bezeichnet, so liegt eine Zusicherung vor; denn auf eine solche Angabe verläßt sich jeder Käufer.[34])

---

[29]) Vgl. Recht 1920 Nr. 879 (Jena).

[30]) OLG. 40, 259; Recht 1920 Nr. 3077 (Kiel).

[31]) Vgl. Stölzle 444.

[32]) Vgl. Landgericht Altona (Scherer, 3. Jahrg. S. 208), das in der Erklärung des Verkäufers, die Kuh sei fehlerfrei und reell, ein unverbindliches dictum erblickte. Ob dieser Standpunkt richtig war, könnte nur auf Grund der besonderen Umstände beurteilt werden. Das Gleiche gilt von der Entscheidung OLG. 33, 273 (Kiel), das die Erklärung des Verkäufers, die Pferde seien reell und gut, als verpflichtende Zusicherung der Fehlerfreiheit aufgefaßt hat. Wenn der Verkäufer nicht ausdrücklich die Gewähr für reell und gesund übernommen, sondern im Verlauf der Verhandlungen lediglich erklärt hat: „das Pferd ist reell und gesund“, so kann man darin nur unter besonderen Umständen eine Zusicherung erblicken und wenn man hierzu nach Lage des Einzelfalls berechtigt ist, so ist die Zusicherung regelmäßig nur dahin zu verstehen, daß nach dem Wissen des Verkäufers das Tier mit erheblichen Krankheiten und Untugenden nicht behaftet ist (SchlHolstAnz. 1905, 133 [LG. Flensburg]).

[33]) DJZ. 1902, 393 (RG.).

[34]) A. M. Warneyer 1907, 68 § 463 Z. 6 (Dresden).

Wenn sich der Verkäufer nicht darauf beschränkt zu erklären, daß die Kuh keinen Fehler habe, sondern **ausdrücklich** die Haftung (die Gewährleistung) dafür übernimmt, oder garantiert, daß die Kuh keinen Fehler habe oder „frisch und gesund" sei, wird man eine vage Anpreisung nicht annehmen können[35]). Nach Entwurf I § 409 sollte sich ein allgemeines **Versprechen** des Verkäufers, wegen aller Mängel haften zu wollen, nur auf die Hauptmängel beziehen. Entwurf II § 428 hatte diese Bestimmung zu einer nur im Zweifel geltenden Auslegungsregel abgeschwächt[36]). Die Reichstagskommission hat jedoch diese Auslegungsregel gestrichen als „dem Wortlaut eines allgemeinen Versprechens der Gewährleistung wegen aller Fehler und der mutmaßlichen Absicht der Parteien widersprechend und geeignet, zur Benachteiligung des minder geschäftskundigen Teiles ausgenützt zu werden"[37]). Hat der Verkäufer die **Fehlerfreiheit** besonders **versprochen** (gewährt, sich verabredetermaßen verpflichtet, für alle Fehler einzustehen), so muß angenommen werden, daß diese Erklärung ernst gemeint ist. Es ist ja im Gegensatz zur bloßen Angabe geradezu zum Ausdruck gebracht, daß die Erklärung verbindlich sein soll.

Auf welche Fehler und Mängel ein derartiges verbindliches allgemeines Versprechen zu beziehen ist, wird unten § 36 I erörtert werden.

2. Eigenschaften.

Nur auf die Gewährleistung und Zusicherung von **Eigenschaften** bezieht sich § 459 Abs. 2 und § 492, nicht auch auf die Zusicherung anderer Verhältnisse.

Hat z. B. der Verkäufer fälschlich angegeben, daß ein anderer für die Kuh 300 *RM* geboten habe, oder daß ihm selber das Pferd 1000 *RM* gekostet habe[38]), so kann der Käufer keinen Gewährleistungsanspruch, wohl aber unter Umständen den Anfechtungs- (§ 123) oder Schadenersatzanspruch (§ 823 Abs. 2 und § 826) erheben; s. oben S. 20.

Gibt der Verkäufer bei einem zum Schlachten verkauften Tier ein zu hohes Lebendgewicht an, so ist damit keine **Eigenschaft** zugesichert (s. hierüber oben S. 29).

Die Angabe eines bestimmten Wertes der Sache fällt nicht unter § 459 Abs. 2[39]).

Immer ist erforderlich, daß es sich um Tatsachen, nicht um ein **bloßes Urteil** des Verkäufers handelt[39]).

Angaben über die Größe, das Gewicht der Viehstücke können als Zusicherung einer Eigenschaft in Betracht kommen (vgl. unten § 44). Es kommt hier auf den Einzelfall an[40]). Wird für einen Gangochsen eine bestimmte Länge, für einen Ponny eine bestimmte Größe zugesichert, so handelt es sich zweifellos um eine Eigen-

---

35) RheinA. 111, 101 (Köln); SeuffA. 62 Nr. 82 (Bamberg).
36) Denkschr. S. 68 (Mugdan II, 1249 f.).
37) KommBer. S. 69 (Mugdan II, 1278).
38) JW. 1910, 934.
39) RG. 98, 289.
40) Cosack § 128 Z. 4; Planck, Bem. 4 zu § 468.

schaft; wird von dem Verkäufer eines Schweines, eines Mastochsen ein bestimmtes Lebendgewicht zugesichert, so hat man es dagegen nicht mit einer Eigenschaft zu tun. Hier liegt eine reine Quantitätsabgabe vor. Maßgebend ist, ob nach der Verkehrsanschauung durch die Quantitätsangabe nur die Masse festgelegt werden soll, so daß der Käufer, wenn die Quantität in Wahrheit geringer ist, weniger erhält, als ihm zugesichert ist, oder ob der Käufer gewissermaßen etwas anderes erhält, wenn die Quantitätsangabe nicht zutrifft. Regelmäßig wird beim Viehkauf eine Angabe der Dimensionen die Angabe einer Eigenschaft enthalten, nicht dagegen die Angabe des Gewichtes. Doch sind Ausnahmen denkbar [41]).

Wenn ein Schaubudenbesitzer ein Schwein kauft, um es als „fettestes Schwein der Welt" auszustellen, ist die ihm vom Verkäufer gemachte Gewichtsangabe als Angabe einer Eigenschaft aufzufassen.

Liegt eine reine Quantitätszusage vor, dann zieht ein Mangel der Quantität nicht die in den §§ 459 ff. vorgesehenen Folgen nach sich [42]). Der Käufer hat dann einen Anspruch auf sein Interesse.

Darauf, ob die zugesicherte Eigenschaft wesentlich ist oder nicht, kommt es nicht an [43]). Der Käufer kann sich auch das Vorhandensein eines Fehlers zusichern lassen [44]).

Ein Tierarzt braucht zur wissenschaftlichen Forschung ein mit einer gewissen Krankheit behaftetes Tier.

Wohl aber kommt es auf die Wesentlichkeit des Mangels an, wenn ganz allgemein Fehlerfreiheit oder Gesundheit zugesichert wurde; s. darüber unten § 36 I.

Auch für den Viehkauf gilt der Satz, daß auch eine an sich unerhebliche Abweichung von der zugesicherten Beschaffenheit der Kaufsache die Haftung des Verkäufers nach sich zieht [45]), sofern die Abweichung nicht etwa so geringfügig ist, daß sie nur als Schwäche, nicht als Mangel anzusehen ist [46]). Indes ist nach §§ 157, 242 BGB. zu prüfen, was nach Treu und Glauben unter Berücksichtigung der Verkehrssitte als der Zusicherung entsprechende Leistung zu gelten hat, so daß eine ganz geringfügige Abweichung unter Umständen unbeachtlich ist [47]). Da die Eigenschaften der Haustiere,

---

[41]) Wenn die Parteien vereinbart haben, daß der Kaufpreis eines Tieres nach dem Gewicht bestimmt werden soll, daß aber der Verkäufer mindestens 9 Stunden vorher das Tier nicht füttern dürfe, der Verkäufer dem aber zuwiderhandelt, so kann der Käufer keinen Gewährleistungsanspruch geltend machen, weil der Umstand, ob das Tier gefüttert ist oder nicht, keine Eigenschaft darstellt. Stoll, Viehhandel 24. Der Käufer kann aber Anspruch auf Schadenersatz wegen Nichterfüllung einer Vertragspflicht geltend machen. Vgl. oben S. 29.

[42]) Nur in dieser Beschränkung kann Scherer, Bem. 4 b zu § 459 beigepflichtet werden.

[43]) Scherer, Bem. 8 a zu § 459; Planck, Bem. 2 b zu § 459; RG. 47, 129; SeuffArch. 62 Nr. 225 (RG.).

[44]) Vgl. Cosack § 128 I, 1 a.

[45]) Siméon § 60 Z. 1 b; Staudinger IV 6 zu § 459; RG. 47, 135; 66, 167; JW. 1907, 300. Aus den besonderen Umständen des einzelnen Falles kann eine Zusicherung auch dahin ausgelegt werden, daß der im Schlußsatz des § 459 Abs. 1 enthaltene Grundsatz berücksichtigt werden soll; SeuffArch. Bd. 62 Nr. 225 (RG.).

[46]) RG. 67, 146.

[47]) Staub, Anm. 41 e zu § 377; OLG. 22, 224; RGK. Bem. II c zu § 459. Auf jeden Fall ist aber nur auf die Geringfügigkeit der Abweichung von der zugesicherten

welche für den Verkehr Bedeutung haben, sehr schwer zu bestimmende Grenzen haben, wird der Richter meist auf die Begutachtung von Sachverständigen angewiesen sein. Die diesen vorzulegende Frage ist dahin zu formulieren, ob das Pferd, welches die erwiesenen Erscheinungen oder Gewohnheiten zeigt, nach dem im allgemeinen geltenden Urteil als fromm (zugfest) zu bezeichnen ist. Es wird sich jederzeit empfehlen, wenn Eigenschaften, die nicht rein medizinischer Natur sind, in Frage stehen, einen richterlichen Augenschein zur Ausprobierung des Tieres unter Zuziehung der Sachverständigen anzuordnen; es dürfte dies das beste Mittel sein, um einer Verschiedenheit der Sachverständigengutachten entgegenzuarbeiten.

a) Die Eigenschaften, von deren Zusicherung § 459 Abs. II spricht, beziehen sich nur auf die physische Beschaffenheit der Sache. Es gehören also vor allem Angaben über deren rechtliche Beschaffenheit nicht hierher. Die Zusicherung des Verkäufers, daß die Sache nicht gestohlen[48]) oder nicht mit einem Eigentumsvorbehalt behaftet sei, fällt nicht unter § 459. Für derartige Mängel im Rechte sind die §§ 439 bis 443 maßgebend; gegebenenfalls können die allgemeinen Vorschriften über Mängel im rechtsgeschäftlichen Willen (s. oben S. 12) und die Ansprüche aus dem Delikte (s. oben S. 34) Platz greifen.

b) Gegenstand der Zusicherung kann nicht nur eine gegenwärtige Eigenschaft sein; § 459 Abs. 2 bezieht sich auch auf Zusicherung über vergangene Tatsachen und Verhältnisse; nur muß die vergangene Tatsache entweder eine derartige sein, daß sie der Sache gewissermaßen einen Stempel aufdrückt und so eine Eigenschaft begründet, (z. B. die Prämiierung eines Rindes, der Rennsieg eines Pferdes) oder der frühere Zustand muß seinem Wesen nach derartig sein, daß sich sein Fortwirken in der Zukunft unter unverändert bleibenden Verhältnissen nach menschlicher Voraussicht unbedenklich annehmen läßt[49]).

Der Verkäufer sichert beispielsweise zu, daß die Kuh, solange er sie hatte, täglich 7—8 l Milch gegeben habe, oder der Verkäufer eines Reitpferdes sichert zu, daß er mit dem Pferd 40 km in 2 Stunden zurückgelegt habe.

Dagegen fällt die Zusicherung, daß eine zur Zeit des Gefahrüberganges vorhandene Eigenschaft auch in Zukunft fortdauern oder daß eine nicht vorhandene Eigenschaft in Zukunft vorhanden sein werde, an sich nicht unter den Rahmen des § 459 Abs. 2; hier würde es sich eigentlich um einen Garantievertrag handeln[50]). Im einzelnen Fall wird sich aber auf Grund der im Viehhandel geübten Verkehrsauffassung[51]) im Wege der Auslegung gerade beim Vieh-

Eigenschaft (des Fehlers) abzustellen, nicht auf die Geringfügigkeit der durch den Fehler herbeigeführten Wertminderung (JW. 1914, 827 [RG.]).

[48]) BayZ. 1906, 428 (Augsburg).

[49]) JW. 1905, 389; vgl. auch JW. 1903 Beil. 113.

[50]) Vgl. RG. 52, 1 u. 429 ff.; SeuffArch. 62, 8. Ein solcher Garantievertrag untersteht nicht den Regeln der §§ 459 ff. (vgl. Recht 1909 Nr. 652 [RG.]).

[51]) Mit Recht hat Stölzle 455 seine frühere Annahme, daß in solchen Fällen ein Garantievertrag vorliege, aufgegeben, weil ihn seine Erfahrungen in der Praxis belehrt

kauf häufig ergeben, daß damit eine gegenwärtige Eigenschaft in der Art zugesichert werden wollte, daß sie auch in Zukunft noch vorhanden sein werde. Dies fällt unter § 459 Abs. 2 bzw. § 492. (Vgl. hierüber oben S. 70.)

Die Zusicherung, bestimmte außerhalb der physischen Eigenschaften der Sache liegende Umstände würden sich in der Zukunft erfüllen, fällt nicht in den Rahmen der Gewährleistung.

Der Verkäufer garantiert z. B., daß das verkaufte Tier auf einer demnächstigen Ausstellung prämiiert werden wird.

Wenn der Verkäufer garantiert, daß das Tier den in Aussicht genommenen Transport aushalten werde, so will er damit für die Transportfähigkeit des Tieres, d. h. für das Vorhandensein bestimmter Eigenschaften, einstehen, die das Tier befähigen, den Transport zu überstehen [52]).

Wenn der Verkäufer für Kalben oder für ein Kalb bis zu einem bestimmten Zeitpunkt Gewähr leistet, so betrachtet dies die Verkehrsauffassung als Gewährleistung für eine solche Beschaffenheit der Kuh, daß bis zu diesem Zeitpunkt die Trächtigkeit beendigt ist und (bei Gewähr für ein Kalb) daß die Kuh bis dahin ein Junges bringt, obwohl doch dieses künftige Ereignis nicht allein von der dermaligen Beschaffenheit der Kuh, sondern von vielen künftigen Zufällen abhängig ist (s. hierüber unten § 43 IV d und e).

Wenn der Verkäufer Gewähr dafür leistet, daß die beiden jungen Pferde bei guter Fütterung (2 Zentner Haber in der Woche) große Tagestouren bewältigen können, so gewährt hiedurch der Verkäufer für eine solche schon jetzt vorhandene Beschaffenheit der Pferde, daß sie unter den gesetzten Voraussetzungen die Tagestouren zu leisten imstande sind [53]).

Zusicherung einer Eigenschaft liegt vor, wenn der Verkäufer versichert, daß das Tier auf der Viehausstellung den ersten Preis erhalten habe.

c) Der Zusicherung einer Eigenschaft steht die Zusicherung der Abwesenheit eines Fehlers gleich. Auch die Zusicherung der Abwesenheit eines Hauptmangels nach § 481 fällt unter § 459 Abs. II mit allen Folgen einer Zusicherung [54]) (vgl. oben

---

haben, daß sich diese Ansicht für das Viehgewährschaftsrecht nicht halten lasse, und zwar deshalb, weil der Parteiwille nicht einen Garantievertrag, sondern Gewährleistungsansprüche wolle. Ich kann diese Erfahrung nur bestätigen.

[52]) OLG. 33, 71.

[53]) A. M. BayZ. 1926, 46 (OLG. München), das in diesem Fall einen Garantievertrag annimmt.

[54]) Übereinstimmend Krückmann 7 u. 93 ff.; Schneider 166; Planck, Bem. 1 a zu § 492; Manasse bei Gruchot 55, 32. — A. M. dagegen Stölzle 458; OLG. 23, 31 (KG.); Hanke 133; Neumann, Bem. 3 zu § 492; Oertmann, Anm. 5 zu § 492; Staudinger-Kober, Bem. 1a zu § 492. — Ist die Abwesenheit eines Hauptmangels zugesichert, so gilt kraft Gesetzes eine Gewährfrist für den Hauptmangel. Dabei bleibt es, wenn auch eine Gewährfrist nicht vereinbart ist. Der Wortlaut des § 492, der nur von vereinbarter Gewährfrist spricht, steht nur scheinbar entgegen. Jedenfalls verjährt auch der Anspruch aus der Zusicherung des Nichtvorhandenseins des Hauptmangels in sechs Wochen vom Ende der Gewährfrist an, nicht schon von der Ablieferung an. Insoweit stimme ich Stölzle 459 zu. Hirsch im Recht 1904, 476 will die Garantie für die Gesundheit im Sinne des Parteiwillens im Zweifel dahin auslegen, daß der Verkäufer neben der gesetzlichen Hauptmängelgewähr die Gewähr für Freiheit von sonstigen erheblichen Mängeln übernehme, daß er für Hauptmängel nur gemäß § 482 zu haften habe und lediglich für sonstige erhebliche Mängel gemäß § 492 einzustehen habe. — Diese Ansicht würde zu

S. 67). Der Käufer kann die für Hauptmängel begründete Haftung des Verkäufers mit den Vorteilen und Nachteilen der §§ 484, 485 und selbständig daneben die Haftung des Verkäufers aus seiner Zusicherung, ohne die Vorteile und Nachteile der §§ 484, 485[55]) geltend machen, wenn ihm Fehlerfreiheit zugesichert ist. Die Zusicherung der Fehlerfreiheit erstreckt sich auch auf die Hauptmängel, jene der Gesundheit nur auf jene Hauptmängel, welche eine Krankheit des Tieres darstellen. Koppen des Pferdes berührt regelmäßig die Gesundheit nicht.

Es wird nun aufgestellt, die Zusicherung der Gesundheit enthalte einmal die Zusicherung, daß das Tier keinen Hauptmangel habe und dann die Zusicherung des Nichtvorhandenseins einer anderen Krankheit. Das ist richtig, wenn man sich darüber klar ist, daß diese Zerlegung der einheitlichen Zusicherung der Gesundheit nur eine juristische Auflösung der in ihr gelegenen Elemente ist. Falsch ist jedoch die Annahme, daß nach der Vorstellung der Vertragsteile die Zusicherung der Gesundheit in zwei verschiedene Bestandteile zerlegt und zwei verschiedene Garantien gegeben werden sollten. Das könnte man vielleicht annehmen, wenn „gesetzliche Gewährschaft und Gewährschaft für Gesundheit" geleistet worden wäre, obwohl es auch dann eine mechanische Denkweise wäre. Ist aber lediglich die einheitliche Gewährschaft für Gesundheit geleistet, dann geht der Inhalt dieser Zusage einfach dahin, daß der Verkäufer für erhebliche Krankheiten haftet, gleichgültig, ob diese Krankheit einen Hauptmangel darstellt oder nicht[56]). Die Zerlegung einer einheitlichen Garantie in zwei nebeneinander stehende Garantien, deren Wirkung verschieden zu beurteilen sei, ist juristische Spitzfindigkeit, die den Vertragswillen fälscht.

Hat der Verkäufer „gesunde Augen" zugesichert, so kommt es nur darauf an, ob der Verkäufer nachweisen kann, daß die Augen zur Zeit der Übergabe nicht gesund waren. Ist das der Fall und ist die Wandlungsklage innerhalb sechs Wochen erhoben, so muß der Beklagte verurteilt werden, auch wenn das Augenleiden einen gesetz-

---

unerträglichen Folgen führen. Wird beispielsweise eine Nutzkuh unter Zusicherung der Gesundheit verkauft und erstmals nach 3 Wochen bemängelt, weil sie hustet, so würde der Verkäufer die vom Käufer wegen Mangels der Gesundheit beanspruchte Wandelung ablehnen können, wenn die das Husten hervorrufende tuberkulöse Erkrankung einen so hohen Grad erreicht hatte, daß infolge derselben eine allgemeine Beeinträchtigung des Nährzustandes herbeigeführt wurde und mithin ein Hauptmangel vorliegt; denn dann hätte der Käufer infolge Verspätung der Mängelanzeige das Wandelungsrecht verloren (§ 485): der Verkäufer müßte aber wandeln, wenn der Grad der Erkrankung nicht so stark wäre. Es würde also schließlich der Käufer zu beweisen haben, daß der Mangel nicht so schlimm ist, während der Verkäufer durch den Nachweis des Gegenteils seine Haftung abwälzen könnte.

[55]) S. unten S. 88.

[56]) So durchaus zutreffend Stölzle im Recht 1904, 300. A. M. Hirsch im Recht 1904, 476, weil der Gesetzgeber nicht gewollt haben könne, daß dem Verkäufer neben dem gesetzlichen Anspruch wegen des Hauptmangels noch ein konkurrierender bzw. widersprechender aus § 492 (richtiger § 459 Abs. 2) zustehe. — Das ist aber eine durchaus naturgemäße Folge der besonderen Zusicherung der Gesundheit. Das Vorhandensein des Hauptmangels erzeugt nach dem Gesetz einen Anspruch und der Mangel der Gesundheit erzeugt einen Anspruch auf Grund der vertragsmäßigen Zusicherung. Warum sollen sich die beiden Ansprüche, von denen jeder einen selbständigen Entstehungsgrund hat, wechselseitig ausschließen?

lichen Hauptmangel darstellt und sich dieser innerhalb der vierzehntägigen Gewährfrist nicht gezeigt hat und auch wenn die Mängelanzeige nach § 485 versäumt wurde.[57])

Hat sich die Mondblindheit innerhalb der gesetzlichen Gewährfrist (für Hauptmangel) gezeigt, ist aber vom Käufer die Mängelanzeige des § 485 versäumt worden, so kommt dem Käufer die gesetzliche Vermutung des § 484 nicht zu statten. Weil aber die vom Gesetzgeber festgesetzte Dauer der Gewährfrist nichts anderes als eine gesetzliche Bestätigung der von der Wissenschaft gefundenen Zeit ist, innerhalb welcher sich der Hauptmangel zu entwickeln pflegt,[58]) so kommt dem Käufer, wenn sich der nicht angesagte Hauptmangel innerhalb dieser Zeit gezeigt hat, die tatsächliche, weil durch die Erfahrungen der Wissenschaft begründete Vermutung zu statten, daß die Augenerkrankung dem Keime nach schon bei der Übergabe vorhanden war. Das genügt, wenn lediglich auf Grund der Zusicherung wegen Gesundheit geklagt ist.

Hat der Verkäufer Gesundheit der Kuh zugesichert, so kann in gleicher Weise und unter den gleichen Voraussetzungen die Gewährleistung wegen Mangel einer zugesicherten Eigenschaft verlangt werden, wenn die Kuh mit Tuberkulose in dem Grad behaftet ist, der diese Krankheit zum Hauptmangel stempelt. Es wäre doch ein zu ergötzliches Schauspiel, wenn der Richter sagen würde: du kannst zwar, obwohl du keine Mängelanzeige nach § 485 erstattet hast, auf Grund der dir zugesicherten Eigenschaft der Gesundheit die Wandlung verlangen, aber nur, wenn die Tuberkulose nicht so schlimm ist, daß sie den Charakter eines Hauptmangels hat.

III. Im einzelnen kommen für die Praxis folgende Eigenschaften besonders in Betracht.

Trifft den Verkäufer die Haftung für Fehlerfreiheit, so haftet er nicht für jeden noch so unbedeutenden Fehler, sondern nur für erhebliche Fehler. Diese Erheblichkeit ist gegeben, wenn das Tier mit einer Krankheit, einer Abnormität oder einer Untugend behaftet ist, die den Wert oder die Tauglichkeit des Tieres zu dem gewöhnlichen oder nach dem Vertrage vorausgesetzten Gebrauche aufhebt oder erheblich mindert[59]). Es ist im Einzelfall besonders zu prüfen ob diese Erheblichkeit bei bloßen Schönheitsfehlern, Abnützungserscheinungen (steife Beine, dicke Sehnen usw.) gegeben ist[60]). Vorübergehende Krankheiten sind regelmäßig nicht erheblich[61]).

Übernahme der Gewährschaft „für alle gesetzlichen Fehler" bezieht sich nur auf die Hauptmängel. Das gleiche wird regelmäßig auch bei der Übernahme der Gewährleistung „für alle Gewährsfehler" gelten. Unter besonderen Umständen kann freilich aus den vorausgegangenen Verhandlungen ein weitergehender Sinn dieser Gewährleistung abgeleitet werden.

---

[57]) Unrichtig daher LG. München PrR. N. F. 112/02 (Samml. Stölzle 136).
[58]) Dieckerhoff 93.
[59]) Dieckerhoff 137. In diesem Sinne wird auch SeuffArch. 62 Nr. 82 (Bamberg) zu verstehen sein.
[60]) S. unten § 36 I 1.
[61]) S. unten § 36 I 2.

Erheblichkeit der Krankheit bzw. des Mangels ist erforderlich bei Gewährschaft für „frisch und gesund" (s. unten § 37), für „gut zu jedem Gebrauch" (s. unten § 40 II). Vielfach werden spezielle Eigenschaften zugesichert, z. B. gut im Zug (zugfest) (s. unten § 41), gewöhnt (s. unten § 41), fromm (s. unten § 42), ein bestimmtes Alter (s. unten § 44) oder es wird gewährt für eine gute Milchkuh (s. unten § 40 III), für frischmilchend (Kälberkuh) (s. unten § 40 III b), für gute Hufe (s. unten § 39 II) oder gute Beine (s. unten § 39 I), gute Augen (s. unten § 39 III), für Legen und Aufstehen (s. unten § 36 II 1 k), für ein bestimmtes Größenmaß (s. unten § 44), für Gewicht (s. unten § 44), für Alter (s. unten § 44), für Abstammung (Vollbluteigenschaft) (s. unten § 44), für Sprungfähigkeit oder Zuchttauglichkeit (s. unten § 40 IV), für Reinsein einer Kuh (s. § 36 II 2 d), für gut geschnitten eines Schweines (s. unten § 36 II 3), für Seuchenfreiheit (s. unten § 38), für gutes Fressen (s. unten § 36 II 1 l), für Trächtigkeit oder für Fohlen bzw. Kalben bis zu einem bestimmten Zeitpunkt (s. unten § 43), für Nichtträchtigkeit (s. unten § 43 VII).

IV. Sowohl bei der Übernahme der Gewährleistung wie bei der Zusicherung ist ein Unterschied zu machen je nachdem eine Gewährfrist vereinbart ist oder nicht (s. hierüber unten §§ 17; 18 II; 26 IV).

Eine Gewährfrist ist nur dann vereinbart, wenn die Parteien eine Frist vertragsmäßig mit dem Willen und zu dem Zwecke festgesetzt haben, daß sich der Mangel innerhalb der Frist zeigen muß, widrigenfalls keine Gewährleistungspflicht bestehen soll[62]).

§ 16.

Übergang der Gefahr.

I. Die Bedeutung des Übergangs der Gefahr.

Der Zeitpunkt, zu welchem die Gefahr auf den Käufer übergeht, ist für die kaufrechtliche Gewährleistungspflicht deshalb von ausschlaggebender Bedeutung, weil die Beschaffenheit des Tieres zu diesem Zeitpunkt darüber entscheidet, ob der Verkäufer die ihm nach dem Gesetz und auf Grund besonderer Vereinbarung obliegende Gewährleistungspflicht erfüllt hat.

Daneben kommt dem Übergang der Gefahr, wie bei jedem Vertrag, so auch beim Kauf die weitere Bedeutung zu, daß von dem hiefür maßgebenden Zeitpunkt an ein Untergang oder eine Verschlechterung des Kaufgegenstandes den Ansprüchen des Verkäufers nicht mehr schaden kann, während Ereignisse aus der vorhergehenden Zeit auf sie einwirken können, aber nicht müssen (s. hierüber, namentlich über eine Verschlechterung des Kaufgegenstandes zwischen Vertragschluß und Gefahrübergang oben S. 43).

Endlich kommt erst mit dem Übergang der Gefahr der eigentliche Gewährleistungsanspruch des Käufers zur Entstehung (s. oben S. 43).

---

[62]) Vgl. Planck, Bem. 2 zu § 492. S. hierüber unten § 17.

II. Zeitpunkt des Übergangs der Gefahr.

Der Zeitpunkt, mit welchem beim Kaufe einer Sache die Gefahr des zufälligen Unterganges und der Verschlechterung auf den Käufer übergeht, wird in erster Linie durch die Vereinbarung der Beteiligten[1]), in zweiter Linie durch §§ 446, 447 bestimmt. Für den Verkauf nach Schlachtgewicht gilt keine Besonderheit. Es läßt sich also nicht aufstellen, daß hier die Gefahr erst mit Feststellung des Gewichts übergehe[2]).

1. Die Regel ist, daß die Gefahr mit der Übergabe der Sache auf den Käufer übergeht. § 446.

Die Übergabe ist ein zweiseitiger Akt; zur Vollendung der Übergabe ist erforderlich, daß der Verkäufer das verkaufte Tier zum Zweck der Erfüllung des Kaufvertrages dem Käufer[3]) tatsächlich zur Verfügung stellt und der Käufer das Tier als Erfüllung in Besitz nimmt. Über den Unterschied zwischen Übergabe und Ablieferung s. unten § 26 IV 1.

Die Übergabe kann zu jeder Zeit und an jedem Ort (also auch an einem anderen Ort als dem Erfüllungsort) erfolgen, doch braucht sich Käufer auf eine Übergabe zur unrechten Zeit oder am unrechten Ort nicht einzulassen[4]). Insolange sich der Verkäufer im Lieferungsverzuge befindet, geht die Gefahr auf den Käufer nicht über.

Natürlich geht die Gefahr trotz Übergabe nicht eher über, als der Kaufvertrag abgeschlossen ist. Wenn z. B. der Handelsmann dem Bauern das Pferd schon am 3. Mai übergibt und sie werden erst am 14. Mai handelseinig, so beginnt die Gewährfrist erst mit dem 15. Mai.

Der Übergabe stehen gleich

a) Die sog. brevi manu traditio[5]). Unter der Voraussetzung, daß die Sache sich bereits im Besitze des Erwerbers befindet (dies ist z. B. der Fall, wenn der Erwerber Nießbraucher, Pfandgläubiger, Mieter, Verwahrer der Sache ist), genügt der bloße Übereignungsvertrag zur Übertragung des Eigentums. Die Übergabe ist hier gegenstandslos. Die Gefahr geht mit dem Abschluß des Übereignungsvertrages über.

b) Das sog. constitutum possessorium[6]). Wenn der veräußernde Eigentümer im Besitze der Sache ist, so kann die Übergabe dadurch ersetzt werden, daß zwischen ihm und dem Erwerber

---

1) Staudinger, Bem. I 1e zu § 446; Planck, Bem. 1 zu § 446; Oertmann, Bem. 4c zu § 446.

2) Stölzle 184.

3) Oder dessen Vertreter; läßt z. B. der Käufer das Pferd durch seinen Knecht abholen, so wird es an diesen Knecht wirksam übergeben; oder der Verkäufer stellt die Kuh auf Weisung des Käufers bei einem Wirt zur Verfügung des Käufers ein; der Wirt gilt als Empfangsbevollmächtigter des Käufers SeuffBl. 67, 40 ff.

4) Vgl. Hirsch 17.

5) Mit Recht rügt Cosack § 199 I Z. 3a die Ungenauigkeit dieses Ausdruckes, da eine Übergabe hier nicht stattfindet. Er ist aber im allgemeinen Gebrauche. Wie im Text Staudinger, Bem. I 2c zu § 446; Oertmann, Bem. 1a zu § 446; s. über diese bestrittene Frage die dortigen Literaturnachweise.

6) Oertmann, Bem. 1a zu § 446; Martinius, ArchBürgR. 17, 50; Staudinger, Bem. I 2c zu § 446.

ein Rechtsverhältnis vereinbart wird, vermöge dessen der Erwerber den mittelbaren Besitz in Gemäßheit des § 930 erlangt, so daß also von da ab der Veräußerer für den Erwerber (z. B. als dessen Mieter, Entleiher[7]), Verwahrer vgl. § 868) besitzt.

Beim Viehkauf kommt es häufig vor, daß das verkaufte Tier auf Grund besonderer Vereinbarung noch eine Zeit lang beim Verkäufer stehen bleibt. Namentlich Handelsleute, die oft nicht den erforderlichen Platz zum Einstellen ihres Handelsviehes haben, lassen das von ihnen gekaufte Tier oft noch längere Zeit beim Verkäufer stehen. Geschieht dies auf Grund besonderer Vereinbarung, so daß für den Verkäufer eine Pflicht begründet wird, das Tier noch eine Zeitlang zu behalten, so kann man ein constitutum possessorium annehmen. Das ist sicher anzunehmen, wenn ein Futtergeld vereinbart wird. Aber auch ohne Vereinbarung eines Futtergeldes ist unter Umständen die Annahme gerechtfertigt, daß zwar kein Verwahrungsvertrag, aber eine Platzleihe (§§ 598 ff. BGB.) vorliegt[8]). Anders liegt der Fall, wenn lediglich die Übergabe hinausgeschoben wird. Es wird Sache einer sorgfältigen Untersuchung sein, im Einzelfalle festzustellen, ob die Willensrichtung der Vertragsteile dahin ging, daß der Verkäufer das Tier nicht mehr für sich, sondern nur noch für den Käufer besitzen sollte[9]).

c) Abtretung des Herausgabeanspruchs[10]). Ist ein Dritter im Besitze der Sache, so kann die Übergabe dadurch ersetzt werden, daß der Veräußerer dem Erwerber den Anspruch auf Herausgabe der Sache abtritt (§ 931).

d) Die Wegnahme des Tieres seitens des Gerichtsvollziehers zum Zwecke der Ablieferung an den Käufer, wenn der Verkäufer zur Übertragung des Eigentums verurteilt ist, ersetzt die Übergabe (§ 897 ZPO.).

2. Nur beim Versendungskauf, d. h. wenn die Sache, auch wenn sie nur der Gattung nach bestimmt ist, auf Verlangen[11]) des Käufers nach einem anderen Orte als dem Erfüllungsort[12]) übersendet wird, wird die Gefahr schon durch die Auslieferung an die mit der Versendung betraute Person (insbesondere Frachtführer, Spediteur) auf den Käufer übertragen. (§ 447.)

---

7) SeuffBl. 67, 40 ff.

8) Vgl. Stölzle 183; LZ. 1914, 480 (RG.).

9) Stölzle 183.

10) Oertmann, Bem. 1a zu § 446; Martinius, ArchBürgR. 17, 50; a. M. Staudinger, Bem. I 2 c zu 446.

11) Dasselbe kann auch stillschweigend erfolgen, s. Staudinger, Bem. 3 zu § 447.

12) Durch Versendung von einem anderen Ort als dem Erfüllungsort wird der Übergang der Gefahr noch nicht herbeigeführt (RG. 106, 213), sofern sich nicht Käufer mit der Versendung von einem anderen Ort einverstanden erklärt hat (RG. 111, 25). Der Zeitpunkt für den Gefahrübergang bleibt derselbe, mag der Verkäufer die Sache an die richtige oder falsche Adresse senden. Aber er haftet, wenn er bei der Absendung ein Versehen begeht, für jeden Schaden, der daraus entsteht. Diese Haftung wird nicht schon dadurch begründet, daß das Pferd von irgend einem Schaden betroffen wird, vielmehr muß der Schaden das Pferd gerade deshalb betroffen haben, weil es infolge des Versehens besonders schädigenden Ereignissen ausgesetzt worden ist. Das muß der Käufer beweisen (OLG. 43, 48 [RG.]). Ist dieser Beweis erbracht, dann hat der Käufer auf Grund des Prima facies-Beweises auch den ursächlichen Zusammenhang zwischen Versehen und Schaden dargetan.

Zur Auslieferung gehört, daß die mit der Versendung betraute Person das Tier in ihre Verfügungsgewalt übernimmt; eine einseitige Ablieferung genügt daher nicht[13].

Der Erfüllungsort für die in Betracht kommende Verpflichtung des Verkäufers zur Übergabe des Kaufgegenstandes wird gemäß § 269 in erster Linie durch Vereinbarung der Vertragsteile bestimmt[14]; in Ermangelung einer ausdrücklichen Vereinbarung gilt als Erfüllungsort derjenige Ort, der nach den Umständen des einzelnen Falls unter Berücksichtigung von Treu und Glauben als von den Parteien stillschweigend gewollt erscheint. Die Übernahme der Versendungskosten durch den Verkäufer bedeutet gemäß § 269 Absatz 3 in dieser Hinsicht gar nichts; dagegen gilt als Erfüllungsort beim Barzahlungskauf der Ort des Vertragsschlusses, wenn sich dort mit Kenntnis beider Vertragsteile das in specie geschuldete Tier befindet. Wenn ein Würzburger Viehhändler auf dem Markte in Schweinfurt das dort vorgeführte Tier verkauft, so ist im Zweifel Schweinfurt Erfüllungsort. Sind Anhaltspunkte für eine ausdrückliche oder stillschweigende Festsetzung des Erfüllungsortes nicht gegeben, so hat die Übergabe an dem Orte zu erfolgen, an welchem der Schuldner zur Zeit der Entstehung des Schuldverhältnisses seine gewerbliche Niederlassung bzw. seinen Wohnsitz hatte.

§ 447 setzt voraus, daß der Transport durch eine im Verhältnis zum Verkäufer selbständige Person ausgeführt wird. Deshalb fällt ein Transport, der durch die eigenen Leute des Verkäufers erfolgt, nicht unter § 447 BGB.[15].

Wenn z. B. der Verkäufer das verkaufte Pferd von seinem Knecht dem Käufer zuführen läßt, so geht die Gefahr erst mit der durch den Knecht betätigten Übergabe des Pferdes über; anders liegt der Fall, wenn der Pferdehändler in Hamburg dem mit der Bahn nach Hannover versendeten Pferde einen Pferdewärter mitgibt[16].

Namentlich bei Tauschgeschäften erfolgt häufig die Übergabe und Übernahme an einem zwischen dem Erfüllungsort für den Verkäufer und dem Bestimmungsort in der Mitte gelegenen Orte, an welchem dann der Übergang der Gefahr durch gegenseitige Übergabe bewirkt wird.

Eine Versendung im Sinne des § 447 kann auch dann vorliegen, wenn das Tier von dem Stall des Verkäufers in den in derselben Gemeinde liegenden Stall des Käufers gebracht wird[17].

---

[13]) Hirsch 18.

[14]) In Vertragsformularen ist häufig eine Bestimmung vorgedruckt, wonach beiderseitiger Erfüllungsort N. sein soll. Über die Irrtumsanfechtung einer Vereinbarung eines Erfüllungsortes vgl. RG. 48, 220.

[15]) Staudinger, Bem. 4 a zu § 447; RGK. Bem. 2 b zu § 447; a. M. Oertmann, Bem. 3 zu § 447; JW. 1919, 992 (RG.); RG. 96, 258.

[16]) OLG. 20, 174. Wenn der Sinn der Vereinbarung dahin geht, daß der Käufer das Tier, welches in Hamburg steht, erst in Hannover übernimmt, gilt Hannover als Erfüllungsort; § 447 ist daher nicht maßgebend. Vgl. Hirsch 18.

[17]) RGK. Bem. 2 b zu § 447; OLG. 2, 218.

Wegen eines auf dem Transport entstandenen Mangels kann der Käufer weder Gewährleistungsansprüche erheben noch die Annahme der Ware verweigern. Er kann jedoch Schadenersatz wegen schuldhafter Verletzung der Versendungspflicht verlangen[18].

3. Gerät der Verkäufer in Annahmeverzug, so trägt er die Gefahr schon von dem Zeitpunkte an, zu welchem dies geschieht gemäß §§ 300, 324 Abs. 2[19]. Unter welchen Voraussetzungen Annahmeverzug vorliegt, ist in §§ 293, 296 bestimmt.

4. Für den bedingten Kaufvertrag bestimmt sich der Zeitpunkt des Gefahrüberganges nach den allgemeinen Vorschriften der §§ 158—160. Bei der auflösenden Bedingung trägt der Käufer vom Augenblick der Übergabe an die Gefahr, da der Kauf perfekt und erfüllt ist[20]. Bei der aufschiebenden Bedingung tritt die Wirkung des Kaufvertrages erst mit dem Eintritt der Bedingung ein; mit diesem Zeitpunkt geht daher die Gefahr über, wenn die Sache schon früher übergeben ist, andernfalls erst mit der Übergabe bzw. dem Eintritt des Annahmeverzuges. Es kann jedoch aus den Umständen insbesondere aus der gewollten Rückwirkung des Eintritts der Bedingung die Vereinbarung des Gefahrüberganges mit der Übergabe (bzw. Versendung) abgeleitet werden[21]. Dies gilt namentlich beim Verkauf unter Eigentumsvorbehalt bis zur vollständigen Bezahlung des Kaufpreises[22].

Am 1. März verkauft und übergibt ein Handelsmann ein Paar Pferde und behält sich das Eigentum bis zur Zahlung des Kaufpreises vor. Die Pferde sind fehlerfrei. Käufer benützt sie; im August entsteht bei dem einen Pferd ein Hauptmangel; der Kaufpreis ist noch nicht vollständig bezahlt. Die Gefahr ist aus den Umständen abzuleitender Vereinbarung zufolge schon am 1. März übergegangen.

5. Der Kauf auf Probe[23] gilt im Zweifel als unter der aufschiebenden Bedingung der Billigung durch den Käufer abgeschlossen (§ 495); darnach regelt sich auch der Übergang der Gefahr (s. oben Ziff. 4). Ein Kauf auf Probe liegt nicht schon deshalb vor, weil der Käufer sagt, er wolle es einmal mit dem Pferd probieren[24].

---

18) SeuffA. 76, 6 (Hamburg); vgl. oben Anm. 12.

19) Kuhlenbeck, Bem. 1 zu § 446; Stölzle 189. Beim Gattungskauf ist für den Annahmeverzug des Käufers erforderlich, daß der Verkäufer aus seinem Bestand ein bestimmtes Pferd ausgeschieden hat und der Käufer mit der Annahme dieses ihm angebotenen Pferdes in Verzug kommt. § 300 Abs. 2 BGB. (JW. 1904, 286 [RG.]; 1913, 130 [RG.]).

20) Kuhlenbeck, Bem. 1 zu § 446.

21) Staudinger, Bem. I 3 a zu § 446; Oertmann, Bem. 6 b zu § 446.

22) Stölzle 188; Krückmann 54; Recht 1908 Nr. 3771 (Colmar); RG. 85, 320. Deshalb muß der Käufer das unter Eigentumsvorbehalt verkaufte gesunde Pferd bezahlen, wenn es wegen Ausbruch des Rotzes in seinem Stall auf Anordnung der Verwaltungsbehörde getötet werden muß. Recht 1904, 165 (Colmar).

23) Staudinger, Bem. I 3 a zu § 446. Oertmann, Bem. 6 b α zu § 446.

24) OLG. 36, 46.

§ 17.

Gewährfrist.

I. Begriff und Wesen der Gewährfrist.

Unter Gewährfrist ist diejenige Frist zu verstehen, innerhalb welcher sich der Mangel zeigen muß, wenn der Verkäufer dafür haften soll (§ 482 BGB.). Zeigt sich der Mangel innerhalb der Gewährfrist, so wird vermutet, daß der Mangel schon bei der Übergabe vorhanden war und somit vom Verkäufer, wenn ihm überhaupt eine Gewährleistungspflicht wegen dieses Mangels obliegt, zu vertreten ist (§ 484 BGB.).

Eine gesetzliche Gewährfrist besteht nur für Hauptmängel. Für andere Fehler und den Mangel zugesicherter Eigenschaften kann aber eine Gewährfrist vereinbart werden. Ist das geschehen, so sind die Folgen die gleichen wie bei der gesetzlichen Gewährfrist für Hauptmängel.

Eine Gewährfrist ist nur dann vereinbart, wenn die Parteien eine bestimmte Frist mit dem Willen und zu dem Zwecke festgesetzt haben, daß sich innerhalb dieser Frist der Mangel zeigen muß, widrigenfalls keine Gewährleistungspflicht bestehen soll[1]).

In der Zusicherung, daß die verkaufte Kuh (Stute) bis zu einem bestimmten Zeitpunkte kalben (fohlen) werde, liegt nicht die Vereinbarung einer Gewährfrist[2]), jedoch ist in diesem Falle der Beginn der Verjährungsfrist stillschweigend hinausgeschoben[3]).

Hat der Verkäufer des Pferdes versprochen, daß er 4 Wochen lang für alle Fehler des Pferdes gut sein wolle, so ist damit wohl eine Gewährfrist vereinbart; der Verkäufer hat dann für alle Fehler aufzukommen, die sich innerhalb der Frist zeigen, sofern er nicht beweist, daß der Mangel erst nach der Übergabe entstanden ist.

Sowohl bei Übernahme der Gewährleistung wie bei der Zusicherung haftet der Verkäufer, gleichviel, ob eine Gewährfrist vereinbart ist oder nicht, dafür, daß die Eigenschaft zur Zeit des Gefahrüberganges vorhanden ist. Nur die Beweislast ist verschieden, je nachdem eine Gewährfrist vereinbart ist oder nicht. Dies wird unten § 18 erörtert werden.

Auch wenn der Verkäufer sich verpflichtet hat, das Pferd innerhalb 4 Wochen wieder zu nehmen, wenn sich etwas an ihm finde, haftet der Verkäufer im Zweifel für solche Mängel nicht, die erst nach dem Übergang der Gefahr entstanden sind.

Der Ablauf der Gewährfrist ist vom Richter von Amts wegen zu berücksichtigen, da die Gewährfrist eine Ausschlußfrist, keine Verjährungsfrist ist[4]). Zeigt sich der Hauptmangel erst nach Ablauf der Gewährfrist, dann ist der Verkäufer von der Haftung frei, selbst

---

[1]) Vgl. Planck, Bem. 2 zu § 492.
[2]) A. M. Stölzle 473. S. hierüber unten § 43 IV c u. e; über die Gewährschaft für Trächtigkeit überhaupt s. unten § 43.
[3]) S. hierüber unten § 43 II.
[4]) Stölzle 201.

wenn nachweisbar der Mangel schon zur Zeit des Gefahrüberganges vorhanden war[5]). Dies gilt selbst dann, wenn der Verkäufer den Mangel arglistig verschwiegen hat. Der Käufer ist solchergestalt auf die Anfechtung (§ 123) oder den Deliktsanspruch (§ 823 Abs. 2 und § 826) beschränkt, s. oben S. 20. Wegen des Irrtums s. oben S. 16. Zeigt sich der Mangel nach dem Augenblick des Gefahrüberganges aber nur vor dem Beginn der Gewährfrist, dann ist nach dem Sinn des Gesetzes trotz seines entgegenstehenden Wortlauts die Haftung gegeben[6]).

Der Fehler muß sich zeigen, d. h. es müssen Symptome wahrgenommen werden, welche nach wissenschaftlichen Grundsätzen mindestens einen Verdacht auf Vorliegen des Hauptmangels zu begründen geeignet sind; es genügt also nicht, daß der Hauptmangel während der Gewährfrist zutage getreten ist, er muß sich gezeigt haben, das ist, von irgend einer Person[7]) wahrgenommen worden sein; der Ausdruck „sich zeigen" schließt die Wahrnehmung eines Menschen[8]) in sich. Es ist mithin nicht genügend, daß auf Grund sachverständiger Gutachten die Feststellung getroffen wird, daß der Hauptmangel innerhalb der Gewährfrist notwendigerweise zutage getreten ist, wenn die Erscheinungen tatsächlich von niemand wahrgenommen worden sind[9]). Dagegen ist nicht erforderlich, daß der Charakter der Krankheit als Hauptmangel innerhalb der Gewährfrist erkannt wird[10]). Würde demnach von einem Käufer, obwohl sich solche Erscheinungen nicht gezeigt haben, aufs Geratewohl der Hauptmangel behauptet, so wäre die Klage, falls während des ganzen Laufes der Gewährfrist der Mangel sich nicht gezeigt hat, abzuweisen, selbst wenn der Käufer nachweisen könnte, daß der Mangel schon zur Zeit des Gefahrüberganges vorhanden war[11]). Es gehört nicht zu den Seltenheiten, daß in einer wegen eines Hauptmangels veranlaßten Klage als eventuelle Klagegründe außer diesem Hauptmangel aufs Geratewohl noch weitere Hauptmängel behauptet werden. In solchen Fällen kann obige Regel praktisch werden. Nicht erforderlich ist, daß sich der Hauptmangel gerade am lebenden Tiere gezeigt hat; es genügt, wenn er innerhalb der Gewährfrist durch die Sektion des toten Tieres festgestellt wird[12]).

Zur Begründung der Klage wegen eines Hauptmangels gehört demnach die Behauptung, daß sich der Hauptmangel innerhalb der Gewährfrist gezeigt hat. Es muß mit Rücksicht auf § 482 mit 459 weiter behauptet werden, daß der Mangel schon zu der Zeit vorhanden war, zu welcher die Gefahr auf den Käufer übergegangen ist.

---

5) Mot. 2, 253 (Mugdan 2, 140).

6) Hirsch-Nagel 22; Hancke 27; Wrede 14; Stölzle 146.

7) Das braucht kein Sachverständiger zu sein. Der Sachverständige hat aber im Prozeß zu begutachten, ob die Erscheinungen, die ein vom Gericht als glaubwürdig erachteter Zeuge innerhalb der Gewährfrist wahrgenommen hat, nach wissenschaftlichen Grundsätzen als Symptom des Hauptmangels zu erachten ist.

8) Theoretisch genügt es, wenn nur der Käufer selbst wahrgenommen hat. Es wird ihm nur schwer sein, das zu beweisen.

9) Hirsch 22; Stölzle 147; vgl. Lebrecht 14 gegen Hachenburg 99.

10) Vgl. Lebrecht 13; Hachenburg 98; Hirsch 22.

11) Mot. II, 253 (Mugdan II, 140).

12) Stölzle 148.

Ob die Klage im Laufe des Prozesses auf einen anderen Mangel gestützt werden kann, hängt vor allem davon ab, ob der Anzeigetermin des § 485 (§ 478 bzw. die Verjährungsfrist) gewahrt sind. Im übrigen ist es eine Frage prozeßrechtlicher Natur. Die hierin liegende Klageänderung[13]) wird (in der ersten Instanz) wohl zumeist vom Richter zugelassen werden; anders wenn der Käufer erst nach durchgeführtem Beweisverfahren den weiteren Mangel als neuen Klagegrund einführen würde.

Nicht nur für die Hauptmängel gilt die Einschränkung, daß sie sich innerhalb der Gewährfrist gezeigt haben müssen, sondern auch für andere Eigenschaften oder Mängel, für deren Vorhandensein bzw. Nichtvorhandensein der Verkäufer bei vereinbarter Gewährfrist zu haften hat; zwar verweist § 492, der diesen Fall behandelt, nicht auf § 482; allein es liegt im Begriff der Gewährfrist, daß sie jenen Zeitraum darstellt, innerhalb dessen sich die vom Verkäufer zu vertretenden Mängel offenbaren müssen[14]).

II. Dauer der Gewährfrist[14a]).

Die Gewährfrist ist natürlich, wenn das Tier durch mehrere Hände gegangen ist, für jeden Handel besonders zu berechnen; eine Weiterveräußerung des Tieres führt nicht etwa eine Verlängerung der Gewährfrist für den früheren Verkauf herbei[15]).

1. Beginn der Gewährfrist. Mit Ablauf des Tages, an welchem die Gefahr auf den Käufer übergeht, beginnt die Frist. Die Frist beginnt auch dann zu laufen, wenn der Tag, an welchem die Gefahr übergeht, ein Sonntag ist; desgleichen, wenn der darauffolgende Tag ein Sonntag ist[16]).

2. Ende der Gewährfrist. Für die Gewährfrist gibt es keine Unterbrechung oder Hemmung[17]); auch eine Restitution findet gegen ihren Ablauf nicht statt[18]).

Eine nach Tagen bestimmte Frist endigt mit dem Ablauf des letzten Tages der Frist. Eine Gewährfrist, die nach Wochen, Monaten oder nach einem mehrere Monate umfassenden Zeitraum — Vierteljahr, halbes Jahr — bestimmt ist, endigt mit dem Ablauf desjenigen Tages der letzten Woche oder des letzten Monats, welcher durch seine Benennung oder seine Zahl dem Tage entspricht, an welchem die Gefahr übergegangen ist. Fehlt bei einer nach Monaten bestimmten Frist in dem letzten Monat der für ihren Ablauf maßgebende Tag, so endigt die Frist mit dem Ablaufe des letzten Tages dieses Monats (§ 188). Die durch die Kaiserliche Verordnung bestimmten Gewährfristen sind sämtlich nach Tagen bestimmt. Die gesetzliche Frist kann jedoch gemäß § 486 von den Beteiligten abgeändert werden.

---

13) RG. 1, 99.
14) Krückmann 99; Stölzle 114. Derselbe in JW. 1901, 739. A. M. Hirsch 82.
14a) S. oben S. 9 ff.
15) Stölzle 390.
16) Stölzle 201.
17) Stölzle 199; Scherer, Bem. 2 zu § 483.
18) Scherer, Bem. 2 zu § 483.

Die Gewährfrist wird nicht dadurch verlängert, daß ihr letzter Tag auf einen Sonntag fällt; denn es mangelt die Voraussetzung des § 193, daß innerhalb der Frist eine Erklärung abzugeben ist[19]).

3. Der Richter hat den Ablauf der Gewährfrist bei Hauptmängeln von Amts wegen, nicht nur auf Antrag zu berücksichtigen. Die Gewährfrist ist keine Verjährungsfrist. Das Gesetz (§ 482) bestimmt, daß der Verkäufer die Hauptmängel nur dann zu vertreten hat, wenn sie sich innerhalb der Gewährfrist zeigen. Diese Bestimmung, wonach der Gewährfrist eine anspruchbegründende Bedeutung zukommt, darf der Richter nicht außer acht lassen, wobei jedoch nicht zu übersehen ist, daß die Gewährfrist von den Parteien auch nachträglich verlängert werden kann.

Auch rücksichtlich anderer Mängel, für welche der Verkäufer zu haften hat, gilt das Erfordernis, daß sie sich innerhalb der vereinbarten Gewährfrist gezeigt haben müssen (s. oben S. 89); es hat deshalb auch bei diesen Mängeln der Richter den Ablauf der Gewährfrist von Amts wegen zu berücksichtigen[20]).

III. Änderung der Gewährfrist.

Die gesetzliche Gewährfrist kann durch Vertrag verlängert oder abgekürzt werden. Die vereinbarte Frist tritt an die Stelle der gesetzlichen (§ 486 BGB.).

I. **1.** Für den abändernden Vertrag gelten die allgemeinen Grundsätze; er ist insbesondere formfrei und kann wegen Verstoßes gegen die guten Sitten gemäß § 138 nichtig, oder wegen arglistiger Täuschung nach § 123 anfechtbar sein[21]). (S. unten sub 3.)

Die Verlängerung oder Abkürzung kann auch noch nachträglich erfolgen[22]).

Die Verlängerung muß einen bestimmt begrenzten Zeitraum umfassen[23]); diesem Erfordernis ist jedoch genügt, wenn das Ende der Gewährfrist durch Bezugnahme auf ein zeitlich bestimmbares künftiges Ereignis fixiert ist.

Es wird z. B. beim Kauf eines Reitpferdes bedungen, daß die Gewährfrist bis zum Ende der Herbstmanöver laufen solle.

Da die Abänderung der Gewährfrist durch Vertrag zu erfolgen hat, so kann eine solche Abänderung des Gesetzes nicht durch Marktregeln (Marktordnungen) ersetzt werden, soferne sich nicht die Vertragsteile dieser Marktordnung in Kenntnis ihrer einzelnen Bestimmungen unterworfen haben oder die Vertragsteile als Handels-

---

19) Stölzle 200.
20) Stölzle, JW. 1901, 739.
21) Planck, Bem. 1 zu § 486.
22) Scherer, Bem. 1 zu § 486.
23) Kuhlenbeck, Bem. 1 zu § 486.

leute durch Handelsgebrauch der Marktordnung unterworfen sind[24]. Durch eine Weiterveräußerung des Tieres wird natürlich die Gewährfrist nicht geändert[25]).

2. Die Gewährfrist kann (für Hauptmängel) nicht völlig ausgeschlossen werden[26]). Die Natur der Gewährfrist besteht darin, daß sie denjenigen Zeitraum umfaßt, innerhalb dessen der betr. Hauptmangel nach den Erfahrungen der Wissenschaft sich zu offenbaren pflegt. Der Gesetzgeber hat mit gutem Grunde der Gewährfrist für Hauptmängel eine ausschlaggebende Bedeutung beigelegt; der Verkäufer haftet nur, wenn der Hauptmangel sich innerhalb der Gewährfrist zeigt (§ 482 BGB.). Ist das nicht der Fall, so wird der Beweis, daß der Hauptmangel schon beim Gefahrübergang vorhanden war, unter keinen Umständen zugelassen. War es aber der Fall, so wird andererseits eine dahin gehende Vermutung festgelegt, deren Entkräftung durch Gegenbeweis kaum gelingen kann. Aus dieser Natur der Gewährfrist muß angenommen werden, daß sie an sich der Parteivereinbarung nicht unterliegt[27]). Es bedurfte der ausdrücklichen Norm des § 486, um festzustellen, daß ihre Dauer der Vereinbarung unterliegt. Soweit das Gesetz der Parteiverfügung nicht ausdrücklich Spielraum gelassen hat, muß es bei dem in der Natur der Gewährfrist begründeten Grundsatz sein Bewenden haben, daß sie der Parteiverfügung entrückt ist. Das folgt als argumentum e contrario.

3. Auch für die Verlängerung und Abkürzung der gesetzlichen Gewährfrist sind mit Rücksicht auf die Natur der Gewährfrist gewisse Grenzen zu ziehen. Die gesetzliche Handhabe hierzu bietet § 138. Wenn eine gesetzliche Gewährfrist durch Vertrag derart verlängert oder abgekürzt ist, daß sie in dieser vertragsmäßigen Dauer die ihr vom Gesetzgeber zugewiesene Funktion nicht im Entferntesten mehr zu erfüllen geeignet ist, dann wird der Richter regelmäßig die Verabredung als nichtig zu betrachten haben, so daß es bei der gesetzlichen Dauer der Gewährfrist sein Bewenden hat. Das kann in gleicher Weise bei einer Verkürzung wie bei einer Verlängerung der Fall sein[28]). Hat der Verkäufer einen Hauptmangel arglistig verschwiegen, so ist die vertragsmäßige Abkürzung der Gewährfrist gemäß § 476 nichtig[29]).

Würde z. B. eine dreitägige Gewährfrist beim Verkauf eines Pferdes an einen wenig geschäftsgewandten Käufer bedungen, so würde ich mit Rücksicht darauf, daß für die Hauptmängel der Pferde die gesetzliche Gewährfrist ohnedies hinter der Durchschnittsentwicklungszeit der Gewährschaftskrankheiten zurückbleibt,[30]) rücksichtlich der Haupt-

24) S. oben S. 13.
25) Stölzle 240.
26) Staudinger, Planck zu § 486; Stölzle 238; a. M. Schneider 128; Sauer 143; Oertmann, Bem. 1 a; Krückmann 71; Hancke 53.
27) Vgl. Planck, Bem. 1 zu § 486.
28) Zustimmend Stölzle 239; Planck, Bem. 1 zu § 486; s. dagegen Krückmann 65; Hancke 55.
29) Oertmann, Bem. 1 b zu § 486; Staudinger, Bem. 5 zu § 486.
30) Vgl. Dieckerhoff, Gewährleistung, 36.

mängel eine derartige Verkürzung als nichtig betrachten. Der Verkäufer hätte es sonst einem geschäftsungewandten Käufer gegenüber in der Hand, seine gesetzliche Haftung illusorisch zu machen; denn er haftet nur wenn der Hauptmangel sich innerhalb der Gewährfrist gezeigt hat § 482). Je nach den Umständen kann dieser Grundsatz auch Anwendung finden auf eine für Nichthauptmängel vereinbarte Gewährfrist von außerordentlich kurzer Dauer.

Würde dagegen z. B. beim Verkauf eines Schweines eine dreimonatliche Gewährfrist vereinbart, so würde ich mit Rücksicht darauf, daß die für die Hauptmängel der Schweine bestimmten gesetzlichen Gewährfristen mit der erfahrungsgemäßen Entwickelungszeit der Hauptmängel zusammenfallen,[31]) diese Verlängerung als nichtig behandeln. Zu welch absurder Konsequenz würde man andernfalls angesichts der gesetzlichen Vermutung des § 484 gelangen.[32])

II. Die Rechtsfolge der Abänderung ist, daß an die vertragsmäßige Dauer der Gewährfrist alle jene Folgen geknüpft sind, welche das Gesetz für die gesetzliche Gewährfrist aufstellt, vorausgesetzt, daß sich nicht etwas anderes aus der Verabredung der Parteien ergibt.

Insbesondere gilt dies auch von der grundlegenden Norm des § 482. Der Verkäufer haftet nur, wenn sich der Hauptmangel innerhalb der vertragsmäßigen Dauer der Gewährfrist gezeigt hat. Ist das der Fall gewesen, dann gilt die gesetzliche Vermutung des § 484, gegen welche auch hier der Gegenbeweis zulässig ist.

Wenn Gewährleistung für Fehlerfreiheit mit einer Gewährfrist vereinbart wird, so kann es zweifelhaft sein, ob die vereinbarte Dauer dieser Gewährfrist, wenn sie von der Dauer der gesetzlichen Gewährfrist abweicht, auch hinsichtlich der Hauptmängel anzuwenden ist. Lassen sich keine sicheren Anhaltspunkte für den Vertragswillen erkennen, so ist diese Frage im Zweifel nur dann zu bejahen, wenn die vereinbarte Gewährfrist länger ist als die gesetzliche; denn durch die Gewährleistung wegen Fehlerfreiheit soll die Lage des Käufers nach jeder Richtung verbessert werden[33]).

§ 18.

Beweis des Mangels.

I. Beweislast.

Solange der Käufer die Kaufsache nicht als Erfüllung angenommen hat, muß der Verkäufer beweisen, daß die Kaufsache frei von gesetzlichen Mängeln und frei vom Mangel zugesicherter Eigenschaften[1]) ist[2]).

---

[31]) Vgl. Dieckerhoff a. a. O. 59. Vgl. dagegen Oertmann, Bem. 1 b zu § 486.
[32]) Scherer, Bem. 2 zu § 486.
[33]) Scherer, Bem. 5 zu § 492; Stölzle 470.
[1]) Düringer-Hachenburg, Bem. III Einl. zu Anm. 200 zu § 377. Daß die in Frage stehende Eigenschaft zugesichert wurde, muß der Käufer beweisen. A. M. Staub-Pinner, Anm. 125 zu § 377; JW. 1899, 149, die annehmen, daß beim Spezieskauf

Die Beweislast kehrt sich aber gemäß § 363 BGB. um, wenn der Käufer die Sache als Erfüllung angenommen hat. Die Annahme als Erfüllung bedeutet nichts anderes als die Entgegennahme der Leistung auf Grund des Vertrags[3]). Hat der Käufer die Kaufsache als Erfüllung angenommen, so muß er den von ihm behaupteten Mangel auch dann beweisen, wenn er sich bei der Annahme alle Rechte wegen des Mangels vorbehalten hat[4]).

II. Beweisführung.

Die dem Käufer obliegende Beweisführung über das Vorhandensein des Mangels gestaltet sich nun durchaus verschieden, je nachdem für den betreffenden Mangel eine Gewährfrist zur Anwendung zu bringen ist oder nicht.

1. Wenn eine Gewährfrist anzuwenden ist.

Eine Gewährfrist ist von Gesetzes wegen stets bei Hauptmängeln anzuwenden, bei anderen Fehlern oder beim Mangel einer zugesicherten Eigenschaft nur dann, wenn hiefür eine Gewährfrist besonders vereinbart ist.

a) Für Hauptmängel bestimmt § 484 BGB.: „Zeigt sich ein Hauptmangel innerhalb der Gewährfrist, so wird vermutet, daß der Mangel schon zu der Zeit vorhanden gewesen sei, zu welcher die Gefahr auf den Käufer übergegangen ist."

α) Der Käufer hat zu beweisen, daß sich der Hauptmangel innerhalb der Gewährfrist gezeigt hat. Gezeigt muß sich der Hauptmangel haben, das heißt, er muß von jemand wahrgenommen worden sein (s. oben S. 89).

Der Verkäufer, welcher den Ablauf der Gewährfrist behauptet, leugnet eine für den Käufer anspruchbegründende Tatsache. Hieraus folgt, daß der Verkäufer, welcher den Ablauf der Gewährfrist behauptet, deren Voraussetzung (d. i. den Zeitpunkt, zu welchem die Gefahr übergegangen ist) nicht beweisen muß. Es ist Sache des Käufers, darzutun, daß die Gewährfrist noch nicht abgelaufen ist, und zu diesem Behufe auch den für den Beginn der Gewährfrist maßgebenden Zeitpunkt klarzulegen[5]).

Die Beweisführung unterliegt der freien richterlichen Würdidigung. Bei manchen Mängeln (z. B. Tuberkulose) wird sich der Nachweis oft nur am toten Tiere erbringen lassen. Der Käufer kann das Tier jederzeit schlachten lassen, er geht seines Gewährleistungsanspruches hierdurch nicht verlustig (vgl. unten § 20 III). Dagegen kann der Verkäufer den Käufer nicht zwingen, daß er das Tier schlachten läßt, insbesondere ist eine einstweilige Verfügung hierauf unzulässig (s. unten § 29 II 3). Der Verkäufer wird übrigens

---

der Verkäufer, solange der Käufer die Ware nicht als Erfüllung angenommen habe, beweisen müsse, daß die vom Käufer behauptete Zusicherung nicht gemacht worden sei.

[2]) RG. 66, 283; Staub-Pinner, Anm. 126 a zu § 377; Staudinger-Kober, Bem. VIII zu § 459.

[3]) Warneyer, E. 1912, N. 40.

[4]) RG. 71, 23; JW. 1907, 509.

[5]) A. M. Scherer, Bem. 4 zu § 483.

zumeist kein Interesse an der Schlachtung haben, da ihm der Mangel bewiesen werden muß. Eventuell kann er sich mit § 489 (s. hierüber unten § 29 II 1) zu helfen suchen.

Hat der Käufer den ihm obliegenden Beweis geliefert, so wird bis zum Beweise des Gegenteils[6]) durch den Verkäufer angenommen, es habe der Mangel schon zur Zeit des Gefahrüberganges bestanden. Wenn Kaufsabschluß und Übergabe zusammenfallen, so ist damit auch bewiesen, daß der Mangel schon zur Zeit des Vertragsabschlusses bestanden hat, was für den Schadenersatzanspruch aus § 463 (s. unten § 24) wichtig ist[7]).

Die Vermutung des § 484 ist auch begründet, wenn sich der Fehler vor Beginn der Gewährfrist, also vor Ablauf des Tages, an welchem die Gefahr überging (jedoch nach dem Augenblicke des Gefahrüberganges), gezeigt hat[8]). Das ist zwar nicht in dem Gesetze zu lesen, aber ein zwingendes Gebot der Logik.

Die Vermutung des § 484 gilt auch dann, wenn die Mängelanzeige des § 485 nicht rechtzeitig erstattet ist.

β) Das Gegenbeweisthema ist dahin zu stellen, daß der Fehler erst nach der Übergabe entstanden ist, nicht dahin, daß der Fehler bei der Übergabe noch nicht vorhanden war[9]). Nach dem Gesetze haftet der Verkäufer dann nicht, wenn der Hauptmangel zur Zeit des Gefahrüberganges noch nicht vorhanden war. Das ist das Ziel des dem Verkäufer obliegenden Gegenbeweises. Weil aber das Gesetz das Gegenteil von vornherein vermutet, muß die spätere Entstehung vom Verkäufer bewiesen[10]) werden. Zur Ausfüllung dieses Gegenbeweisthemas ist aber die Feststellung besonderer Tatsachen[11]) erforderlich, welche mit Sicherheit dartun, daß die Entstehung des Mangels erst nach dem Übergang der Gefahr geschehen ist. Bei dem Offenbleiben der Möglichkeit, daß die Entstehung des Mangels sich auch anders verhalten kann, ist der Gegenbeweis nicht als erbracht anzusehen. Die Überzeugung von Sachverständigen, daß, weil der Mangel sich schnell auszubilden vermag und das Tier keine Merkmale vor der Übergabe gezeigt hat, der Mangel erst nach der Übergabe entstanden sei, hat nicht die Kraft eines Gegenbeweises. Ebensowenig maßgebend kann ein Gut-

---

6) Mot. II, 252 (Mugdan II, 140).

7) Krückmann 55.

8) Planck, Bem. zu § 484: Auch wenn das Tier vor Ablauf der Gewährfrist als ansteckungs- oder seuchenverdächtig auf polizeiliche Anordnung getötet ist, ist die Vermutung des § 484 und die Haftung des Verkäufers nur begründet, falls sich innerhalb der Frist der Mangel zeigt.

9) Scherer, Bem. 2 zu § 484; vgl. Krückmann 55.

10) Nach Eckstein bei Gruchot 57, 642 soll es zur Entkräftung der Vermutung des § 484 genügen, wenn der Verkäufer als unwahrscheinlich nachweist, daß das Tier den Mangel schon vor der übergabe gehabt habe; dem ist nicht beizupflichten. Der Sinn des § 484 ist: Wenn sich der Mangel innerhalb der Gewährfrist gezeigt hat, gilt das Vorhandensein des Mangels bei der übergabe insolange als bewiesen, bis das Gegenteil nachgewiesen ist. Dieser Gegenbeweis ist nur erbracht, wenn der Richter die positive überzeugung gewinnt, daß der Mangel bei der übergabe nicht vorhanden war. Eine bloße Vermutung des Richters greift gegenüber der gesetzlichen Beweisregel des § 484 nicht durch. Das gilt wie bei der gesetzlichen Gewährfrist, so auch bei der vereinbarten.

11) Vgl. Hirsch 35; Fröhner 13: „Der bloße negative Beweis, daß keine Krankheitserscheinungen vor der übergabe wahrnehmbar waren, genügt nicht“.

achten sein, welches die Überzeugung davon, daß der Mangel erst nach der Übergabe entstanden sei, lediglich aus den Symptomen der Krankheit schöpft[12]). Sogar der Beweis, daß das Tier unmittelbar vor der Übergabe von einer sachverständigen Kommission untersucht und für fehlerfrei befunden wurde, ist unerheblich[13]).

Diese Grundsätze werden in der Praxis zuweilen außer acht gelassen. Man läßt hier häufig einen Gegenbeweis zu, der darauf hinausgeht, daß vor der Übergabe des Tieres der Mangel sich nicht zeigte und zieht daraus dann den Schluß, daß der Mangel zur Zeit der Übergabe noch nicht vorhanden war. Durch eine solche Schlußfolgerung wird die gesetzliche Vermutung des § 484 auf den Kopf gestellt. Es darf allerdings der Richter auch darüber Beweis erheben, aber er muß sich dabei im Bewußtsein halten, daß mit der Erbringung dieses Nachweises der Gegenbeweis gegen die Vermutung des § 484 noch lange nicht erbracht ist. Hierzu gehört als unerläßliche Ergänzung der Nachweis einer Tatsache, welche erfahrungsgemäß eine Entstehungsbedingung für den Mangel darstellt; z. B. das Pferd ist überangestrengt worden, es wurde auf das höchste erhitzt in einen kalten Stall gestellt, es ist mit kranken Tieren in Berührung gekommen. Speziell die gesetzlichen Gewährfristen für die Hauptmängel sind weiter nichts als eine gesetzliche Bestätigung der durch die Wissenschaft gefundenen Zeit, innerhalb welcher sich der Hauptmangel zu entwickeln pflegt. Deshalb wird der Sachverständige wohl kaum, ohne sich mit seiner Wissenschaft in Widerspruch zu setzen, sagen können, daß der Hauptmangel, der sich innerhalb dieser Frist gezeigt hat, auch im Keime mit Sicherheit erst nach Beginn dieser Frist entstanden ist[14]).

b) Die Beweisregel des § 484 ist gemäß § 492 in gleicher Weise wie für Hauptmängel auch für andere Fehler oder den Mangel zugesicherter Eigenschaften, wegen welcher der Verkäufer gewährleistungspflichtig ist, maßgebend, soferne eine Gewährfrist vereinbart ist[15]).

Der Verkäufer wird also, wenn eine Gewährfrist vereinbart ist, von der Haftung für einen Nichthauptmangel (Fehler oder Mangel einer zugesicherten Eigenschaft) frei, wenn sich der Mangel nicht innerhalb der Gewährfrist gezeigt hat (s. oben S. 89).

Festgehalten muß jedoch werden, daß bei den Mängeln, welche nicht zu den Hauptmängeln gehören, nach dem Gesetze keine Gewährfrist besteht; ist eine solche nicht durch Vereinbarung festgesetzt, so hat der Käufer den strikten Nachweis zu erbringen, daß

[12]) Dieckerhoff, Gewährleistung 37; Scherer, Bem. 2 zu § 484; Hachenburg 99, 100, 123, 124; vgl. dagegen Lebrecht 14; Völderndorff 70.

[13]) Scherer, Bem. 2 c zu § 484; Stölzle 212; Wrede 15. Über die Frage, ob über das Vorhandensein des Mangels der Eid zugeschoben werden kann, s. unten S. 101.

[14]) Vgl. Dieckerhoff 93; Stölzle 213; vgl. Fröhner 13: „Der Gegenbeweis läßt sich selten erbringen, weil die Berechnung der meisten Gewährfristen auf wissenschaftlicher Grundlage beruht".

[15]) Stölzle 213. Freilich wird hier der Sachverständige auf Grund bestimmter Tatsachen eher zu der zwingenden Schlußfolgerung gelangen können, daß der Mangel bei der Übergabe noch nicht vorhanden gewesen sein kann. Denn anders wie bei Hauptmängeln fehlt hier die gesetzliche Bestätigung der Zeit, in welcher sich der Mangel zu entwickeln pflegt.

das Tier gerade zur entscheidenden Zeit den behaupteten Mangel hatte. (S. unten S. 98.)

In der Gewährleistung für kalben (fohlen) bis zu einem bestimmten Zeitpunkt nicht die Vereinbarung einer Gewährfrist (s. darüber unten § 43 IV c).

Ist aber eine Gewährfrist vereinbart[16]), dann finden neben den §§ 487 bis 491 auch die auf die Gewährfrist bezüglichen Vorschriften der §§ 483 bis 485 entsprechende Anwendung, die keine Schwierigkeit bietet. Von praktischer Bedeutung ist, daß die Anzeigepflicht des § 485 (s. unten § 19) und die durch § 484 begründete Erleichterung der Beweislast zu ihrem Rechte kommen.

Die Beweisregel des § 484 ist von besonderer Bedeutung für die Frömmigkeit und Zugfestigkeit. Es ist aber darauf hinzuweisen, daß selbst dann, wenn keine Gewährfrist vereinbart ist, davon auszugehen sein wird, daß ein Mangel, der sich trotz sachgemäßer Behandlung unmittelbar nach der Übergabe gezeigt hat, regelmäßig auch schon bei der Übergabe vorhanden gewesen ist (s. unten S. 100).

Wenn eine Gewährfrist vereinbart ist, dann hat der Käufer den ihm obliegenden Beweis, daß der Mangel schon bei der Übergabe vorhanden war, erbracht, sobald sich der Mangel der Frömmigkeit oder Zugfestigkeit innerhalb der Gewährfrist gezeigt hat. Dem Verkäufer ist der Gegenbeweis zu gestatten. Dieses Gegenbeweisthema ist aber dahin zu fassen, daß der Fehler erst nach der Übergabe entstanden ist, nicht dahin, daß der Fehler bei der Übergabe noch nicht vorhanden war[17]). Zur Ausfüllung dieses Gegenbeweisthemas ist die Feststellung besonderer Tatsachen erforderlich, welche mit Sicherheit dartun, daß die Entstehung des Mangels erst nach dem Übergang der Gefahr geschehen ist. Solange die Möglichkeit offen bleibt, daß die Entstehung des Mangels, wenn auch nur dem Keime nach, vor der Übergabe liegen kann, ist der Gegenbeweis nicht erbracht.

Der Verkäufer wird also neben der Darlegung der früheren Frömmigkeit (Zugfestigkeit) den Nachweis zu erbringen haben, daß das Pferd nach der Übergabe tatsächlich roh oder sonst ungeeignet behandelt oder doch einer Person anvertraut wurde, welche von der Behandlung von Pferden nichts versteht, bzw. daß das Pferd überangestrengt wurde oder nach der Übergabe von einer an sich die Gewährleistung nicht begründenden Krankheit befallen wurde, welche erfahrungsgemäß einen Nachlaß in der Zugtüchtigkeit mit sich bringt. Unter Festhaltung dieser Gedanken lasse ich als ein Element der richterlichen Überzeugung über das Gegenbeweisthema die Erwägung gelten, daß ein Klauenleiden der Kuh durch den Transport entstanden sein könne (vgl. oben S. 85 N. 12).

---

16) Wann dies anzunehmen ist, s. oben S. 88.

17) Dieckerhoff 149 führt mit Recht aus, daß die Entkräftung der gesetzlich festgelegten Regel durch den dem Verkäufer obliegenden Gegenbeweis in den zahlreichen Fällen, in welchen keine offenkundigen und ausreichenden ursächlichen Tatsachen das Zustandekommen des Mangels nach der entscheidenden Zeit dartun, vergeblich versucht werden würde. Wenn der Sachverständige nicht mit Bestimmtheit behaupten könne, daß die Ausbildung des Mangels erst nach der entscheidenden Zeit begonnen habe, werde sich das Gericht an die gesetzliche Beweisregel halten.

2. Wenn keine Gewährfrist vereinbart ist, dann finden, sofern es sich nicht um einen Hauptmangel handelt, nur die §§ 487 bis 491 entsprechende Anwendung; dagegen ist für die Anwendung der §§ 483 bis 485 kein Raum, da sie eine Gewährfrist zur unerläßlichen Voraussetzung haben. Im einzelnen ist folgendes hervorzuheben:

Der Käufer muß die Erleichterung der Beweislast für das Vorhandensein des Mangels entbehren. Es steht ihm keine gesetzliche Vermutung zur Seite, wenn sich der Fehler auch bald nach der Übergabe zeigt; vielmehr fällt ihm die direkte Beweispflicht zur Last, daß der Mangel wenigstens dem Keime[18]) nach schon zur Zeit des Gefahrüberganges vorhanden war.

Hat der Verkäufer Haftung für Fehlerfreiheit übernommen und ist das Pferd, dessen Schweif zur Zeit des Verkaufes frisch koupiert war, an Starrkrampf verendet, so trifft den Verkäufer die Gewährleistung nur dann, wenn der Tetanus-Bazillus zur Zeit des Gefahrüberganges bereits eingedrungen war; nicht dagegen ist erforderlich, daß das Pferd zu jenem Zeitpunkt bereits an Starrkrampf gelitten hat. War die Wunde zur Zeit des Gefahrüberganges bereits geschlossen und ist sie geschlossen geblieben, so ist hieraus regelmäßig zu folgern, daß der Tetanus-Bazillus schon vorher eingedrungen war[19]).

Ein Katarrh der Nasen- und Rachenschleimhaut ist noch nicht als Keim einer Lungenentzündung zu betrachten, weil diese ganz unabhängig von dem Katarrh entstanden sein kann.[20])

Die allgemeine individuelle Anlage (Disposition) zu einer Krankheit oder Untugend ist nicht als Keim eines Mangels zu betrachten. So kann der anormale Bau der Gliedmaßen die Entstehung der Lahmkrankheit herbeiführen. Ist infolge der bodenweiten (kalbsknieartigen) Stellung der Vorderbeine ein Überbein entstanden, so ist erst mit der Entstehung des Überbeins der Keim zur Lahmheit gelegt.[21])

Hat der Verkäufer dafür Gewähr geleistet, daß die Kuh auf allen vier Strichen Milch gibt (vgl. unten § 40 III), so ist die Gewährspflicht nicht bloß dann begründet, wenn zur Zeit der Übergabe ein Strich-

---

[18]) Vgl. Dickerhoff 202 ff.

[19]) Der Starrkrampf ist stets durch eine Wundinfektion herbeigeführt. „Ohne Wunde kein Starrkrampf" (Fröhner). Zwischen dem Zeitpunkt des Eindringens der Tetanusbazillen und dem Auftreten der ersten sichtbaren Krankheitserscheinung liegt ein Inkubationsstadium, das beim Pferd durchschnittlich 4—20 Tage, aber mindestens 2 und höchstens 40 Tage dauert. Hiernach kann die Infektion schon in 5 Tagen (vielleicht schon in 3) zum tödlich verlaufenen Starrkrampf führen (Fröhner 115 f.). Wenn nun aber Fröhner 117 aufstellt, daß aus der gleichzeitigen Feststellung des Starrkrampfes und einer Wunde allein (also ohne bakteriologische Untersuchung des Wundsekrets) nicht einmal mit Wahrscheinlichkeit ein ursächlicher Zusammenhang zwischen beiden gefolgert werden könne, da ja auch innere (unerkannte) Wunden die Eingangspforte für den Starrkrampf bilden können, so mag das medizinisch richtig sein. Für die Rechtsanwendung muß nach den Grundsätzen des Prima facies-Beweises der ursächliche Zusammenhang bis zum Beweis des Gegenteils wenigstens dann unterstellt werden, wenn ein kurzes Inkubationsstadium vorliegt; denn dann ist dieser ursächliche Zusammenhang in hohem Maße wahrscheinlich und das genügt. Fröhner verlangt für die Unterstellung dieser Wahrscheinlichkeit noch weiter, daß nach Lage des Falls das Vorhandensein anderer Wunden mit Wahrscheinlichkeit ausgeschlossen sein müsse und beruft sich hiefür auf ein Gutachten des preußischen Landesveterinäramtes vom 10. Juni 1912.

[20]) Dieckerhoff 203; vgl. unten § 37 N. 2.

[21]) Dieckerhoff a. a. O. 203; vgl. unten § 39 I Anm. 5.

kanal schon ganz verschlossen war, sondern auch dann, wenn die Verwachsung des Strichkanals, die zunächst einen nur teilweisen Verschluß des Strichkanals bewirkt, schon zur Zeit der Übergabe vorhanden war. (Vgl. hierüber unten § 40 III.) Wenn sich am Euter Knoten befinden und die verödete Zieze auf Druck unempfindlich ist, besteht der Mangel übrigens schon länger als 6 Wochen[22]).

Wenn für Gesundheit des Rindes Gewähr geleistet ist und das Tier hat einen Fremdkörper (Nagel oder sonstigen Metallgegenstand) verschluckt, an welchem es schließlich eingegangen ist, so hat der Käufer zu beweisen, daß zur Zeit der Übergabe der Fremdkörper schon aufgenommen war, nicht auch, daß er damals schon einen Entzündungsprozeß hervorgerufen hatte[23]). Hat der Verkäufer des Nutzpferdes für gute Beine gewährt (vgl. unten § 39 I), so genügt der Käufer seiner Beweispflicht, wenn er nachweist, daß das später zur Lahmheit führende Überbein schon zur Zeit der Übergabe vorhanden war, wenn auch zu jenem Zeitpunkte die Lahmheit noch nicht bestanden hat. Hat der Verkäufer für gute Hufe (vgl. unten § 39 II) gewährt, so ist die Gewährleistungspflicht begründet, wenn das Pferd mit anormaler Dünnhufigkeit behaftet ist; es ist also nicht erforderlich, daß diese Dünnhufigkeit schon zur Zeit der Übergabe zu der Hornspalte geführt hatte.

In der Regel[24]) wird der Käufer seiner Beweispflicht nur dann genügt haben, wenn er nachweist, daß der Mangel unmittelbar nach dem Übergang der Gefahr schon vorhanden war.

Die Beweiserhebung muß sich solchergestalt auf die der Übergabe vorhergehende und unmittelbar nachfolgende Zeit konzentrieren. Diese Beweislast ist für den Käufer drückend; tatsächliche und wissenschaftliche Erfahrungen werden ihm wohl zur Seite stehen; im Rechtsleben kann es sich nicht um eine mathematisch exakte Beweisführung handeln; das, was nach den Erfahrungen des Lebens die fast ausnahmlose Regel bildet, wird der Richter als bewiesen erachten und es der Beweisführung des anderen Teiles überlassen, daß das, was fast ausnahmslos der Fall ist, sich im gegebenen Fall ausnahmsweise anders verhält.

Dies wird namentlich bei einer Gewährleistung für Frömmigkeit (s. hierüber unten § 42) und Zugfestigkeit (s. hierüber unten § 41) von Bedeutung sein. Hier erlebt man in der Praxis häufig das wenig ergötzliche Schauspiel, daß nach den Aussagen der Zeugen das Tier bis zur Übergabe fromm war „wie ein Lamm" oder gezogen hat wie eine „Winde", während es nach der Übergabe nicht nur nach den Aussagen der Zeugen, sondern auch nach dem Ergebnisse eines Augenscheins ein bockbeiniger, lebensgefährlicher Schinder ist.

---

[22]) Dieckerhoff 536.

[23]) Vgl. Dieckerhoff 202 bezüglich einer durch den Fremdkörper verursachten Magen-, Zwergfell-, Herzbeutelentzündung beim Rinde. Vgl. hierzu ferner Dieckerhoff 499—511 und unten § 36 II 2 l.

[24]) Wenn die Widersetzlichkeit auf Dummkoller zurückzuführen ist, so ist anzunehmen, daß der Dummkoller und damit die Ursache der Widersetzlichkeit (der Mangel der Frömmigkeit) mindestens etwa 14 Tage vor dem Zeitpunkt vorhanden gewesen sein muß, in welchem sich diese Widersetzlichkeit als Erscheinungsform des Dummkollers gezeigt hat.

Die Praxis neigt m. E. zu sehr dazu, in solchen Fällen den Wandelungsanspruch des Käufers zurückzuweisen.

Dies wird namentlich gefördert durch die Begutachtung von Sachverständigen, wonach z. B. ein Pferd in einem einzigen Tage derart verdorben werden kann, daß es die Frömmigkeit oder Zugfestigkeit verliert. Allein die Aufstellung dieses Satzes in dieser Allgemeinheit geht nach meinen Erfahrungen doch zu weit; derartiges kommt nur in ganz seltenen Fällen bei einem recht temperamentvollen jungen Pferde und bei ganz außergewöhnlich unsachgemäßer Behandlung vor[25]. Und wenn das Tier wirklich so rasch verdorben werden kann, so kann dies ja auch unmittelbar vor der Übergabe geschehen sein. Bei dem Mangel der Frömmigkeit ist auch noch zu berücksichtigen, daß die Untugenden des Pferdes, auch wenn sie habituell sind, sich nicht immer zu zeigen brauchen und der Verkäufer durch geeignete Zeugenauswahl die Aufdeckung mancher Untugend, die das Pferd früher an den Tag gelegt hat, verhindern kann. Meines Erachtens kommt man zu einem für die Praxis brauchbaren Ergebnis auf Grund folgender Erwägungen: Wer sich Zugfestigkeit oder Frömmigkeit gewähren läßt, der will ein Pferd haben, welches unter normalen Verhältnissen in der Hand einer jeden fachkundigen Person diese Eigenschaft zeigt und nicht nur bei der gewohnten Behandlung bestimmter Personen. In diesem Sinne ist eine Gewährleistung (oder Zusicherung) für fromm und zugfest auszulegen[26]. Kann der Käufer den Nachweis erbringen, daß trotz sachgemäßer Behandlung unmittelbar nach der Übergabe[27] der Mangel vorhanden war, so wird der Käufer seiner Beweislast[28] Genüge geleistet haben und es mag dem Verkäufer überlassen bleiben, besondere Umstände darzutun, infolge deren das Pferd beim Käufer verdorben worden sein soll. In manchen Fällen wird der Richter der Wahrheit auf die Spur kommen, wenn er unter Zuziehung von Sachverständigen Fahrproben anstellt, bei welchen das Tier nicht nur von dem jetzigen Knechte, sondern auch von dem Knecht, der das Tier beim Verkäufer hatte, und von unparteiischen fachkundigen Personen gelenkt wird.

---

[25]) Die Entwicklung des Beißens und Schlagens geschieht in den meisten Fällen langsam. Unter Umständen kann sich jedoch der Fehler des Schlagens auch schnell entwickeln, namentlich bei nervösen Pferden, aber doch nur, wenn sie fehlerhaft behandelt werden (vgl. Fröhner 93).

[26]) „Man macht häufig die Beobachtung, daß Pferde mit angeborener Stätigkeit beim Vorbesitzer unter den gewohnten Verhältnissen und in der bekannten Umgebung lange Zeit hindurch willig und brauchbar sind, während sie sofort den Dienst versagen, wenn sie in ungewohnte Verhältnisse kommen". (Fröhner 93). In solchen Fällen ist der Mangel bei der Übergabe schon vorhanden.

[27]) Dabei darf allerdings nicht außer Acht gelassen werden, daß eine Veränderung der Umgebung auf das Verhalten des Pferdes von Einfluß sein kann. Es kommt dann darauf an, ob die Widersetzlichkeit auch nach der Eingewöhnung des Pferdes anhält (s. unten § 42).

[28]) Zweckmäßigerweise wird der Käufer Beweis antreten, daß das Pferd in durchaus sachgemäßer Weise nach der Übergabe behandelt wurde, daß es in der ersten Zeit nach der Übergabe nur leichte Arbeit zu leisten hatte, ihm aber andrerseits die erforderliche Bewegung gegeben wurde, daß es trotz dieser ruhigen und sachgemäßen Behandlung sich unmittelbar nach der Übergabe widersetzlich gezeigt und diese Widersetzlichkeit auch nach der Eingewöhnung des Pferdes in die neuen Verhältnisse nicht abgelegt hat.

3. Die Frage, ob und inwieweit eine Eideszuschiebung über das Vorhandensein des Mangels zulässig ist, muß von Fall zu Fall entschieden werden. Nach § 445 ZPO. ist die Eideszuschiebung nur über Tatsachen zulässig; über ein von dem Schwurpflichtigen erst aus den Tatsachen zu ziehendes Urteil darf deshalb der Eid nur dann zugeschoben werden, wenn die Beurteilungsfähigkeit außer allem Zweifel steht[29]); deshalb wird regelmäßig über das Vorhandensein von Krankheiten der Eid nicht zugeschoben werden können, es muß sich hier die Eideszuschiebung auf die rein tatsächlichen Grundlagen beschränken, aus denen der Richter die Beurteilung zu ziehen hat; z. B. daß die Kuh gehustet hat.

§ 19.

Mängelanzeige.

§ 485 BGB. bestimmt, daß der Käufer die ihm wegen des Mangels zustehenden Rechte verliert, wenn er nicht spätestens zwei Tage nach dem Ablaufe der Gewährfrist oder, falls das Tier vor dem Ablauf der Frist getötet worden oder sonst verendet ist, nach dem Tode des Tieres den Mangel dem Verkäufer anzeigt oder die Anzeige an ihn absendet oder wegen des Mangels Klage gegen den Verkäufer erhebt oder diesem den Streit verkündet oder gerichtliche Beweisaufnahme zur Sicherung des Beweises beantragt. Der Rechtsverlust tritt jedoch nicht ein, wenn der Verkäufer den Mangel arglistig verschwiegen hat.

I. Anzeigepflicht.

Die Anzeigepflicht des Käufers aus § 485 besteht grundsätzlich für Hauptmängel; für andere Mängel nur dann, wenn hiefür eine Gewährfrist besonders vereinbart ist.

1. Der Mangel muß angezeigt werden, das ist derjenige Mangel, aus dem der Käufer seine Rechte ableiten will. Wegen eines anderen als des angezeigten Mangels kann der Käufer keine Rechte geltend machen.

Der Käufer braucht jedoch nicht anzugeben, welche Rechte er aus dem Mangel ableiten will; doch kann der Verkäufer in Gemäßheit des § 466 (s. unten § 20 IV) eine Erklärung des Käufers herbeiführen.

Es ist eine derartige Bezeichnung des Mangels erforderlich, daß der Verkäufer genau erkennen kann, welcher Mangel gerügt werden will[1]). Bei den Hauptmängeln wird regelmäßig die

[29]) Vgl. hierzu Gaupp-Stein, Bem. I zu § 445. In manchen Fällen wird der Richter der Wahrheit dadurch auf den Grund kommen, daß er zum Zwecke der Beweiserhebung anordnet, daß der Käufer das Tier auf eine bestimmte Zeit an den Verkäufer zur Wart und Pflege herauszugeben hat. Der Käufer, welcher aus dem Mangel Rechte ableitet, hat ein Interesse daran, daß der Mangel möglichst groß erscheint; das schließt ohne weiteres die Gefahr unsachgemäßer Behandlung in sich. Der Richter wird zweckmäßig nach Verlauf einer nicht zu weit bemessenen Zeit Augenschein unter Zuziehung von Sachverständigen nehmen. Zeigt sich dann das Pferd als fromm oder zugfest, so können daraus wertvolle Rückschlüsse gezogen werden.

[1]) Vgl. RG. 47, 14.

technische Bezeichnung, wie sie in der Kaiserlichen Verordnung aufgeführt ist, erforderlich sein[2]). Sollte in der betreffenden Gegend eine andere Bezeichnung gang und gäbe sein, so ist auch deren Anwendung genügend[3]). Davon abgesehen ist eine bloße Angabe der Krankheitserscheinungen, soferne sie sich nicht mit den in der Kaiserlichen Verordnung angegebenen Definitionen vollkommen decken, bei Hauptmängeln nicht für genügend zu erachten, weil darüber die Meinungen der Sachverständigen auseinander gehen können. Der Käufer wird sich entscheiden müssen, ob und welchen Mangel er rügen will; das Gesetz verlangt ja, daß sich der Mangel innerhalb der Gewährfrist gezeigt haben muß; im Zweifel (wenn eine Verwechselung zweier Hauptmängel möglich ist), wird der Käufer gut tun, beide zu rügen, z. B. Dämpfigkeit und Kehlkopfpfeifen bei Pferden, tuberkulöse Erkrankung und Lungenseuche bei Rindvieh. Die Mitteilung: „Das Schwein frißt nicht", genügt nicht zur Anzeige des Hauptmangels Schweineseuche[4]).

Hat ein vom Käufer beigezogener Tierarzt aus Fahrlässigkeit eine unrichtige Mängelanzeige veranlaßt, so ist er dem Käufer zum Schadenersatz verpflichtet.

Sind mehrere Tiere verkauft, so müßte an sich die Anzeige auch darüber Aufschluß geben, welches Tier mit dem Mangel behaftet sein soll. Verwechselt der Käufer bei der Mängelanzeige das mangelhafte Tier mit dem mangelfreien, so ist die Mängelanzeige wirkungslos. Schafft aber die Mängelanzeige keine Klarheit darüber, welchem der beiden Tiere der Mangel anhaften soll, dann muß der Verkäufer hinsichtlich eines jeden der beiden Tiere damit rechnen, daß es gerügt sein soll.

Handelt es sich um die Haftung wegen eines nicht zu den Hauptmängeln gehörigen Fehlers (bzw. Mangels einer Eigenschaft) und ist hierfür eine Gewährfrist vereinbart, dann muß die Rüge gleichfalls so klar sein, daß der Verkäufer über das Wesen des angesagten Mangels nicht im Zweifel sein kann. Das ist erforderlich, aber auch genügend.

Ist ein Pferd unter Gewähr für gutes Laufen mit 14tägiger Gewährfrist verkauft, so genügt es, wenn der Käufer dem Verkäufer schreibt, er behalte das Pferd nicht, da er keine Schnecke gekauft habe.

Das Erfordernis der Substanziierung wird besonders dann zu berücksichtigen sein, wenn den Verkäufer die Haftung für alle Mängel bei Vereinbarung einer Gewährfrist trifft. Es genügt dann nicht, daß der Käufer etwa einfach anzeigt, daß das Tier nicht fehlerfrei

[2]) Dieckerhoff 94. Vgl. dagegen die in Samml. Stölzle 80—89 mitgeteilten Entsch. des OLG. Braunschweig, LG. Gießen, LG. Kempten, LG. Offenburg, wonach es genügen soll, wenn die charakteristischen Anzeichen angegeben werden.

[3]) So ist z. B. unter Metzgern und Handelsleuten der Ausdruck „Bues" für Tuberkulose des Rindviehs gang und gäbe. Mit Recht erklärt Stölzle 221 die folgende von ihm mitgeteilte Entsch. des LG. München F 65/1915 für zutreffend: „Der Kläger hat dem Beklagten angezeigt, daß die Kuh huste; mit der Beanstandung des Hustens ist aber in den Kreisen der bäuerlichen Bevölkerung, insbes. des Erdinger Bezirks, der Hauptmangel Tuberkulose gemeint und wird dort auch diese Bezeichnung allgemein so verstanden".

[4]) Stölzle 220.

sei, sondern die Rüge muß dahin gehen, daß das Pferd einen kurzen Atem habe, daß es auf dem rechten Hinterfuße krumm gehe usw.

Die Mängelanzeige muß andererseits nicht eine in Einzelheiten gehende genaue Bezeichnung des Mangels enthalten; es genügt, daß der Verkäufer durch die Anzeige ausreichend darüber aufgeklärt wird, welchen konkreten Mangel der Käufer geltend macht[5]). Hiefür kann auch der vorausgegangene Briefwechsel herangezogen werden[6]). Wenn für Nichthauptmängel oder Mangel einer zugesicherten Eigenschaft keine Gewährfrist vereinbart ist, so geht das Recht des Käufers, nach Eintritt der Verjährung des Wandelungsanspruches die Zahlung wegen eines Nichthauptmangels zu verweigern, durch Unterlassung einer Mängelanzeige innerhalb der sechswöchigen Verjährungsfrist verloren (§ 478 s. hierüber unten § 27). Für diese Mängelanzeige sind bezüglich der Bezeichnung des Mangels dieselben Erfordernisse aufzustellen, wie für die Mängelanzeige nach § 485.

Sichert der Verkäufer Fehlerfreiheit zu, so haftet der Verkäufer für Hauptmängel nicht nur aus § 482, sondern auch aus § 459 Abs. II, s. oben S. 80 f.). Der Käufer kann wegen des in dem Hauptmangel zutage tretenden Mangels der zugesicherten Eigenschaft die Gewährleistung des Verkäufers selbst dann in Anspruch nehmen, wenn er die Anzeigefrist des § 485 versäumt, wohl aber die des § 478 eingehalten hat; anders, wenn für die zugesicherte Fehlerfreiheit eine Gewährfrist vereinbart ist.

2. Der Käufer hat die Anzeige zu erstatten; dem steht die Anzeige seines allgemein oder besonders bevollmächtigten Vertreters gleich. Wenn jedoch der Bevollmächtigte bei der Anzeige eine Vollmachtsurkunde nicht vorlegt, und der Verkäufer die Anzeige aus diesem Grunde unverzüglich zurückweist, ist die Anzeige unwirksam (§ 180). Das wird insbesondere der Anwalt, der im Auftrage des Käufers die Mängelanzeige erstattet, zu beachten haben. Die Prozeßvollmacht ermächtigt zur Erstattung der Mängelanzeige; das ergibt sich daraus, daß die Mängelanzeige durch Klage wirksam erfolgen kann[7]).

Hat ein Vertreter ohne Vertretungsmacht des Käufers (negotiorium gestor) die Anzeige erstattet, und hat der Verkäufer entweder die von dem Vertreter behauptete Vertretungsmacht bei der Vornahme des Rechtsgeschäftes nicht beanstandet, oder ist der Verkäufer damit einverstanden gewesen, daß der Vertreter ohne Vertretungsmacht handle, so hängt die Wirksamkeit der Anzeige von der Genehmigung des Käufers ab (§ 180). Die Genehmigung wirkt auf den Zeitpunkt der Anzeigeerstattung zurück (§ 184).

Wenn A auf dem Markt an B eine Kuh verkauft und B diese Kuh sofort an C weiterverkauft hat und B auf eine ihm von C gemachte Mängelanzeige hin dem C erklärt hat, er solle nur dem A gleich direkt Mängelanzeige erstatten, so ist die von C dem A hierauf erstattete Mängelanzeige als eine von B erstattete zu erachten, weil A schon aus dem bloßen Umstand, daß sich C an ihn

---

[5]) RG. 47, 17; Gruchot 52, 1110 (RG.).
[6]) ROHG. 14, 156; Gruchot 52, 1110 (RG.).
[7]) S. hierüber unten S. 107.

wendet, entnehmen kann, daß B diesen an ihn verwiesen und somit beauftragt hat, auch in seinem (des B) Namen die Mängelanzeige zu erstatten. Wenn A weder Vollmacht verlangt noch die Anzeige zurückweist, so ist Mängelanzeige des B wirksam an A erstattet[8]).

3. Dem Verkäufer bzw. seinem gesetzlichen Vertreter ist die Anzeige zu machen; ist der Verkäufer im Konkurse, so ist die Anzeige an den Konkursverwalter zu richten (§ 6 der Konkursordnung). Natürlich kann die Anzeige auch an den Bevollmächtigten des Verkäufers erstattet werden. Die Frage, wer zur Entgegennahme der Anzeige als bevollmächtigt gilt, ist nach den allgemeinen Grundsätzen über Vollmacht zu beurteilen. Es genügt z. B. nicht, wenn die Anzeige an den Unterhändler (Schmuser) gerichtet wird dessen Vermittlung sich der Verkäufer bei dem Geschäfte bedient hat; denn der Unterhändler ist nicht Vertreter[9]). Ist die Anzeige doch an den Unterhändler gemacht, so kommt § 180 BGB. zur Anwendung. Hiernach ist die gegenüber einem Vertreter ohne Vertretungsmacht erstattete Anzeige zu beurteilen, wenn sie ihm ohne Einverständnis des Verkäufers erstattet wurde. Ist sie ohne sein vorheriges Einverständnis vorgenommen, so hängt die Wirksamkeit der Anzeige von der Genehmigung des Verkäufers ab (§ 180 mit § 177). Wird die Genehmigung verweigert, so ist die dem Unterhändler ohne Vertretungsmacht erstattete Anzeige wirkungslos; wenn jedoch der Unterhändler dem Verkäufer noch innerhalb der Mängelfrist Mitteilung von der ihm erstatteten Anzeige macht, so kann der Unterhändler als Bote des Käufers betrachtet werden. Andernfalls ist Genehmigung der dem Unterhändler gemachten Anzeige erforderlich, die auf den Zeitpunkt der Anzeigeerstattung zurückwirkt. Fällt dieser in die Gewährfrist, so ist also die Anzeige selbst dann rechtzeitig erfolgt, wenn die Genehmigung erst nach Ablauf der Gewährfrist erfolgt. Stillschweigen ist nicht ohne weiteres als Genehmigung zu erachten.

Der Rechtsanwalt, der für den Verkäufer die Kaufpreisklage erhoben hat, ist zur Entgegennahme der Anzeige ermächtigt. Das muß auch gelten für den Anwalt, der lediglich ein Mahnschreiben auf den Kaufpreis ergehen ließ; denn nach der Verkehrsauffassung wird der Anwalt, dem Auftrag zu einem Mahnschreiben gegeben wird, hierdurch ermächtigt, den Auftraggeber hinsichtlich des mit diesem Anspruch zusammenhängenden Rechtsverhältnisses zu vertreten.

Die Ehefrau eines Bauern, der seine Kuh verkauft hat, gilt als stillschweigend ermächtigt, für den Fall seiner Abwesenheit Erklärungen entgegenzunehmen, die mit diesem Geschäft und seinem ländlichen Betrieb überhaupt zusammenhängen; das gleiche gilt von jeder anderen Person, von der anzunehmen ist, daß ihr in einem solchen Fall vom Bauern die Sorge für Haus, Hof und Wirtschaft während seiner Abwesenheit überlassen ist[10]).

Der Handlungsreisende des Verkäufers ist zur Empfang-

---

8) Unrichtig Stölzle 219.

9) Vgl. ROHG. 15, 271.

10) Stölzle 218 und die von ihm mitgeteilte Entsch. des LG. München II vom 23. Dez. 1915 BR. N. F. 65/1915.

nahme der Mängelanzeige befugt[11]), ebenso der Agent[12]), auch wenn er keine Abschlußvollmacht hat[13]).

Ist der Aufenthaltsort des Verkäufers unbekannt, so kann die Mängelanzeige in Gemäßheit des § 132 BGB. durch öffentliche Zustellung erfolgen. Übrigens ist auch die Absendung einer Mängelanzeige an die letzte bekannte Adresse des Verkäufers selbst dann für genügend zu erachten, wenn der Käufer weiß, daß sich der Verkäufer nicht mehr dort befindet; denn er darf annehmen, daß der Verkäufer dafür Sorge getragen haben wird, daß Zustellungen, die unter seiner Adresse ankommen, ihm oder einem Vertreter bestellt werden. Sind mehrere Verkäufer vorhanden, so muß an sich jedem die Anzeige gemacht werden. Wenn zwei Handelsleute den Viehhandel in Gesellschaft treiben, so kommt es nicht darauf an, ob dies eine offene Handelsgesellschaft ist oder eine Gelegenheitsgesellschaft; denn auch im letzteren Falle gilt derjenige, welcher das Geschäft allein, wenn auch für Rechnung der Gesellschaft geschlossen hat, zur Empfangnahme der Mängelanzeige ermächtigt, wie überhaupt demjenigen, welcher den Geschäftsabschluß als Vertreter des Verkäufers betätigt hat, die Mängelanzeige wirksam erstattet werden kann.

4. Angezeigt muß der Mangel werden. Anzeigen sind solche Mitteilungen, aus welchen für den Empfänger klar hervorgeht, daß sich der Käufer seine Rechte wegen des Mangels vorbehält; bloße Mitteilungen über einen Mangel, welche diesem Erfordernis nicht entsprechen, genügen nicht[14]). So kann z. B. die gesprächsweise Bemerkung des Käufers, daß das gekaufte Pferd nicht die gewährte Zugleistung habe, dann nicht als genügende Mängelanzeige erachtet werden, wenn aus den begleitenden Umständen die Schlußfolgerung abzuleiten ist, daß mit dieser Bemerkung der Käufer dem Verkäufer eine Inanspruchnahme seiner Haftung nicht ankündigen wollte. Anderseits genügt auch die Mitteilung eines bloßen Verdachts, wenn sie so gehalten ist, daß der Verkäufer erkennen muß, der Käufer wolle sich wegen dieses Mangels seine Rechte wahren.

Die Art der Anzeige ist völlig freigegeben; sie kann schriftlich oder mündlich (telephonisch), auch durch eine Zwischenperson (Boten) erfolgen. Beauftragt der Käufer einen Dritten, z. B. seinen Knecht, die Anzeige mündlich zu machen, so ist die Anzeige natürlich nur dann erstattet, wenn der Bote diesen Auftrag auch wirklich ausführt[15]). Der Verkäufer kann die ihm vom Boten erstattete Anzeige mangels der Vorlage einer Vollmacht zurückweisen; das muß sofort geschehen (§ 180). Wird der Brief der Post übergeben, so ist ein Einschreiben nicht erforderlich, aber zweckmäßig. Ein Telegramm gilt als schriftliche Anzeige.

Die Mängelanzeige kann auch im Prozesse vorgebracht wer-

---

11) Das war nach bisherigem Rechte streitig, ist aber jetzt durch § 55 HGB. festgelegt.
12) Gemäß § 86 Abs. II HGB.
13) Anders beim reisenden Agenten (Staub-Pinner, Bem. 4 zu § 86).
14) Dernburg, Recht 1903, 137 ff.; RG. 54, 68; OLG. 33, 280.
15) Unrichtig Stölzle 223.

den[16]); die Prozeßvollmacht berechtigt zur Erstattung wie zur Entgegennahme der Mängelanzeige (s. oben S. 103 und unten S. 107).

Der Ort der Anzeige ist völlig in das Belieben des Käufers gestellt; er kann die Anzeige da machen, wo sie den Verkäufer trifft[17]).

Erfolgt die Anzeige schriftlich, so genügt deren Absendung vor Ablauf des Endtermines zur Wahrung der Rechte, auch wenn die Absendung so spät betätigt wird, daß die Zustellung vor dem Endtermin unmöglich erfolgen kann. Es übt auf die dem Käufer zustehenden Rechte keinen Einfluß, wenn die Anzeige überhaupt nicht ankommt. Der Verkäufer trägt die Gefahr der Ankunft und der rechtzeitigen Ankunft.

Doch muß die Absendung ordnungsgemäß erfolgt sein, was bei einer unrichtigen oder ungenügenden Anschrift nicht der Fall ist[18]). Zu einer genügenden Anschrift gehört auch die Angabe der Straße, soweit die Post mangels solcher Angabe in großen Städten die Briefe zurückgehen zu lassen pflegt. Die Absendung der Anzeige ist betätigt, sobald der Brief zur Post aufgegeben (in den Schalter gelegt[19]), dem Landbriefboten übergeben) oder einem sonstigen verkehrsüblichen[20]) Vermittlungsorgan zur Ablieferung an den Adressaten übergeben ist. Verkehrsüblich muß das Vermittlungsorgan sein, d. h. das gewählte Vermittlungsorgan darf nach den am Orte der Absendung im Verkehr hergebrachten Gewohnheiten kein außergewöhnliches Mittel für die Zustellung schriftlicher Mitteilungen sein.

Die Gefahr für rechtzeitige Ankunft bei Absendung durch einen Boten, trägt der Käufer, denn der Bote ist sein Beauftragter[21]).

Zur Ablieferung an den Empfänger muß dem Vermittlungsorgan die Anzeige übergeben sein. Wenn dem Laufburschen der Brief mit dem Auftrag gegeben wird, ihn in den nächsten Postschalter zu werfen, so ist der Brief erst dann vom Käufer abgesendet, wenn der Laufbursche den Brief in einen Postschalter geworfen oder sonst aufgegeben hat.

5. Die Rechtshandlungen, welche der Anzeige gleichstehen, sind im § 485 erschöpfend aufgeführt:

a) Erhebung der Klage, der Stellung des Güteantrags gleichsteht (§ 496 Abs. 3 ZPO.) und Streitverkündung. Die Klage ist an sich erst erhoben mit der Zustellung

---

16) Stölzle 219; a. M. Schneider in Buschs Zeitschr. 31, 286. Eine Verpflichtung zur Mängelanzeige besteht für den Prozeßbevollmächtigten nur dann, wenn ihm die Erstattung der Mängelanzeige ausdrücklich aufgetragen wird oder wenn er bei Beobachtung der erforderlichen Sorgfalt erkennen muß, daß die Mängelanzeige zur Wahrung der Rechte des Auftraggebers unerläßlich ist. (SeuffA. 69 Nr. 89.)

17) Hirsch 38.

18) Vgl. Hirsch 39; Goldschmidt, Zeitschr. f. Handelsr. 26, 571.

19) A. M. Hirsch 39, nach dessen Ansicht nicht schon das Einlegen des Briefes in den Postbriefkasten, sondern erst die durch den Postaufgabestempel betätigte Entgegennahme des Briefes zum Zwecke der Beförderung den Akt der Absendung darstellt. Die Absendung ist aber vollendet, sobald der Absender das Seinige getan hat, um den Brief dem Adressaten zuzuführen. Bei Absendung des Telegramms freilich ist die Abgabe an den Beamten erforderlich, weil ja sonst das Telegramm nicht befördert wird.

20) Kuhlenbeck, Bem. 1 zu § 478; vgl. RG. in ZfH. 26, 571.

21) ROHG. 14, 156; Bolze 3 N. 712.

(§ 253 ZPO.); in gleicher Weise gehört zur Streitverkündung die Zustellung (§ 73 ZPO.). Es genügt die Zustellung einer an dem unzuständigen Gericht erhobenen Klage [22]); auch eine nichtige Klage genügt, weil hiedurch der Verkäufer die Bemängelung erfahren hat [23]). Für das amtsgerichtliche Verfahren bestimmt § 496 Abs. 3 ZPO.: „Soll durch die Zustellung eine Frist gewahrt oder die Verjährung unterbrochen werden, so tritt die Wirkung, sofern die Zustellung demnächst erfolgt, bereits mit der Einreichung oder Anbringung des Antrags oder der Erklärung ein."

Der Käufer, welche die Anzeige des Mangels auf dem Wege der Klagestellung herbeiführt, setzt sich freilich der Gefahr aus, daß ihm die hiermit verbundenen Kosten überbürdet werden, wenn der Beklagte den Anspruch sofort anerkennt; denn alsdann hat der Beklagte zur Erhebung der Klage keinen Anlaß gegeben (§ 93 ZPO.) [24]).

Hat der Anwalt des Klägers bei Einreichung und Zustellung der Klageschrift oder Streitverkündung dem Gegner keine Vollmacht vorgelegt, so kann dieser die in der Klageerhebung liegende Mängelanzeige nicht wegen Mangels der Vollmachtsvorlage zurückweisen. § 174 BGB. findet keine Anwendung, die Wirksamkeit der Klage und Klagezustellung ist ausschließlich nach der Prozeßordnung, §§ 78 ff. ZPO., zu beurteilen; ingleichen richtet sich die Wirksamkeit der von einem Vertreter ohne Vertretungsmacht gestellten Klage nicht nach § 180 BGB., sondern nach § 89 ZPO. Gerade darin liegt die Bedeutung der in § 485 der Klageerhebung usw. beigelegten Wirkung als Mängelanzeige; andernfalls wäre, da die Art der Anzeigeerstattung völlig freigegeben ist, eine ausdrückliche Erwähnung dieser prozeßrechtlichen Akte überflüssig. Das gleiche gilt von der Streitverkündung und dem Antrag auf Sicherung des Beweises. In der Klagezurücknahme ist nicht auch stets eine Zurücknahme der Mängelanzeige zu erblicken [25]).

b) Antrag auf gerichtliche Beweisaufnahme zur Sicherung des Beweises.

Nach § 485 ZPO. kann auf Gesuch einer Partei die Einnahme des Augenscheins und die Vernehmung von Zeugen und Sachverständigen angeordnet werden.

Der Antrag zur Sicherung des Beweises zum Zweck der Feststellung eines Mangels ist auch dann zulässig, wenn die Besorgnis eines Verlustes des Beweismittels nicht besteht. Das nach § 485

---

22) Scherer, Bem. 3 zu § 485.

23) Scherer, Bem. 3 zu § 485; Stölzle 226; JW. 1905, 46 (RG.). Indes gilt bei einer nichtigen Klage § 496 Abs. 3 Satz 1 ZPO. nicht.

24) Staudinger, Bem. 7 zu § 485; Stölzle 224. Wie hier auch Planck, Bem. 1 b zu § 485. A. M. Hirsch 40, der insbesondere damit argumentiert, daß die Haftung des Verkäufers ohne jede Rücksicht auf etwaiges Verschulden eintrete. Damit wird nichts bewiesen, als daß ein Anspruch besteht, was selbstverständlich ist.

25) RG. 59, 150. Wenn sich der Wandlungskläger zur Zurücknahme der Klage verpflichtet hat und — was in Gewährschaftsprozessen nicht selten vorkommt — die Klage nicht zurücknimmt, kann der Beklagte mit der Einrede der Arglist die Abweisung der Klage angebrachtermaßen herbeiführen (JW. 1921, 1244).

ZPO. erforderliche rechtliche Interesse an der Feststellung des gegenwärtigen Zustands des gekauften Tieres wird bei Viehmängelstreitigkeiten fast ausnahmslos gegeben sein. Das Gericht kann aber den Antrag gleichwohl ablehnen, wenn es die Beweissicherung für unzweckmäßig hält[26]). Gegen die Ablehnung ist einfache Beschwerde zulässig (§ 567 ZPO.). Eine Ablehnung von Sachverständigen, deren Vernehmung das Gericht angeordnet hat, im Beweissicherungsverfahren wird fast allgemein für unzulässig erachtet[27]). Der Ablehnungs a n t r a g ist aber auch im Beweissicherungsverfahren zulässig und muß hier bei Meldung des Rechtsverlusts gestellt werden. Der Sachverständige ist gleichwohl zu vernehmen. Über die Ablehnung wird dann gegebenenfalls im ordentlichen Verfahren entschieden. Wird hier die Ablehnung für begründet erklärt, so darf die Aussage nicht verwertet werden.

Der Antrag auf Beweisaufnahme muß die genaue Bezeichnung des Mangels enthalten. Nur wegen des in dem Antrag bezeichneten Mangels bleiben die Rechte des Käufers gewahrt (s. oben S. 101).

Zur Wahrung der Rechtszuständigkeit genügt die Einreichung des Antrages vor Ablauf des Endtermines. Auch die Einreichung bei einem unzuständigen Gerichte ist genügend[28]). Der Antrag kann nach Ablauf der Geschäftsstunden dem zur Empfangnahme von Zustellungen befugten Beamten in seiner Wohnung rechtswirksam behändigt werden[29]), auch am Sonntag[30]). Erforderlich ist aber, daß der Antrag in prozeßordnungsgemäßer Form gestellt wird[31]). Der Antrag ist unwirksam, ersetzt also auch nicht die Mängelanzeige, wenn er mit dem Ersuchen eingereicht wird, zunächst nicht darauf zu verfügen[32]). Durch Zurücknahme des Antrages wird die durch den Antrag bewirkte Wahrung der Anzeigepflicht nicht hinfällig, falls nicht nach den Umständen des Falles angenommen werden muß, daß der Käufer seine Ansprüche wegen des Mangels fallen lassen will. Über die Kosten des Beweissicherungsverfahrens vgl. unten § 22 IV.

6. D i e Z e i t d e r A n z e i g e e r s t a t t u n g ist vom Gesetze insoweit bestimmt, als der E n d t e r m i n, bis zu welchem s p ä t e s t e n s die Anzeige erfolgt sein muß, genau fixiert ist. Es ist also k e i n e s o f o r t i g e R ü g e nach Entdeckung des Mangels vorgeschrieben, auch nicht, wenn der Viehkauf ein doppelseitiges Handelsgeschäft ist[33]).

V o r d e m f e s t g e s e t z t e n E n d t e r m i n kann die Anzeige zu jedem Zeitpunkte rechtswirksam abgegeben werden[34]), jedoch erst nach

---

26) OLG. 19, 118.

27) Recht 1911 Nr. 574 (Jena); 1913 Nr. 90 (Stuttgart); Busch, Z. 49, 400 (LG. Kassel); Stölzle 228; a. M. ElsLothZ. 1916, 170.

28) Scherer, Bem. 4 d zu § 485.

29) Scherer, Bem. 4 g zu § 485.

30) Scherer, Bem. 4 h zu § 485.

31) Vgl. RG. 66, 368.

32) Vgl. RG. 66, 412.

33) Das gilt aber nur für Hauptmängel, nicht für andere Mängel s. oben S. 13.

34) Die früher herrschende, jetzt überwiegend preisgegebene Meinung nimmt an, daß bei Kalbgewährschaft bis zu einem bestimmten Zeitpunkt eine Gewährfrist vorliege. Tritt man dieser Ansicht bei (s. dagegen unten § 43 IV), so gilt für die Mängelanzeige

dem Übergang der Gefahr (weil ja der Verkäufer nur für die in diesem Zeitpunkte vorhandenen Mängel haftet), aber noch an demselben Tage, an welchem die Gefahr übergegangen ist.

Der Endtermin, bis zu welchem spätestens angezeigt sein muß, ist verschieden, je nachdem

a) das Tier zur Zeit des Ablaufes der Gewährfrist noch lebt; hier fällt der Endtermin auf den Ablauf des zweiten Tages nach dem Ende der Gewährfrist

oder b) der Tod[35]) des Tieres vor dem Ablaufe der Gewährfrist eingetreten ist. Hier fällt der Endtermin auf den Ablauf des zweiten Tages nach dem Tode des Tieres.

Der Tag, an welchem das maßgebende Ereignis (Ende der Gewährfrist bzw. Tod des Tieres) eingetreten ist, wird für die Berechnung des Endtermins nicht mitgezählt. Dies folgt aus § 187. Übrigens ergibt sich dasselbe Resultat aus dem klaren Wortlaut des § 485.

Wenn der so berechnete Endtermin auf einen Sonntag oder allgemeinen Feiertag[36]) fällt, so wird hierdurch in Gemäßheit des § 193 Verschiebung des Endtermines auf den nächsten Werktag bedingt.

II. Die Folge der Unterlassung einer Anzeige ist, sofern nicht der Verkäufer den Mangel arglistig verschwiegen hat, der Verlust der dem Käufer wegen des Mangels zustehenden Rechte.

1. Die wegen des Mangels zustehenden Rechte gehen zu Verlust und nur diese, nicht aber auch die Rechte wegen Nichterfüllung insbesondere also nicht die Ansprüche wegen eines Mangels im Rechte (§ 434). Hat der Käufer das ihm vom Verkäufer zugesendete Tier zurückgewiesen (die Annahme verweigert) — was beim Ver-

---

folgendes: Der Käufer kann die Mängelanzeige zu einem beliebigen Zeitpunkt vor dem Endtermin der Gewährschaft erstatten; man kann nicht entgegenhalten, daß zu diesem Zeitpunkt der Mangel noch gar nicht feststeht; denn abgesehen davon, daß dies unter Umständen doch der Fall sein kann, so ergibt sich die Zulässigkeit einer früheren Anzeige aus dem Zweck der Anzeige, der darin besteht, den Verkäufer in die Lage zu setzen, sich den Gegenbeweis zu sichern; anderseits würden bei gegenteiliger Annahme dem Käufer nur 2 Tage für die Anzeige zur Verfügung stehen (§ 485).

[35]) Unter Tötung des Tieres ist nicht etwa nur ein durch die Verhältnisse erzwungene Handlung zu verstehen, sondern auch die ohne einen solchen Zwang erfolgte Schlachtung (Stölzle 216).

[36]) Die Frage, ob ein Kalendertag als allgemeiner Feiertag anzusehen ist, ist nach dem Rechte des Erklärungsortes zu beurteilen. Hirsch 37. Im ganzen Reich sind als allgemeine Feiertage anerkannt: der Neujahrstag, Ostermontag, Christi Himmelfahrt, Pfingstmontag, die beiden Weihnachtsfeiertage; außerdem in Preußen der Karfreitag, der Buß- und Bettag (und in der Rheinprovinz auch Allerheiligen); im rechtsrheinischen Bayern für überwiegend katholische Orte: 6. Januar (Dreikönig); 19. März (Josef); Fronleichnam; 29. Juni (Peter und Paul); 15. August (Maria Himmelfahrt); 1. November (Allerheiligen); 8. Dezember (Maria Empfängnis); für überwiegend protestantische Orte der Karfreitag; in der Rheinpfalz für katholische Orte: Fronleichnam, 1. November (Allerheiligen); 8. Dezember (Maria Empfängnis); für protestantische Orte der Karfreitag. Bei einer schriftlichen Anzeige genügt es, wenn entweder am Orte der Absendung der Tag der Absendung oder am Orte der Ankunft der Tag der Ankunft ein allgemeiner Feiertag ist. Wenn der Endtermin zur Vornahme der Mängelanzeige auf den 14. Juni 1906 (Fronleichnam) fällt und der Käufer sendet von München, woselbst Fronleichnam allgemeiner Feiertag ist, die Anzeige am 15. Juni ab, so hat er rechtzeitig angezeigt; umgekehrt hat der in Berlin wohnende Verkäufer den Endtermin versäumt, wenn er erst am 15. Juni 1906 die Anzeige in Berlin absendet, sofern diese nicht noch vor dem 16. Juni 1906 dem Verkäufer in München zugeht; diese Ausnahme muß gemacht werden, da die Anzeige vollendet ist, wenn sie dem Adressaten zugeht. Bei einer Mitteilung durch Fernsprecher ist Erklärungsort für die Anzeige der Ort, an welchem der Verkäufer die Anzeige entgegennimmt.

sendungskauf auch nach dem Übergange der Gefahr noch möglich ist — so kann er gegenüber einer Klage auf Abnahme oder Zahlung einwenden, daß das Tier einen vom Verkäufer zu vertretenden Mangel habe[37]), auch wenn er eine Anzeige von dem Mangel überhaupt nicht erstattet hat. (Für den Handelskauf kommen aber alsdann §§ 377, 378 HGB. in Betracht, s. oben S. 13.) Der Verkäufer hat nach § 294 die Leistung dem Käufer so anzubieten, wie sie zu bewirken ist. Insolange der Verkäufer dieser Verpflichtung nicht genügt hat, ist der Käufer gegen Ansprüche nach Maßgabe der §§ 320 bis 322 geschützt. Der Verkäufer kann also den Käufer aus dem Vertrage nur dann in Anspruch nehmen, wenn das von ihm übersendete Tier hauptmangelfrei und überhaupt vertragsmäßig gewesen ist. Bestreitet dies der Käufer, so macht er die Nichterfüllung des Verkäufers geltend und wird mit diesem Einwande gehört, selbst wenn er ohne Angabe eines Grundes die Annahme abgelehnt hätte[38]). Der Käufer, der die Annahme abgelehnt hat, ist nicht beweispflichtig für die Mangelhaftigkeit (s. oben S. 93). Dagegen kann er nicht etwa eigene Rechte (Wandlung) geltend machen; dies könnte er nur dann, wenn die Ablehnung wegen des Mangels unter genauer Bezeichnung erfolgt wäre[39]).

Der Verlust der Rechte tritt ein; der Käufer verliert die sämtlichen ihm wegen des Mangels zustehenden Rechte, und zwar den Anspruch selbst, so daß der Käufer auch nicht mehr die in § 490 Abs. III vorbehaltenen Einreden (Weigerung der Zahlung des Kaufpreises und Aufrechnung des Anspruches auf Schadenersatz, s. unten § 27) geltend machen kann.

2. Beweislast. Der Verkäufer, welcher den Verlust der Rechte geltend macht, hat lediglich zu beweisen, daß der Endtermin abgelaufen ist; ist dieser Beweis erbracht, so liegt dem Käufer der Nachweis ob, daß er vor Ablauf des Endtermins die Anzeige erstattet hat. Das ergibt sich aus der Fassung des Gesetzes: „Der Käufer verliert die Rechte, wenn er nicht“ [40]).

III. Ein Widerruf der Mängelanzeige bewirkt nicht, daß der Käufer das Bemängelungsrecht des mit der zurückgenommenen Anzeige gerügten Mangels überhaupt verliert; die Mängelanzeige kann wegen desselben Mangels neuerdings erstattet werden, nur muß dies spätestens bis zu dem in § 485 bezeichneten Endtermin erfolgen[41]). In der Zurücknahme der Klage liegt nicht ohne weiteres die Zurücknahme der Mängelanzeige[42]).

IV. Wenn der Verkäufer[43]) den Mangel arglistig ver-

---

[37]) Vgl. Staub, Anm. 3 zu § 377. Schneider 131 u. 118; Cosack Bd. 1 § 127 II. Vgl. Hohenstein, Arch. f. bürg. Recht 25, 82 u. 83 und dortige Nachweise; ebenso Makover, HGB. Vorbem. zu §§ 375, 376 II, 3; Düringer-Hachenburg z. HGB. 3, 83. Vgl. Dernburg, BR. § 185 II. Auch RG. 53, 74 steht anscheinend auf dem hier vertretenen Standpunkt.

[38]) Schneider 131 u. 118. Vgl. oben S. 42 f.

[39]) Mot. 2, 204 u. 227 (Mugdan II, 112 u. 125). Hirsch 26; Schneider 131 u. 118; vgl. unten S. 114.

[40]) Planck, Bem. 1a zu § 485.

[41]) Kipp, Rechtswahrung u. Neurecht 115.

[42]) Stölzle 224; wohl aber dann, wenn aus dem Inhalt der Zurücknahme-Erklärung zweifelsfrei zu entnehmen ist, daß der Kläger die Behauptung des Mangels nicht mehr aufrechterhalten will.

[43]) Es genügt, wenn nur einer von mehreren Verkäufern arglistig verschwiegen hat (vgl. Recht 1908 Nr. 2465 [RG.]).

schwiegen hat, tritt der Rechtsverlust nicht ein, d. h. es stehen dem Käufer die in den §§ 481 ff. und 459 ff. wegen Mängel der Sache normierten Rechte zu, obwohl der Käufer keine Anzeige erstattet hat. Der Käufer kann also in diesem Falle die Wandelung der §§ 487 mit 462 verlangen, er ist nicht auf die durch §§ 823, 826 gegebene Deliktsklage beschränkt[44]; das ist von praktischer Bedeutung, wie sich insbesondere aus der Verschiedenheit der Verjährung ergibt. Die Wandelungsklage des § 482 verjährt im Falle des arglistigen Verschweigens in 30 Jahren, während die Deliktsklage der §§ 823, 826 in 3 Jahren von dem Zeitpunkt an verjährt, in welchem der Verletzte von dem Schaden Kenntnis erlangt hat (§ 852).

Über den Begriff des arglistigen Verschweigens s. oben S. 22 ff.

V. Statutenkollision. Die Frage, ob eine Mängelanzeige erforderlich ist, in welcher Art und in welcher Frist sie zu erfolgen hat und welche Folgen aus der Versäumung der Frist abzuleiten sind, richtet sich nach dem Erfüllungsort für die Verpflichtung des Käufers zur Zahlung des Kaufpreises (vgl. oben S. 15 u. 86); denn die Anzeigepflicht ist eine selbständige Verpflichtung des Käufers. Das gilt auch, wenn der Bestimmungs- oder der Absendungsort im Ausland liegt[45]). Anders wäre der Fall zu beurteilen, wenn sich die Vertragsteile durch ausdrückliche oder stillschweigende Vereinbarung dem deutschen oder ausländischen Recht unterworfen haben[46]).

§ 20.

Wandlung.

I. Wesen der Wandlung.

§ 487 Abs. 1 BGB. beschränkt, abweichend von § 462 BGB. den Anspruch des Käufers beim Viehkauf auf die Wandlung; die Minderung ist also für den Viehkauf ausgeschlossen. Doch ist es durchaus zulässig, daß durch Vereinbarung eine anderweitige Folge der Gewährschaftspflicht, z. B. Minderung des Kaufpreises bedungen wird[1]).

Statt der Wandlung kann der Käufer Schadenersatz wegen Nichterfüllung verlangen im Falle des § 463. (Zusicherung einer Eigenschaft oder arglistiges Verschweigen eines Hauptmangels, s. hierüber unten § 24.)

Beim Gattungskauf kann der Käufer statt der Wandlung verlangen, daß ihm an Stelle des mangelhaften Tieres ein mangelfreies geliefert wird (§ 480 BGB. s. hierüber unten § 25).

Die rechtliche Natur der Wandlung ist bestritten. Nach der sogen. Vertragstheorie, welche die zweite Kommission in der Tat zugrunde legen wollte[2]), ist die Wandlung eine besondere Form der Aufhebung eines Vertrags durch einen hierauf gerichteten neuen Vertrag (mutuus

[44]) Kuhlenbeck, Bem. 2 zu § 485 könnte zu Mißverständnissen führen.
[45]) RG. 46, 195; 73, 390; 81, 273; JW. 1899, 751; LZ. 1911, 781.
[46]) Vgl. oben § 1 IV S. 15.
[1]) S. hierüber oben S. 48.
[2]) Prot. I, 680.

dissensus)[3]. Dieser Auffassung steht die sogen. Herstellungstheorie gegenüber, wonach die Rückgängigmachung des Kaufs nicht durch einen Vertrag herbeigeführt zu werden braucht, sondern sich der Wandlungsanspruch unmittelbar auf die Wiederherstellung des früheren Zustandes (gegenseitige Rückgewähr) richtet[4]. Das Reichsgericht steht dem Grundsatz nach der Vertragstheorie nahe und gibt daher dem Käufer das Recht, auf Zustimmung des Verkäufers zum Wandlungsbegehren zu klagen[5], räumt aber dem Käufer des Recht ein, seinen Klageantrag auch unmittelbar auf Rückgängigmachung des Kaufvertrags und auf die Leistungen zu richten, die sich aus dieser Rückgängigmachung ergeben[6]. Im praktischen Ergebnis hat sich das Reichsgericht immer mehr der Herstellungstheorie genähert, ohne der Vertragstheorie jegliche Bedeutung abzusprechen.

In einem Urteil vom 28. Mai 1918[7]) sagt das Reichsgericht: „Die Wandlung eines Kaufs hat nicht die Wirkung, daß an die Stelle des rückgängig gemachten Kaufvertrags ein anderer gegenseitiger Vertrag tritt. Das Wesentliche und die Natur des Rechtsverhältnisses Bestimmende ist bei der Wandlung nicht, wie beim gegenseitigen Vertrag, ein Austausch von Leistung und Gegenleistung, sondern die Beseitigung des auf einen solchen Austausch gerichteten Vertrags. Wenn die Rückgewähr der beiderseitigen Leistungen unter entspr. Anwendung der §§ 320, 322 stattzufinden hat, so ist dies nur eine nebensächliche Folge der Rückgängigmachung des Kaufvertrags, die je nach dem zufälligen Stande der beiderseitigen Leistungen auch ganz ausbleiben oder nur für einen Teil der beiden Teile wirksam werden kann. Freilich kann es durch eine Abrede, nach der die Rückgabe und die Rückzahlung besonders vereinbart und so diese beiderseitigen Leistungen zu Vertragspflichten erhoben werden, zum Abschluß eines gegenseitigen Vertrages kommen."

Der Standpunkt des Reichsgerichts ist wenig befriedigend[8]. Man wird nicht darüber hinwegkommen, daß der Gesetzgeber, wie die Prot. 1, 680 dartun, mit Bewußtsein die Vertragstheorie zugrunde gelegt hat und dies auch in der Fassung des § 465 zum Ausdruck gekommen ist.

Daß die Vertragsgestaltung eine gekünstelte und unnatürliche Konstruktion ist, läßt sich nicht leugnen. Die zweite Kommission hat aber im vollen Bewußtsein und mit Vorbedacht diese Konstruktion in das Gesetz bringen wollen, und mag auch die Fassung nicht viel glücklicher sein als die Idee; es besteht eben die Gewißheit, daß alle Faktoren der Gesetzgebung diese Konstruktion angenommen haben und der Wortlaut entspricht dem von der Kommission gewollten Sinne.

Der Rechtsanspruch des Käufers geht demgemäß nicht unmittelbar auf Rückgewähr des Kaufpreises usw., sondern zunächst nur auf Einwilligung des Verkäufers in die Wandlung. Das Wandlungsbegehren

---

[3] Diese Ansicht wird u. a. vertreten von Planck, Oertmann, Dernburg, Endemann, Schollmeyer, Windscheid-Kipp, Krückmann, Hellwig.

[4] Diese Ansicht wird u. a. vertreten von Eccius, Enneccerus, Staub-Pinner; Neumann, Kuhlenbeck, Düringer-Hachenburg; Staudinger-Kober, Bem. IV zu § 462.

[5] RG. 59, 97; Warneyer 1913 Nr. 314.

[6] RG. 58, 423; 66, 75; 69, 385; 70, 198; 94, 331; JW. 1913, 736.

[7] JW. 1918, 610.

[8] RGK. Bem. 1 zu § 465.

des Käufers gilt als Vertragsantrag an den Käufer; erst durch die Annahme dieses Antrages Seitens des Verkäufers ist die Wandlung vollzogen. (§ 465.)

Streng genommen müßte also der Käufer, wenn sich der Verkäufer mit seinem Wandlungsbegehren nicht einverstanden erklärt, zunächst Klage auf Erteilung dieser Zustimmung erheben[9]). Sobald das hierzu verurteilende Erkenntnis die Rechtskraft beschritten hat, gilt gemäß § 894 ZPO. die Zustimmungserklärung als abgegeben. Erst dann könnte streng genommen der Käufer die ihm aus der Wandlung erwachsenen Ansprüche (auf Rückzahlung des Kaufpreises, Ersatz der Verwendungen usw.) geltend machen. Es wird aber fast von allen Vertretern der Vertragstheorie eine Verbindung der Klage auf Vollziehung der Wandlung mit der Klage auf die aus dem künftigen Vollzug der Wandlung erwachsenden Ansprüche zugelassen. Jedenfalls steht das Reichsgericht auf diesem Standpunkt. Selbstverständlich, wie die zweite Kommission angenommen hat[10]), ist die Zulässigkeit dieser Verbindung allerdings nicht[11]). Die gesetzliche Handhabe könnte § 295 ZPO. bieten, wonach eine Klage auf künftige Leistung erhoben werden kann, wenn den Umständen nach die Besorgnis gerechtfertigt ist, daß der Schuldner sich der rechtzeitigen Leistung entziehen werde. Manche erachten diese Besorgnis immer gegeben, sobald der Verkäufer die Wandlung ablehnt[12]). Allein das geht sicher zu weit. Eine glücklichere Lösung wird von Flechtheim[13]) gegeben, dessen Ausführungen darin gipfeln, daß der Urteilsspruch des Richters (abgesehen von der hier nicht zulässigen vorläufigen Vollstreckbarkeit) erst mit Eintritt der Rechtskraft des Urteils wirksam wird. Danach sei es zulässig, daß der Richter die Rechtslage im ganzen so erfaßt, wie sie sich zur Zeit der Rechtskraft des Urteils darstellt[14]). Darnach wäre es an und für sich nicht zulässig, einfach auf Rückgewähr ohne gleichzeitiges Wandlungsbegehren zu klagen. Die Praxis hat aber geholfen, indem sie den Antrag auf Rückgewähr so auffaßt, als ob darin implicite der Antrag auf Wandlung enthalten sei. Im Urteilssatze selbst wird jedoch die Einwilligung in die Wandlung auszusprechen sein[15]).

Die Praxis wird sich mit diesen Theorien nicht zu quälen brauchen. Auch nach dem Standpunkt des Reichsgerichts kann der Käufer auf Zustimmung des Verkäufers zum Wandlungsbegehren klagen. Er wird gut daran tun, diesen Anspruch zu erheben, da er sonst mit Rücksicht auf die kurze Verjährungsfrist für den Gewährleistungsanspruch Gefahr läuft, daß der eine oder andere in der Klage versehentlich weggelassene

---

[9]) HansGerichtsz. 26, 168 (RG.); Annal. sächs. OLG. 25, 63.

[10]) Prot. II, 1364 (Mugdan II, 663); Kohler, Arch. für zivilistische Praxis 80, 288 stellt ganz allgemein den Satz auf: „Das Gericht kann im Urteile nicht nur aussprechen, der Beklagte sei verpflichtet, eine Willenserklärung abzugeben, sondern auch, er sei nach abgegebener Willenserklärung verpflichtet, dem hierdurch begründeten Rechtsverhältnisse zu entsprechen."

[11]) Eccius 316.

[12]) Kuhlenbeck, Von den Pand. z. BGB. Bd. II § 39, III S. 260 Note 1.

[13]) Flechtheim bei Gruchot 44, 74.

[14]) Oertmann, Bem. 1 c zu § 465 und dortige Hinweise; Herbst, BayZ. 1905, 441; OLG. 4, 35; Recht 1909 Nr. 977 (RG.).

[15]) OLG. 4, 36; RG. 50, 188; 58, 424; JW. 1904, 552. Vgl. Matthiaß, DJZ. 7, 205 und dessen erschöpfende Literaturangaben.

Nebenanspruch der Verjährung anheimfällt. Diese Gefahr wird vermieden, wenn der Verkäufer zur Zustimmung zum Wandlungsbegehren verurteilt ist. Denn dann verjähren die sämtlichen sich aus diesem Aufhebungsvertrag ergebenden Ansprüche erst in dreißig Jahren. Der Käufer wird mit diesem Anspruch (auf Zustimmung zur Wandlung) auch sofort die einzelnen Rückgewähransprüche verbinden; das ist auch nach der Vertragstheorie zulässig und es ist zweckmäßig, weil dieses Verfahren dem Käufer sofort ein vollstreckungsfähiges Urteil verschafft.

II. Voraussetzung der Wandlung.

Voraussetzung des Anspruches auf Wandlung ist, daß das verkaufte Tier an einem vom Verkäufer nach §§ 459, 482 zu vertretenden Mangel leidet.

Da nun der Verkäufer nur die zur Zeit des Gefahrüberganges vorhandenen Mängel zu vertreten hat, so kann streng genommen der Anspruch auf Wandlung erst mit dem Zeitpunkt des Gefahrüberganges entstehen[16]). Der Käufer, der nach dem Abschluß des Vertrages (§ 460) und vor dem Übergang der Gefahr Kenntnis von einem Mangel, den der Verkäufer zu vertreten hat, erhält, kann entweder das Tier als Erfüllung annehmen und sich seine Rechte bei der Annahme vorbehalten oder die Annahme verweigern[17]). Nimmt der Käufer das mangelhafte Tier unter Vorbehalt an, so ist ihm der Anspruch auf Wandlung erwachsen; denn dann ist die Übergabe vollendet und damit die Gefahr auf den Käufer übergegangen. Verweigert er die Annahme, so kommt er, da nicht ordnungsgemäß angeboten ist, nicht in Verzug; deshalb ist auch die Gefahr nicht etwa durch Annahmeverzug auf den Käufer übergegangen; dieser hat daher die Einrede des nicht erfüllten Vertrages gegenüber einer Klage auf Zahlung. Der Anspruch auf Wandlung setzt mangelhafte Erfüllung voraus; solange überhaupt nicht erfüllt ist, kann theoretisch betrachtet, eine eigentliche Gewährleistung nicht in Frage kommen[18]). Der Unterschied ist auch für die Beweislast von besonderer Bedeutung. (Vgl. § 363 und oben S. 93.) Die praktische Rechtsanwendung spricht aber dem Käufer die Geltendmachung der Rechte, die der Anspruch auf Wandlung verleiht, für den Fall zu, daß sich der zu vertretende Mangel erweislich und offenbar bis zur Übergabe nicht beseitigen läßt (s. hierüber oben § 9 II S. 42).

Wenn auf Verlangen des Käufers an einen anderen Ort als den Erfüllungsort versendet wurde, geht die Gefahr schon mit der Absendung auf den Käufer über (s. oben S. 85). Wenn der Käufer bei der Ankunft die Annahme wegen eines vom Käufer zu vertretenden Mangels verweigert, so hat der Käufer die in §§ 459 ff. bezeichneten Ansprüche.

---

16) JW. 1905, 230 (RG.); RG. 53, 73; SeuffArch. 57 Nr. 74. Vgl. Recht 1908 Beil. 2 S. 52 N. 285. A. M. Crome, System Bd. 2 § 222 Anm. 2.

17) Dernburg Bd. 2 § 185 I; s. dagegen RG. 53, 70.

18) Würde man mit RG. 53, 70 annehmen, daß die Abnahme der gekauften Sache auf Grund der Gewährleistungsvorschriften nicht verweigert werden könne, so würde der Käufer durch die gleichwohl erfolgte Abnahmeweigerung in Annahmeverzug kommen. Durch Annahmeverzug wird aber der Übergang der Gefahr herbeigeführt. Damit wäre dann die Grundlage für den Wandlungsanspruch gegeben. Vgl. hierzu Hohenstein, Arch. f. bürg. Recht 25, 83; Schollmeyer, IherJahrb. 49, 97.

III. Zulässigkeit der Wandlung.

Hinsichtlich der Zulässigkeit der Wandlung ergibt sich aus dem § 487 Abs. II in Verbindung mit § 467 und den hier in Bezug genommenen Vorschriften folgendes:

1. Die Wandlung wird dadurch nicht ausgeschlossen, daß der Käufer schon vor Vollziehung der Wandlung[19]) nicht mehr in der Lage war, das Tier überhaupt oder in dem gleichen Zustande zurückzugeben.

Nach allgemeinem Kaufrecht (§ 467) ist die Wandlung ausgeschlossen, wenn der Käufer oder dessen Sondernachfolger (§ 353) eine wesentliche Verschlechterung, den Untergang oder die anderweitige Unmöglichkeit der Herausgabe der Kaufsache verschuldet hat, wobei es ganz gleichgültig ist, ob dies vor oder nach Entdeckung des Mangels geschehen ist (§ 351)[20]). Für den Viehkauf hat § 487 Abs. 2 diese §§ 351 und 353 schlankweg gestrichen. Nun könnte man deshalb ja immer noch Bedenken darüber haben, ob hierdurch ausgesprochen sein soll, daß auch in Kenntnis des Mangels vorgenommene Handlungen dieser Art das Wandlungsrecht unberührt lassen. Diese Willensmeinung des Gesetzgebers ergibt sich aber unzweifelhaft daraus, daß in § 487 auch die Anwendbarkeit des § 352 schlechtweg gestrichen wurde. Für das gemeine Kaufrecht ist nach § 352 die Wandlung ausgeschlossen, wenn der Berechtigte die Kaufsache durch Umarbeitung oder Umbildung in eine andere Sache umgearbeitet hat, jedoch mit der durch § 467 bestimmten Einschränkung, daß die Wandlung für diesen Fall dann nicht ausgeschlossen ist, wenn sich der Mangel erst bei der Umgestaltung der Sache gezeigt hat. Indem § 487 den § 353 völlig ausgeschieden hat, ist zum klaren Ausdruck gebracht, daß es nach der Absicht des Gesetzgebers für die Viehgewährschaft auf den Zeitpunkt der Entdeckung des Mangels in dieser Richtung nicht anzukommen hat.

Eine andere Frage wäre die, ob der Käufer, der eine solche Handlung vornimmt, damit einen Verzicht auf sein Wandlungsrecht erklären will; dies wäre einer Untersuchung der im einzelnen Fall gegebenen Umstände vorzubehalten, s. hierüber unter d S. 117.

Im einzelnen sind folgende Fälle zu unterscheiden:

a) wenn das Tier beim Käufer vor Vollziehung der Wandlung durch Zufall untergegangen oder durch Zufall (wenn auch wesentlich) verschlechtert[21]) worden ist.

Für den Käufer gilt es gleich einem Zufalle, wenn der Untergang oder die Verschlechterung von dem anderen Teile zu vertreten ist.

---

[19]) Darüber, wenn die Unmöglichkeit der Rückgabe erst nach Vollziehung der Wandlung eingetreten ist, s. unten S. 143.

[20]) Das Reichsgericht behandelt außer der im § 351 erwähnten verschuldeten Unmöglichkeit der Herausgabe auch das dort nicht erwähnte verschuldete Unvermögen zur Herausgabe als Ausschließungsgrund für die Wandlung. Wenn feststeht, daß der Käufer die von ihm weiterveräußerte Sache nicht wieder zu erlangen und eben deshalb nicht zurückzuerstatten vermag, ist seine Wandlungsklage abzuweisen (JW. 1922, 25 (RG.); RG. 50, 190). Für den Viehkauf gilt das nicht, weil für diesen § 351 durch § 487 Abs. 2 gestrichen ist.

[21]) Mot. II, 282 (Mugdan II, 156); Planck, Bem. zu § 350; Scherer, Bem. zu § 350.

Als **zufälliger Untergang** ist die durch den Käufer betätigte **Tötung des Tieres** dann zu erachten, wenn sie notwendig war. Notwendig ist die Tötung aber nicht schon dann, wenn hierdurch **möglicherweise** größerer Schaden abgewendet wird, wohl aber, wenn sie auf veterinärpolizeiliche Anordnung geschieht oder auf Anordnung des Tierarztes, (weil das Tier sicher nicht mehr zu retten ist und durch die Tötung dessen Qualen abgekürzt werden oder die Verkäuflichkeit des Fleisches gerettet wird). Den Begriff der „Notwendigkeit" darf man nicht absolut auffassen, sondern man muß den Maßstab anlegen, welchen der Käufer bei verständiger Würdigung der für seinen Entschluß in Betracht kommenden Verhältnisse anlegen konnte. Hat z. B. der Tierarzt die Tötung für notwendig erklärt, so wird man dem Käufer nicht entgegen halten können, daß sich der Tierarzt geirrt habe. Ist das Tier als Schlachttier verkauft, so ist die Tötung des Tieres die notwendige Folge des Verkaufs; die Tötung ist daher notwendig. Nicht dagegen ist die Tötung blos deswegen als notwendig zu erachten, weil nur hiedurch der vermutete Gewährschaftsmangel mit Sicherheit festgestellt werden kann [22]).

b) wenn der Käufer (oder dessen Sondernachfolger § 353) vor Vollziehung der Wandlung eine (wenn auch wesentliche) Verschlechterung, den Untergang oder die anderweitige **Unmöglichkeit der Herausgabe des Tieres verschuldet** hat (§ 487 Abs. II mit §§ 467 und 351).

Hierher gehört die unsachgemäße Tötung des Tieres.

Ein Reitpferd ist als solches verkauft; es läßt sich nicht reiten, wohl aber als Zugpferd gebrauchen. Aus Zorn hierüber erschießt es der Käufer. Er kann gleichwohl die Wandelung verlangen,[23]) muß aber den Wert ersetzen, welchen das Pferd zur Zeit der Vollziehung der Wandlung haben würde, wenn es der Käufer nicht erschossen hätte (vgl. unten S. 141).

Darüber daß ein Verschulden des Käufers in der Weiterbenützung des Tieres nach Stellung des Wandlungsbegehrens regelmäßig nicht zu erblicken ist (s. unten S. 144).

c) wenn der Käufer **das Tier** vor Vollziehung der Wandlung durch Verarbeitung oder Umbildung **in eine Sache anderer Art umgestaltet** hat (§ 487 Abs. II mit §§ 467 und 352). Hierher gehört die im § 487 besonders benannte **Schlachtung** des Tieres; auch die Kastration eines zur Zucht bestimmten Tieres kann hierher gehören. Sie stellt dann eine Umbildung in eine Sache anderer Art dar, wenn das Tier, an welchem sie vorgenommen wurde, zur Zucht (wenn auch nicht ausschließlich) bestimmt war [24]).

Der Käufer darf selbst noch nach **Entdeckung des Fehlers** das Tier schlachten, ohne seines Wandlungsanspruches verlustig zu gehen; es ist ganz gleichgültig, ob es sich um das Wandlungsrecht wegen eines gesetzlichen Hauptmangels oder wegen eines anderen Mangels handelt. Das Gesetz unterscheidet nicht, unter welchen Umständen geschlachtet wurde (s. oben S. 115).

---

[22]) Hirsch-Nagel 63; Hanke 84; Stölzle 352.
[23]) A. M. Scherer, Bem. 3 zu § 487.
[24]) Hirsch 58.

d) In anderen Fällen, in denen der Käufer infolge eines vor Vollziehung der Wandlung eingetretenen Umstandes, den er zu vertreten hat, insbesondere infolge einer Verfügung über das Tier außerstande ist, es zurückzugewähren. § 487 Abs. II Satz 2. Hierunter fällt die Veräußerung des Tieres oder seine Belastung mit dem Rechte eines dritten. Der Käufer verliert den Wandlungsanspruch auch dann nicht, wenn er nach Entdeckung des Mangels oder erst nach Erstattung der Mängelanzeige, ja selbst erst nach Erhebung der Wandlungsklage das Tier weiterveräußert[25]). Unter besonderen Umständen kann jedoch das Wandlungsbegehren des Käufers, der das Tier in Kenntnis des Mangels weiterveräußert hat, einen Verstoß gegen Treu und Glauben darstellen und deshalb als unzulässig erachtet werden (exceptio doli generalis)[26]). Das ist beispielsweise anzunehmen, wenn die Weiterveräußerung zu einem dem Gestehungspreis gleichkommenden Betrage oder zu dem Zweck erfolgte, dem Wandlungsgegner die Untersuchung des Tieres unmöglich zu machen. Die exceptio doli schlägt aber nicht durch, wenn der Käufer aus irgend einem Grund genötigt war, das Tier zu veräußern, z. B. weil das Tier für ihn unbrauchbar war und er unnötige Futterkosten vermeiden wollte oder keinen Platz hatte. In derartigen Fällen wird aber der Käufer gut daran tun, dem Verkäufer von der beabsichtigten Weiterveräußerung Mitteilung zu machen und dabei zu erklären, daß er durch die Weiterveräußerung auf den Wandlungsanspruch nicht verzichten wolle.

IV. Ausschluß des Wandlungsrechts durch Fristsetzung seitens des Verkäufers.

Behauptet der Käufer dem Verkäufer gegenüber einen Mangel der Sache, so kann der Verkäufer ihn unter dem Erbieten zur Wandlung und unter Bestimmung einer angemessenen Frist zur Erklärung darüber auffordern, ob er Wandlung verlange. Die Wandlung kann in diesem Falle nur bis zum Ablaufe der Frist verlangt werden. (§ 466 BGB.)

a) Voraussetzung der dem Verkäufer durch § 466 gewährten Befugnis ist, daß der Käufer gegenüber dem Verkäufer einen Mangel behauptet.

Behaupten muß der Käufer den Mangel; die Äußerung eines Argwohns ist noch kein Behaupten.

Dem Verkäufer gegenüber muß die Behauptung aufgestellt sein; es genügt nicht, daß dies einem dritten gegenüber geschieht, der es dem Verkäufer hinterbringt, soferne er dies nicht im Auftrag des Käufers tut.

§ 466 ist gerade für den Viehkauf nicht ohne praktische Bedeutung. Nach § 490 kann der Käufer auch nach der Verjährung des Wand-

---

25) Krückmann 73; vgl. RG. 101, 389. Zustimmend und gegen Stölzle, Zeiler in JW. 1908, 294; OLG. 40, 299 (Hamburg) (und wenigstens grundsätzlich nunmehr auch Stölzle 257. A. M. Dieckerhoff 109. Die Ansicht, daß Veräußerung in Kenntnis des Mangels stets einen Verzicht auf die Wandlung in sich schließe, ist selbst für gemeines Kaufrecht unrichtig. (SeuffA. 57 Nr. 145 [RG.]; RG. 101, 389; 98, 233.) Staudinger, Bem. II 3 zu § 467.

26) Natürlich bleibt dann dem Käufer trotz des Verlustes des Wandlungsanspruchs ein etwa bestehender Schadenersatzanspruch (§ 463 BGB.) erhalten. (RG. 17, 65; Stölzle 259.)

lungsanspruches die Zahlung des Kaufpreises verweigern, aber nur dann kann er dies, wenn abgesehen von der Verjährung die Voraussetzungen des Wandlungsanspruches gegeben wären. Hierzu ist erforderlich, wenn die Mängelanzeige des § 485 (bei Nichthauptmängeln ohne Vereinbarung einer Gewährfrist die Mängelanzeige des § 478 [27])) rechtzeitig erfolgt ist. Der Käufer ist also gezwungen, mit der Behauptung des Mangels hervorzutreten.

b) Inhalt der dem Verkäufer zustehenden Befugnis.

Der Verkäufer kann sich zur Wandlung erbieten d. h. sich im voraus mit einem etwaigen Wandlungsbegehren des Käufers in bindender Weise einverstanden erklären und ihn unter Bestimmung einer angemessenen Frist zur Erklärung darüber auffordern, ob er Wandlung verlange.

Eine angemessene Frist ist dem Käufer zu bestimmen; mit Rücksicht auf die Besonderheiten des Viehhandels, die eine schleunige Erledigung erheischen, wird die Frist kurz bemessen werden dürfen [28]). Ist die Frist nicht angemessen, so wird gleichwohl die angemessene Frist in Lauf gesetzt [28a]).

Die Aufforderung des Verkäufers ist eine empfangsbedürftige Willenserklärung. Sie wird also wirksam, unter Anwesenden, wenn der Käufer sie vernimmt [29]), unter Abwesenden, wenn sie dem Käufer zugeht. (§ 130.) Zugegangen ist eine Erklärung dann, wenn derjenige, für welchen sie bestimmt ist, in die Lage gesetzt worden ist, daß er unter regelmäßigen Verhältnissen von der Willenserklärung sich Kenntnis verschaffen konnte [30]).

c) Die Fristsetzung hat die Wirkung, daß die Wandlung nur bis zum Ablaufe der Frist verlangt werden kann. Natürlich wird der Käufer durch den Ablauf der Frist nicht mit dem Schadenersatzanspruch des § 463 ausgeschlossen, wenn dessen Voraussetzungen gegeben sind.

Die Frist berechnet sich nach Maßgabe der §§ 186 ff. Der Tag, an welchem die Aufforderung wirksam geworden ist, wird also, wenn die Frist nach Tagen oder Wochen bestimmt ist, nicht mitgerechnet (§ 187). Fällt das Ende der Frist auf einen Sonntag oder allgemeinen Feiertag, so tritt an die Stelle des Sonntags der nächstfolgende Werktag (§ 193) [31]).

Die darauf erfolgte Erklärung des Käufers, daß er die Wandlung verlange, ist gleichfalls eine empfangsbedürftige Willenserklärung und wird daher wirksam unter Anwesenden, wenn sie der Verkäufer vernimmt, unter Abwesenden, wenn sie dem Verkäufer zugeht (§ 130) vgl. Bem. II. Der Verkäufer ist bis zum Ablauf der Frist an sein Erbieten zur Wandlung gebunden [32]). Die Erklärung des Käufers, daß er Wandlung verlange, muß bis zum Ablauf der Frist wirksam geworden sein, anderseits ist er mit dem Wandlungsbegehren

[27]) S. unten § 27 I.

[28]) Schneider 140. Wenn der Verkäufer eine die Verjährungsfrist überschreitende Frist setzt, so liegt hierin zugleich ein Antrag zur Verlängerung der Verjährungsfrist. Hirsch 48.

[28a]) RGK. Bem. 2 zu § 466; RG. 56, 234.

[29]) Vgl. Planck, Bem. 1 zu § 130.

[30]) Vgl. Staudinger, Bem. 3 zu § 130.

[31]) A. M. Schneider 139; vgl. Planck, Bem. 1 zu § 193.

[32]) Hirsch 49.

ausgeschlossen und kann dann nur noch die sonstigen Rechte wegen des Mangels geltend machen, sofern deren Voraussetzungen gegeben sind. Sind z. B. die Voraussetzungen des § 463 (s. unten § 24 S. 145) gegeben, so kann der Käufer Schadenersatz wegen Nichterfüllung verlangen, der unter Umständen im Ergebnis die Auflösung des Vertrages in sich schließt [33]. Die Worte „statt der Wandlung" in § 463 stehen nicht entgegen; denn § 466 soll dem Verkäufer nur Klarheit darüber verschaffen, ob gerade die Wandlung verlangt wird.

Wegen eines anderen Mangels, als desjenigen, wegen dessen Behauptung sich der Verkäufer zur Wandlung erboten hatte, kann der Käufer auch nach Ablauf der Frist die Wandlung verlangen.

d) Verlangt der Käufer vor dem Ablaufe der Frist die Wandlung, dann ist die Wandlung vollzogen; denn in dem Erbieten zur Wandlung liegt die im voraus erklärte Zustimmung zu dem späteren, rechtzeitigen Wandlungsbegehren. Mit dem Moment, in welchem dieses Wandlungsbegehren wirksam wird (s. oben), ist die Wandlung in Gemäßheit des § 465 vollzogen [34].

V. Vollziehung der Wandlung.

1. Es ist bereits oben (S. 111 ff) ausgeführt, daß die Wandlung eine besondere Form der Aufhebung des Vertrages durch mutuus dissensus der Kontrahenten ist.

Erteilt der Verkäufer zu dem Wandlungsbegehren des Käufers seine Zustimmung, dann ist ein Vertrag (consensus contrarius) abgeschlossen (§ 465 BGB.).

Sind als Vertragschließende auf der einen oder anderen Seite mehrere beteiligt, so kann Wandlung nur von allen und gegen alle verlangt werden. Erlischt das Recht auf Wandlung für einen der Käufer, so erlischt es auch für die übrigen (§ 467 mit § 356). Aus der Bezugnahme des § 356 folgt für die Wandlungsklage gegen mehrere Verkäufer Notwendigkeit der Streitgenossenschaft [35]. Haben jedoch von mehreren Verkäufern einzelne der Wandlung zugestimmt, so brauchen sie nicht mitverklagt zu werden [36].

Aus § 356 folgt, daß ein nur von einem der mehreren Käufer ausgesprochener Verzicht auf die Wandlung wirkungslos ist; denn er ist für sich allein nicht verfügungsberechtigt, da das Wandlungsrecht unteilbar ist. Im einzelnen Fall wird zu prüfen sein, ob nicht eine (wenn auch nur stillschweigende) Bevollmächtigung seitens des anderen Käufers gegeben ist.

2. Das Wandlungsbegehren des Käufers ist Vertragsantrag an den Verkäufer dahin gehend, daß dieser zu der Aufhebung des Geschäftes seine Zustimmung geben soll. Zahlungsweigerung ist für sich allein nicht ohne weiteres gleichbedeutend mit Wandlungsbegehren [37].

---

[33] Vgl. unten S. 151 und 153 Anm. 41. Ebenso Staudinger, Bem. 4 zu § 466 und dortige Nachweise.
[34] Staudinger, Bem. 4 zu § 466.
[35] A. M. Josef, ArchZivPr. 107, 187.
[36] Lux, Notwendigkeit der Streitgenossenschaft 44.
[37] Recht 1921 Nr. 1857 (RG.).

a) Der Käufer ist an seinen Antrag noch vor dessen Annahme vorläufig gebunden (§ 145).

Diese vorläufige Gebundenheit fällt weg

α) wenn der Verkäufer den Antrag abgelehnt hat (§ 146).

β) wenn der Verkäufer den Antrag nicht rechtzeitig annimmt. Zur Rechtzeitigkeit der Annahme gehört bei einem Antrag unter Anwesenden, daß sie sofort erfolgt (§ 147 Abs. I), bei einem Antrage unter Abwesenden, daß sie bis zu dem Zeitpunkte erfolgt, in welchem der Käufer den Eingang der Antwort unter regelmäßigen Umständen erwarten darf (§ 147 Abs. II).

γ) hat der Käufer für die Annahme seines Antrages eine Frist bestimmt, so kann die Annahme nur innerhalb der Frist erfolgen (§ 148).

Mit dem Wegfall der vorläufigen Gebundenheit des Käufers an seinen Antrag würde an sich der Antrag erlöschen; bei dem Wandlungsbegehren des Käufers ist jedoch regelmäßig anzunehmen, daß der Käufer insolange dieses sein Begehren aufrecht erhalten will, bis er es widerruft[38]). Dies gilt jedenfalls, solange er die Wandlungsklage aufrecht erhält.

b) Abstand des Käufers vom Wandlungsbegehren. Wenn die vorläufige Gebundenheit des Käufers erloschen ist, kann der Käufer jederzeit bis zur Annahme des Wandlungsbegehrens durch den Verkäufer von diesem Begehren Abstand nehmen und am Vertrage festhalten; er kann auch, wenn die Voraussetzungen des § 463 bzw. § 491 gegeben sind, zu dem Verlangen des Schadenersatzes wegen Nichterfüllung bzw. der Lieferung eines mangelfreien Tieres übergehen.

Auch noch nach Erhebung der Klage kann der Käufer von dem Wandlungsbegehren Abstand nehmen und zu diesem anderen Anspruch übergehen, falls dessen Voraussetzungen gegeben sind. Ob dies in demselben Prozeß geschehen kann, ist eine prozeßrechtliche Frage, eine Änderung der Klage würde zweifellos vorliegen. Die Änderung wird regelmäßig als sachdienlich erachtet werden können (§ 264 ZPO., für die Berufungsinstanz s. jedoch § 527 ZPO.[39])).

Der Käufer kann selbst dann noch von dem Wandlungsbegehren Abstand nehmen, wenn sein Anspruch vom Verkäufer ganz oder teilweise erfüllt ist[40]), soferne nur in dieser Erfüllung nicht die Zustimmung zu dem Begehren gelegen ist, was jedenfalls dann nicht der Fall ist, wenn die Erfüllung im Wege oder zur Abwendung der Zwangsvollstreckung erfolgt.

§ 466 gewährt dem Verkäufer andererseits ein Mittel vom Käufer eine Erklärung zu bekommen, ob er Wandlung beansprucht (s. oben § 20 IV S. 117).

c) Mit der Erklärung des Einverständnisses des Verkäufers zu dem Wandlungsbegehren des Käufers ist die Wandlung vollzogen. Sie bildet von da ab die Grundlage des Rechtsverhältnisses zwischen Käufer und Verkäufer. Der Käufer ist durch den Voll-

---

38) Vgl. Planck, Bem. 2 b zu § 465.
39) Vgl. Staudinger, Bem. III 2 d zu § 465.
40) Vgl. Planck, Bem. 3 zu § 465; RG. 52, 359; Oertmann, Bem. 2 c zu § 465; a. M. Staudinger, a. a. O.

zug der Wandlung an diese endgültig gebunden; es steht ihm nicht mehr frei, von ihr Abstand zu nehmen und am Vertrage festzuhalten oder zu den in den §§ 463 und 491 gegebenen Rechtsbehelfen überzugehen. Anderseits kann der Verkäufer nicht geltend machen, daß er nur infolge eines Irrtums über das Vorhandensein des Fehlers sein Einverständnis erklärt habe. Das wäre ein Irrtum im Beweggrunde[41]).

Der Wandlungsvertrag braucht zwar die Folgen der Wandlung nicht zu regeln, die Parteien können aber diese Folgen in die Verhandlungen über die Wandlung einbeziehen. Dann ist erst mit der Einigung über sie die Wandlung erfolgt[42]).

Erklärt sich der Verkäufer mit der Rücknahme des angesagten Tieres einverstanden, so liegt darin eine unbedingte Zustimmung zu der Wandlung, nicht eine solche unter der (stillschweigenden) Bedingung, daß er das zurückgesandte Tier erst noch untersuchen wolle[43]). Das Einverständnis braucht nicht gerade ausdrücklich zu geschehen. Nimmt der Verkäufer das ihm angesagte und zurückgesandte Tier widerspruchslos an, so liegt darin das Einverständnis zu der Wandlung[44]).

Häufig suchen geriebene Verkäufer den Käufer durch Vertröstungen hinzuhalten, bis Verjährung eingetreten ist. Solchen Verkäufern wird man kein Unrecht zufügen, wenn man derartige Vertröstungen in einer für den Käufer wohlwollenden Weise im Zweifel als Erklärung des Einverständnisses auslegt.[45]) Unter Umständen wird sich auch die stillschweigende Vereinbarung der Verlängerung der Verjährungsfrist feststellen lassen (vgl. unten § 26 IV 1 b). Wenn der Käufer dem Verkäufer erklärt, daß er das angesagte Pferd nicht behalte und daraufhin der Verkäufer verspricht, er werde ein anderes Pferd bringen, so ist damit im Zweifel die Wandlung vollzogen. Zum mindesten aber ist die Verjährung bis zu dem Zeitpunkt unterbrochen, in welchem der Käufer das ihm vom Verkäufer angebotene Ersatzpferd abgelehnt hat. Es steht nämlich auch dann im Belieben des Käufers das vom Verkäufer gebrachte Ersatzpferd abzulehnen, wenn er sich damit einverstanden erklärt hatte, daß der Verkäufer ein anderes Pferd bringen solle. In dieser Zustimmung des Käufers ist nicht etwa ein bindender Vertrag zu erblicken durch den der Käufer verpflichtet wird, ein anderes Pferd zu nehmen. Wollte man eine solche Verpflichtung unterstellen, so müßte man annehmen, daß der ursprüngliche Kaufvertrag aufrechterhalten

---

[41]) Vgl. Scherer, Viehgewährschaftsrecht 139. A. M. Stölzle 283 jedoch zu Unrecht; der Fall ist nicht anders zu beurteilen als ein Verkauf, zu dem sich der Verkäufer durch die irrige Annahme entschlossen hat, daß das Pferd für seine Gebrauchszwecke untauglich sei.

[42]) Recht 1921 Nr. 1858 (RG.); OLG. 33, 280 (Dresden). Aber auch wenn über die Folgen der Wandlung verhandelt und darüber keine Einigung erzielt wurde, kann aus den Umständen gefolgert werden, daß der Verkäufer sein Einverständnis zu der Wandlung grundsätzlich erklärt hat. Hat z. B. der Käufer das Pferd wegen Mangels der zugesicherten Frömmigkeit angesagt und dessen Rücknahme mit dem Beifügen verlangt, daß er ein tägliches Futtergeld von 2 Mk. beanspruche, und der Verkäufer hat darauf geantwortet: „Ich nehme mein Pferd zurück und können Sie es mir zuschicken. Futtergeld zahle ich nicht, weil Sie das Pferd eingespannt haben", so haben die Vertragsteile übereinstimmend zum Ausdruck gebracht, daß der Kauf gewandelt werden soll.

[43]) Vgl. LZ. 1920, 178 (Hamburg).

[44]) Recht 1920 Nr. 3340 (Stuttgart).

[45]) Vgl. Mainhard 39; Scherer, Viehgewährschaftsrecht 156.

und nur hinsichtlich des Kaufgegenstandes geändert wird.[46]) Aus dem Spezieskauf wäre ein Gattungskauf geworden. Damit wird man dem Willen des Käufers, der dem Verkäufer Gelegenheit zu einer ihm entsprechenden Ersatzlieferung gegeben hat, so wenig gerecht, wie dem Willen des Verkäufers. Für den Käufer gilt beim Viehkauf der der Verkehrsauffassung entsprechende Satz, daß man die Katze nicht im Sack kauft. Jedes Tier hat seine besondere Individualität; der Gattungskauf kommt — abgesehen vom Großhandelsgeschäft — so gut wie niemals vor, weil jeder Käufer, namentlich der Käufer von Nutz- und Zuchttieren, bei der großen Verschiedenheit der Tiere nach Rasse, Größe, Alter, Körperbau und sonstigen Eigenschaften genau wissen will, ob das Tier für seinen Zweck geeignet ist und seinem Geschmack entspricht. Der Käufer, der sich damit einverstanden erklärt, daß ihm der Verkäufer ein anderes Pferd bringe, geht dabei von der Voraussetzung aus, daß ihm sein Prüfungsrecht gewahrt bleibt und er das vom Verkäufer gebrachte Pferd zurückweisen kann, wenn es ihm nicht gefällt. Diese Voraussetzung des Käufers wurzelt in der Verkehrsauffassung und ist daher auch dem Verkäufer bekannt. Aber auch dem Standpunkt des Verkäufers entspricht die Übernahme der Verpflichtung ein anderes Pferd zu liefern, regelmäßig nicht. Da es sich hinsichtlich des Ersatzpferdes um eine nur der Gattung nach bestimmte Sache handelt, so müßte man entweder den Verkäufer für verpflichtet halten, ein Pferd von mittlerer Art und Güte zu leisten (§ 243 BGB., s. unten § 25 IV) oder aber seine Verpflichtung darauf gerichtet erachten, daß er ein Pferd liefert, welches abgesehen von dem Mangel, der zur Rücknahme des ersten Pferdes führte, diesem Pferd in jeder Hinsicht, also nach Rasse, Alter, Größe, Körperbau und den sonstigen Eigenschaften mindestens gleichwertig ist. Eine solche Verpflichtung kann bei der großen Verschiedenheit der Pferde kein Verkäufer übernehmen, wenn er sich nicht der Gefahr von Schikanen aussetzen will. Es fehlt an der für das Zustandekommen eines Vertrages erforderlichen Bestimmtheit der Leistung. Zwar genügt auch die Bestimmbarkeit der Leistung und, wie zugegeben ist, wäre eine solche Bestimmbarkeit objektiv nicht gerade unmöglich. Indes ist mit Rücksicht auf die Besonderheit des Gegenstandes und die Verkehrsauffassung nicht ohne weiteres[46a]) zu unterstellen, daß die Parteien einen bindenden Vertrag auf Übernahme des Ersatztieres schließen wollten.

Dagegen kommt es häufig vor, daß der Verkäufer, dem vom Käufer das verkaufte Pferd angesagt wurde, dem Käufer ein anderes Pferd bringt und die Parteien darüber einig werden, daß dieses Pferd an die Stelle des zurückzunehmenden tritt. Diese Vereinbarung wird häufig in die Form eines Tausches gekleidet, indem vereinbart wird, daß der Käufer das zuerst erhaltene Pferd gegen das andere Pferd (mit oder ohne Tauschaufgabe) vertauscht. In Wahrheit liegt kein Tauschvertrag vor; denn ein solcher würde ja dazu führen, daß der Käufer, wenn das Ersatzpferd wiederum mangelhaft ist, das von ihm

---

[46]) Das nimmt in der Tat ein von Stölzle 262 gebilligtes Urteil des OLG. Dresden vom 15. März 1905 (SeuffA. 60 Nr. 144) an.

[46a]) Es ist natürlich denkbar und zulässig, daß die Vertragsteile rechtsverbindlich einen Umtausch vereinbaren. Über eine wirksame Umtauschklausel bei Abschluß des Kaufs s. oben § 12 IV S. 60, Text zu Anm. 61.

zurückgegebene Pferd wieder nehmen müßte[47]). Man hat vielmehr die Aufrechterhaltung des ursprünglichen Kaufvertrags[18]), jedoch mit Änderung seines Inhalts namentlich hinsichtlich des Gegenstandes anzunehmen.[48])

d) Die rechtskräftige Abweisung der Klage des Verkäufers auf Kaufserfüllung auf Grund der Wandlungseinrede des Käufers steht dem Vollzug der Wandlung nicht gleich; s. unten § 27.

3. Der Käufer hat einen Rechtsanspruch darauf, daß der Verkäufer sich mit der Wandlung einverstanden erklärt und kann ihn im Klagewege geltend machen. Der Klagantrag ist an und für sich (s. oben S. 113) dahin zu richten, den Beklagten zu verurteilen, sich mit der Wandlung des Kaufvertrages einverstanden zu erklären. Mit Eintritt der Rechtskraft des Urteils gilt die Einverständniserklärung als abgegeben. § 894 ZPO.

Darüber, daß mit der Klage auf Erteilung des Einverständnisses zur Wandlung der Anspruch auf Rückgewähr usw. verbunden werden kann und zweckmäßigerweise verbunden wird, ja sogar eine Klage auf Rückgewähr allein zugelassen wird, s. oben S. 112.

Der Käufer kann die Wandlung verlangen: er braucht sich nicht damit begnügen, daß der Verkäufer den Mangel beseitigt, wenn dies möglich ist. Auf die Frage, ob der Käufer unter Umständen nach Treu und Glauben mit Rücksicht auf die Verkehrssitte dem Verkäufer gestatten müsse, die Wandlung durch nachträgliche Beseitigung des Mangels auszuschließen,[49]) ist für das Viehgewährschaftsrecht nicht einzugehen, da mit Rücksicht auf die Natur der Tiere billigerweise ein solches Verlangen an den Käufer nicht gestellt werden kann. Anders liegt die Sache, wenn eine Eigenschaft fehlt, zu deren Herstellung sich der Verkäufer verpflichtet hat, da dem Käufer hier lediglich die Erfüllung seiner Verpflichtung obliegt. Es hat sich z. B. der Verkäufer verpflichtet, dem Pferd eine Untugend abzugewöhnen, es zuzureiten usw.

Für die Wandlungsklage wegen Viehmängel sind ohne Rücksicht auf den Wert des Streitgegenstandes die Amtsgerichte zuständig (§ 23 GVG.), s. unten § 29 I 1.

Über die örtliche Zuständigkeit, insbesondere über den Gerichtsstand des Erfüllungsortes s. unten § 29 I 2.

VI. Die Wirkungen der Wandlung.

Die Wirkungen der Wandlung sind durch deren Begriffsbestimmung im § 462 festgelegt. Hiernach ist mit Vollziehung der

---

47) Stölzle 263 unter Hinweis auf das Urteil des LG. Karlsruhe v. 26. Februar 1912 BR. Nr. 138/11.

48) Die Annahme der Wandlung des ersten Kaufvertrags und des Abschlusses eines neuen Kaufvertrages wird im Zweifel dem Willen der Vertragsteile nicht gerecht. Denn alsdann müßte der Verkäufer für das zurückgenommene Pferd Futtergeld bezahlen. Selbstverständlich beginnt mit der Übergabe des zweiten Pferdes eine neue Gewährfrist bzw. Verjährungsfrist (Stölzle 263). Vgl. oben § 12 IV S. 60, Text zu Anm. 61.

49) Vgl. Planck, Bem. 4 zu § 462; Cosack § 127; RG. 61, 92; R. d. OLG. 8, 65; Gruchot 46, 14 und die dortigen Literaturnachweise und dagegen Endemann 160; Emerich 70; Gruchot 43, 316. Jedenfalls wäre es Sache des Verkäufers, die ausnahmsweisen Umstände darzutun, die den Käufer zur Duldung der Nachbesserung verpflichtet erscheinen lassen. OLG. 9, 285.

Wandlung der Kaufvertrag rückgängig gemacht; es erlöschen also die durch den Kaufvertrag begründeten, beiderseitigen Verpflichtungen. Hierauf beschränkt sich die Wirkung der Wandlung, wenn der Vertrag von keiner Seite erfüllt ist.

Ist aber der Vertrag vom Verkäufer oder Käufer, oder von beiden Teilen bereits ganz oder teilweise erfüllt, so entsteht aus der Vollziehung der Wandlung die gegenseitige obligatorische Verpflichtung, die Erfüllungshandlungen rückgängig zu machen. (Vgl. oben S. 124).

Ist die Wandlung vollzogen, so kann auch der Verkäufer die ihm dadurch erwachsenden Ansprüche geltend machen.

Für die Ansprüche des Käufers wie des Verkäufers, die sich aus der bereits vollzogenen Wandlung ergeben, ist die Zuständigkeitsnorm des § 23 GVG. nicht maßgebend[49a]), s. unten § 29. Es gilt für sie auch nicht die kurze Verjährungsfrist der §§ 477 mit 490, sondern die dreißigjährige Verjährung.

Doch schafft der Vollzug der Wandlung nur ein obligatorisches Rechtsverhältnis zwischen den Vertragsteilen; die Rückgewähr tritt nicht ipso iure d. h. mit dinglicher Wirkung ein; es ist eben jeder Vertragsteil verpflichtet, dem anderen Teil jeden Gegenstand herauszugeben, den er auf Grund des Vertrags empfangen hat.[50]) Bis zum Zeitpunkte der Herausgabe bleibt der Käufer Eigentümer des Tieres. Kommt der Käufer nach Vollziehung der Wandlung, aber vor tatsächlicher Rückgewähr in Konkurs, so hat der Verkäufer kein Aussonderungsrecht. Ebensowenig kann der Verkäufer einer Pfändung des Tieres beim Käufer vor dessen Rückgewähr widersprechen. Gegen die hierdurch bedingten Gefahren kann sich der Verkäufer nur durch einen Eigentumsvorbehalt vor der Übergabe sicherstellen, falls der Kaufpreis noch nicht bezahlt ist.

Über die sich aus der Wandlung ergebenden Verpflichtungen des Verkäufers (s. unten § 22) des Käufers (s. unten § 23).

1. Die sich aus dem Vollzug der Wandlung ergebenden Verpflichtungen sind, wenn von beiden Seiten Erfüllungshandlungen vorgenommen waren, Zug um Zug zu erfüllen (§ 348).

a) Jeder Teil kann die ihm obliegende Leistung bis zur Bewirkung der Leistung des anderen Teiles verweigern (§ 348 mit § 320, vgl. § 756 ZPO.[51]). Es müssen also beide Teile gleichzeitig zurückgewähren.

b) Hat die Rückgewähr an mehrere zu erfolgen, so kann dem einzelnen der ihm gebührende Teil bis zur Bewirkung der ganzen Gegenleistung verweigert werden (§ 348 mit § 320).

[49a]) Der Anspruch des Käufers aus der vollzogenen Wandlung ist daher, wenn der Wert des Streitgegenstandes 500 Mk. übersteigt, beim Landgericht zu erheben. Der Käufer wird aber gut daran tun, seinen Anspruch vorsorglich auch auf die Gewährleistungspflicht des Verkäufers zu stützen, also die Wandlungsklage zu erheben. Kann der Käufer die Zustimmung des Verkäufers zu seinem Wandlungsbegehren nicht nachweisen, so ist, falls der Beklagte gegen den vorsorglich erhobenen Wandlungsanspruch die Einrede der Unzuständigkeit erhoben hat, der in erster Linie erhobene Anspruch aus dem Vollzug der Wandlung vom Landgericht durch Endurteil als unbegründet abzuweisen, der Rechtsstreit aber hinsichtlich des vorsorglich erhobenen Wandlungsanspruchs an das Amtsgericht zu verweisen, falls der Kläger diesen Antrag rechtzeitig gestellt hat.

[50]) RG. 2. Nov. 1923 II 529/22.

[51]) Staudinger, Bem. VI zu § 467.

c) Wenn der eine Teil seiner Rückgewährpflicht teilweise genügt hat, dann kann der andere Teil die ihm obliegende Rückgewährung insoweit nicht verweigern, als die Verweigerung nach den Umständen, insbesondere wegen verhältnismäßiger Geringfügigkeit des rückständigen Teiles, gegen Treu und Glauben verstoßen würde (§ 320 Abs. II).

Hat der Käufer des Pferd, nicht aber das mitverkaufte Geschirr zurückgegeben, so kann der Käufer nicht die Rückzahlung des ganzen Kaufgeldes, sondern nur eines dem Werte des Geschirres entsprechenden Teiles verweigern.

d) Im Falle einer Klage auf Rückgewähr hat die Geltendmachung des dem anderen Teile zustehenden Rechtes, die Leistung bis zur Bewirkung der Gegenleistung zu verweigern, nur die Wirkung, daß der andere Teil, sofern er sich auf dieses Recht beruft[52]) zur Erfüllung Zug um Zug (d. i. zur Leistung gegen Empfang der ihm gebührenden Leistung, § 274 Abs. I) zu verurteilen ist (§ 323 Abs. I)[53]). Über die Zuständigkeit s. unten § 29 I.

Auf Grund einer solchen Verurteilung kann der Gläubiger seinen Anspruch ohne Bewirkung der ihm obliegenden Leistung im Wege der Zwangsvollstreckung verfolgen, wenn der Schuldner im Verzuge der Annahme ist (§ 322 Abs. III mit § 274 Abs. II).

2. Kommt der Käufer nach Vollziehung der Wandlung mit der Rückgewähr des empfangenen Gegenstandes in Verzug (vgl. darüber unten S. 143), so kann ihm der Verkäufer eine angemessene Frist mit der Erklärung bestimmen, daß er die Annahme nach dem Ablaufe der Frist ablehne. Die Wandlung wird unwirksam, wenn nicht die Rückgewähr vor dem Ablaufe der Frist erfolgt (§ 467 mit § 354). Der Käufer kann dann nicht von neuem Wandlung verlangen[54]); er kann aber auch nicht mehr Schadenersatz wegen Nichterfüllung nach Maßgabe des § 463 oder (beim Gattungskauf) Lieferung eines mangelfreien Tiers (§ 480 BGB.) verlangen; denn mit Vollziehung der Wandlung ist die Wahl des Käufers zwischen den ihm zustehenden Ansprüchen unwiderruflich geworden[55]). Die Wandlung wird unwirksam, d. h. der Rechtszustand ist so zu behandeln, als ob die Wandlung gar nicht erfolgt wäre. Ist der Verkäufer rechtskräftig zur Wandlung verurteilt, so hat der Käufer dem Verkäufer auch die Kosten dieses Prozesses abzunehmen, zu deren Tragung der Verkäufer rechtskräftig verurteilt ist[56]).

§ 21.

Wandlung bei Mangelhaftigkeit nur einer von mehreren Kaufsachen.

I.

1. Wenn von mehreren auf Grund eines einheitlichen Kaufs gelieferten Sachen nur ein Teil mangelhaft ist, so kann dem Grundsatz

52) Recht 1912 Nr. 1771 (RG.).

53) Staub, Anm. 76 ff. des Exkurses vor 373. Hinsichtlich der Prozeßkosten vgl. Wurzer, Recht 1913, 387 ff.

54) Planck, Bem. 2 g zu § 467.

55) Stölzle 278. Dagegen bleibt ein aus § 276 begründeter Schadenersatzanspruch wegen Vorsatz oder Fahrlässigkeit des Verkäufers unberührt (vgl. SeuffA. 70, 134 Bamberg). Vgl. oben S. 29 ff.

56) Hirsch 53; Krückmann 79. Wenn bei der Vollziehung der Wandlung für die Rückgabe ein bestimmter Kalendertermin vertragsmäßig bestimmt ist, so ersetzt dies die Mahnung, nicht aber die Fristsetzung und Androhung. Krückmann, a. a. O.

nach nur in Ansehung der mangelhaften Sachen die Wandlung verlangt werden, und zwar selbst dann, wenn für die sämtlichen Sachen ein einheitlicher Gesamtpreis festgesetzt ist (§ 469 Satz 1 BGB.). Diese Bestimmung gilt in gleicher Weise für den Spezies- wie für den Gattungskauf.

Die grundsätzliche Beschränkung der Wandlung auf die mangelhaften Tiere gilt selbst dann, wenn der Mangel in einer ansteckenden Krankheit besteht[1]).

2. Findet im Falle des Verkaufs mehrerer Sachen für einen Gesamtpreis die Wandlung nur in Ansehung einzelner Sachen statt, so ist der Gesamtpreis in dem Verhältnisse herabzusetzen, in welchem zur Zeit des Verkaufs der Gesamtwert der Sachen in mangelfreiem Zustande zu dem Werte der von der Wandlung nicht betroffenen Sachen gestanden haben würde (§ 471 BGB.).

§ 471 findet sowohl im Falle des § 469 Satz 1, als im Falle des § 470 Satz 2 Anwendung, soferne für einen Gesamtpreis verkauft ist.

Für die Anwendung des § 471 ist jedoch kein Raum, wenn zwar ein Gesamtpreis vereinbart ist, aber für die einzelnen Sachen Anschlagspreise durch den Vertrag festgesetzt sind; dadurch ist der Vertragswille zum Ausdruck gebracht, daß dieser Anschlagspreis in Streitfällen maßgebend sein soll.

Es ist z. B. der Pferdebestand eines Gutes um den Gesamtpreis von 10000 Mk. verkauft, ein hierunter befindliches Pferd wird vertragsmäßig auf 3000 Mk. angeschlagen.

In den von § 471 betroffenen Fällen wird nur der von der Wandlung betroffene Gegenstand zurückgewährt, während die übrigen mitverkauften Sachen dem Käufer verbleiben. Der Verkäufer muß dann einen dem zurückgewährten Kaufgegenstand entsprechenden Teil des Gesamtkaufpreises herausgeben. § 471 bestimmt nun mittelbar, welcher Teil des Gesamtpreises als entsprechend zu erachten ist, indem hier angegeben wird, auf welchen Betrag der Gesamtpreis herabzusetzen ist.

Der Gesamtpreis ist in dem Verhältnisse herabzusetzen, in welchem zur Zeit des Verkaufes der Gesamtwert der Sachen in mangelfreiem Zustande zu dem Werte der von der Wandlung nicht betroffenen Sachen gestanden haben würde.

Der Gesamtpreis (S) verhält sich zu dem herabgeminderten Preis (X), wie der Gesamtwert (G) zu dem Wert der nicht von der Wandlung betroffenen Sachen (W). Das ergibt folgende Gleichung:

$$S : X = G : W \text{ oder}$$
$$X : S = W : G$$
$$X = \frac{W \times S}{G}$$

Ist z. B. $S = 400$
$G = 500$
$W = 300$

so ist $X = \frac{300 \times 400}{500} = 240$

---

[1]) Stölzle 337, s. hierzu unten § 38 u. oben S. 33.

Der Gesamtpreis ist also auf 240 Mk., sohin um 160 Mk. herabzusetzen. Hat der Verkäufer den ganzen Kaufpreis von 400 Mk. bezahlt erhalten, so muß er 160 Mk. samt Zinsen herauszahlen.

II.

Von dieser grundsätzlichen Beschränkung der Wandlung auf den mangelhaften Teil der ganzen Leistung gibt es zwei Ausnahmen.

1. Stehen die mehreren auf Grund eines Kaufs gelieferten Gegenstände zu einander im Verhältnis von Haupt- und Nebensache, so erstreckt sich die Wandlung wegen eines Mangels der Hauptsache auch auf die Nebensache (§ 470 Satz 1 BGB.).

Diese Wirkung tritt kraft Rechtens durch den Vollzug der Wandlung bezüglich der Hauptsache ein.

Ob mehrere verkaufte Sachen zueinander im Verhältnis der Haupt- und Nebensache stehen, ist im einzelnen Fall durch Auslegung des Vertragswillens zu erforschen, wobei die Verkehrsauffassung einen gewichtigen Auslegungsbehelf abgeben wird[2]). Das entscheidende Moment wird aber immer in der subjektiven Auffassung und dem von den Vertragsteilen verfolgten Vertragszwecke liegen, wobei insbesondere eine Untersuchung darüber von Vorteil sein wird, ob die eine Sache (Nebensache) ohne die andere nicht gekauft worden wäre[3]).

Bei Veräußerung eines Muttertieres mit dem Jungen ist letzteres regelmäßig Nebensache (s. unten S. 128).

Dem Zubehör einer Sache kommt im Verhältnis zu dieser immer die Eigenschaft einer Nebensache zu (Geschirr, Zäumung, Kette). Dies gilt auch, wenn Vieh als Zubehör eines Grundstücks mitverkauft ist (s. hierüber oben § 11).

Ist bloß die mitverkaufte Nebensache mangelhaft, so kann nur in Ansehung dieser, nicht auch der Hauptsache die Wandlung verlangt werden (§ 470 Satz 2).

Ist eine Kuh mit einem Kalb (als Nebensache) verkauft und lediglich das Kalb mit einem Gewährsfehler behaftet, so braucht der Käufer nur das Kalb, nicht auch die Kuh zurückzunehmen.

2. Untrennbarkeit der mehreren Sachen.

Der Käufer wie der Verkäufer kann verlangen (er muß dies nicht tun)[4]), daß die Wandlung wegen des Mangels eines Tieres auf die übrigen (mangelfreien) Tiere erstreckt werde, aber nur unter einer zweifachen Voraussetzung:

a) Wenn die Tiere als zusammengehörend verkauft sind, ist die eine Voraussetzung gegeben.

Dies ist dann der Fall, wenn die Vertragsteile über die mehreren Gegenstände lediglich in der durch den Vertragszweck bestimmten Zusammengehörigkeit abschließen wollten[5]). Die Vertragsteile müssen also beim Vertragsschluß dem Zusammenbleiben der Tiere eine wirtschaftliche Bedeutung beigemessen haben[6]). Die Festsetzung eines Gesamt-

---

[2]) Planck, Bem. 1 zu § 470; Kuhlenbeck, Bem. 1 zu § 470; Schneider 154.
[3]) Staudinger, Bem. 2 b zu §§ 469—471; Oertmann, Bem. zu § 470; Planck, Bem. 1 zu § 470.
[4]) Planck, Bem. zu § 469.
[5]) RG. 66, 165; Warneyer 1916 N. 306.
[6]) Vgl. Staudinger, Bem. I, 1 b zu §§ 469—471; Hirsch 60; JW. 1907, 478 (als dazu bestimmt, zusammen zu bleiben).

preises ist zur Unterstellung eines solchen Vertragssinnes nicht behelflich. Ein solcher Sinn wird jedoch beim Verkauf von Tieren regelmäßig daraus zu folgern sein, daß sie als Sachgesamtheit (Herde, Gespann, Paar) den Gegenstand des Vertrages bilden[7]). Anderseits läßt sich daraus, daß kein Gesamtpreis, sondern Einzelpreise vereinbart wurden, die Zusammengehörigkeit nicht widerlegen[8]).

Es ist nicht notwendig, daß beim Kaufabschluß die Zusammengehörigkeit besonders, wenn auch nur stillschweigend hervorgehoben wird. Ist dies aber geschehen, so kann es nicht mehr darauf ankommen, ob die mehreren verkauften Tiere tatsächlich zusammenpassen[9]).

Die Veräußerung eines Muttertieres mit einem Jungen fällt nicht unter § 469, sondern unter § 470, da das Junge als Nebensache des Muttertieres zu betrachten ist[10]). Dies wird wenigstens die Regel bilden. Ausnahmsweise kann es vorkommen, daß das mitverkaufte Jungtier vermöge seines Stammbaumes den Hauptgegenstand des Vertrages bildet[11]). Dann liegt ein Verkauf von zusammengehörenden Sachen im Sinne des § 469 vor; denn man wird das Muttertier im Verhältnis zum Jungen nicht wohl als dessen Nebensache im Sinne des § 470 betrachten können. Ebenso ist der Fall zu beurteilen, wenn ein geringwertiges Mutterschwein mit 12 Jungen verkauft wird[12]). Ist das Jungtier erst nach dem Vertragsabschluß geboren worden, so steht dem Käufer, wenn nicht eine besondere Zusicherung oder Vereinbarung vorliegt, wegen eines Mangels des Jungtieres ein Anspruch auf Gewährleistung nicht zu.

Beim Verkauf eines oder mehrerer Wagen mit Gespann wird regelmäßig der Vertragswille dahin gehen, über Tiere und Wagen als zusammengehörig abzuschließen; für den Verkäufer, aber auch für den Käufer, wird es nachteilig sein, wenn Wagen und Gespann auseinander gerissen werden. Deshalb ist im Zweifel anzunehmen, daß Wagen und Gespann als zusammengehörig gehandelt wurden[13]).

b) Die andere Voraussetzung der Ausnahme ist die, daß die als zusammengehörig verkauften Tiere nicht ohne Nachteil für den Käufer oder Verkäufer voneinander getrennt werden können. Der Käufer oder Verkäufer, welcher die Erstreckung der Wandlung auf alle Tiere verlangt, muß beweisen, daß gerade für ihn die Trennung der Tiere mit Nachteil verbunden wäre.

Wenn ein Schlächter von einem Gutsbesitzer ein Gespann Ochsen zum Schlachten kauft, und einer von ihnen mit einem Hauptmangel behaftet ist, so wird für den Schlächter die Trennung regelmäßig nicht nachteilig sein, wohl aber für den Gutsbesitzer. Dem Gutsbesitzer steht daher das Recht zu, die Erstreckung der Wandlung auf den gesunden Ochsen zu verlangen, nicht aber dem Schlächter.

Die Prüfung der Frage, ob das mangelhafte Tier ohne Nachteil für den betreffenden Vertragsteil von den übrigen Tieren getrennt

---

7) Planck, Bem. zu § 469; vgl. Mot. II, 235 (Mugdan II, 130).
8) Stölzle 162.
9) Dieckerhoff 114.
10) Scherer, Bem. 2c zu § 469 bis 471; Dieckerhoff 116; Stölzle 166.
11) Dieckerhoff 116.
12) Vgl. Dieckerhoff 116; Mot. II 258 (Mugdan II 143).
13) A. M. Stölzle 341; Hancke 87. Möglich ist, daß der Wagen so gewissermaßen mit drein geht; dann ist er Nebensache (§ 470 BGB.).

werden kann, erfordert eine sorgfältige Rücksicht auf die Verwendbarkeit der einzelnen Tiere[14]). Bei einem Gespann von Zugpferden oder Zugochsen ist die Trennung nach der Verkehrsauffassung immer nachteilig. Bei einer Herde dagegen dürfte dies nur ausnahmsweise der Fall sein[15]). Der Umstand, daß der Wert des einzelnen Tieres nur schwer ausgeschieden werden kann, ist natürlich kein Nachteil im Sinne des Gesetzes.

Die Trennung der Tiere muß infolge ihrer Zusammengehörigkeit nachteilig sein. Diese Voraussetzung wird nicht dadurch erfüllt, daß der Käufer aus irgend welchem anderen Grund ein Interesse daran hat, auch die mangelhaften Tiere nicht zu behalten.

Wenn durch Spezieskauf ein Paar zusammengehörige Schimmelstuten und ein Paar zusammengehörige Rappenwallachen verkauft sind, so kann der Käufer, wenn nur die eine Schimmelstute mit einer ansteckenden Krankheit behaftet ist, auf Grund des § 469 Satz 2 zwar die Erstreckung der Wandlung auf die andere Schimmelstute verlangen, nicht aber auch die Erstreckung der Wandlung auf die Rappenwallachen, so sehr ihm auch mit Rücksicht auf die Gefahr, daß auch die Rappwallachen den Keim der Ansteckung in sich tragen können, daran gelegen sein mag, auch die Rappwallachen los zu werden.

Bei Beurteilung des Rechtsverhältnisses vor der Übergabe gelangt man jedoch zu einem anderen Ergebnis auf Grund des § 266 BGB., wonach der Gläubiger (Käufer) eine Teilleistung nicht anzunehmen braucht. § 266 ist auch dann anzuwenden, wenn der Gegenstand der Leistung ein teilbarer ist. Lehnt der Käufer auf Grund des § 266 die Annahme aller vier Pferde ab, so ergibt sich folgende Rechtslage: Da der Käufer beim Spezieskauf andere als die durch den Vertrag bestimmten Tiere nicht abzunehmen braucht, ist der Käufer von seiner Abnahmepflicht hinsichtlich aller vier Pferde frei. Weil er aber andere Pferde als die durch den Vertrag bestimmten auch nicht verlangen kann, so besteht für ihn keine rechtliche Möglichkeit, den Verkäufer nach Zurückweisung der vier Pferde in Leistungsverzug zu setzen. Der Verkäufer ist also von seiner Lieferungspflicht hinsichtlich aller vier Pferde frei geworden. Mithin kann auch nicht Schadenersatz wegen Leistungsverzug beansprucht werden. Ist aber der Verkäufer auf Grund der Gewährleistungsvorschriften zum Schadenersatz wegen Nichterfüllung verpflichtet, was nur bei arglistigem Verschweigen eines Hauptmangels, beim Mangel einer zugesicherten Eigenschaft (§ 463) und (nach der Rechtsprechung des Reichsgerichts, s. unten § 24 I 3 S. 146) bei betrügerischer Vorspiegelung einer Eigenschaft der Fall ist, dann kann der Käufer, obwohl nur eines der vier Pferde mangelhaft ist, nach Ablehnung der Annahme aller vier Pferde Schadenersatz wegen Nichterfüllung des ganzen Vertrags verlangen.

Beim Gattungskauf liegt die Sache wieder anders; hier hat der Verkäufer Tiere zu liefern, die er in mangelfreier Beschaffenheit und in mittlerer Art und Güte aus der Gattung (vgl. unten § 25 IV S. 161) auszuscheiden hat. Liefert er vier Pferde, von denen nur eines mangelhaft ist, so kann der Käufer gemäß § 266 die Annahme aller vier Pferde ablehnen. Der Verkäufer bleibt leistungspflichtig. Er kann

---

[14]) Dieckerhoff 115.
[15]) Dieckerhoff 115.

vom Käufer durch Mahnung in Leistungsverzug gesetzt werden. Der Käufer muß sich aber gefallen lassen, daß ihm dann der Verkäufer vier mangelfreie Pferde liefert, von denen drei dieselben sind, die der Käufer vorher trotz ihrer Mangelfreiheit auf Grund des § 266 zurückgewiesen hat. Liefert aber der Verkäufer auf die Mahnung des Käufers nicht, so kann dieser unter der Voraussetzung des § 326 BGB. auf Grund des Verzugs (also ohne Rücksicht darauf, ob die Voraussetzungen des § 463 gegeben sind) Schadenersatz wegen Nichterfüllung verlangen (s. oben § 9 S. 42 Anm. 7).

Wenn Streit darüber besteht, ob der Käufer oder der Verkäufer die Erstreckung der Wandlung auf alle Tiere verlangen kann, dann ergeben sich aus der Vertragskonstruktion der Wandlung unter Umständen mißliche Folgen. Wenn der Käufer die Wandlung nur wegen des einen (mangelhaften) Tieres verlangt und der Verkäufer sich nur mit der Wandlung rücksichtlich aller Tiere einverstanden erklärt, so ist mangels der Einigung über den Inhalt des Vertrages ein Vertrag nicht zustande gekommen, mithin die Wandlung bezüglich des einen (mangelhaften) Tieres nicht vollzogen[16]. Das ist rücksichtlich sämtlicher Tiere dann der Fall, wenn sich der Käufer mit der vom Verkäufer gewollten Ausdehnung der Wandlung auf alle Tiere einverstanden erklärt. Läßt sich jedoch der Käufer auf diese Erstreckung der Wandlung nicht ein und erhebt Klage auf Vollziehung der Wandlung nur bezüglich des einen Tieres, so kann es ihm passieren, daß er mit diesem beschränkten Wandlungsbegehren abgewiesen wird[17]. Will dann der Käufer sich nachträglich mit der Wandlung bezüglich aller Tiere einverstanden erklären, so kann ihm der Verkäufer entgegenhalten, daß er an diesen seinen früher gestellten Antrag nicht mehr gebunden sei; klagt sodann der Käufer auf Wandlung rücksichtlich aller Tiere, so muß er sich den Einwand gefallen lassen, daß dieses Verlangen unberechtigt sei, weil ihm, dem Käufer, aus der Trennung der Tiere kein Schaden erwachse[18], ganz abgesehen davon, daß in solchem Falle der Anspruch auf Wandlung zumeist verjährt sein wird. Der Käufer kann sich nur dadurch helfen, daß er mit dem Anspruch auf die von ihm gewählte Art der Wandlung eventualiter den Anspruch auf die andere Art der Wandlung verbindet[19].

Hat der Käufer die Wandlung nur hinsichtlich einer von mehreren an sich untrennbaren Kaufsachen verlangt und hat sich der Verkäufer mit diesem Verlangen einverstanden erklärt, ohne seinerseits die Erstreckung der Wandlung auf die anderen Sachen zu verlangen, so ist die Wandlung bezüglich dieses einen Vertragsgegenstandes vollzogen (§ 465). Es kann dann nachträglich weder vom Käufer noch vom Verkäufer die Erstreckung der Wandlung auf die übrigen Sachen verlangt werden.

16) Vgl. Eccius bei Gruchot 43, 337.
17) Oertmann, Bem. 3 zu § 469; Planck, Bem. zu § 469.
18) Eccius bei Gruchot 43, 338.
19) S. dagegen Eccius 338: „Zu einem Vertragsschluß, den jemand nur bedingt will, kann er Zustimmung des andern Teils nicht fordern, auch wenn dieser auf den unbedingt erklärten Willen eingehen müßte.“ Es ist aber auch ein Antrag unter einer Bedingung zulässig: Wenn ich die Wandlung bezüglich des einen Tieres nicht verlangen kann, dann verlange ich die Wandlung bezüglich aller Tiere. Der Richter entscheidet, ob die Bedingung gegeben ist.

§ 22.
Verpflichtungen des Verkäufers aus der Wandlung.

Aus dem Vollzug der Wandlung ergeben sich folgende Verpflichtungen des Verkäufers:

I. Rückzahlung des Kaufpreises[1]) nebst 4% (bei beiderseitigen Handelsgeschäften 5%) Zinsen vom Tage des Empfanges an (§ 467, 346 Abs. I, § 347 Satz 3, § 246 BGB.; § 352 HGB.) und Vergütung der etwa neben dem Geldpreise vom Käufer geleisteten Dienste. Auch eine etwaige Draufgabe ist vom Verkäufer zurückzugeben (§ 337 Abs. II).

War über die Kaufgeldforderung ein Schuldschein ausgestellt, so muß der Verkäufer ihn zurückgeben (§ 371).

Ist die Kaufpreisforderung rechtskräftig ausgeklagt, so kann der Käufer nicht den Ersatz der Kosten dieses Vorprozesses verlangen.

II. Ersatz von Verwendungen und anderen Nebenausgaben.

1. In Gemäßheit des § 467 mit 347 bestimmt sich im Falle der Wandlung der Anspruch des Käufers auf Ersatz von Verwendungen vom Empfange des Tieres an nach den Vorschriften, welche für das Verhältnis zwischen dem Eigentümer und dem Besitzer von dem Eintritte der Rechtshängigkeit an gelten. Diese Vorschriften sind in den §§ 994 ff. gegeben. Hiernach kann der Käufer nur für notwendige Verwendungen Ersatz verlangen (§ 996), und rücksichtlich dieser notwendigen Verwendungen bestimmt sich die Ersatzpflicht des Verkäufers nach den Vorschriften über die Geschäftsführung ohne Auftrag (§ 994 Abs. II). Durch diese Verweisung wird eine weitere Einschränkung eingeführt: Der Verkäufer hat nur insoweit für notwendige Verwendungen Ersatz zu leisten, als diese seinem Interesse und seinem wirklichen oder mutmaßlichen Willen entsprochen haben (§ 683).

§ 488 geht nun weiter als diese allgemeinen Vorschriften. Hiernach kann der Käufer den Ersatz der Kosten der Fütterung und Pflege, der tierärztlichen Behandlung und der notwendig gewordenen Tötung und Wegschaffung des Tieres verlangen, ohne daß die Voraussetzungen der §§ 994 ff. zu prüfen sind. Es ist also namentlich nicht zu untersuchen, ob die in § 488 aufgeführten Kosten notwendig waren. Im einzelnen kommt folgendes in Betracht:

a) Die Kosten der Fütterung und Pflege, und zwar vom Tage der Übergabe an[2]). Der tatsächlich, nicht nur notwendigerweise hierfür aufgewendete Betrag entscheidet[3]); soferne der Käufer nach vernünftigen Wirtschaftsgründen fütterte, kann ihm nicht entgegengehalten werden, daß das Tier auch mit geringeren Rationen hätte gehalten werden können. Wenn der Käufer dem Reitpferd täglich eine Ration von 5 kg Hafer hat vorlegen lassen, kann der Verkäufer nicht einwenden, daß man das Tier mit 3 kg habe unterhalten können[4]).

---

[1]) RG. 55, 105.
[2]) Dieckerhoff 121.
[3]) Vgl. Hirsch 62; Stölzle 174.
[4]) Vgl. Staudinger, Bem. 2d zu § 488; Planck, Bem. zu § 488; Sauer 157. Nach Krückmann 82 soll nur die zur Erhaltung des Tieres im mittleren Nährzustande erforderliche Nahrung ersetzt werden. Dann wäre § 488 überflüssig, denn insoweit sind die Fütterungskosten als notwendige Verwendungen zu ersetzen.

Zu den Kosten der Pflege gehören die auf die betreffende Zeit entfallenden Kosten des Pferdewärters, insoweit dessen Dienstleistung für das in Gewährschaft stehende Pferd in Anspruch genommen wurde[5]). Hat der Pferdewärter vier Pferde zu versehen, so könnte streng genommen der 4. Teil seines Lohnes für das mangelhafte Pferd verlangt werden. Die Praxis billigt aber einen so hohen Betrag nicht zu. Vielfach werden Futter und Pflegekosten mit den Nutzungen wettgeschlagen, wenn und insoweit das Tier zur Arbeit benutzt wurde. Dieses Verfahren entspricht nicht dem Gesetz, wonach ziffermäßige Feststellung der zum Ersatz zugelassenen Aufwendungen des Käufers und der von ihm zu ersetzenden Nutzungen vorgeschrieben ist. In der Praxis haben sich bestimmte Sätze für das Futtergeld herausgebildet, die sich nach den jeweiligen Tagespreisen des Futters (Heu und Haber) richten. Man kann annehmen, daß eine mittlere Kuh täglich 15—20 kg Heu oder dessen Nährwert braucht; für ein mittleres Arbeitspferd (Kaltblüter) sind 2—3 kg Haber und 5—6 kg Heu und ebensoviel Stroh (einschließlich Streu) zuzubilligen. Der Wert des Düngers wäre hiervon abzuziehen. Die Aufwendungen für Stallmiete fallen nicht unter den Begriff der Pflege, sie sind als Verwendungen zu betrachten und nach den unter 1 vorgetragenen Grundsätzen zu behandeln. Ein Ersatz kommt gleichfalls nur dann in Frage, wenn der Käufer in der Tat für das Einstellen des Tieres besondere Aufwendung gemacht hat, sei es, daß er Stallmiete zu bezahlen hatte, sei es, daß er den Platz, den das angesagte Pferd beansprucht, anderweitig (z. B. als Tattersallbesitzer oder als Einstellwirt) hätte verwerten können. Im allgemeinen wird bei den jetzigen Preisen das Futtergeld für eine mittlere Kuh mit 2 Mk., für ein mittleres Arbeitspferd mit 3 bis 3,50 Mk. mäßig veranschlagt sein.

Die Beschlägkosten gehören bei einem Pferd oder Rind, das zur Arbeit verwendet wird, zu den Kosten der Pflege[6]); sonst zu den Verwendungen.

Wenn ein zum Reiten bestimmtes Pferd verkauft ist, wird in Anwendung der unter Bem. 1 gegebenen Grundsätze der für das Zureiten des Pferdes aufgewendete Betrag regelmäßig als notwendige Verwendung zu erachten sein[7]).

Die Kosten des Schutzes gegen Seuchengefahr[8]) gehören, soweit das Gewährschaftstier selbst geschützt wird, zu den Kosten der Pflege im Sinne des § 488; sie sind deshalb zu ersetzen[9]). Soweit sich der Schutz gegen Seuchengefahr nicht auf das Gewährschaftstier selbst, sondern auf andere Tiere erstreckt, welche der Gefahr der Ansteckung durch das in Gewährschaft stehende Tier ausgesetzt sind, handelt es sich nicht um eine Verwendung. Die damit verbundenen Kosten können daher dem Käufer als Folge der Wandlung nicht zur Last gelegt

[5]) Zustimmend Wrede 60 und jetzt auch Stölzle 343.
[6]) B. Malkmus 101.
[7]) Ebenso Wrede 61.
[8]) Vgl. hierzu Staudinger, Bem. 2 b zu § 488; Oertmann, Bem. 1 zu § 488; Planck, Bem. zu § 488; OLG. 8, 74.
[9]) A. M. Prot. 1, 743; Stölzle 347. Würde man den Schutz des Tieres gegen Ansteckung nicht als zur Pflege gehörig erachten, so müßte man doch zu mindestens eine „Verwendung" unterstellen; dann würde sich die Ersatzpflicht des Käufers nach den im Text unter 1 vorgetragenen Grundsätzen bemessen.

werden[10]); eventuell sind ihm anderweitige Rechtsbehelfe gegeben (der Anspruch auf Schadenersatz wegen Nichterfüllung gemäß §463 (s. unten S.145) oder der Anspruch aus dem Delikt (s. oben S.34). Ist der Verkäufer nach dem Vollzuge der Wandlung im Rücknahmeverzug, so hat er die nach Eintritt des Vollzugs erwachsenen Aufwendungen für Schutz gegen Seuchengefahr zufolge seiner durch den Verzug begründeten Schadenersatzpflicht zu ersetzen.

Eine Bestimmung, daß die Nutzungen und die Kosten der Fütterung und Pflege (überhaupt die gewöhnlichen Erhaltungskosten) ohne Abwägung des gegenseitigen Wertes als gegeneinander aufgehoben zu gelten haben, ist vom BGB. nicht getroffen. § 994 kann nicht angewendet werden, weil es an dessen Voraussetzung mangelt, daß die Nutzungen dem Käufer verbleiben. Er muß ja die Nutzungen nach § 487 Abs. IV ersetzen. Es hat daher ziffermäßige Aufrechnung zu erfolgen; insoweit die Kosten der Fütterung und Pflege den Wert der Nutzungen übersteigen, muß der Verkäufer herauszahlen und umgekehrt. Es ist jedoch zu beachten, daß der Käufer nicht verpflichtet ist, die Nutzungen des Tieres zu ziehen; s. unten S. 144.

b) Die Kosten der tierärztlichen Untersuchung und Behandlung[11]). Daß diese Kosten gerade absolut notwendig waren, wird auch hier vom Gesetze nicht verlangt. Aus purem Luxus wird der Käufer den Tierarzt auch nicht holen; eine mehr oder minder große Vorsicht, vielleicht auch Ängstlichkeit fällt nicht ins Gewicht. Vor Schikanen des Käufers schützt § 226. Auch die durch die Zuziehung mehrerer Tierärzte entstandenen Kosten sind zu ersetzen, sofern die Beiziehung eines zweiten Tierarztes kein Luxus war. Das ist sicher dann nicht der Fall gewesen, wenn der behandelnde Tierarzt dies für notwendig oder doch empfehlenswert bezeichnet oder wenn er sich offensichtlich nicht ausgekannt hat. Andererseits darf der Käufer auch keine direkt unwirtschaftlichen Maßnahmen treffen. So kann er nicht die Mehrausgaben verlangen, wenn er an Stelle eines in der Nähe wohnenden Tierarztes einen auswärtigen beizieht. Etwas anderes ist es, wenn der Käufer in die Sachkunde oder Unparteilichkeit des zunächst wohnenden Tierarztes Zweifel setzen durfte[12]). Unter die Kosten der tierärztlichen Untersuchung fällt natürlich auch das über den Befund abgegebene (schriftliche) Gutachten des Tierarztes[13]).

Zu den Kosten der Behandlung gehören selbstverständlich auch die Kosten der Medikamente, Verbände usw., nicht aber die Aufwendungen für Geheimmittel und Pfuscher[14]). Für den Käufer besteht geradezu eine Verpflichtung, bei Erkrankungen, die er nicht für unerheblich erachten darf, einen Tierarzt beizuziehen. Tut er dies nicht, und es tritt infolge dieser Unterlassung der Tod oder doch eine Verschlechterung des Tieres ein, dann kann er zwar gleich-

[10]) Stölzle 347.
[11]) Auch die Kosten der Behandlung an einem Nichtgewährsmangel sind zu ersetzen. Unrichtig Krückmann 82; es wird sich hier sogar zumeist um eine notwendige Aufwendung handeln, die schon nach den Grundsätzen der Geschäftsführung ohne Auftrag zu ersetzen wäre.
[12]) Dieckerhoff 122; Krückmann 82.
[13]) Stölzle 235: vgl. Recht 1914 N. 758 (Braunschweig); RGK., Bem. 2c zu § 467.
[14]) Sauer 158; Tielker 66; Stölzle 351.

wohl die Wandelung verlangen, ist aber ersatzpflichtig. Vgl. unten S. 140.

c) Die Kosten der notwendig gewordenen Tötung und Wegschaffung des Tieres.

Über den Begriff „notwendig gewordene Tötung" vgl. oben § 20 III S. 116.

Das Gericht kann übrigens nicht im Wege einer einstweiligen Verfügung die Tötung des Tieres anordnen. Das wäre keine einstweilige[15]) Verfügung mehr, wenn ihr Gegenstand zum Untergang bestimmt wird[16]) (s. unten § 29 II 3).

2. Kosten der Ausführung des Vertrags.

Der Verkäufer muß dem Käufer auch die Aufwendungen ersetzen, welche ihm durch die Ausführung des Vertrags erwachsen sind. Man wird diese Aufwendungen wohl nicht, wie das meistens geschieht[17]), als notwendige Verwendungen auf die Kaufsache betrachten können[18]). Indes würde es dem Zweck, den der Gesetzgeber mit der Wandlung erreichen will, zuwiderlaufen, wenn die Aufwendungen, die der Käufer zur Ausführung des Vertrages machen mußte, trotz der Wandlung an ihm hängen bleiben würden. Das widerspricht dem Geist des Gesetzes. „Der Zweck der Wandlung ist in erster Linie, den Käufer in den Zustand zu versetzen, wie wenn er den Kauf nicht geschlossen hätte." Auch zugunsten des Verkäufers ist der frühere Zustand herzustellen, jedoch nur, soweit dies mit jenem Rechte des Käufers vereinbar ist[19]). Daß der Gesetzgeber diesen Zweck verfolgte, ist in den Motiven 230 niedergelegt. Sie sprechen von dem „prinzipiellen Wesen und Zweck der Wandlung, durch welche der Erwerber in die Lage gebracht werden soll, als hätte er sich auf den Vertrag nicht eingelassen". Deshalb wird im Gegensatz zum vertragsmäßigen Rücktrittsrecht, bei dem kein Grund vorliegt, eine Vertragspartei zu bevorzugen, bei der Wandlung der Käufer bevorzugt und zwar aus dem einfachen und berechtigten Grund, weil die Auflösung des Vertrags auf den von ihm zu vertretenden Mangel zurückzuführen ist[20]).

Das ist der Grund, weshalb der Verkäufer dem Käufer die Kosten der Abnahme und der Versendung des Tieres nach einem anderen Ort als dem Erfüllungsort (Fracht und Zoll) ersetzen muß. Dabei ist freilich Voraussetzung, daß die Versendung an einen dem Vertrage gemäßen Ort erfolgte[21]). Die Rücktransportkosten treffen gleichfalls den Verkäufer[22]). Ist aber das Tier an einer Ort versendet worden,

---

[15]) Hirsch-Nagel 98, Wrede 77, Stölzle 360. Vgl. Freudenthal, Jahrbuch der neuesten Rechtsprechung zur Zivilprozeßordnung III, 217 (OLG. Jena. 21. Okt. 1893.) A. M. Siegel in BayZ. 1913, 291.

[16]) A. M. Scherer, Bem. 3 zu § 488. Zustimmend dagegen Krückmann 83; Hirsch 98 ff.

[17]) JW. 1906, 202 (RG.); Staub, Anm. 71 b zu § 377.

[18]) So mit Recht Wolff bei Gruchot 48, 503 ff.

[19]) Dernburg II, 2 § 186.

[20]) M. Wolff bei Gruchot 48, 503 ff., 509.

[21]) OLG. 4, 39 (Köln); Rhein. A. 107, 219 (Düsseldorf); Sächs. A. 15, 230 (Dresden).

[22]) Schl. Holst. A. 1907, 266 (LG. Kiel); OLG. 4, 39 (Köln); Kom. Ber des Reichstags vom 12. Juni 1896, 69 (Mugdan 2, 1278). Die Kosten des Rücktransportes fallen dem Verkäufer übrigens schon deshalb zur Last, veil er das Tier an dem Orte zurückzunehmen hat, an welchem es sich dem Vertrae gemäß befindet (s. hierüber unten § 29 I 2).

welcher nach den beim Vertragsabschluß gegebenen Voraussetzungen nicht in Betracht kam, so sind die dadurch entstandenen Mehrkosten dem Käufer nicht zu ersetzen[23]).

3. Kosten eines Vorprozesses[24]). Wenn der Käufer das gekaufte Tier weiterveräußert hat und den von seinem Abnehmer gegen ihn anhängig gemachten Prozeß verloren hat, so kann er von seinem Verkäufer den Ersatz der Kosten dieses Vorprozesses jedenfalls dann beanspruchen, wenn der Verkäufer im Verzug mit der von ihm verlangten Zustimmung zur Wandlung war. Der Vorprozeß ist dann eine Folge seines Verzugs und damit ist die Verpflichtung zum Ersatz der Prozeßkosten begründet (§ 285 BGB.)[25]).

Regelmäßig wird dieser Verzug des Verkäufers gegeben sein. Wo es ausnahmsweise nicht der Fall ist, muß gleichwohl die Ersatzpflicht des Verkäufers für die Kosten des Vorprozesses aus dem Geist des Gesetzes (s. hierüber oben S. 134) abgeleitet werden. Ein Analogieschluß aus der Ersatzpflicht eines Verkäufers für die Kosten eines Eviktionsprozesses ist allerdings nicht zulässig, weil nach § 440 BGB. der entwehrte Käufer vom Verkäufer Schadenersatz wegen Nichterfüllung verlangen kann[25a]). Wenn der Verkäufer einen Mangel zu vertreten hat, so darf aber der Käufer darauf vertrauen, daß der Mangel nicht vorhanden ist. Er darf also das Tier mit der Haftung für diesen Mangel weiterverkaufen. Wird er von seinem Abnehmer prozeßrechtlich aus seiner Gewährpflicht in Anspruch genommen, so darf er den Prozeß im Vertrauen darauf, daß ihm sein Verkäufer vertragsgemäß geliefert hat, durchführen. Er muß aber, wenn er sich nicht dem Einwand aus § 254 aussetzen will, seinem Verkäufer Mitteilung von der Einleitung des Prozesses machen, damit sich dieser äußern kann, ob er nicht lieber das Kauftier zurücknimmt. Streitverkündung ist hiefür genügend; einer Aufforderung, sich darüber zu erklären, ob der Beklagte den Wandlungsprozeß durchführen soll oder ob er (der erste Verkäufer) die Konsequenzen auf sich nehmen will, bedarf es nicht; sie ist aber ratsam. Hat sich der erste Verkäufer zu der Wandlung des von ihm mit dem Beklagten abgeschlossenen Vertrags bereit erklärt und führt dieser den Prozeß gleichwohl weiter, so können die von da ab erwachsenden Kosten des Vorprozesses dem ersten Verkäufer nicht aufgeladen werden.

4. Ersatz der Vertragskosten gemäß § 467 Satz 2[26]). Hierunter fallen alle Aufwendungen, die der Abschluß des Vertrages veranlaßt, mithin etwaige **Stempelgebühren u. Umsatzsteuern**[27]), **Vertragstaxen, Schmußgelder**[28]), die üblichen **Trinkgelder und Halftergelder**, ferner die für Beiziehung eines Sachverständigen zum Kaufe erwachsenen Kosten, sowie die Kosten der Bevoll-

---

23) Vgl. RG. 52, 18.

24) Die Ersatzpflicht für die Kosten des Vorprozesses wird mit verschiedenartiger Begründung bejaht vom BayZ. 1911, 471 (LG. Kempten); Staub, Anm. 71 b zu § 377; OLG. 33, 282 (Posen); Stölzle 394; Staudinger-Kober, Bem. 2 g zu § 488.
Dagegen verneinen die Ersatzpflicht: Hess. Rspr. 1906, 164 (LG. Gießen); ferner die von Stölzle 395 mitgeteilten Urteile des LG. München vom 6. Okt. 1908 und des LG. Altona vom 4. Mai 1908; RG. 52, 348; Hirsch-Nagel 558.

25) Hanke 81; RG. 51, 362.

25a) Das übersieht Stölzle 393.

26) Vgl. JW. 1913, 27 (RG.).

27) RG. 44, 250.

28) DJZ. 1906, 5 (Kiel); a. M. Recht 1910 N. 1237 (Braunschweig).

mächtigung eines Dritten, der als Vertreter des Käufers abschließt[29]). Die Reisekosten, welche der Käufer zwecks Musterung des Tieres ausgegeben hat, fallen nicht unter die Vertragskosten. Der Grenzzoll gehört nicht zu den Vertragskosten[30]), sondern zu den Transportkosten. Die Schlacht-, Freibank- und Beschaukosten gehören nicht zu den Vertragskosten, sondern zu den notwendigen Verwendungen (s. oben Ziff. 1), weil nur durch ihre Aufwendung die Verwertung als Schlachttier möglich ist.

III. Der Verkäufer hat das Tier zurückzunehmen; s. unten S. 137.

IV. Kosten einer Beweissicherung. Im Beweissicherungsverfahren selbst hat jede Partei die ihr erwachsenen Kosten zu tragen. Wird von der Beweisaufnahme zur Sicherung des Beweises in einem Prozesse Gebrauch gemacht, so sind die erwachsenen Kosten als Prozeßkosten zu behandeln, folglich, soweit sie notwendig im Sinne des § 91 ZPO. waren, vom Gegner zu erstatten, wenn er zur Tragung der Prozeßkosten verurteilt wird. Kommt es nicht zum Prozesse, so kann der Käufer die Kosten des Beweisverfahrens einklagen, sofern für diesen Anspruch ein besonderer zivilrechtlicher Verpflichtungsgrund gegeben ist[31]). Hier kommt vor allem Verzug mit der Einwilligung zur Wandlung in Betracht. Für die Zuerkennung des Anspruches müssen dann wohl regelmäßig dieselben Grundsätze maßgebend sein, wie im Falle eines Prozesses über die Hauptsache. Bei Viehmängeln ist mit Rücksicht auf die dem steten Wechsel unterworfene Natur der Tiere der Antrag auf Sicherung des Beweises wohl ausnahmslos als notwendig im Sinne des § 91 ZPO. zu erachten. Auch dem Umfange der Beweisaufnahme wird man nicht zu enge Grenzen ziehen dürfen.

Grundsätzlich ebenso ist die Frage zu entscheiden, ob der Verkäufer mit selbständiger Klage Ersatz der Kosten verlangen kann, die ihm im Beweissicherungsverfahren erwachsen sind, sei es, daß der Käufer oder der Verkäufer, veranlaßt durch eine (unbegründete) Mängelanzeige, den Beweissicherungsantrag gestellt hat. Praktisch ist der Verkäufer dann schlechter gestellt, wenn der Kaufpreis bereits gezahlt ist. Denn dann läßt sich der Kostenersatzanspruch nicht mit dem Verpflichtungsgrund des Verzuges mit Zahlung des Kaufpreises rechtfertigen. Der Verkäufer kann dann seinen Anspruch nur mit unerlaubter Handlung und positiver Vertragsverletzung des Käufers begründen. Unter letztere fällt auch fahrlässige Erstattung einer Mängelanzeige. Unter allen Umständen kann sich der Verkäufer den Ersatz der Kosten eines durch eine unbegründete Mängelanzeige veranlaßten Beweissicherungsverfahrens dadurch sichern, daß er Klage auf Zahlung oder, wenn bereits bezahlt ist, Feststellungsklage auf Nichtbestehen des vom Käufer erhobenen Gewährleistungsanspruchs erhebt. Das nach § 256 ZPO. erforderliche Interesse wird beim Viehhandel immer gegeben sein.

V. Dagegen kann der Käufer Ersatz des durch das Tier angerichteten Schadens (z. B. das Tier hat durch Ausschlagen oder Ansteckung Schaden angerichtet) auf Grund der Wandlung nicht beanspruchen. Unter Umständen stehen ihm hierwegen andere Rechtsbehelfe zu Gebote; vgl. hierüber oben S. 33f.

[29]) OLG. 10, 176 (Kiel).
[30]) Unrichtig Stölzle 353.
[31]) Recht 1907 N. 3566 (RG.).

§ 23.

Verpflichtungen des Käufers aus der Wandlung.

Nach der Vollziehung der Wandlung kann auch der Verkäufer die ihm dadurch erwachsenen Ansprüche auf Rückgewähr geltend machen[1]. Dem Käufer obliegen auf Grund der Wandlung folgende Verpflichtungen:

I. Rückgabe des Tieres.

1. Der Käufer hat das Tier zurückzugeben, selbstverständlich auch die mitverkauften Zubehörungen (Zaumzeug). Über Verzug des Käufers mit der Rückgabe und des Verkäufers mit der Rücknahme s. unten S. 143.

Der Käufer hat das Tier da zurückzugeben, wo es sich dem Kaufvertrage gemäß befindet; s. unten § 29 I 2.

2. Ist mit dem Tiere eine nachteilige Veränderung eingetreten, so ist zu unterscheiden, ob dies vor oder nach Vollziehung der Wandlung (§ 465 BGB., s. oben S. 119) geschehen ist.

a) Die nachteilige Veränderung des Tieres ist vor Vollziehung der Wandlung eingetreten.

α) Wenn das Tier beim Käufer durch Zufall untergegangen ist, oder durch Zufall (wenn auch wesentlich) verschlechtert wurde, hat der Käufer keinen Ersatz zu leisten (§ 275). Hierher gehört ein ohne Verschulden des Käufers eingetretenes Verenden oder die ohne dessen Verschulden notwendig gewordene Tötung des Tieres (s. oben S. 116). Der Verkäufer muß das Tier in dem Zustande nehmen, in welchem es sich befindet. Ist von dem Tier nichts übrig geblieben, so erhält der Verkäufer eben nichts; andernfalls hat er Anspruch auf die Überreste (Kadaver, Haut, Hörner). Der Käufer ist verpflichtet, für Aufbewahrung und notfalls für entsprechende Verwertung der Überreste Sorge zu tragen; unterläßt er dies schuldhaft, so ist er ersatzpflichtig (§ 347).

Den Käufer trifft die Beweislast dafür, daß das Tier ohne sein Verschulden untergegangen ist oder verschlechtert wurde[2].

Erlangt der Käufer infolge des zufälligen Unterganges für das Tier einen Ersatz oder Ersatzanspruch, so kann der Gläubiger Herausgabe des als Ersatz Empfangenen oder Abtretung des Ersatzanspruches verlangen (§ 281).

Dies gilt z. B. für die Entschädigung, die der Käufer auf Grund der §§ 66 bis 73 des Reichs-Viehseuchengesetzes (VSG.) vom 26. Juni 1909 (RGBl. 536 ff.)[3] für gefallene oder auf polizeiliche Anordnung getötete Tiere bezogen[4] hat. Ist der Käufer des Anspruchs auf diese

---

[1] Planck, Bem. 2 e zu § 467; a. M. Schollmeyer 17.

[2] JW. 1908, 478 (RG.).

[3] Die nähere Regelung der Entschädigungsverpflichtung ist durch § 67 VSG. der Landesgesetzgebung überlassen. Vgl. hierüber Handwörterbuch der Staatswissenschaften 8, 344 ff.; Versicherungslexikon 1, 1483 ff.; 2, 801 ff.; Reichsgesetz betreffend Maßnahmen gegen die Rinderpest vom 7. April 1869 (Bundesgesetzblatt 105); Preußisches Gesetz betreffend die Entschädigung für an Milzbrand gefallene Tiere vom 22. April 1892; Bayer. Gesetz desselben Betreffs vom 26. Mai 1892.

[4] Um den Betrag der Versicherungssumme, den der Tiereigentümer aus einem Privatvertrage erhält, wird die staatliche Entschädigung gekürzt (§ 68 Abs. 1 Z. 1 VSG.).

Entschädigung infolge seines Verschuldens (wegen Übertretung der Schutz- und Sicherungsanordnungen) verlustig gegangen, so ist er dem Verkäufer ersatzpflichtig [5]).

Der Verkäufer hat ferner Anspruch auf die Entschädigung, die ein Dritter dem Käufer als Ersatz für eine dem Tier durch eine unerlaubte Handlung zugefügte Verletzung bezahlt hat oder schuldet.

Fraglich ist, ob der Verkäufer Anspruch auf die **Versicherungssumme** hat, die der Käufer aus einem Privatversicherungsvertrag für das Kauftier erhalten oder zu beanspruchen hat. An und für sich stehen das von dem Käufer abgeschlossene Versicherungsverhältnis und der Anspruch des Verkäufers auf Rückgabe des Tieres selbständig und unabhängig nebeneinander. Der Anspruch auf die Versicherungssumme wird nicht durch den Zufall, der den Untergang des Tieres herbeigeführt hat, begründet, sondern erworben durch den Abschluß des Versicherungsvertrages und die Zahlung der Prämien. Er verdankt also selbständigen Entstehungsursachen sein Dasein. Seine Verknüpfung mit dem schadenbringenden Ereignis (Verenden des Tieres) ändert daran nichts. Das Verenden ist nur die Bedingung, von der der Anspruch auf die Versicherungssumme abhängt, nicht der Grund des Versicherungsschutzes [6]).

Nur dann übt das Versicherungsverhältnis des Käufers auf den schuldrechtlichen Anspruch des Verkäufers einen Einfluß aus, wenn durch das Versicherungsverhältnis eine wirkliche und endgültige Bereicherung des Versicherungsnehmers herbeigeführt wird. In diesem Falle muß der Käufer in Gemäßheit des § 281 BGB., wie auch des § 812 BGB. die Bereicherung durch die Versicherungssumme dem Verkäufer herausgeben [7]).

Es handelt sich hier nicht um eine Vorteilsausgleichung [8]), an deren Voraussetzungen die erforderliche Identität der rechtserzeugenden Tatsachen fehlt; denn das Verenden des Tieres löst nur die Bedingung für den Anspruch auf die Versicherungssumme aus, bildet aber hiefür nicht im Rechtssinne den Entstehungsgrund; auch gewinnt der Käufer diese Versicherungssumme nicht unentgeltlich, sondern hat sie sich durch Gegenleistungen (Prämien) erkauft [9]).

Die Frage, ob der Käufer durch die Versicherungssumme bereichert ist, muß nach anderen Gesichtspunkten beurteilt werden. Seine ursprüngliche aus der Wandlung hervorgehende Verpflichtung geht auf Rückgabe des Tieres. Ist das Tier verendet, so braucht er nur den Kadaver zurückzugeben. Hat er für das verendete Tier tatsächlich eine Versicherungssumme erhalten, so wäre es ein durchaus unbilliges Ergebnis, wenn der an dem Verenden des Tieres unschuldige Verkäufer die Versicherungssumme nicht bekommen würde und der Käufer sie behalten dürfte. Der § 281 schließt dieses unbillige Ergebnis aus, soweit die Versicherungssumme dem Käufer wirklich und endgültig zugefallen ist und zu seiner Bereicherung geführt hat. Tatsächlich wird

---

5) Mainhard 49.

6) Vgl. Hagen im Handbuch des gesamten Handelsrechts 8, 1. Abteilung 648.

7) Insoweit richtig: Planck, Bem. 2 zu § 261, Stölzle 266 und die 2. Aufl. meiner Viehgewährschaft 92. Zu weit geht Staudinger-Kober, Bem. II, 3 unter Hinweis auf RG. 64, 350, 68, 45, 70, 101.

8) Im Sinne der Entscheidungen RG. 64, 353; 70, 101; 68, 46.

9) Vgl. RG. 64, 353.

aber dieser Fall nicht eintreten. Nach § 118 des Versicherungsvertragsgesetzes geht nämlich kraft Gesetzes der Gewährleistungsanspruch des Käufers gegen den Verkäufer insoweit auf den Versicherer über, als dieser dem Käufer den Schaden durch Zahlung der Versicherungssumme ersetzt. Geht ein Anspruch auf Gewährleistung durch Verschulden des Versicherungsnehmers verloren, so wird der Versicherer von seiner Ersatzpflicht insoweit frei, als er aus dem Anspruch Ersatz hätte erlangen können.

Ein Beispiel wird die Sache klar machen. Huber hat von Müller ein Pferd um den bezahlten Preis von 2000 Mk. gekauft, das von Huber sofort nach der Übergabe versichert wurde. Nachdem der Kaufvertrag wegen eines gesetzlichen Hauptmangels gewandelt war, ist das Pferd beim Käufer vom Blitz erschlagen worden. Der Versicherer hat dem Huber 1600 Mk. Versicherungssumme bezahlt. Gemäß § 118 des Versicherungsvertragsgesetzes ist der Gewährleistungsanspruch und der sich hieraus ergebende Anspruch des Huber gegen Müller auf Rückzahlung der 2000 Mk. bis zum Betrage von 1600 Mk. auf den Versicherer übergegangen (s. oben § 13 II 1 S. 64). Huber kann deshalb von Müller noch 400 Mk. beanspruchen. Bezahlt Müller diesen Betrag, so hat Huber 1600 Mk. Versicherungssumme und 400 Mk. von Müller, im ganzen also 2000 Mk. erhalten. Er ist nicht bereichert. Die Versicherungsgesellschaft, die ja an Huber die 1600 Mk. bezahlt hat, ist gleichfalls nicht bereichert, wenn ihr Müller die 1600 Mk. bezahlen muß.

β) Wenn der Käufer (oder dessen Sonderrechtsnachfolger, § 353) eine wesentliche Verschlechterung, den Untergang oder die anderweitige Unmöglichkeit der Herausgabe des Tieres verschuldet hat, oder es durch Verarbeitung oder Umbildung (Schlachtung, Kastration) in eine Sache anderer Art umgestaltet hat, endlich in anderen Fällen infolge eines Umstandes, den er zu vertreten hat, insbesondere infolge einer Verfügung (Veräußerung, Pfandbestellung) über das Tier außerstande ist, es zurückzugewähren — hat der Käufer den gemeinen Wert[10]) des Tieres zu ersetzen (§ 487 Abs. II mit § 351).

Unter wesentlicher Verschlechterung ist eine solche Verschlechterung zu verstehen, welche dem wirtschaftlichen Erfolge nach eine erhebliche Wertsminderung des Tieres herbeiführt. Für ein Rennpferd ist eine, wenn auch schmerzlose Sehnenverdickung sehr wesentlich, für einen Arbeitsgaul nicht[11]). (Vgl. hierzu unten § 39 I.) Der Verlust eines wichtigen Gliedes kann für ein Tier sogar über eine wesentliche Verschlechterung hinaus als Untergang des Tieres zu betrachten sein; dies ist dann der Fall, wenn sich das Tier in einem Zustande befindet, welcher jede für diese Tierart bestimmungsgemäße Verwendung ausschließt. Es hat z. B. das Pferd ein Bein gebrochen[12]). Eine vor-

---

[10]) Der Käufer hat also im Falle der Schlachtung weder das Fleisch noch die Haut in natura zurückzugeben, sondern nur den Wert zu ersetzen und auf diesen Wertsersatz hat der Verkäufer Anspruch (vgl. Stölzle 179).

[11]) Vgl. Oertmann, Bem. 2 b b zu § 487. Vgl. auch KomProt. 1, 795. Der Verkäufer braucht also das wesentlich verschlechterte Tier nicht zurückzunehmen, sondern kann es zurückweisen und Wertsersatz beanspruchen. Oertmann, Bem. 2 a zu § 487; Staudinger, Bem. 4 a zu § 487.

[12]) Vgl. oben S. 39.

übergehende Verschlechterung (s. hierüber unten § 36 I 2) wird nur ausnahmsweise als wesentlich zu betrachten sein (z. B. wenn die Wiederherstellung ungemessene Zeit erfordert).

Ein Verschulden des Käufers ist schon bei einer leichten Fahrlässigkeit gegeben (§ 276); erst wenn der Verkäufer in Annahmeverzug versetzt ist, wird die Haftung auf grobe Fahrlässigkeit beschränkt (§ 300). Beweist der mit der Wandlungsklage belangte Verkäufer eine Verschlechterung des Tieres, die über die normale Abnützung hinausgeht, so hat der Käufer zu beweisen, daß er sie nicht verschuldet hat[13]). Eine Fahrlässigkeit kann insbesondere darin liegen, daß das Tier infolge ungeeigneter Benützung oder Behandlung oder infolge mangelhafter Einrichtung des Stalles, infolge zu nahen Zusammenstellens mit anderen Tieren verletzt oder beschädigt wird, oder infolge ungeeigneter Fütterung erkrankt. Auch ist es dem Käufer zum Verschulden anzurechnen, wenn er nach Wahrnehmung einer in den ersten Stadien heilbaren Krankheit oder bei einer schweren Geburt nicht rechtzeitig für sachgemäße Behandlung (Beiziehung eines Tierarztes) sorgt[14]).

An dieser Stelle ist darauf hinzuweisen, daß gemäß § 278 der Käufer ein Verschulden seines Vertreters und der Personen, deren er sich zur Erfüllung seiner Verbindlichkeit bedient, in gleichem Umfange zu vertreten hat, wie ein eigenes Verschulden. Ist also das Tier infolge eines Verschuldens der Personen, für welche der Käufer verantwortlich ist, untergegangen oder verschlechtert worden, so kann sich der Käufer nicht auf Zufall berufen; es ist vielmehr der Fall unter β (eventuell, bei unwesentlicher Verschlechterung der Fall unter γ) mit den dort bezeichneten Folgen gegeben. Solange der Verkäufer mit dem künftigen Vollzug einer Wandlung, und wenn auch nur mit der Möglichkeit einer Wandlung rechnen muß, ist er verpflichtet, durch die im Verkehr erforderliche Sorgfalt den Eintritt von Umständen zu verhüten, welche die Erfüllung seiner künftigen Verpflichtung, das Tier in entsprechendem Zustande zurückzugeben, unmöglich machen[15]). Er muß also dafür sorgen, daß das Tier nicht untergeht oder verschlechtert wird. Überläßt er diese Sorge dritten Personen (z. B. seinem Dienstknechte, einem Freunde, dem er das Pferd zum Ausreiten gibt), so wird deren Verschulden für ihn nicht als Zufall, sondern gleich einem eigenen Verschulden erachtet[16]).

Die Pflicht der Fürsorge für die Erhaltung des Tieres kann die verschiedensten Anforderungen an den Käufer stellen (z. B. die Milchkuh muß gemolken, das Reitpferd bewegt werden). Im allgemeinen erfordert die Erhaltung kaltblütiger Pferde und Rinder in guter Gesundheit keine Arbeitsleistung und bedürfen daher solche zur ordnungsgemäßen Verpflegung nicht der regelmäßigen Verwendung im Dienstgebrauch[17]).

Von dem Zeitpunkt an, in welchem der Verkäufer in Annahmeverzug geraten ist, haftet der Käufer nur für Vorsatz und grobe Fahr-

---

13) Vgl. BayZ. 1910, 156 (RG.).
14) Dieckerhoff 106.
15) Vgl. hierzu Planck, Bem. 2 zu § 278 und Kuhlenbeck, Bem. 2 zu § 351.
16) OLG. 13, 415.
17) Dieckerhoff 119.

lässigkeit (§ 300 BGB.)[18]. Durch das Wandlungsbegehren des Käufers wird der Verkäufer in Annahmeverzug gesetzt, sofern nicht aus den Umständen zu folgern ist, daß der Käufer trotz des Wandlungsbegehrens die sofortige Rücknahme des Tieres nicht verlangen will.

Ob sich der Käufer infolge einer rechtsgeschäftlichen Verfügung über das Tier, insbesondere einer Veräußerung außerstand gesetzt hat, das Tier zurückzugeben, entscheidet sich erst in dem Zeitpunkte, in welchem er das Tier infolge der Vollziehung der Wandlung zurückzugewähren hat. Ist der Käufer trotz dieser Verfügung imstande, das Tier zurückzugewähren (z. B. weil es ihm der dritte Erwerber wieder zurückgibt), so hat es bei Rückgewähr in natura sein Bewenden; ist jedoch der Käufer zur Rückgabe in natura nicht imstande, so tritt an Stelle der Rückgewähr der Wertsersatz (vgl. oben S. 135).

Der für die Wertbemessung maßgebende Zeitpunkt ist der, in welchem der Käufer verpflichtet sein würde, das Tier zurückzugeben, falls der die Rückgabe ausschließende Umstand nicht eingetreten wäre[19]. Dieser Zeitpunkt ist eingetreten, sobald die Wandlung vollzogen ist (§ 465 BGB., s. oben S. 119). Es ist also derjenige Wert zu vergüten, welchen das Tier in diesem Zeitpunkt haben würde, wenn der von dem Käufer zu vertretende Umstand, durch welchen die Rückgabe ausgeschlossen ist, nicht eingetreten wäre. Der Wertsersatz soll die Rückgabe in natura ersetzen; der Verkäufer darf daher grundsätzlich nicht besser und nicht schlechter gestellt werden, als es der Fall wäre, wenn die Rückgabe in natura erfolgen würde.

Der hier vertretene Standpunkt entspricht der Vertragstheorie[20], wäre aber auch unter Zugrundelegung der entgegengesetzten Restitutionstheorie aufrecht zu erhalten[21].

Der Zeitpunkt des Gefahrüberganges ist nicht maßgebend; denn wenn auch durch die Wandlung der Zustand hergestellt werden soll, der bestehen würde, wenn der Vertrag nicht geschlossen wäre, so muß eben doch der Verkäufer das Tier mit den vom Verkäufer nicht zu vertretenden Verschlechterungen nehmen. Die Annahme, daß bei der hier vertretenen Ansicht der Verkäufer für eine vor der Tötung eingetretene unwesentliche Verschlechterung, die der Käufer zu vertreten habe, keinen Ersatz habe, fällt mit der irrigen Voraussetzung, daß § 487 Abs. 3 in solchem Falle nicht angewendet werden könne. Das ist aber durchaus zulässig. Man muß nur festhalten, daß der Verkäufer ebenso gestellt werden soll, als wenn das Tier in natura zurückgegeben werden könnte. Ist das Pferd, welches am 1. Februar um

---

[18]) RG. 56, 267; Stölzle 272.

[19]) RGK., Bem. 3 zu § 487; Krückmann 75; BayZ. 1912, 203 (LG. Würzburg); 1922, 17 (LG. Kempten); Stölzle 269 unter Preisgabe seiner früheren gegenteiligen Ansicht.

[20]) Vgl. oben S. 111 ff. Er wird u. a. vertreten von Planck, Bem. 2a zu § 487; Oertmann Bem. 2a zu § 487; Sauer 150; Mainhard 15; Hirsch 57; Fischer-Henle zu § 487; Neumann, Bem. 2 zu § 487; BayZ. 1912, 203 (LG. Würzburg).

[21]) Für die hier vertretene Ansicht läßt sich auch RG. 59, 97 heranziehen. § 351 bestimmt für das allgemeine Kaufrecht, daß der Käufer den Wandlungsanspruch verliert; § 487 Abs. 2 läßt für den Viehkauf die Wandlung auch im Falle des § 351 zu und verpflichtet den Käufer für diesen Fall zum Wertsersatz. Nun führt RG. 59, 97 aus, daß für den gemeinen Kauf die Vollziehung der Wandlung als diejenige Rechtshandlung anzusehen ist, bis zu welcher ein Verschulden der im § 351 bezeichneten Art den Ausschluß des Wandlungsrechtes zur Folge hat, weil erst durch diesen Wandlungsvollzug der Käufer ein endgültiges Recht auf die Wandlung erlangt hat. § 487 Abs. 3 weist ebenfalls darauf hin, daß der Vollzug der Wandlung entscheidend sein soll.

1000 Mk. verkauft wurde, am 3. Februar dadurch um 100 Mk. weniger wert geworden, daß ihm der Käufer den Schweif koupieren ließ (unwesentliche Verschlechterung) und hat hierauf der Käufer das Pferd zu schanden geritten, dann muß der Verkäufer einmal den Minderwert zu 100 Mk. ersetzen (§ 487 Abs. 3); dabei bleibt es, ob er das Pferd in natura zurückgeben kann oder nicht; letzterenfalls ist eben dann noch außerdem der Wert zu ersetzen, den das koupierte Pferd gehabt hätte, wenn es der Käufer nicht zu schanden geritten hätte[22]).

Staudinger, Bem. II, 3 zu § 487, betrachtet als entscheidend den Zeitpunkt, in welchem der Käufer das Wandlungsbegehren gestellt hat[23]). Dieser Ansicht steht Krückmann S. 77 nahe. Nach ihm soll der Zeitpunkt entscheidend sein, zu welchem der Verkäufer verpflichtet gewesen wäre, seine Zustimmung zur Wandlung zu erklären; der Käufer müsse das ersetzen, was er in natura hätte geben müssen, wenn er mit seiner Wandlungserklärung sofort bei dem Verkäufer durchgedrungen wäre und seine Rückgabeverpflichtung, als eine sofort fällige Verpflichtung, sofort erfüllt hätte. Dagegen ist zu sagen, daß dies der Verkäufer bei einer Rückgabe des Tieres in natura ja auch nicht erhält, wenn das Tier infolge eines vom Käufer nicht zu vertretenden Umstandes verschlechtert wurde. Der Verkäufer erhält eben dann ein Tier von gemindertem[24]) Werte und muß damit zufrieden sein.

Rein S. 24 betrachtet ohne nähere Begründung den Zeitpunkt als maßgebend, in welchem der Käufer die zur Unmöglichkeit der Rückgabe führende Handlung vorgenommen hat. Das war auch der Standpunkt des Entw. I § 404 Abs. II Satz 3. Diese Bestimmung wurde in zweiter Lesung gestrichen, um der Auslegung freie Hand zu lassen. Hierbei wurde auch darauf hingewiesen, daß es richtiger sei, bei Bemessung des Wertsersatzes den Wert zu veranschlagen, den das Tier gegenwärtig, also bei Vollziehung der Wandlung, haben würde, wenn es nicht zugrunde gegangen oder verschlechtert worden wäre. Prot. II S. 1608 (Mugdan II S. 696); der Ansicht von Rein ist auch Diederhoff S. 107, der es für zweifellos erachtet, daß jener Wert festzustellen ist, welchen das mangelhafte Tier unmittelbar vor dem Zeitpunkt gehabt hat, in welchem die Verschlechterung oder der Untergang des Tieres eingetreten ist. — Schneider S. 149 erachtet als maßgebenden Wert zunächst „denjenigen zu Geld zu rechnenden Wertbetrag, den nach Eintritt des die Rückgabe des Tieres selbst abschneidenden Umstandes der Besitz des Tieres im Vermögen des Käufers oder eines seiner Nachmänner bildet". Unter der Voraussetzung, daß der Käufer im Widerspruch mit Treu und Glauben gegen den Verkäufer gehandelt hat, läßt Schneider den Wert des Augenblicks als maßgebend gelten, der unmittelbar vor dem vom Käufer zu vertretenden Umstand liegt. Gegen diese Unterscheidung spricht die Erwägung, daß im einen wie im anderen Falle der Käufer den Umstand zu vertreten hat, mithin auch kein Grund besteht, verschiedene Folgen zu setzen.

γ) Wenn vor Vollziehung der Wandlung eine unwesentliche Verschlechterung des Tieres infolge eines von dem Käufer zu

---

22) Zustimmend und gegen die früheren Auflagen Stölzle's: Krückmann 75.
23) Vgl. dagegen oben S. 141.
24) Ist die Wertsminderung vom Käufer zu vertreten, so ist sie in jedem Falle daneben zu ersetzen, s. oben S. 139 und unten S. 143.

vertretenden Umstandes[25]) eingetreten ist, so hat der Käufer das Tier zurückzugeben und daneben die Wertminderung zu ersetzen (§ 487 Abs. III). Der für die Wertbemessung maßgebende Zeitpunkt ist derselbe, wie bei dem Wertsersatz sub β (oben S. 139).

Solche Fälle einer unwesentlichen Verschlechterung sind z. B. Abscheren des Deckhaares, mangelhafte Ernährung und dadurch bedingte Abmagerung, Hautschrammen infolge einer Verwundung, Abschneiden des Pferdeschweifes, Verkürzung der Hörner eines Rindes. Vgl. oben S. 139 f.

b) *Wenn die nachteilige Veränderung des Tieres erst nach Vollziehung der Wandlung eingetreten ist*, dann ist für die Anwendung des § 487 Abs. II Satz 1 kein Raum. Gemäß §§ 467 mit 347 ergibt sich (abgesehen vom Falle des Verzuges, s. unten) folgendes:

α) Wenn das Tier durch *Zufall* untergegangen oder durch Zufall (wenn auch wesentlich) verschlechtert wurde, gilt gemäß § 275 dasselbe, wie oben sub a, α S. 137 f. ausgeführt wurde. Dabei ist jedoch zu beachten, daß wenn der Käufer das Tier nicht unverändert zurückgeben kann, bis zur Erlangung des Gegenbeweises vermutet wird, daß er seine Vertragspflicht zur unveränderten Rückgabe verletzt hat und daher gemäß § 276 BGB. schadenersatzpflichtig ist[26]).

β und γ) Der Käufer ist dem Verkäufer für den vollen Schaden verantwortlich, der dadurch entsteht, daß infolge seines *Verschuldens* das Tier (wenn auch nur unwesentlich) verschlechtert wird, untergeht, oder aus einem anderen Grunde nicht herausgegeben werden kann. (§ 347.)[27]) Das infolge Vollzugs der Wandlung endgültig erworbene Recht auf gegenseitige Rückgewähr verliert er jedoch nicht[28]). Auch kann in der vorsätzlichen Vornahme einer solchen Handlung nicht unter allen Umständen ein Verzicht auf die Rechte aus der Wandlung erblickt werden[29]). Über Inhalt und Umfang der Schadenersatzpflicht vgl. die Ausführungen zu § 463 unten § 24 S. 145 ff. Für die Feststellung des Interesses ist hier der Zeitpunkt maßgebend, in welchem der die Rückgabe ausschließende Umstand eingetreten ist. Kann der Käufer das Tier nicht zurückgeben, so ist er verpflichtet, den Verkäufer so zu stellen, daß er sich ein anderes gleichwertiges Tier verschaffen kann; er muß also dem Käufer den hiefür erforderlichen Geldbetrag bezahlen[30]).

Wenn aber der Käufer *mit der Rückgewähr des Tieres im Verzuge* ist (ein Fall, der erst nach Vollziehung der Wandlung eintreten kann), dann greifen neben der durch § 354 dem Verkäufer gegebenen Rechtszuständigkeit (s. oben S. 125) die allgemeinen Folgen des Verzuges Platz, wonach der Schuldner unter Umständen auch für Zufall haftet, sofern der Schaden nicht auch bei rechtzeitiger Rückgabe eingetreten sein würde (§ 287).

Nach dem *Annahmeverzug des Verkäufers* (in der Rücknahme) ist der Käufer nicht jeder Verantwortlichkeit für das weitere

---

25) Der Käufer haftet nach § 278 für Verschulden seiner Leute; s. oben S. 140.

26) RGK., Bem. 1 Abs. 2 zu § 276 und die dort mitget. Entsch. des RG. vom 30. Sept. 1910.

27) Gruchot 65, 222 (RG.).

28) Vgl. RG. 59, 97; Recht 1923 Nr. 502 (RG.).

29) Vgl. oben S. 117. A. M. Hirsch 56.

30) RG. 101, 420; 103, 40.

Schicksal der zurückzugebenden Sache überhoben. Er hat jedoch nur noch Vorsatz und grobe Fahrlässigkeit zu vertreten [31]).

Der Verkäufer kommt in Annahmeverzug, wenn er das ihm vom Käufer nach Wandlungsvollzug angebotene Tier nicht bei dem Käufer abholt (§ 293) oder, zwar zur Abholung bereit ist, aber die ihm infolge der Wandlung obliegende, vom Käufer verlangte Gegenleistung nicht anbietet (§ 298) [32]).

Der Verkäufer hat das Tier an dem Orte zurückzunehmen, an welchem es der Käufer zurückzugeben hat (s. hierüber unten § 29 I 2).

II. Ersatz der Nutzungen.

Eine weitere Verpflichtung des Käufers besteht darin, daß er die Nutzungen zu ersetzen hat, aber nur insoweit, als er sie wirklich gezogen hat (§ 487 Abs. IV).

Der Käufer ist nicht verpflichtet, die Nutzungen des Tieres zu beziehen. Er braucht also das Reitpferd nicht zu reiten, mit dem Ochsen nicht zu pflügen, auch wenn dies trotz des Mangels recht wohl tunlich wäre [33]). Selbstverständlich ist der Käufer berechtigt, das Tier nach Entdeckung des Mangels und Erhebung des Wandlungsanspruchs sachgemäß weiter zu benützen; er geht hiedurch seines Wandlungsanspruchs auch dann nicht verlustig [34]), wenn der Verkäufer diese weitere Benützung verboten hat; denn solange dieser den Wandlungsanspruch nicht anerkannt hat, ist er zu einem solchen Verbot nicht berechtigt.

Eine andere Frage ist es, ob es nicht unter Umständen dem Käufer zum Verschulden in Ansehung seiner Fürsorgepflicht anzurechnen ist, wenn er das Tier nicht benützt (s. oben a, β S. 140). Muß hiernach der Käufer die Milchkuh melken, so muß er auch die gewonnene Milch sachgemäß verwerten [35]). Daneben hat der Käufer, der ein edles Reitpferd bewegen muß, nicht die Verpflichtung, dies in einer für ihn nutzbringenden Weise zu betätigen. Der Offizier braucht das Pferd z. B. nicht im Dienste zu reiten [36]).

Erst von der Vollziehung der Wandlung an (§ 465) ist der Käufer für Nutzungen, die er nach den Regeln einer ordnungsgemäßen Wirtschaft hätte ziehen können, aber nicht gezogen hat, Ersatz zu leisten schuldig, soweit ihn ein Verschulden trifft (§ 467 mit §§ 347 und 987).

Unter Nutzungen des Tieres sind dessen Früchte, sowie die Vorteile, welche der Gebrauch des Tieres gewährt, zu verstehen (§ 100).

Der Begriff der Früchte umfaßt die Erzeugnisse (Milch, Dünger, Wolle, Junge) [37]), wie jene Erträgnisse, welche das Tier vermöge eines

---

[31]) Vgl. Staudinger, Bem. II, 4 zu § 467 und RG. 56, 267; Gruchot 65, 222 (RG.); Hirsch 53.

[32]) Hirsch 53.

[33]) Staudinger, Bem. 4 zu § 488; Krückmann 79. Nur ganz ausnahmsweise könnte die Anwendung des § 826 in Frage kommen.

[34]) Stölzle 259; vgl. OLG. 20, 176. Die gegenteilige Meinung (Hanke 71) ist unverständlich. Sie widerspricht nicht nur dem Gesetz (§ 487 Abs. 2), sondern auch der allgemein geübten Verkehrsauffassung, wie dem Interesse des Käufers, dem die durch die Benützung gezogene Nutzung zu ersetzen ist (§ 487 Abs. 4).

[35]) Scherer, Bem. 1 zu § 488; Dieckerhoff 119; Mainhard 21; Sauer 153.

[36]) Zustimmend Krückmann 80.

[37]) Nach Kaufrecht (§ 446 Abs. 1 Satz 2 BGB.) gebühren dem Käufer die Nutzungen erst von der Übergabe an. Darnach würde ein zwischen Vertragsschluß und Übergabe von der verkauften Kuh geworfenes Kalb dem Verkäufer verbleiben. Es gilt jedoch beim Verkauf einer tragenden Kuh das Gegenteil als stillschweigend vereinbart.

Rechtsverhältnisses (z. B. Vermieten) gewährt. Die **Vorteile**, welche der Gebrauch des Tieres gewährt, stehen den Nutzungen gleich. Voraussetzung der Ersatzpflicht ist, daß der Käufer das Tier verwendet (er benützt die Ochsen zum Pflügen, das Pferd zum Reiten).

Beispiel: Ein Privatmann benützt das gekaufte Pferd zu seinen regelmäßigen Ausritten. Das ist ein Vorteil. Die hierfür zu leistende Vergütung wird sich regelmäßig gleichstellen den Unterhaltungskosten (einschließlich der Abnützungsquote) für ein Pferd während der Zeit, in welcher dieser Vorteil gezogen wird.

Die Verkehrsauffassung entscheidet, ob die Nutzungen, soweit noch vorhanden, in natura herauszugeben oder zu ersetzen sind. § 487 Abs. 3 spricht zwar nur von Wertsersatz, sedes materiae ist aber § 347 BGB („Herausgabe oder Vergütung von Nutzungen“). Der Käufer muß also das vom Kauftier geworfene Kalb in natura herausgeben[38]). Zur Rechnungslegung über die gezogenen Nutzungen ist der Käufer nicht verpflichtet[39]).

§ 24.

Schadenersatz wegen Nichterfüllung.

I. **Die Haftungsgründe.** § 463 BGB. führt eine gesteigerte Haftung des Verkäufers aus dem Vertrage ein im Fall der Zusicherung einer Eigenschaft und im Fall des arglistigen Verschweigens eines Hauptmangels. Die Rechtsprechung des Reichsgerichts, welche die gleiche Haftung im Fall der betrüglichen Vorspiegelung einer Eigenschaft, auch wenn sie nicht vertragsmäßig zugesichert wurde, verleiht, ist für den Viehkauf nicht anwendbar[1]).

Die Haftung geht auf Schadenersatz wegen Nichterfüllung.

§ 463 BGB. gilt auch für den Viehkauf; aus dem Ausschluß des Minderungsrechts (§ 487 BGB.) läßt sich nicht folgern, daß auch ein Anspruch auf Schadenersatz wegen Nichterfüllung für den Viehkauf ausgeschlossen sei, da andernfalls das Gesetz umgangen werde; denn der Minderungsanspruch und der Schadenersatzanspruch sind begrifflich und im wirtschaftlichen Ergebnis verschieden[2]).

Die gesteigerte Haftung aus § 463 ist eine Folge der Verletzung der Vertragspflicht; der durch § 463 begründete Schadenersatzanspruch ist somit ein Vertragsanspruch[3]). Wenn die Verletzung einer Vertragspflicht zugleich auch den Tatbestand einer unerlaubten Handlung in sich schließt, so ist außer dem Vertragsanspruch des § 463 der Anspruch aus der unerlaubten Handlung gegeben[4]). Ist der Käufer durch arglistige Täuschung zum Kauf bestimmt, so hat er auch den Anfechtungsanspruch aus § 123 BGB.[5]).

Das übersieht Stölzle 273/4. Anders wäre natürlich zu entscheiden, wenn beim Verkauf einer trächtigen Stute die Trächtigkeit den Vertragsteilen nicht bekannt wäre.

38) Vg. Stölzle 276.

39) JW. 1912, 288 (RG.); SeuffA. 67 N. 175 (RG.).

1) Vgl RG. 102, 307, s. unter Ziff. 3.

2) Lawhardt bei Gruchot 54, 530.

3) SeuffA. 77 N. 65 (RG.); RG. 66, 86; 67, 146; 78, 58; 83, 244; Warneyer 1912 Nr. 252; Gruchot 53, 360 (RG.).

4) Vgl Liszt, Deliktsobligation 11; s. oben S. 36.

5) S. oben S. 20 und 36.

Die einzelnen Fälle, in welchen der Schadenersatzanspruch aus § 463 begründet ist, sind folgende:

1. Die vertragsmäßige Zusicherung einer Eigenschaft (s. hierüber oben S. 71). Zusicherung der Fehlerfreiheit enthält auch Zusicherung für die Abwesenheit von Hauptmängeln (s. hierüber oben S. 81). Zur Herbeiführung der gesteigerten Haftung aus der Zusicherung ist kein Verschulden des Verkäufers erforderlich; die gesteigerte Haftung tritt also selbst dann ein, wenn der Verkäufer seine Zusicherung im besten Glauben abgegeben hat.

Zur Begründung des Ersatzanspruchs aus § 463 ist nicht der Nachweis erforderlich, daß der Käufer durch die arglistige Täuschung zum Abschluß des Kaufs bestimmt wurde[6]), ja nicht einmal, daß hierdurch der Wille des Käufers beeinflußt wurde[7]). Macht der Verkäufer geltend, daß der Käufer den Mangel gekannt hat, so stellt diese Behauptung eine von ihm zu beweisende Einrede (§ 460) dar[8]).

2. Die gesteigerte Haftung aus § 463 tritt ferner ein, wenn der Verkäufer einen Fehler arglistig verschwiegen hat. Über den Begriff des arglistigen Verschweigens s. oben S. 22. Beim Viehkauf fällt jedoch nur das Verschweigen eines Hauptmangels unter § 463. Das Gesetz sagt „statt der Wandlung" kann der Käufer Schadenersatz verlangen und nur wegen eines Hauptmangels oder des Mangels einer zugesicherten Eigenschaft, der schon in Satz 1 des § 463 (oben sub a) behandelt ist, kann Wandlung begehrt werden. Wird ein nicht zu den Hauptmängeln gehörender Fehler arglistig verschwiegen, so steht dem Käufer daher der Vertragsanspruch aus § 463 nicht zu[9]), wohl aber unter Umständen die Vertragsanfechtung und die Deliktsklage; s. oben S. 20 u. 34 und insbes. S. 25.

Nur ein arglistiges Verschweigen eines Hauptmangels beim Abschluß eines Vertrages, nicht auch ein solches bei der Übergabe des Tieres begründet die gesteigerte Vertragshaftung des § 463[10]).

3. Betrügerische Vorspiegelung einer Eigenschaft, die nicht vertragsmäßig zugesichert wurde, ist beim Viehkauf nicht geeignet, den Anspruch auf Schadenersatz wegen Nichterfüllung zu begründen.

In gleichmäßiger Rechtsprechung bewilligt das Reichsgericht beim gemeinen Kauf im Falle einer betrüglichen Vorspiegelung einer Eigenschaft durch den Verkäufer[11]) auf Grund analoger Anwendung des § 463 den dort eingeräumten Vertragsanspruch auf Schadenersatz

---

[6]) Leip. Z. 1906, 306; Recht 1916 N. 658 (RG.); 1921 N. 1278 (RG.).

[7]) Recht 1920 N. 612 (RG.); JW. 1915, 1191 (RG.).

[8]) Recht 1921 N. 2783 (RG.).

[9]) Staudinger-Kober, Bem. 5a zu § 482; Planck, Bem. 2 zu § 482; Neumann, Bem. 2 zu § 482; Krückmann, BayZ. 1907, 29; RheinA. 111 I, 101 (Köln); OLG. 8, 73 (Augsburg); Recht 1910 N. 3732 (Hamburg); SeuffBl. 77, 150 (Stuttgart); Schl. Holst. A. 1906, 145 (Kiel); Stölzle 287 ff. und die von ihm mitgeteilten Urteile der LG. Braunschweig, Liegnitz, Stendal, Bremen, Gießen, Mainz. A. M. dagegen OLG. 23, 30 (Posen); RGK., Bem. 8 zu § 463.

[10]) Recht 1915 Nr. 2474; 1922 Nr. 419 (RG.); a. M. Hellbach im Recht 1905, 6.

[11]) Auch ein Dritter, der als Mittäter oder Gehilfe des Verkäufers an der betrügerischen Vorspiegelung teilgenommen, soll nach RG. 103, 161 auf Schadenersatz wegen Nichterfüllung haften, obwohl keinerlei Vertragsband zwischen ihm und dem Geschädigten besteht.

wegen Nichterfüllung auch dann, wenn das Vorhandensein der vorgespiegelten Eigenschaft nicht vertragsmäßig zugesichert wurde[12]).

Eine Zusicherung liegt bekanntlich nur vor, wenn sie Inhalt des Vertrags ist. Hat der Verkäufer dem Käufer während der Vertragsverhandlungen wider besseres Wissen versichert, daß das Pferd fromm sei, ist dann aber beim Vertragsschluß jegliche Gewährleistung ausgeschlossen oder in der über den Vertrag aufgenommenen Urkunde, die über die Frömmigkeit nichts enthält, die Gültigkeit mündlicher Abreden ausgeschlossen, so liegt trotz der vorher erfolgten Versicherung der Frömmigkeit keine Zusicherung im Sinne der §§ 459 Abs. 2, 463 BGB. vor[13]). Gleichwohl stellt das Reichsgericht auf, daß in einem solchen Falle der Käufer so zu stellen ist, wie er stehen würde, wenn ihm die Eigenschaft (Frömmigkeit) vertragsmäßig zugesichert wäre. Dann kommt es natürlich hinsichtlich des Minderwertes des Tieres nicht darauf an, ob der Käufer durch die Vorspiegelung in seinem Willen beeinflußt wurde und auch nicht darauf, ob der Verkäufer auch zu dem geringeren Preise, der dem Verkäufer bei der Schadenberechnung gutgeschrieben wird, das Pferd abgegeben hätte[14]). Nur muß man dabei im Auge behalten, daß dieser vom Reichsgericht verliehene Schadenersatzanspruch nicht wie ein Anspruch aus der unerlaubten Handlung, sondern wie ein Anspruch aus dem Vertrag zu behandeln ist[15]). Er unterliegt deshalb auch nicht der dreijährigen Verjährung des § 852 BGB., sondern der dreißigjährigen Verjährung[16]).

Aber nur bei Vorspiegelung einer sachlichen Eigenschaft der Kaufsache, nicht auch bei Vorspiegelung eines anderen, für den Entschluß des Käufers noch so wesentlichen Umstandes (z. B. falsche Angabe des Selbstkostenpreises) spricht das Reichsgericht den Anspruch aus § 463 zu[17]).

Die analoge Anwendung des § 463 auf betrügliche Vorspiegelung einer Eigenschaft wird von der Wissenschaft fast einmütig und zuweilen auch von der Rechtsprechung mit durchschlagender Begründung abgelehnt[18]). Die neueren Entscheidungen des RG. erwähnen diesen Widerspruch und halten an dem früheren Standpunkt fest, ohne eine Widerlegung der Gegengründe zu versuchen[19]). Es handelt sich hiebei zweifellos um eine rechtsschöpfende Rechtsprechung des Reichsgerichts, die einem Bedürfnis des Rechtsschutzes entspricht und auf der morali-

---

12) JW. 1907, 670; 1910, 934; 1911, 808; 1912, 137; 1913, 198; 1922, 259; RG. 63, 112; 66, 338; 83, 241; 92, 295; 96, 156; 103, 154; Warneyer 1913 Nr. 282; 1915 Nr. 230; Recht 1915 Nr. 1039; 1911 Nr. 3446; 1912 Nr. 2024; 1913 Nr. 331; 1919 Nr. 1374 u. 1375; 1920 Nr. 612; BayZ. 1922, 260. Ebenso Werner im Recht 1905, 303; Jeß im Recht 1914, 81; Kiehl in JW. 1914, 501; JW. 1912, 220 (Kiel).

13) Warneyer 1910 Nr. 383. Das wird wohl auch der Sinn der unklaren Ausführung Stölzles 299 sein sollen.

14) Recht 1915 Nr. 1039 (RG.).

15) Gruchot 53, 360 (RG.); vgl. RG. 96, 156; 103, 154; Warneyer 1912 Nr. 198; 1913 Nr. 282.

16) RG. 66, 86; 67, 146; 78, 58.

17) JW. 1910, 934; 1911, 213. — Dagegen wendet sich Hagen, JW. 1911, 348.

18) Mathiesen in JW. 1908, 60 und im Recht 1908, 500 u. 739; Cohn, JW. 1913, 1010; Riehl, DJZ. 1917, 377; Oertmann, Anm. 5 zu § 463; Staudinger, Bem. 3 c zu § 463; Recht 1908 Nr. 2784 (Kiel); SeuffA. 65 Nr. 144 (Dresden); Fuchs, DJZ. 1914, 913.

19) RG. 92, 295; 103, 154.

schen Erwägung beruht, daß sich der Betrüger nicht beschweren kann, wenn man ihn beim Worte nimmt.

Für den Viehkauf besteht kein Raum zur Anwendung dieses der Analogie entnommenen Rechtssatzes. Denn hier ist positiv bestimmt, daß der Verkäufer **aus dem Vertrag nur** für die Hauptmängel (§ 482 Abs. 1 BGB.) und für vertragsmäßig zugesicherte Eigenschaften (§§ 459 Abs. 2, 492 BGB.) haftet. Beim Viehkauf kann daher die wegen arglistigen Verschweigens gesteigerte vertragliche Haftung aus § 463 nur in Frage kommen, wenn sich das Verschweigen auf einen Hauptmangel bezieht; für einen anderen Fehler haftet der Verkäufer nach dem Gesetze nicht und infolgedessen ist der Analogieschluß, daß bei betrügerischer Vorspiegelung einer Eigenschaft die gleiche Schadenersatzpflicht bestehen müsse wie bei arglistigem Verschweigen irgendeines Mangels, beim Viehkauf nicht zulässig. Das entspricht auch der Auffassung des Reichsgerichts[20].

Der Käufer, dem eine Eigenschaft betrüglich vorgespiegelt wurde, ist deswegen nicht rechtlos gestellt. Nur der Schadenersatzanspruch wegen Nichterfüllung steht ihm nicht zu; er kann den Vertrag anfechten und Schadenersatz wegen der unerlaubten Handlung verlangen. Freilich geht der Schadenersatz wegen unerlaubter Handlung nicht so weit, wie der Schadenersatz wegen Nichterfüllung (s. hierüber oben S. 35). Aber das entspricht dem Willen des Gesetzgebers, der beim Viehkauf einen vertraglichen Gewährleistungsanspruch wegen anderer Mängel als Hauptmängel und des Mangels vertragsmäßig zugesicherter Eigenschaften versagt. Der Wille des Gesetzgebers steht einem Analogieschluß, durch welchen ein **Vertragsanspruch** wegen anderer Mängel eingeführt würde, entgegen. Die gegenteilige von Stölzle 299 vertretene Ansicht ist unhaltbar; denn sie führt, wie auch Stölzle 300 selbst annimmt, dazu, dem Käufer auch den Wandlungsanspruch zu verleihen[21], der durch § 482 BGB. ausdrücklich ausgeschlossen ist. Stölzles Ansicht bedeutet eine Durchkreuzung des vom Gesetzgeber mit der Sonderregelung der Viehgewährschaft verfolgten Zweckes (s. hierüber oben § 1 I S. 12).

II. **Voraussetzungen der gesteigerten Haftung** (sowohl im Falle der Zusicherung, als im Falle des arglistigen Verschweigens) sind:

1. **Zur Zeit des Kaufes muß der Mangel** (Mangel der zugesicherten Eigenschaft bzw. Hauptmangel) **vorhanden sein**. Die **Beweislast** hierfür trifft den Käufer. Eine gesetzliche Vermutung, wie im Falle des § 484, steht ihm nicht zur Seite. Wenn allerdings Kaufabschluß und Gefahrübergang zeitlich nahe zusammenfallen, dann

---

[20] RG. 102, 307 (V. Senat, der für den gemeinen Kauf den Analogieschluß begründet und ausgebaut hat). In jenem Fall hatte der Verkäufer von dem bei ihm stehenden Verdacht der Verkalbungsseuche im Bewußtsein der Erheblichkeit des Verdachts nicht nur keine Mitteilung gemacht (arglistiges Verschweigen), sondern sogar auf die Frage des Käufers das Vorhandensein der Seuche verneint (betrügliche Vorspiegelung der Seuchenfreiheit).

[21] Das RG. steht ja auf dem Standpunkt, daß derjenige, der eine Eigenschaft betrügerisch vorgespiegelt hat, sich so behandeln lassen muß, als ob er die Eigenschaft vertragsmäßig zugesichert hätte (RGK. Bem. 5 zu § 463); JW. 1913, 197 (RG.); SchlHolstA. 1915, 74 (RG.); LZ. 1919, 691 (RG.); Recht 1919 Nr. 1375 (RG.); Kiehl in JW. 1914, 501; Gruchot 53, 360 (RG.).

kommt die dem Käufer nach § 484 zustehende Vermutung *mittelbar* auch seiner Beweisführung für das Vorhandensein des Mangels zur Zeit des Vertragsabschlusses zustatten [22].

Die *Zusicherung kann auch erst nach Abschluß des Vertrages* in wirksamer Weise erteilt werden. Dann tritt dieser Zeitpunkt an die Stelle des Abschlußaugenblicks [23]. Dagegen kann ein nach dem Vertrag liegendes Verhalten des Verkäufers den Schadenersatzanspruch aus § 463 nicht begründen [23a].

2. *Die Voraussetzungen des Anspruchs auf Wandlung müssen gegeben sein* [24]. Wer nicht berechtigt ist, die Wandlung zu verlangen, kann auch nicht den Schadenersatzanspruch des § 463 erheben. Es müssen *alle* Voraussetzungen des Wandlungsanspruchs gegeben sein und dazu kommt dann noch das weitere Erfordernis, daß der Mangel schon zur Zeit des Kaufabschlusses vorhanden gewesen sein muß. Die gesteigerte Haftung tritt also insbesondere dann nicht ein, wenn der Käufer den Mangel beim Abschlusse des Kaufes gekannt hat (§ 460) oder in Kenntnis des Mangels vorbehaltslos angenommen hat (§ 464). Dagegen schließt in beiden Fällen eine auf grober Fahrlässigkeit beruhende Unkenntnis des Mangels die gesteigerte Haftung nicht aus. — Im Falle der Zusicherung muß bei Vereinbarung einer Gewährfrist insbesondere auch die Mängelanzeige rechtzeitig erfolgt sein. (Vgl. oben S. 101).

3. Dagegen ist ein Kausalzusammenhang zwischen der arglistigen Täuschung oder der Zusicherung und dem Vertragsabschluß nicht erforderlich [25].

III. *Inhalt der gesteigerten Haftung.*

1. *Statt der Wandlung* kann der Käufer Schadenersatz wegen Nichterfüllung verlangen. Der Schadenersatzanspruch kann also nicht *neben* dem Wandlungsanspruch geltend gemacht werden. Entscheidet sich der Käufer für den Schadenersatzanspruch, so verwirkt er das Wandlungsrecht erst dann, wenn der Ersatz geleistet oder wenigstens der Verkäufer sich mit der geforderten Ersatzleistung einverstanden erklärt hat oder rechtskräftig zum Ersatz verurteilt ist [26]; in gleicher Weise entzieht das bloß einseitige Wandlungsbegehren dem Käufer noch nicht das Recht, hiervon zum Schadenersatzanspruch überzugehen [27].

Wenn der Kläger Wandlung und Schadenersatz nebeneinander verlangt, so hat der Richter (im Versäumnisverfahren aus dem Inhalt der Klage, sonst durch Ausübung seines Fragerechts) festzustellen,

---

22) Vgl. dagegen Stölzle 299.

23) Schneider 165.

23a) SeuffA. 77 Nr. 65. Ebenso für Arglist „Recht" 1915 Nr. 2474 N. 9.

24) JW. 1911, 93 (RG.). Vgl. dagegen Wolff in JhJ. 56, 56 ff.

25) JW. 1915, 1191 (RG.); Recht 1916 Nr. 658 (RG.). Dem Verkäufer steht dagegen die von ihm zu beweisende Einrede der Kenntnis des Kaufes zu.

26) Oertmann, Bem. 6a zu § 463; Planck, Bem. 3 zu § 463; Staudinger, Bem. 2 zu § 463. (Holdheim 1911, 309 [RG.]).

27) SeuffArch. 59 Nr. 251. Anders, wenn die Wandlung vollzogen ist (§ 465). Nach Gruchot 62, 789 wird der Anspruch aus § 463 noch nicht in jedem Fall dadurch ausgeschlossen, daß der Käufer die Sache zurückgibt und sich den Kaufpreis zurückerstatten läßt. Darin liegt nicht notwendig der Vollzug der Wandlung, so namentlich dann nicht, wenn sich der Käufer weitergehende Ansprüche vorbehalten hat (vgl. RG. 90, 332).

welcher Anspruch der hauptsächliche sein soll[28]). Dieser ist, falls die Voraussetzungen hierfür gegeben sind, zuzusprechen; im übrigen ist die Klage abzuweisen. Es ist jedoch zu beachten, daß eine Verbindung des Wandlungs- mit dem Deliktsanspruch durchaus zulässig ist, s. oben S. 36 ff. Da der Ersatzanspruch aus § 463 als vertraglicher Anspruch einen bestehenden Vertrag voraussetzt, so ist für ihn kein Raum, wenn die Anfechtung aus § 123 oder § 119 rechtswirksam erklärt ist[29]).

Gemäß § 253 Z. 2 ZPO. muß der Antrag der Klage bestimmt sein[30]). Eine Klage auf Verurteilung zum Schadenersatz unter Vorbehalt der Berechnung des Schadens ist deshalb nur unter den Voraussetzungen des § 256 ZPO. zulässig[31]). Das dort geforderte Interesse kann insbesondere mit Rücksicht auf den drohenden Ablauf der Verjährungsfrist gegeben sein.

2. Schadenersatz wegen Nichterfüllung kann der Käufer verlangen. (Über den Unterschied vom Minderungsanspruch s. oben unter I.)

Hierdurch ist dem Käufer nicht etwa das Recht eingeräumt, sich auf den Standpunkt zu stellen, als habe der Verkäufer überhaupt nicht erfüllt, also das Tier zurückzuweisen und Schadenersatz wegen Nichterfüllung des Vertrages zu wählen, vielmehr kann der Käufer nur geltend machen, der Verkäufer habe in dieser Beziehung[32]) den Vertrag nicht erfüllt, indem das gelieferte Tier den Hauptmangel habe, dessen Vorhandensein der Verkäufer arglistig verschwiegen hat (bzw. indem dem gelieferten Tiere die zugesicherte Eigenschaft fehle), und es kann deshalb dieses Recht nur dann zur Zurückweisung des Tieres und zum Schadenersatz wegen Nichterfüllung des Vertrages führen, wenn der Käufer an dem Tier im mangelhaften Zustande kein Interesse hat[33]).

Der Schadenersatzanspruch bemißt sich nach den allgemeinen Vorschriften der §§ 249 ff.

a) Der Umfang des Schadens wird durch den Grundsatz bestimmt, daß der Schadenersatzpflichtige rücksichtlich der Vermögenslage des Käufers (vgl. § 253, s. unten S. 151) das wirtschaftliche Ergebnis herzustellen hat, das bestehen würde, wenn der zum Ersatz verpflichtende Umstand nicht eingetreten wäre (§ 249 Satz 1 mit § 251 Satz 1)[34]), das ist also hier, wenn das Tier die zugesicherte Eigenschaft gehabt bzw. den Hauptmangel nicht gehabt hätte. Der Verkäufer haftet also nur dafür, daß dem

---

[28]) Es ist nicht angängig, den Wandlungsanspruch bloß deshalb abzuweisen, weil gleichzeitig der Vertragsanspruch auf Schadenersatz erhoben ist (Recht 1908 Nr. 3774 [RG.]). Nach durchgeführter Wandlung können Vertragsansprüche auf Schadenersatz aus § 463 nicht mehr erhoben werden (SeuffBl. 73, 423 [Bamberg]).

[29]) Recht 1921 Nr. 1278 (RG.).

[30]) Der Betrag muß mindestens durch den Richter bestimmbar sein. Vgl. RG. 21, 387; 23, 346.

[31]) RG. 21, 387.

[32]) Vgl. JW. 1916, 672.

[33]) Oertmann, Bem. 5 zu § 463 u. dort. Nachweise; Staub, Anm. 80 zu § 377; Planck, Bem. 4 zu § 463. A. M. Staudinger, Bem. 8 zu § 463 u. dortige Nachweise; JDR. 1917, 197 (Stuttgart); Kiehl bei Gruchot 60, 622; RG. 52, 352; 53, 92; 90, 332; JW. 1902 Beil. S. 235. In JW. 1916, 672 gibt das RG. zu, daß diese Ansicht (RG. 52, 352; 53, 92) allerdings bedenklich sein könne. Vgl. hierzu unten Anm. 41.

[34]) Vgl. Planck, Bem. 2 zu § 249.

Käufer der Vertrag bezüglich der betreffenden Eigenschaft unerfüllt ist[35]). Damit sind positiv und negativ die Grenzen der Ersatzpflicht gezogen. Der Käufer soll in seinem Vermögen alles das haben, was er haben würde, wenn die Eigenschaft vorhanden gewesen wäre; er soll aber auch nicht mehr haben; d. h. nur derjenige Schaden ist zu ersetzen, welcher sich als Folge des zum Schadenersatz verpflichtenden Umstandes (als Folge des Mangels) darstellt (vgl. unten Anm. 41).

Hat z. B. der Verkäufer die Zugfestigkeit des Pferdes zugesichert, nicht aber die Frömmigkeit, so haftet er nicht dafür, daß das Pferd, welches nicht zugfest, aber auch nicht fromm ist, durch Ausschlagen im Stalle ein anderes Pferd verletzt; wohl aber haftet er dafür, wenn er auch die Frömmigkeit zugesichert hat. Im andern Fall würde er haften, wenn das Pferd im Geschirr, als es die nötigen Hilfen zum Anziehen erhält, über die Stränge schlagen und dadurch Schaden anrichten würde.

Hat die verkaufte Kuh die vom Verkäufer arglistig verschwiegene Lungenseuche, aber auch die Maul- und Klauenseuche, so haftet der Verkäufer beim Mangel einer auf die Maul- und Klauenseuche bezüglichen Zusicherung nicht (aus § 463) dafür, daß das verkaufte Tier andere Tiere mit der Maul- und Klauenseuche ansteckt, denn die Maul- und Klauenseuche ist kein (gesetzlicher) Hauptmangel.

b) Nur der Vermögensschaden soll ersetzt werden; wegen eines Schadens, der nicht Vermögensschaden ist, kann Geldentschädigung nicht verlangt werden. (§ 253.)

Beispiel: Der Käufer kann infolge eines Mangels das gekaufte Pferd nicht bei dem Jagdrennen mitreiten, an welchem nur die Besitzer eigener Pferde teilnehmen dürfen. Hierwegen kann er, so sehr er sich darüber ärgern mag und wenn er auch das Vergnügen nicht für 100 Mk. hergegeben hätte, keinen Ersatz verlangen. Wohl aber dann, wenn er auch auf einem gemieteten Pferde mitreiten durfte und ein Pferd zu diesem Zwecke nur für 100 Mk. mieten konnte[36]). Es kann aber § 254 eingreifen. Auch kann der Käufer keinen Schadenersatz deshalb beanspruchen, weil das als fromm zugesicherte, in Wahrheit bösartige Pferd den Käufer, der das Pferd geritten hat, in Lebensgefahr brachte und ihm dadurch Schrecken zufügte, der ohne nachteiligen Einfluß auf seine Erwerbsfähigkeit blieb. Auch Schmerzensgeld kann nicht beansprucht werden.

c) Die Art der Ersatzleistung anlangend, so soll

α) der Ersatz, soweit dies tunlich ist, dadurch geleistet werden, daß der Verkäufer den Zustand in natura herstellt, welcher bestehen würde, wenn das Tier die zugesicherte Eigenschaft gehabt bzw. den Hauptmangel nicht gehabt hätte. (§ 249.) Dazu kann ihm der Käufer eine angemessene Frist setzen mit

---

[35]) Eccius 336; s. aber unten Anm. 41.

[36]) Nach einer von Warneyer, Jahrb. 2, 24 mitgeteilten Entscheidung des OLG. Dresden soll wegen der zeitweisen Unmöglichkeit der Benützung eines zum Vergnügen gehaltenen Reitpferdes Ersatz in Geld verlangt werden können.

der Erklärung, daß er die Herstellung nach dem Ablaufe der Frist ablehne. (§ 250.)[37])

Die Naturalherstellung besteht darin, daß der Verkäufer dafür sorgt, daß das Tier die zugesicherte Eigenschaft erhält (den Hauptmangel verliert). Das wird nur in seltenen Fällen tunlich sein; sicher nicht bei Hauptmängeln, regelmäßig wohl auch nicht bei anderen Mängeln, deren Nichtvorhandensein zugesichert ist; denn soweit es sich um organische Fehler handelt, ist ein Ausbessern schlechterdings unmöglich; soweit es sich um Fehler des Charakters und Temperaments handelt, liegt eben ein Hang vor, der die Gefahr des Rückfalls so nahe legt, daß von einer Abgewöhnung nicht wohl gesprochen werden kann. Aus dem gleichen Grunde wird dies im allgemeinen auch für Eigenschaften zutreffen; nur bei gewissen Eigenschaften, welche den Tieren angelernt zu werden pflegen, wird eine Herstellung in obigem Sinne tunlich sein (Gewöhnung eines Ochsen an den Zug, Zureiten eines Pferdes, Gewöhnung an das Artilleriefeuer oder Hürdennehmen usw.). Auch die Trächtigkeit läßt sich zumeist herstellen[38]), freilich wird hieran der Käufer infolge der Verspätung regelmäßig kein Interesse haben.

β) Soweit nun eine solche Herstellung nicht tunlich oder zur Ausgleichung der Vermögenslage nicht genügend ist (oder auch in Gemäßheit des § 250 abgelehnt ist), hat der Verkäufer Geldentschädigung zu leisten. (§ 251.) Diese Geldentschädigung ist auch bei Stundung des Kaufpreises in bar zu leisten[39]).

Die Geldentschädigung muß die positive Vermögenseinbuße und den entgangenen Gewinn ersetzen.

Als positive Vermögenseinbuße kommen in Betracht: der Minderwert des Tieres infolge des Mangels[40]), die Aufwendungen, welche infolge der Unbenützbarkeit des Tieres für einstweiligen Ersatz gemacht werden mußten; der Schaden, welchen das Tier infolge des Mangels angerichtet hat (z. B. Beschädigung von Personen oder Sachen, Ansteckung anderer Tiere); alle durch den Mangel verursachten Verwendungen und Unkosten (z. B. Kosten der Krankheit); s. die Anm. 41 S. 153.

Wenn nun aber infolge des Mangels das Tier für den Käufer (wobei dessen persönliche Verhältnisse maßgebend sind) insofern

---

[37]) Vgl. Staub, Anm. 54 zu § 377. Unrichtig Stölzle 303. Die von ihm angeführten Zitate sind nicht einschlägig. Staudinger, Bem. VI b zu § 462 hat nur den Regelfall, nicht den Ausnahmefall einer Schadenersatzpflicht nach § 463 im Auge.

[38]) Kann man die Eigenschaft herstellen, so ist daneben immer noch der Schaden zu ersetzen, der infolge des zeitweiligen Nichtvorhandenseins der Eigenschaft eingetreten ist.

[39]) BayZ. 1911, 308 (RG.).

[40]) JW. 1905, 285 (RG.), wo darauf hingewiesen wird, daß bei Feststellung des Minderwerts nicht die in § 472 aufgestellten Grundsätze für Feststellung des Betrags, um den der Kaufpreis herabzusetzen sei, zur Anwendung kommen. Über Berechnung des Minderwerts vgl. RG. 62, 384. Vorausgesetzter, aber beim Kauf nicht erwähnter außerordentlicher Wert der Sache kommt bei Berechnung des Minderwerts und Schadenersatzes nicht in Betracht. BayZ. 1906, 140 (RG.). Daß der Käufer das Tier mit Gewinn weiterveräußert hat, schließt nicht ohne weiteres aus, daß er infolge des Mangels Schaden durch den Minderwert erlitten hat. Er kann geschädigt sein, wenn er beim Weiterverkauf von einer Zusicherung der Eigenschaft, weil sie nicht vorhanden war, Abstand nehmen mußte und das mit der Eigenschaft ausgestattete Tier zu einem noch höheren Preise hätte verkaufen können. Dagegen ist er nicht geschädigt, wenn er die Eigenschaft auch seinem Abkäufer zugesichert hat und dieser wegen des Mangels der Eigenschaft keine Ansprüche erhoben hat (JW. 1917, 709 [RG.]).

keinen Wert hat, als er es überhaupt nicht brauchen kann, so kann der Käufer neben seinen sonstigen Ersatzansprüchen die Rückzahlung des ganzen Kaufpreises verlangen; da er nicht bereichert werden darf, hat er selbstredend dann das Tier zurückzugeben. Im Ergebnis führt hier die Leistung der Geldentschädigung zur Aufhebung des Vertrages. So kann auch nach jetzigem Recht das positive Vertragsinteresse des Käufers die Auflösung des Vertrages in sich schließen[41]). Dies ist dann der Fall, wenn der Käufer dartun kann, daß der Mangel der zugesicherten Eigenschaft (das Vorliegen des Hauptmangels) sein Interesse an dem Haben des Tieres völlig aufhebt[42]). Damit ist das Interesse des Käufers aber regelmäßig noch nicht ausgefüllt; er kann daneben verlangen den allenfallsigen Mehraufwand, welchen der Ersatz des Tieres erfordert, und außerdem jede Vermögenseinbuße, die ihm durch den Besitz des mangelhaften Tieres zugegangen ist.

Den Gewinnentgang kann der Käufer fordern (§ 252). Hiernach gilt als entgangen der Gewinn, welcher nach dem gewöhnlichen Laufe der Dinge oder nach den besonderen, vom Käufer zu beweisenden[43]) Umständen, insbesondere nach den getroffenen Anstalten und Vorkehrungen erwartet werden konnte. Es genügt nicht die Möglichkeit eines Gewinnes (z. B. die Aussicht auf Gewinn bei einem Rennen)[44]), andererseits ist auch nicht absolute Gewißheit erforderlich. Hier kommt insbesondere der Verdienstentgang in Betracht, ferner der Gewinn, welcher durch die Weiterveräußerung des Tieres hätte erzielt werden können[45]).

Beispiele: Ein Militärarzt hat sich für die Schießübungen ein Pferd gekauft unter der Zusicherung des Verkäufers, daß das Pferd das Artilleriefeuer vertrage. Der Arzt will statt der Wandlung Schadenersatz wegen Nichterfüllung verlangen, wozu die Voraussetzungen gegeben sind. Regelmäßig wird man das Pferd feuerfromm machen können, nur ganz nervöse Pferde lassen sich an das Feuer nicht gewöhnen. Der Verkäufer hat daher das Pferd auf seine Kosten an das Feuer gewöhnen zu lassen. Ist dies geschehen, dann hat der Käufer, was er haben würde, wenn die Eigenschaft vorhanden gewesen wäre; aber er hat es später oder m. a. W. er

[41]) Planck, Bem. 4 zu § 463; Staudinger, Bem. 8 a, Schollmeyer, JhJ. 49, 98; Eccius 336; OLG. 4, 37; Oertmann, Bem. 6 b; Kipp, Gutachten zum 27. DJT. 1, 228; Werner im Recht 1905, 303. Dagegen nehmen RG. 50, 263; 52, 355; RGK. Bem. 4 zu § 463; Staub, Anm. 87 zu § 377, sogar an, daß der Käufer sich gemäß § 463 unter allen Umständen auf den Standpunkt stellen kann, daß infolge der Mangelhaftigkeit der Lieferung der ganze Vertrag als nicht erfüllt anzusehen sei und dieses Recht des Verkäufers nicht an die Voraussetzung geknüpft ist, daß der Käufer an dem Kaufgegenstand in mangelhaftem Zustand kein Interesse habe. Vgl. aber JW. 1916, 672 und oben Anm. 33; Stölzle 300 will anscheinend die Zurückweisung des Kaufgegenstandes unter keinen Umständen zulassen.

[42]) Vgl. Seuffert, Pand. § 266 Note 2.

[43]) Cosack § 91 Z. 4, c. Käufer hat zu beweisen, daß der Gewinn gemacht worden wäre. Durch § 252 wird die Vermutung begründet, daß der Gewinn, welcher nach den dort bezeichneten Umständen mit Wahrscheinlichkeit erwartet werden konnte, gemacht worden wäre. Dem Verkäufer steht der Gegenbeweis offen, daß der Gewinn nicht gemacht worden wäre (Laubhardt bei Gruchot 54, 533.

[44]) ObLG. 9, 477.

[45]) Es besteht nicht die Beschränkung, daß etwa nur der Entgang desjenigen Gewinns verlangt werden kann, der zur Zeit des Kaufs nach den in Satz 2 des § 252 bezeichneten Umständen mit Wahrscheinlichkeit erwartet werden konnte (Laubhardt bei Gruchot 54, 533).

hat noch nicht das, was er gehabt hätte, wenn die Eigenschaft vorhanden gewesen wäre. Unter Umständen kann der Arzt gleichwohl genügend entschädigt sein, z. B. wenn bis zur Gewöhnung des Pferdes das Feuer bei der Abteilung des Arztes nur markiert wurde. Meistens aber wird die nachträgliche Herstellung allein nicht genügen; dann ist neben der Herstellung Geldersatz dafür zu leisten, daß bezüglich der Eigenschaft erst später erfüllt wurde. Der Militärarzt mußte 3 Tage lang ein Fuhrwerk nehmen und hierfür täglich 20 Mk. bezahlen; dafür hat der Verkäufer aufzukommen. Oder der Militärarzt hat im Vertrauen auf die Zusicherung das Pferd geritten, beim ersten Schuß ist das Pferd durchgegangen und hat hierbei einen Dritten verletzt, dem der (gemäß § 833 haftbare) Arzt 900 Mk. Entschädigung zahlen muß. Der Verkäufer muß auch dafür aufkommen.

Läßt sich dagegen das Pferd, weil es nervös ist, nicht an das Feuer gewöhnen, so muß der Verkäufer in Geld entschädigen. Da der Militärarzt für ein solches Pferd überhaupt keine Verwendung hat, wird er den Kaufpreis und alles, was er für das Pferd aufgewendet hat (Fütterungs- und Verpflegungskosten) zurückfordern und dafür das Pferd hergeben; daneben kann er den im Vergleich zur Haltung eines Pferdes entstehenden Mehraufwand für Gefährtegelder, Ersatz für die durch das Pferd zugefügten Verletzungen, Mehraufwand für die Anschaffung eines anderen (entsprechenden) Pferdes verlangen. —

Der Besitzer eines Pferdeverleihinstituts hat sich beim Kauf eines Pferdes zusichern lassen, daß es über die Hürden gehe. Das ist nicht der Fall. Wenn dem Pferd die Eigenschaft nicht nachträglich beigebracht werden kann, wird gleichwohl der Käufer (der nicht die Wandlung, sondern Schadenersatz wegen Nichterfüllung verlangt), das Pferd behalten müssen und neben seinen sonstigen Ersatzansprüchen nur Ersatz des Minderwertes verlangen können; denn er wird wohl das Pferd trotz des Mangels brauchen können.

d) Zur Herstellung des Kausalzusammenhanges zwischen Schaden und Mangel ist aber weder erforderlich, daß der Mangel die alleinige und ausschließliche Ursache des Schadens, noch daß der Schaden die notwendige und unvermeidliche Folge des Mangels gewesen sei. In ersterer Hinsicht ist nur erforderlich, daß die anderen Tatsachen, welche zur Herbeiführung des Schadens neben der Mangelhaftigkeit des Tieres eingewirkt haben, nicht schon für sich dieselbe Wirkung gehabt hätten. In letzterer Hinsicht darf die bloße Möglichkeit, trotz des Mangels den Schaden zu vermeiden, nicht berücksichtigt werden[46]).

Der Kausalzusammenhang zwischen Nichterfüllung und Schaden liegt also auch bei dem sogen. mittelbaren Schaden vor[47]), d. i. bei jenem Schaden, der dem Erwerber nur infolge besonderer und individueller Umstände zugeht[48]).

Der Käufer kann z. B. infolge der mangelhaften Lieferung einen seinerseits geschlossenen Lieferungsvertrag nicht erfüllen und muß

---

[46]) Völderndorff 96; vgl. Haß in Jherings Jahrbüchern 37, 399.
[47]) LZ. 1916, 1293 (RG.).
[48]) LZ. 1916, 1293 (RG.); Völderndorff 93; vgl. Haß in Jher. Jahrb. 37, 399.

daher 1000 Mk. Konventionalstrafe zahlen; der Verkäufer muß dafür aufkommen. Voraussetzung ist jedoch, daß der Käufer dem Verkäufer Kenntnis von der Ausbedingung der Konventionalstrafe gegeben hat, da ihn sonst ein mitwirkendes Verschulden trifft (s. unten e).

Oder der Käufer versäumt infolge des Mangels (z. B. Dämpfigkeit des Pferdes) einen Gerichtstermin; der Verkäufer muß für die Kosten des Versäumnisurteils aufkommen.

Der Käufer muß seinen Stall, der durch das rotzkranke Pferd infiziert wurde, desinfizieren lassen; die hierfür aufgewendeten Kosten hat der Verkäufer zu ersetzen[49].

e) Mitwirkendes Verschulden des Käufers. Die allgemeinen Regeln über den Kausalzusammenhang werden durch § 254 in gewisser Beziehung durchbrochen: Hat bei der Entstehung des Schadens ein Verschulden des Beschädigten mitgewirkt, so hängt die Verpflichtung zum Ersatze, sowie der Umfang des zu leistenden Ersatzes von den Umständen, insbesondere davon ab, inwieweit der Schaden vorwiegend von dem einen oder dem anderen Teile verursacht worden ist. Dies gilt auch dann, wenn sich das Verschulden des Beschädigten darauf beschränkt, daß er es unterlassen hat, den Verkäufer auf die Gefahr eines ungewöhnlich hohen Schadens aufmerksam zu machen, die der Verkäufer weder kannte noch kennen mußte, oder daß er unterlassen hat, einen Schaden abzuwenden oder zu vermindern. Hierbei hat der Schuldner nach § 254 mit § 278 ein Verschulden seines gesetzlichen Vertreters und der Personen, deren er sich zur Erfüllung seiner Verbindlichkeiten bedient, in gleichem Umfange zu vertreten wie eigenes Verschulden.

Der Käufer eines Pferdes, dem der Verkäufer zugesichert hat, daß es das Artilleriefeuer vertrage, entdeckt den Mangel dieser Eigenschaft, indem er sieht, daß das Pferd, sobald ein Geschütz abgefeuert wird, durchgeht. Der Käufer setzt sich gleichwohl wieder auf das Pferd, als neuerdings abgefeuert wird. Das Pferd geht durch, stürzt und der Käufer bricht hierbei das Bein. Der Verkäufer ist für den Beinbruch regelmäßig nicht ersatzpflichtig.

Der Droschkenkutscher, der infolge des Mangels das gekaufte Pferd nicht benützen kann, darf nur für so viele Tage Entschädigung wegen Entganges der Einnahme fordern, als er bei vernünftiger Handlungsweise brauchen durfte, um ein anderes Pferd einzustellen. Dabei kann freilich eine allenfallsige Mittellosigkeit des Kutschers von großem Einfluß sein[50].

Hat der Käufer eines rotzkranken Pferdes nach der Entdeckung verdächtiger Erscheinungen nicht sofort die nötigen Schutzmaßregeln getroffen (Isolierung, Desinfektion)[50a], so hat er für die infolge dieser Vernachlässigung eingetretene Ansteckung anderer Pferde keinen Ersatzanspruch[51].

---

[49]) Völderndorff 93.

[50]) A. M. Scherer, Viehgewährschaftsrecht: „Der Einwand des Käufers, er habe kein Geld zur Beschaffung eines anderen Tieres gehabt, wird nicht zugelassen, weil der Geldmangel eine selbständige Schadensursache ist.“ M. E. trifft das nicht zu; der Geldmangel hat den Schaden nicht selbständig verursacht; er hat nur bei dem Schaden mitgewirkt.

[50a]) Vgl. hierzu unten § 38.

[51]) Dieckerhoff 118.

Insbesondere kann in der Unterlassung der Beiziehung eines Tierarztes ein die Ersatzpflicht des Verkäufers ausschließendes oder beschränkendes Verschulden des Käufers gefunden werden.

3. Die Verjährung des Anspruchs auf Schadenersatz wegen Nichterfüllung tritt im Falle der Zusicherung in sechs Wochen ein vom Ende der Gewährfrist an oder wenn eine solche nicht in Betracht kommt (s. hierüber oben S. 88), von der Ablieferung des Tieres an (§ 490); im Falle des arglistigen Verschweigens eines Hauptmangels oder des Mangels einer zugesicherten Eigenschaft in dreißig Jahren (§§ 477 Abs. 1, 478 Abs. 2)[52].

4. Über die Zuständigkeit s. unten § 29 I.

§ 25.

Anspruch auf fehlerfreie Ersatzlieferung beim Gattungskauf.

I. Wesen der Gattungsschuld.

Gattungsschuld ist ein Schuldverhältnis, bei welchem nicht individuell bestimmte Sachen geschuldet werden, sondern Sachen, die nur nach gewissen einheitlichen Merkmalen bezeichnet sind[1]).

Den Gegensatz zu der Gattungsschuld bildet die Speziesschuld; sie liegt vor, wenn die Vertragsteile den Vertragsgegenstand nicht nur nach Merkmalen bezeichnet, sondern ihren Vertragswillen auf einen konkreten Gegenstand gerichtet haben[2]). Hierzu ist die Willenseinigung beider Teile erforderlich, daß sich der Vertrag auf die Leistung eines bestimmten Gegenstandes konzentriert und mit einem anderen Gegenstand nicht erfüllt werden kann[3]). Es genügt also nicht, daß der Verkäufer beim Vertragsschluß die Lieferung einer bestimmten Sache ins Auge gefaßt und hiervon sogar gesprochen hat[4]). Die Speziesschuld kann auch in einer künftigen Sache bestehen[5]), z. B. das Fohlen, mit dem die Stute Niobe trächtig geht.

Innerhalb einer Gattung lassen sich durch nähere Bezeichnung Untergattungen bilden. Der Verkäufer verpflichtet sich z. B. ein dreijähriges Pferd zu liefern, das aus dem Gestüt Trakehnen stammt. Dadurch wird die Schuld keine Speziesschuld[6]), auch nicht etwa Wahlschuld[7]), sondern sie bleibt Gattungsschuld; nur ist der Kreis der Gattung enger gezogen. Wenn aber der ganze Viehbestand eines Gutes verkauft wird, liegt natürlich eine Speziesschuld vor[8]).

II. Gewährleistung.

Soweit Hauptmängel oder zugesicherte Eigenschaften und Fehler, wegen welcher der Verkäufer die Gewährleistung übernommen hat, in Frage stehen, hat der Käufer eines nur der Gattung nach

---

[52]) RG. 66, 86; s. über die Verjährung unten § 26.
[1]) Langheineken, BayZ. 1911, 149.
[2]) RG. 92, 369.
[3]) RG. 70, 426 = JW. 1909, 268.
[4]) JW. 1912, 340 (RG.); Recht 1918 N. 349 (RG.).
[5]) RG. 92, 369.
[6]) RG. 28, 221; 57, 116 und 141; Recht 1918 N. 489 und 1121; JW. 1901, 209 (Milch von den Kühen eines bestimmten Guts).
[7]) RG. 57, 141.
[8]) Vgl. OLG. 20, 134 (Rostock); Recht 1903 N. 1949 (Breslau).

bestimmten Tieres in Ansehung der sachlichen Mängel zunächst einmal dieselben Rechte wie der Käufer einer bestimmten Sache; daneben ihm ist ein besonderes weiteres Recht durch § 491 mit § 480 eingeräumt (s. unten III).

Der Käufer hat das Wahlrecht unter den verschiedenen ihm eingeräumten Ansprüchen; er verliert das ius variandi zwischen diesen Ansprüchen, wenn der Verkäufer diejenige seiner alternativen Verbindlichkeiten, auf welche der Käufer sein Begehren gerichtet hat, erfüllt, also durch Einwilligung in die Wandlung oder Nachlieferung[9]).

1. Der Käufer einer Gattungssache kann also wegen eines Mangels, den der Verkäufer nach den Vorschriften des § 482 mit § 459 und des § 492 zu vertreten hat, die Wandlung verlangen. In dieser Beziehung gelten für den Gattungskauf gar keine Besonderheiten.

2. Der Käufer einer Gattungssache kann statt der Wandlung Schadenersatz wegen Nichterfüllung (s. oben § 24)ververlangen. Rücksichtlich dieses Anspruchs ist jedoch die allgemeine Vorschrift des § 463 ersetzt durch § 480 Abs. II. § 480 Abs. II setzt als entscheidenden Zeitpunkt für die Voraussetzung des Schadenersatzanspruchs im Falle des Mangels einer zugesicherten Eigenschaft denjenigen, zu welchem die Gefahr auf den Käufer übergeht, während § 463 die Zeit des Kaufabschlusses als den ausschlaggebenden Zeitpunkt festlegt; das arglistige Verschweigen eines Hauptmangels beim Gattungskauf wird zwar regelmäßig auch erst bei der Erfüllung des Vertrags (bei der Übergabe) vorkommen, ist aber doch auch schon bei Abschluß des Vertrages möglich.

Für den Gattungskauf ist es also beim Vorhandensein der übrigen Voraussetzungen der Schadenersatzpflicht genügend, wenn der Mangel zur Zeit des Gefahrüberganges vorhanden ist[10]). Im übrigen deckt sich § 480 Abs. 2 mit § 463 (s. hierüber oben S. 145 ff.).

III. Neben diesen auch dem Käufer einer bestimmten Sache zustehenden Rechten (wie sie unter II erörtert sind), ist durch § 491 mit § 480 Abs. I dem Käufer eines nur der Gattung nach bestimmten Tieres die Befugnis eingeräumt, statt der Wandlung zu verlangen, daß ihm an Stelle des mangelhaften Tieres[11]) ein mangelfreies geliefert wird. Die Befugnis ist nur dem Käufer gegeben; es wurde abgelehnt, dem Verkäufer das Recht einzuräumen, durch Erbieten zur Nachlieferung eines mangelfreien Tieres der Wandlung zu entgehen[12]).

Sind als Vertragschließende oder Rechtsnachfolger eines solchen auf der einen oder anderen Seite mehrere beteiligt, so kann Nachlieferung nur von allen und gegen alle verlangt werden. Erlischt das Recht auf Nachlieferung für einen Beteiligten, so erlischt es auch für die übrigen (§ 480 mit §§ 467 und 356).

---

[9]) Oertmann, Recht 1904, 4; Cosack § 127 I, 3, 443.

[10]) Gruchot 46, 22.

[11]) Über den Zeitpunkt, zu welchem der Käufer das bemängelte Tier zurückzugeben hat, s. RG. 94, 327.

[12]) Kom. Prot. 1, 713—718; Gruchot 46, 23. Fälle, in denen ausnahmsweise nach Treu und Glauben dem Verkäufer dieses Recht nicht versagt werden kann, sind denkbar (vgl. RG. 61, 92; 91, 110).

Voraussetzung dieses Nachlieferungsanspruchs: „Statt der Wandlung kann der Käufer verlangen"; damit ist gesagt, daß für den Nachlieferungsanspruch dieselben Voraussetzungen gegeben sein müssen, wie für den Wandlungsanspruch. Es muß also ein Hauptmangel oder der Mangel einer bedungenen Eigenschaft vorliegen. Liegen solche Mängel nicht vor, entspricht aber das gelieferte Tier nicht der mittleren Art und Güte, so steht dem Käufer weder der Wandlungsanspruch (§ 487), noch der Schadenersatzanspruch wegen Nichterfüllung nach § 480 Abs. 2 BGB. zu. Weil aber der Käufer seiner Erfüllungspflicht nur dann genügt, wenn er ein Tier mittlerer Art und Güte liefert (s. unten IV S. 161), so kann der Käufer das diesem Erfordernis nicht entsprechende Tier zurückweisen; der Verkäufer hat dann nicht erfüllt; er muß auf Grund seiner Erfüllungspflicht — nicht auf Grund seiner Gewährleistungspflicht, §§ 491 mit 480 — ein dem Erfordernis entsprechendes Tier liefern; der Käufer kann ihn mit dieser Verpflichtung in Verzug setzen und in Gemäßheit des § 326 Schadenersatz wegen Nichterfüllung verlangen. Hat aber der Käufer das gelieferte Tier in Unkenntnis der Tatsache, daß es nicht mittlerer Art und Güte ist, als Erfüllung angenommen, so kann er mit seinem Erfüllungsanspruche den Käufer, der in Wahrheit nur einen untauglichen Erfüllungsversuch gemacht, aber nicht erfüllt hat, unter Rückgabe[13]) des nicht entsprechenden Tieres zur Erfüllung anhalten. Die Verjährung des Anspruchs auf Wandlung schließt auch den Anspruch auf Nachlieferung aus.

Der Nachlieferungsanspruch des § 491 mit § 480 kann, wie sich gleichfalls aus den Worten „statt der Wandlung" ergibt, nicht neben dem Wandlungsanspruch geltend gemacht werden.

Der Käufer kann insolange von dem einen der ihm zur Wahl gestellten Ansprüche (Wandlungs- und Nachlieferungsanspruch) auf den anderen übergehen, als nicht einer der Ansprüche durch Vertrag vollzogen oder erfüllt ist[14]).

Im einzelnen ergibt sich aus den in § 480 und § 491 in Bezug genommenen Vorschriften folgendes:

1. Nimmt der Käufer ein mangelhaftes Tier an, obschon er den Mangel kennt, so steht ihm der Nachlieferungsanspruch nur zu, wenn er sich seine Rechte wegen des Mangels vorbehält (§ 464); vgl. oben S. 51.

2. Der Nachlieferungsanspruch ist vollzogen, wenn sich der Verkäufer auf Verlangen des Käufers mit ihm einverstanden erklärt (§ 465, s. oben S. 119). Das bedeutet: Wenn sich der Verkäufer auf Verlangen des Käufers mit dem Nachlieferungsanspruch einverstanden erklärt, so sind für beide Teile die sich hieraus ergebenden Rechte und Pflichten entstanden; es kann kein Teil einseitig von dem hiedurch begründeten, auf Nachlieferung gerichteten Rechtsverhältnis zurücktreten; insbesondere kann der Käufer nicht mehr Wandlung verlangen. Wird aber dann mangelhaft nachgeliefert, so steht dem Käufer wieder das Wahlrecht zwischen den verschiedenen Gewährleistungsansprüchen zu.

---

[13]) Vgl. oben Anm. 11.
[14]) S. oben S. 18 und 120.

3. Behauptet der Verkäufer dem Käufer gegenüber einen Mangel der Sache, so kann ihn der Verkäufer unter dem Erbieten zur Lieferung eines mangelfreien Tieres und unter Bestimmung einer angemessenen Frist zur Erklärung darüber auffordern, ob er die Lieferung eines mangelfreien Tieres verlange. Die Lieferung eines mangelfreien Tieres kann in diesem Falle nur bis zum Ablaufe der Frist verlangt werden (§ 466, s. oben S. 118).

4. Der Nachlieferungsanspruch ist nicht ausgeschlossen, wenn das Tier vor Vollziehung der Nachlieferung (über diesen Zeitpunkt s. oben, Ziff. 2) durch Zufall untergegangen, oder durch Zufall (wenn auch wesentlich) verschlechtert worden ist (§ 480 mit § 467 Satz 1 und § 350).

5. Dagegen ist, da § 491 nicht auf § 487 Bezug nimmt, der Nachlieferungsanspruch dann ausgeschlossen

a) wenn der Käufer vor Vollziehung der Nachlieferung eine wesentliche Verschlechterung, den Untergang oder die anderweitige Unmöglichkeit der Herausgabe des mangelhaften Tieres verschuldet hat (vgl. oben § 20 III und § 23 I 2 a β S. 115 und S. 139). Das von dem Käufer nach § 278 zu vertretende Verschulden eines anderen steht dem eigenen Verschulden des Käufers gleich (§ 480 mit § 467 und § 351).

b) wenn der Käufer das mangelhafte Tier vor Vollziehung der Nachlieferung geschlachtet hat (§ 480 mit § 467 und § 352), sofern sich nicht der Mangel erst bei der Schlachtung herausgestellt hat (§ 480 mit § 467 Satz 1 Halbsatz 2).

c) wenn der Käufer vor Vollziehung der Nachlieferung das mangelhafte Tier veräußert oder mit dem Rechte eines Dritten belastet hat, soferne bei demjenigen, welcher das Tier infolge der Verfügung erlangt hat, die Voraussetzungen des § 351 oder § 352 eingetreten sind (§ 480 mit § 467 und § 353).

6. Die Wirkungen des Vollzuges der Nachlieferung bestehen in einer Reihe gegenseitiger Verpflichtungen, die in dem Vertrage über die Nachlieferung ihre Wurzel haben und Zug um Zug zu erfüllen sind (§ 480 mit §§ 467, 348, 320).

a) Verpflichtungen des Verkäufers:

α) Der Verkäufer hat ein mangelfreies Tier zu liefern, und zwar ein Tier der bestellten Gattung, welches frei von Hauptmängeln und dem Mangel bedungener Eigenschaften ist. Der Käufer kann diesen Anspruch auf Nachlieferung eines hauptmangelfreien Tieres so oft geltend machen, bis ihm ein solches geliefert wird[15]). Der Anspruch des Käufers geht dahin, daß ihm ein Tier derselben Gattung in mittlerer Art und Güte geliefert werde[16]). Erfüllungsort für den Anspruch auf Lieferung eines mangelfreien Tieres ist der Ort, an dem sich das mangelhafte Tier dem Vertrag gemäß befindet; denn dort hat der Verkäufer das mangelhafte Tier zurückzunehmen und Zug um Zug gegen dessen Rückgabe ist das Ersatztier zu liefern[17]).

---

[15]) Gruchot 42, 607.

[16]) Die gegenteilige Annahme der vorigen Auflage kann nicht aufrecht erhalten werden.

[17]) Sächs. Rpfl.A. 1923, 32 (Dresden).

Für die Nachlieferung gelten im übrigen die allgemeinen Grundsätze, insbesondere kann, wenn der Verkäufer mit der Erfüllung des Nachlieferungsanspruches in Verzug kommt, der Käufer Schadenersatz verlangen[16]).

Liefert der Verkäufer das Ersatztier, so ist hinsichtlich des Übergangs der Gefahr, der Gewährfrist, der Mängelanzeige, die Verjährung das Rechtsverhältnis genau so zu beurteilen, als wenn es die erstmalige Lieferung wäre.

β) Der Verkäufer hat dem Käufer die Kosten der Fütterung und Pflege, die Kosten der tierärztlichen Untersuchung und Behandlung, sowie die Kosten der notwendig gewordenen Tötung und Wegschaffung des Tieres zu ersetzen (§ 491 mit § 488, s. oben § 22 II S. 131), nicht aber die Vertragskosten (arg § 480 mit § 467 Satz 2, der in ersterer Vorschrift nicht angeführt ist).

Daneben hat der Verkäufer dem Käufer die auf die Sache gemachten anderweitigen Verwendungen, insoweit sie notwendig waren, nach den Vorschriften über die Geschäftsführung ohne Auftrag zu ersetzen (§ 480 mit §§ 467, 347, 994 Abs. 2), s. hierüber oben § 22 II S. 131. Abgesehen von diesen Ansprüchen hat der Käufer neben dem Nachlieferungsanspruch als solchem aus §§ 480, 491 keinen Anspruch auf Schadenersatz, insbesondere nicht wegen verspäteter Lieferung des Tieres[18]).

b) Verpflichtungen des Käufers (vgl. oben § 23 S. 131).

α) Der Käufer hat das mangelhafte Tier zurückzugeben[19]). Ist das Tier durch Zufall (dem eine ohne Verschulden des Käufers notwendig gewordene Tötung gleichsteht), untergegangen, dann muß sich der Verkäufer mit dem begnügen, was etwa noch an Überresten vorhanden ist. Bei zufälliger Verschlechterung muß er das Tier so nehmen, wie es ist (§ 275).

Erlangt der Käufer durch den zufälligen Untergang des Tieres einen Ersatz, so kann der Verkäufer Herausgabe des als Ersatz Empfangenen verlangen (§ 281), vgl. oben S. 137.

Kommt der Käufer nach Vollziehung der Nachlieferung mit der Rückgewähr des empfangenen (mangelhaften) Tieres in Verzug, so kann ihm der Verkäufer eine angemessene Frist mit der Erklärung bestimmen, daß er die Annahme nach dem Ablaufe der Frist ablehne. Der Vollzug der Nachlieferung wird unwirksam, wenn nicht die Rückgewähr vor dem Ablaufe der Frist erfolgt (§ 480 mit §§ 467 und 354).

β) Der Käufer hat dem Verkäufer die Nutzungen herauszugeben, welche er vom Empfang des mangelhaften Tieres an zieht. Für Nutzungen, die er nach den Regeln einer ordnungsmäßigen Wirtschaft hätte ziehen können, aber nicht gezogen hat, ist er dem Verkäufer keinen Ersatz schuldig (§ 480 mit §§ 467, 347, 987), s. darüber oben S. 144.

---

18) Vgl. dagegen Hirsch 74.

19) Der Käufer braucht das bemängelte Tier erst dann zurückzugeben, wenn sich der Verkäufer mit der vom Käufer verlangten Ersatzlieferung einverstanden erklärt hat. (RG. 94, 327). Alsdann ist die Ersatzlieferung und die Rückgabe Zug um Zug zu bewirken.

7. Ist über den Anspruch auf Nachlieferung ein Rechtsstreit anhängig, so ist auf Antrag der einen oder anderen Partei die öffentliche Versteigerung des angesagten Tieres und die Hinterlegung des Erlöses durch einstweilige Verfügung anzuordnen, sobald die Besichtigung des Tieres nicht mehr erforderlich ist (§ 491 mit § 489, s. unten § 29 II 1).

8. Beim Verkauf mehrerer nur der Gattung nach bestimmter Tiere tritt die Vorschrift des § 469 auch für den Nachlieferungsanspruch in Geltung (§ 480 mit § 469, s. oben § 21 II 2).

9. Der Nachlieferungsanspruch wegen eines Mangels der Hauptsache erstreckt sich auch auf die Nebensache. Ist die Nebensache mangelhaft, so kann nur in Ansehung dieser Nachlieferung verlangt werden (§ 480 mit § 470, s. oben § 21 II 1).

10. Der Anspruch auf Nachlieferung verjährt in sechs Wochen vom Ende der Gewährfrist an (§ 491 mit § 490) und soweit eine Gewährfrist nicht in Betracht kommt, von der Ablieferung an (§ 492). Der Käufer eines nur der Gattung nach bestimmten Tieres kann nach der Verjährung des Anspruchs auf Nachlieferung die Zahlung des Kaufpreises verweigern (§ 491 mit § 490, s. unten § 27).

IV. Erfordernis der mittleren Art und Güte.

§ 459 BGB., der auch für den Gattungskauf gilt, schreibt die Haftung des Verkäufers für alle wesentlichen Fehler und für Mängel der zugesicherten Eigenschaften vor (s. oben II). Daneben gilt aber noch die Vorschrift des § 243 BGB., wonach beim Gattungskauf eine Sache von mittlerer Art und Güte zu leisten ist. Eine Sache, die frei von wesentlichen Fehlern im Sinne des § 459 Absatz 1 ist, braucht deswegen noch nicht von mittlerer Art und Güte zu sein. Aber es handelt sich dann, wenn eine von wesentlichen Fehlern im Sinne des § 459 Abs. 1 freie Sache der mittleren Art und Güte dieser Sachgattung nicht entspricht, nicht um einen Gewährleistungsmangel, sondern um einen Erfüllungsmangel. Der Gewährleistungsanspruch und der Erfüllungsanspruch stehen selbständig nebeneinander.

Beim Viehgattungskauf gelten dieselben Grundsätze. Zwar bestimmt § 482 BGB., daß der Verkäufer nur bestimmte Fehler (Hauptmängel) zu vertreten hat. Ist die zur Lieferung angebotene Sache frei von Hauptmängeln und dem Mangel bedungener Eigenschaften, so muß sie doch nach § 243 von mittlerer Art und Güte sein und dies kann dazu führen, daß der Verkäufer im Ergebnis beim Gattungsviehkauf wesentliche Mängel im Sinne des § 459 Abs. 1 zu vertreten hat, aber nicht etwa auf Grund eines Gewährleistungsanspruches, sondern deshalb, weil nach der gesetzlichen Auslegungsregel[20]) des § 243 Willensübereinstimmung der Vertragsteile dahin zu unterstellen ist, daß der Verkäufer beim Gattungskauf eine Sache von mittlerer Art und Güte auszuscheiden hat.

Beim Viehgattungskauf würde es übrigens dieser gesetzlichen Auslegungsregel des § 243 gar nicht bedürfen, weil es hier in

---

[20]) Kommissionsprotokolle 572 (Mugdan 2, 505). Hanke 114; Stölzle 428; Hirsch-Nagel 73.

der Natur der Sache gelegen und immer aus den Umständen abzuleiten ist, daß die Vertragsteile über Lieferung einer Sache von mittlerer Art und Güte einig sind. Mir ist bisher noch kein Fall vorgekommen und es ist auch wirtschaftlich undenkbar, daß etwa ein Gattungskauf über 10 Pferde oder 10 Kühe abgeschlossen wird, ohne daß hiebei, sei es infolge ausdrücklicher Vereinbarung, oder doch infolge der gegebenen Umstände, der Kreis der Gattung enger gezogen wird. Es werden z. B. gekauft 10 Holsteiner Milchkühe, oder 10 belgische Zugpferde, oder 4 Paar Scheinfelder Gangochsen. Dabei bringt es die Natur der Dinge mit sich, daß man nicht jeden Mangel eines einzelnen Viehstückes für sich allein ins Auge fassen darf, sondern die gesamte Lieferung berücksichtigen muß. Es gibt bei Tieren, die lebende Organismen sind, keine absolute Fehlerfreiheit. Die Lieferung der 10 Pferde ist als einheitlicher Vertragsgegenstand zu betrachten und ebenso wie der Begriff „mittlere Art und Güte" bei dem Verkauf eines Sackes Kartoffel nicht dadurch beeinträchtigt wird, daß einzelne Kartoffeln für sich betrachtet nicht als mittlerer Art und Güte zu bezeichnen sind, so gilt dies auch bei einer Anzahl von Viehstücken, die der Gattung nach verkauft sind. Freilich darf, da dem einzelnen Viehstück nach der Verkehrsauffassung und den Erfordernissen der Wirtschaft immer eine selbständige Bedeutung zukommt, der Mangel des einzelnen Tieres nicht so wesentlich sein, daß die Tauglichkeit dieses Einzeltieres für den vom Vertrage vorausgesetzten Gebrauchszweck aufgehoben ist. Wird eine einzige Kuh als gute Milchkuh verkauft, so muß sie auf allen vier Strichen Milch geben. Werden 20 Milchkühe nach Gattung verkauft, so wird es nichts ausmachen, wenn schließlich eine der 20 Kühe nur auf drei Strichen Milch gibt. Es ist immer ein Durchschnittsmaßstab an die gesamte Lieferung anzulegen. Zu beachten ist jedoch folgendes:

Wenn beim Gattungsviehkauf die gelieferten Tiere frei von Hauptmängeln und vom Mangel zugesicherten Eigenschaften sind, aber die Lieferung im ganzen betrachtet nicht der mittleren Art und Güte entspricht, auf welche der Käufer nach § 243 BGB. Anspruch hat, so kann der Käufer deswegen keinen Gewährleistungsanspruch erheben. Es kann also nicht etwa der Käufer den Wandlungsanspruch geltend machen, noch weniger kann er ein einzelnes Viehstück, durch dessen Beschaffenheit der Lieferung der Charakter der mittleren Art und Güte genommen wird, in Anwendung des § 469 zurückweisen und die anderen Viehstücke behalten. Er muß sich darüber schlüssig werden, ob er die Lieferung im ganzen dem § 243 entsprechend anerkennen und im ganzen annehmen oder zurückweisen will.

Wenn dagegen (beim Gattungskauf) ein einzelnes Tier mit einem Hauptmangel oder dem Mangel einer zugesicherten Eigenschaft behaftet ist, dann kann der Käufer in Ansehung dieses einzelnen Tieres die Gewährleistungsansprüche geltend machen. Wählt er die Wandlung, so ist nach den §§ 469, 470 BGB. (s. oben S. 125 ff.) zu entscheiden, ob der Käufer und der Verkäufer die Erstreckung der Wandlung auf die übrigen (fehlerfreien) Tiere verlangen kann.

§ 26.

Verjährung.

I. Verjährung des Gewährleistungsanspruchs.

Die gesetzliche Haftung des Verkäufers aus dem Vertrag bzw. der dieser gegenüberstehende Anspruch des Käufers verjährt, soferne nicht der Verkäufer den Mangel arglistig verschwiegen hat, in sechs Wochen vom Ende der Gewährfrist an (§ 490 Abs. I mit § 477 Abs. I), und wenn für den betreffenden Mangel eine Gewährfrist nicht in Betracht kommt, in sechs Wochen von der Ablieferung des Tieres an (§ 492). § 490 regelt zunächst nur die Verjährung der Ansprüche wegen eines Hauptmangels; die Verjährung der Ansprüche wegen Mangels zugesicherter Eigenschaften ist durch § 492 (s. unten S. 167) in Anlehnung an § 490 geregelt.

1. Der Anspruch auf Wandlung wegen eines Hauptmangels und des Mangels einer zugesicherten Eigenschaft, wie er durch § 462 mit § 487 gegeben ist, verjährt in der bezeichneten Frist. Mit dem Wandlungsanspruch (nicht früher und nicht später) verjähren natürlich auch die Nebenansprüche aus § 488 (Futterkosten usw.)[1]).

Ist die Wandlung gerichtlich[2]) oder außergerichtlich vollzogen (d. h. hat sich der Verkäufer mit dem Wandlungsbegehren des Käufers einverstanden erklärt, § 465), dann ist hierdurch der Anspruch auf Wandlung befriedigt; an dessen Stelle tritt der Anspruch aus dem Vollzug der Wandlung (auf Rückzahlung des Kaufpreises, Rückgabe des Tieres, Ersatz der Futterkosten usw.), für welchen die ordentliche, dreißigjährige Verjährungsfrist läuft[3]), beginnend mit dem Vollzug der Wandlung. Über den Unterschied hinsichtlich der sachlichen Zuständigkeit s. unten § 29 I 1. Insolange der Anspruch auf Wandlung nicht verjährt ist, kann selbstverständlich eine Verjährung der sich aus dem Wandlungsvollzug ergebenden Ansprüche (z. B. auf Futtergeld) nicht in Frage kommen.

2. Der Anspruch auf Schadenersatz wegen eines Hauptmangels, dessen Nichtvorhandensein der Verkäufer zugesichert hat oder wegen des Mangels einer zugesicherten Eigenschaft (§ 463), verjährt

---

1) Stölzle 364.

2) Die Verjährung beginnt mit der Rechtskraft des Urteils (LZ. 1914, 1528).

3) Krückmann 85; Hirsch 67; Planck, Bem. 1a zu § 477; Oertmann, Bem. zu § 477; Stölzle 369; Recht 1907 N. 3068 (Frankfurt); Staudinger, Bem. 2a zu § 477, obwohl er auf dem Boden der Restitutionstheorie steht (vgl. oben S. 112; vgl. JW. 1908, 743 RG.). A. M. RGK., Bem. 1 zu § 477, wonach auch für den Anspruch aus dem Vollzug der Wandlung die kurze (sechswöchige) Verjährungsfrist laufen soll. Diese Ansicht ist für die Praxis unannehmbar. Hat sich der Verkäufer mit der Wandlung endgültig einverstanden erklärt, so handelt es sich hinsichtlich der sich hieraus für beide Teile ergebenden Rechte und Pflichten um den Vollzug der erfolgten Rückgängigmachung des Vertrags. Für einen Gewährleistungsanspruch des Käufers ist kein Raum mehr, so wenig er den Kaufvertrag nach vollzogener Wandlung wegen arglistiger Täuschung anfechten kann. Man denke an den Fall, daß der Verkäufer, der sich mit der Wandlung einverstanden erklärt, die Pferde zurücknimmt, den Kaufpreis aber vorerst nicht zurückzahlt. Soll er nach Ablauf von sechs Wochen die Verjährungseinrede geltend machen können? RG. in JW. 1908, 743 nimmt an: Wenn der Käufer lediglich die Wandlungseinrede erhoben hat und daraufhin die Kaufpreisklage des Verkäufers abgewiesen wurde, dann läuft für Gewährleistungsansprüche des Käufers, die durch die Wandlungseinrede nicht zur Aufrechnung kamen, die kurze Verjährungsfrist. Das ist richtig. Der Käufer hätte eben Widerklage auf Wandlung erheben sollen.

in der gleichen Frist. Hat sich der Verkäufer mit dem vom Käufer statt der Wandlung gewählten Anspruch auf Schadenersatz wegen Nichterfüllung einverstanden erklärt, so wird hierdurch die rechtliche Konstruktion des Anspruchs nicht geändert; es bleibt daher für die Verjährung des Anspruches nach wie vor die Frist von sechs Wochen in Geltung. Nur ist sie durch die vom Verkäufer abgegebene Erklärung seines Einverständnisses unterbrochen.

3. Der Anspruch auf mangelfreie Ersatzsicherung beim Gattungskauf (§ 480 BGB., s. oben S. 156 ff.) verjährt in der gleichen Frist.

II. Für die übrigen Ansprüche des Käufers aus dem Kaufvertrage gilt die sechswöchige Verjährungsfrist selbstredend nicht, z. B. für den Anspruch auf Übergabe des gekauften Tieres, für den Anspruch wegen eines Mangels im Rechte. Ist beim Spezieskauf nicht das gekaufte Tier, sondern ein anderes geliefert, so sind die hieraus dem Käufer erwachsenden Ansprüche, die überhaupt keine Gewährleistungsansprüche sind, natürlich auch nicht der Verjährungsfrist der §§ 490, 492 unterworfen[4]). Auch der Schadenersatzanspruch wegen positiver Vertragsverletzung durch Lieferung einer mangelhaften Sache unterliegt richtiger Ansicht nach nicht der kurzen Verjährung[5]), desgleichen nicht der Schadenersatzanspruch des Käufers aus Erfüllungsverzug des Verkäufers[6]).

Aber auch bezüglich der sachlichen Mängel ist nur der Anspruch aus dem Vertrage, nicht auch jener aus dem Delikte, der Verjährung des § 490 unterworfen; vgl. oben S. 34 ff.

Wenn die Vertragsteile durch Vereinbarung den Umfang der Gewährleistungspflicht anders festgesetzt haben, als das Gesetz, so unterliegt dieser vertragliche Gewährleistungsanspruch gleichwohl der Verjährungsfrist des § 490 bzw. § 492, weil das Gesetz eben nur insoweit durch die Vereinbarung beseitigt ist, als dies durch die Vereinbarung festgelegt ist. Wenn jedoch die Wirkung der Gewährleistungspflicht anderweitig vereinbart ist, so gilt das nicht[7]). Wird z. B. vertragsmäßig für den Fall eines vom Verkäufer zu vertretenden Mangels statt der Wandlung ein Rücktrittsrecht eingeräumt, so verjährt der sich hieraus ergebende Anspruch nicht in sechs Wochen[8]). Das gleiche gilt, wenn vereinbart ist, daß beim Mangel des Koppens der Verkäufer 200 Mk. von dem bereits bezahlten Kaufpreis herauszahlen muß oder wenn bedungen ist, daß der Verkäufer für jeden Tag, um welchen der zugesicherte Termin des Kalbens überschritten wird, eine Entschädigung von 1 Mk. zu zahlen hat (vgl. oben S. 60).

---

4) Recht 1913 N. 1273 (RG.); SeuffA. 58 N. 72; 66 N. 45; Warneyer, E. 1912 N. 372; 1919 N. 8.

5) RGK., Bem. 6 b g zu § 459. A. M. dagegen RG. 53, 70; 56, 169; 93, 161; Recht 1922 N. 829 (RG.); JW. 1904, 59; Stölzle 365; ferner für den Gattungskauf: RG. 53, 200; 56, 169; Recht 1918 N. 1353 (Hamburg); LZ. 1920, 859 (RG.). Die kurze Verjährungsfrist soll nach der Ansicht des RG. auch dann gelten, wenn der Schaden nicht unmittelbar durch die Mangelhaftigkeit der Sache verursacht ist, vielmehr in ihrer späteren Benützung und einen dadurch herbeigeführten Unfall seinen Grund hat (LZ. 1916, 1923 RG.).

6) A. M. Schl. Holst. A. 1918, 214 (Kiel).

7) A. M. Stölzle 366 f., der sich für diese Ansicht auf JW. 04, 59; SeuffA. 58, 347; Recht 1913, 27 beruft. In diesen Entscheidungen hat das RG. ausgesprochen, daß alle Ansprüche aus Lieferung einer mangelhaften Sache ausnahmslos der kurzen Verjährung unterliegen.

8) A. M. Recht 1920 N. 2354 (Hamburg).

Erst recht nicht gilt die kurze Verjährungsfrist der §§ 477, 490 für einen Minderungsanspruch, der auf einem Vergleiche der Parteien z. B. des Inhalts beruht, daß dem Käufer ein von einem Gutachter zu ermittelnder Minderwert zu ersetzen ist[9]).

Der seinem Inhalt nach geänderte Gewährleistungsanspruch hängt im übrigen davon ab, daß die gesetzlichen Voraussetzungen gegeben sind, von denen die Geltendmachung eines Gewährleistungsanspruchs abhängig sind.

III. Ausschluß der kurzen Verjährungsfrist bei arglistigem Verschweigen.

Wenn der Verkäufer den Hauptmangel, gleichviel ob er dessen Abwesenheit zugesichert hat oder nicht, oder den Mangel der zugesicherten Eigenschaft arglistig verschweigt, ist die kurze sechswöchige Verjährungsfrist ausgeschlossen; es hat dann für den Anspruch aus dem Vertrage die für Verjährung von Vertragsansprüchen regelmäßig geltende dreißigjährige Verjährungsfrist in Anwendung zu kommen[10]). Sie beginnt mit dem Vertragsschluß[11]). Über den Begriff des arglistigen Verschweigens s. oben S. 22ff.

Voraussetzung ist, daß der Verkäufer den Mangel bei dem Abschlusse des Vertrages (nicht erst bei der Erfüllung)[12]) arglistig verschweigt.

Wenn z. B. der Verkäufer gutgläubig aber irrtümlich ein gewisses Alter des Pferdes zugesichert hat und vor der Übergabe des Pferdes von einem Dritten darauf aufmerksam gemacht wird, daß die Beschaffenheit der Zähne des Tieres ein höheres Alter des Tieres außer Zweifel stellt, so liegt ein arglistiges Verschweigen des Verkäufers im Sinne des § 477 nicht vor, wenn er vor der Übergabe die Zähne des Pferdes abfeilt, um den Mangel zu verbergen. Der Käufer hat aber den Deliktsanspruch. Herzustellen ist der Zustand, der bestehen würde, wenn die Zähne nicht abgefeilt worden wären (§ 249). Das kann dazu führen, daß der Käufer alle Ansprüche erheben kann, die er auf Grund des Wandlungsanspruches, den er infolge der Täuschung verjähren ließ, hätte geltend machen können (vgl. oben S. 34ff.).

Da es sich um einen Vertragsanspruch handelt, so ist § 124, wonach die Anfechtung des Vertrages binnen Jahresfrist seit dem Zeitpunkte geschehen muß, in welchem der Anfechtungsberechtigte die Täuschung entdeckt hat, nicht anwendbar. Eine Anfechtung steht hier nicht in Frage[13]). Doch kann neben dem Vertragsanspruch das Anfechtungsrecht des § 123 gegeben sein, wenn die Voraussetzungen hiezu vorliegen, s. oben S. 20 und 36. Ist neben dem Anspruch aus dem Vertrag auch der Deliktsanspruch begründet, so ist für diesen die besondere dreijährige Verjährungsfrist des § 852 maßgebend. Vertrags-

---

9) JW. 1917, 765 (RG.).

10) Komm. Prot. I, 681; RG. 83, 242; Recht 1920 N. 612 (RG.).

11) Nicht erst vom Ende der Gewährfrist oder von der Ablieferung an (Warneyer E. 1919 N. 30; RGK., Bem. 1 zu § 477. Unrichtig Stölzle 370; Staudinger-Kober, Bem. 1 zu § 490; Recht 1911 N. 3446, auf welche sich Stölzle beruft, behandeln diese Frage überhaupt nicht. Die §§ 477, 490 sind im Fall des arglistigen Verschweigens überhaupt nicht anwendbar, können daher auch nicht teilweise (hinsichtlich des Beginns der Verjährung) angewendet werden.

12) A. M. Cosack, § 127, 437.

13) Unrichtig Dieckerhoff 98.

und Deliktsanspruch sind, wie schon oben S. 36 ausgeführt ist, völlig unabhängig voneinander.

IV. Dauer der Verjährungsfrist. Die Verjährung tritt ein in sechs Wochen vom Ende der Gewährfrist an (§ 490) oder von der Ablieferung an (§ 492). Diese kurze Verjährung greift selbst dann Platz, wenn der Mangel innerhalb der Verjährungsfrist vom Käufer wegen seiner Verborgenheit gar nicht entdeckt werden konnte. Die herrschende Meinung, welche eine Anfechtung wegen Irrtums über sachliche Eigenschaften nicht zuläßt, hält konsequenterweise auch für diesen Fall der Verborgenheit des Fehlers daran fest. S. oben S. 16. Durch eine Weiterveräußerung des Tieres wird auf die Verjährung des dem Veräußerer gegen seinen Gewährsmann zustehenden Anspruches natürlich kein Einfluß geübt.

Die Verjährungsfrist des § 477 mit §§ 490, 492 kann durch Vertrag verlängert (§ 477 Abs. 1) und verkürzt (§ 225) werden. Dies kann auch nachträglich geschehen. Im Viehhandel kommt es erfahrungsgemäß oft vor, daß geriebene Verkäufer den Käufer, der einen Mangel angesagt hat, durch Vertröstungen solange hinhalten, bis die gesetzliche Verjährungsfrist abgelaufen ist. Soweit sich in solchen Fällen aus den Umständen nicht ableiten läßt, daß sich der Verkäufer mit der Wandlung einverstanden erklärt hat (vgl. oben S. 121), wird in Frage kommen, ob nicht eine nachträgliche Verlängerung der Verjährungsfrist vereinbart ist. Das dürfte z. B. der Fall sein, wenn der Verkäufer dem Käufer 8 Tage vor Ablauf der gesetzlichen Verjährung sagt, er solle es noch 14 Tage mit dem Pferde probieren, und sich der Käufer darauf einläßt. Hier liegt die Vereinbarung einer Hemmung (§ 202 BGB.) der Verjährungsfrist vor; die 14 Tage sind von dem auf die Erklärung folgenden Tag ab zu berechnen[14]). Auch eine stillschweigende Verlängerung der Verjährungsfrist ist denkbar[15]). Bei Verlängerung ohne Zeitbestimmung ist die dreißigjährige Verjährungsfrist als gewollt anzunehmen[16]); so z. B., wenn der Verkäufer dem Käufer erklärt: „Bei mir verjährt nichts." Eine Zeitbestimmung kann sich aber auch aus den Umständen ergeben.

Wenn der Verkäufer dem Käufer auf dessen Wandlungsbegehren sagt: „Du brauchst keine Sorgen zu haben, ich bin ja versichert", so wird man auf Grund des Zusammenhangs dieser Äußerung mit dem übrigen Inhalt des Gesprächs und der gegebenen Umstände zu prüfen haben, ob eine solche Äußerung, weil lediglich zur Beruhigung dienend, rechtlich unerheblich ist, oder ob nicht vielmehr, wenn daraufhin der Käufer während der Verjährungsfrist zuwartet, die dadurch zum Ausdruck kommende Auffassung des Käufers, daß der Beginn der Verjährung bis zur Entscheidung über den Versicherungsanspruch hinausgeschoben wurde, zutreffend ist[17]).

1. Der Beginn der Verjährung.

a) Nach dem Gesetz tritt der Beginn der Verjährung mit dem auf den letzten Tag der Gewährfrist folgenden Tag ein (§ 490) und wenn

---

14) Die Verjährungsfrist verlängert sich um den Zeitraum der Hemmung.
15) RG. 62, 431.
16) JW. 1905, 200 (RG.).
17) S. dagegen Stölzle 379.

für den betreffenden Mangel eine Gewährfrist nicht in Betracht kommt (also bei Nichthauptmängel stets, sofern eine Gewährfrist nicht besonders vereinbart ist), mit dem auf die Ablieferung folgenden Tag (§ 492). Ist der letzte Tag der Gewährfrist ein Sonntag, so endet die Gewährfrist gleichwohl an diesem Tage (s. oben S. 91), so daß die Verjährungsfrist in diesem Fall am Montag beginnt. Durch den vor dem Ablauf der Gewährfrist eingetretenen Tod des Tieres wird der Beginn der Verjährung nicht auf einen früheren Zeitpunkt verschoben.

Ablieferung ist derjenige auf Erfüllung der Lieferungspflicht gerichtete Akt des Verkäufers, durch welchen der Käufer in die Lage versetzt wird, das Tier zu untersuchen; die Übergabe, von welcher das BGB. anderwärts (z. B. § 446) spricht, ist nicht gleichbedeutend mit der Ablieferung.

Die Ablieferung enthält nicht wie die Übergabe einen zweiseitigen Akt, sondern eine einseitige Handlung des Verkäufers; sie kann mit der Übergabe zusammenfallen, unter Mitwirkung des Käufers erfolgen, aber wesentlich ist eine solche Mitwirkung des Käufers durchaus nicht. Die Ablieferung kann auch zeitlich von der Übergabe getrennt sein; sie kann der Übergabe vorhergehen oder nachfolgen. Wesentlich ist für die Ablieferung, daß sich der Verkäufer des verkauften Tieres entäußert, den Gewahrsam aufgibt, mag dadurch der Käufer gleichzeitig den Gewahrsam erlangen oder nicht. Wesentlich ist ferner, daß der Käufer durch die Ablieferung die tatsächliche Möglichkeit erhält, durch streng einseitigen Akt sich sofort den Gewahrsam der Sache zu verschaffen und sie somit zu untersuchen[18].

Der Zeitpunkt der Ablieferung ist für die Verjährung entscheidend, ein Annahmeverzug des Käufers übt auf sie keinen Einfluß aus[19].

Immerhin ist ein Verzug des Käufers in der Annahme des Tieres von Bedeutung; denn mit dem Eintritt des Annahmeverzuges geht die Gefahr der Verschlechterung auf den Käufer über (§ 446); die Fehler, welche nach diesem Zeitpunkt entstanden sind, hat daher der Verkäufer nicht zu vertreten.

Beim Verkauf eines Rindes ist ohne Vereinbarung eine Gewährfrist für Maul- und Klauenseuche gewährt worden. Am 10. Januar 1900 gerät der Käufer in Annahmeverzug, am 20. Januar 1900 kommt es zur Ablieferung des Tieres. Von da ab läuft die sechswöchige Verjährung, der Käufer muß aber beweisen, daß die Maul- und Klauenseuche schon am 10. Januar vorhanden war (vgl. oben S. 87).

Wenn der Verkäufer auf Wunsch des Käufers die Kuh zu einem Wirt bringt, bei dem der Käufer gewöhnlich sein Vieh einstellt, so ist damit die Ablieferung bewirkt[20].

Wenn vereinbart wurde, daß der Verkäufer die am 3. September 1900 verkaufte Kuh noch 14 Tage leihweise behalten dürfe und der Verkäufer stellt die Kuh am 15. September in Abwesenheit des Käufers in dessen Stall, dann ist zwar die Gefahr infolge des constitutum

---

[18]) Recht 1905, 78 (RG.); RG. 5, 31; 73, 391; JW. 1908, 431 (RG.); Kloß im sächs. Arch. 9, 308; Rosenberg in Iher. Jahrb. 43, 258.

[19]) Schneider 135; Scherer, Bem. 4 zu § 492.

[20]) SeuffBl. 67, 40—44.

possessorium schon am 3. September 1902 übergegangen, die Ablieferung aber erst am 15. September bewirkt[21]).

Für den Beginn der Verjährungsfrist ist es an sich, d. h. wenn nichts anderes vereinbart ist, unerheblich, daß der Käufer den Mangel nicht kannte oder gar nicht kennen konnte[22]).

b) Die gesetzlichen Vorschriften über den Beginn der Verjährung sind jedoch nachgiebiges Recht; somit können die Vertragsteile den Beginn durch Vereinbarung, auch durch stillschweigende, hinausschieben. Eine stillschweigende Erklärung ist in einem solchen Verhalten zu finden, das nach Lage der Sache keine andere Deutung zuläßt, als eben die, daß dadurch einem anderen ein bestimmter Wille kundgegeben werden soll. Es genügt, wenn die schlüssigen Handlungen mit Gewißheit und jede andere Deutung ausschließend den nicht ausgesprochenen Willen erkennbar zum Ausdruck bringen. Hiefür sind die besonderen Umstände im Zusammenhalt mit der Vorschrift des § 157 maßgebend. Darnach muß jeder seine Erklärungen, auch die stillschweigenden, in dem Sinne gegen sich gelten lassen, in dem sie von dem anderen Teil nach Treu und Glauben und nach der Auffassung des Verkehrs zu verstehen sind[23]). Wenn nun beim Kauf die Haftung des Verkäufers für einen Mangel in Frage steht, von dem der Käufer vor Ablauf der kurzen gesetzlichen Verjährungsfrist eine sichere Kenntnis gar nicht erlangen kann, dann führt die Anwendung des gesetzlichen Grundsatzes, daß der Gewährleistungsanspruch gleichwohl in dieser kurzen Frist verjährt, zu einer unverständlichen Unbilligkeit. Der darin liegenden Härte des Gesetzes kann eine verständige Vertragsauslegung durch die Feststellung begegnen, daß nach dem stillschweigend erklärten Vertragsinhalt die Verjährung erst mit dem Zeitpunkte beginnen soll, in welchem sich der Mangel herausstellt[24]). Darin allein, daß eine gesetzliche Vorschrift zu einem als unbillig empfundenen Ergebnis führt, kann freilich noch nicht der Ausschluß dieser Vorschrift durch stillschweigende Vereinbarung gefunden werden. Es müssen noch weitere Umstände hinzukommen, um diese Annahme zu rechtfertigen[25]). Derartige Umstände sind aber darin zu erblicken, daß gerade eine solche Eigenschaft besonders zugesichert wird, von der die Vertragsteile von vornherein wissen, daß sich der Mangel dieser Eigenschaft innerhalb der kurzen Verjährungsfrist bei normalem Verlauf gar nicht herausstellen kann. Diesen Umstand wird man für sich allein als genügend erachten müssen. Als Verstärkung kann der weitere Umstand hinzutreten, daß die Vertragsteile ferner wissen, daß durch eine in der Zukunft, aber bestimmt eintretende Änderung, insbesondere durch eine Veränderung im Zustande des Tieres, die klare Entscheidung darüber fallen wird, ob die zugesicherte Eigenschaft vorhanden ist oder nicht. In einem solchen Fall hätte die Zusicherung überhaupt keinen vernünftigen Sinn, wenn die Vertragsteile nicht unterstellen würden, daß dem Käufer der Gewähr-

---

21) SeuffBl. 67, 40—44; vgl. Recht 1905, 78 (RG.).
22) S. oben S. 16.
23) Vgl. RGK., Vorbem. vor § 116; Warneyer 1919 N. 132; RG. 67, 433; 68, 128; JW. 1910, 573; 1915, 19.
24) Staudinger, Bem. 144 zu § 377 HGB.; Staudinger-Kober, Bem. 5 zu § 477.
25) Gruchot 55, 919 (RG.); JW. 1909, 169 (RG.).

leistungsanspruch für diese zugesicherte Eigenschaft bis zu dem Zeitpunkte gewahrt sein soll, in welchem diese Entscheidung fallen wird. Unter solchen Umständen ist der Schluß zwingend, daß die Vertragsteile stillschweigend den Beginn der Verjährungsfrist auf diesen Zeitpunkt verschoben haben.

Diese Grundsätze sind beispielsweise anzuwenden auf die Zusicherung der Trächtigkeit eines Tieres[26]; auf die Zusicherung, daß die zur Zeit des Verkaufes trocken stehende Kuh auf allen vier Strichen Milch gibt[27], auf die Zusicherung der Vollbluteigenschaft eines Pferdes[28]; auf die Zusicherung der Zuchttauglichkeit eines Hengstes[29], der Aufnahmefähigkeit (Fruchtbarkeit) einer Zuchtstute.

2. **Das Ende der Verjährungsfrist** tritt nach § 188 Abs. II mit § 187 Abs. I mit dem Ablaufe desjenigen Tages der sechsten Woche ein, welcher durch seine Benennung dem Tage entspricht, auf welchen das Ende der Gewährfrist fällt. Wenn dieser Tag ein Sonntag ist, findet eine Verlegung des Fristablaufs auf den nächsten Werktag gleichwohl nicht statt[30].

3. **Hemmung und Unterbrechung der Verjährung.** Die Hemmung und Unterbrechung der Verjährung bewirkt auch die Hemmung bzw. Unterbrechung der Verjährung des Anspruches auf Schadenersatz (§ 477 Abs. III mit § 490 Abs. 1)[31].

Wenn der Käufer mit der Wandlungsklage abgewiesen ist, so kann er immer noch die Schadenersatzklage nach § 463 anstellen,

---

26) Näheres hierüber s. unten § 43 II.

27) A. M. SeuffBl. 1912, 575 (LG. Passau).

28) Vgl. hierzu unten § 44. Vgl. Urteil des RG. v. 18. Dezember 1906 II 227/06 (mitgeteilt von Stölzle 372). Dort hat das RG. ausgesprochen: „Ist beim Verkauf eines Pferdes die Vollbluteigenschaft zugesichert und vereinbart, daß, solange der Käufer nicht durch die dem Verkäufer obliegende Lieferung des Pedigrees — der die Vollbluteigenschaft des Pferdes beweisenden Urkunde — in die Lage versetzt sei, das Vorhandensein der zugesicherten Eigenschaft zu prüfen und einen Mangel dieser Eigenschaft geltend zu machen, ihm seine Gewährleistungsansprüche wegen eines solchen Mangels erhalten bleiben und bis zur Lieferung des Pedigrees bezüglich dieser Ansprüche keine Verjährung laufen soll, so ist eine solche Vereinbarung nach § 477, 490 Abs. 1, 492 BGB. gültig. Sie ist zwar nicht als eine solche über die Gewährfrist im Sinne der §§ 482 und 492 anzusehen, da unter einer Gewährfrist im Sinne dieser Vorschriften eine Frist von bestimmter Dauer zu verstehen ist, innerhalb deren sich ein Fehler des Tieres zeigen muß, wohl aber als eine Vereinbarung, daß die durch §§ 490 und 492 bestimmte Verjährungsfrist von sechs Wochen vom Tage der Lieferung des Pedigrees an zu berechnen sei." In diesem Fall hat es sich um eine ausdrückliche Vereinbarung gehandelt. Es hätte aber dieser ausdrücklichen Vereinbarung gar nicht bedurft. Man müßte die stillschweigende Hinausschiebung des Verjährungsbeginns annehmen, wenn sich der Verkäufer lediglich zur Nachlieferung des Pedigrees verpflichtet hätte, ja sogar wenn von dem Pedigree überhaupt gar nicht gesprochen worden wäre. Beim Verkauf eines Pferdes unter Zusicherung der Vollbluteigenschaft besteht nach der Verkehrsauffassung (§ 157) ganz allgemein die Verpflichtung des Verkäufers zur Lieferung des Pedigrees. Das ist eine selbstverständliche Pflicht, deren Erfüllung nicht besonders bedungen werden muß. Solange der Verkäufer das Pedigree nicht liefert, kann der Käufer unmöglich wissen, ja nicht einmal prüfen, ob die ihm zugesicherte Eigenschaft auch wirklich vorhanden ist. Das wissen die beiden Vertragsteile beim Kauf, und daraus folgt nach der Natur der Sache, daß sie stillschweigend einig waren über die Nachlieferung des Pedigrees und über die Hinausschiebung des Beginnes der Verjährung bis zu diesem Zeitpunkt. Würde sich der Verkäufer darauf berufen, daß die Verjährung schon vor der Lieferung des Pedigrees begonnen habe, so würde ihm die Einrede der Arglist entgegenstehen.

29) JW. 1914, 590 (RG.). Näheres hierüber s. unten § 40 IV.

30) Pillmayr in SeuffBl. 71, 574; Stölzle ebenda 714; Stölzle 373; RG. 100, 18; BayZ. 1906, 123 (RG.); Wrede 18.

31) RG. 93, 158.

wenn nur zur Zeit ihrer Erhebung der Anspruch auf Wandlung noch nicht verjährt ist; denn die durch die Rechtshängigkeit des Wandlungsanspruches bewirkte, fortdauernde Unterbrechung der Verjährung wirkt auch zugunsten des Schadenersatzanspruches.

a) Hemmung der Verjährung. Der Zeitraum, während dessen die Verjährung gehemmt ist, wird in die Verjährungsfrist nicht einbezogen (§ 205).

Als Hemmungsgründe kommen insbesondere in Betracht Stillstand der Rechtspflege und Verhinderung an der Rechtsverfolgung durch höhere Gewalt (§ 203); die Verjährung ist ferner insolange gehemmt, als die Leistung gestundet oder der Verpflichtete aus einem anderen Grunde vorübergehend zur Verweigerung der Leistung berechtigt ist (§ 202). Diese Berechtigung betrachtet Krückmann bei einer Gewährleistung für Trächtigkeit (Kalbgewährschaft usw.) insolange als gegeben, bis sich der Mangel gezeigt hat, s. hierüber unten § 43 Anm. 47.

b) Die Unterbrechung der Verjährung hat die Wirkung, daß die bis zur Unterbrechung verstrichene Zeit nicht in Betracht kommt, und die Verjährungsfrist nach der Beendigung der Unterbrechung von neuem beginnt (§ 217). Die Verjährung wird aber nur bezüglich desjenigen Mangels unterbrochen, wegen dessen eine die Unterbrechung bewirkende Handlung vorgenommen wurde. Ist z. B. die Klage nur wegen Dummkollers erhoben, so läuft die Verjährungsfrist für die Ansprüche wegen Koppens ruhig weiter[32]).

Durch § 477 Abs. II ist für die Verjährung der gesetzlichen Haftung des Verkäufers als weiterer Unterbrechungsgrund der seitens des Käufers gestellte Antrag auf Beweisaufnahme zur Sicherung des Beweises eingeführt und zugleich bestimmt, daß die Unterbrechung bis zur Beendigung des Verfahrens[33]) fortdauert. Wenn das Verfahren infolge einer Vereinbarung oder dadurch, daß es nicht betrieben wird, in Stillstand gerät, so endigt die Unterbrechung mit der letzten Prozeßhandlung der Parteien oder des Gerichts. Die nach der Beendigung der Unterbrechung beginnende neue Verjährung wird dadurch, daß eine der Parteien das Verfahren weiter betreibt, in gleicher Weise wie durch Klageerhebung unterbrochen (§ 477 Abs. II mit § 211). Die Unterbrechung gilt als nicht erfolgt, wenn der Antrag zurückgenommen oder rechtskräftig zurückgewiesen wird. Stellt aber der Käufer binnen sechs Wochen nach Zurücknahme bzw. Eintritt der Rechtskraft des ablehnenden Beschlusses den Antrag von neuem, oder stellt er innerhalb dieser Frist Klage[34]), so gilt die Verjährung als durch die Stellung des ersten Antrags unterbrochen (§ 490 mit § 477 Abs. 2 und § 212). Im übrigen gelten für die Unterbrechung der Verjährung die allgemeinen Vorschriften mit dem Abmaße, daß an die Stelle der in den §§ 210, 212, 215 bestimmten Fristen eine Frist von sechs Wochen tritt (§ 490 Abs. II).

Hier muß es bezüglich der allgemeinen Unterbrechungsgründe genügen, ihre beiden Gruppen kurz zu berühren.

---

[32]) Sauer-Reuter 165; Recht 1900 243 (Hamm); JW. 1912, 462 (RG.).

[33]) Das Beweissicherungsverfahren ist mit Einreichung der angeordneten schriftlichen Begutachtung des Sachverständigen beendet (Recht 1916 N. 2083 [RG.]).

[34]) OLG. 3, 10; Staudinger, Bem. 7 zu § 477.

α) Die Verjährung wird unterbrochen, wenn der Verkäufer dem Käufer gegenüber den Anspruch durch Abschlagszahlung, Zinszahlung, Sicherheitsleistung oder in anderer Weise **anerkennt**.

Regelmäßig wird hierdurch der Anspruch auf Wandlung vollzogen (§ 465), dann beginnt eine neue dreißigjährige Verjährung[35]. (Vgl. oben S. 163).

Wenn der Verkäufer auf das Wandlungsbegehren des Käufers erklärt: „Der Gaul ist allerdings dämpfig; allein du brauchst nicht zu klagen; ich werde dich schon schadlos halten", so kann man im Zweifel sein, ob dies als Anerkennung des dem Käufer zustehenden Wandlungsrechts aufzufassen ist. Wenn man es aber annimmt, was nur auf Grund besonderer Umstände zulässig sein dürfte, kann man nicht die kurze Verjährungsfrist, sondern nur die dreißigjährige anwenden[36]. Gelangt man aber zu der wohl näher liegenden Annahme, daß durch eine solche Äußerung das Recht auf Rückgängigmachung des Vertrags nicht endgültig anerkannt wurde, dann kann man eine solche Äußerung, durch welche der Käufer abgehalten wurde, rechtzeitig zu klagen, nicht für bedeutungslos halten. Man wird eine stillschweigende Verlängerung der Verjährungsfrist um einen den Umständen entsprechenden Zeitraum, der im Streitfall vom Richter nach Treu und Glauben zu bemessen ist, unterstellen und die Verjährungseinrede des Verkäufers, die darauf nicht Rücksicht nimmt, mit der Einrede der Arglist aus dem Feld schlagen (vgl. unten § 26 IV 1 b).

β) Unterbrechung der Verjährung wird ferner dadurch bewirkt, daß der Käufer zur **prozeßrechtlichen Ausübung seines Anspruches** schreitet durch Klageerhebung, Güteantrag, Zahlungsbefehl, Konkursanmeldung, Aufrechnung im Prozesse, Streitverkündung, Vornahme einer Vollstreckungshandlung (§ 209), Einreichung eines Gesuchs an das höhere Gericht um Bestimmung des zuständigen Gerichts, soferne binnen sechs Wochen nach Erledigung des Gesuchs die Klage erhoben wird (§ 490 mit §§ 477 und 210), Beantragung der gerichtlichen Beweisaufnahme zur Sicherung des Beweises (§ 490 mit § 477 Abs. 2, s. oben bei b).

Wenn die Klage zurückgenommen oder durch ein nicht in der Sache selbst entscheidendes Urteil rechtskräftig abgewiesen ist, gilt die Unterbrechung durch Klageerhebung als nicht erfolgt. Erhebt aber der Kläger binnen sechs Wochen von neuem Klage, so gilt die Verjährung als durch die Erhebung der ersten Klage unterbrochen (§ 490 mit §§ 477 und 212). — Die Unterbrechung durch Geltendmachung der Aufrechnung im Prozeß oder durch Streitverkündung dauert fort, bis der Prozeß rechtskräftig entschieden oder anderweitig erledigt ist, und gilt

[35]) Unrichtig Stölzle 378, daß Anerkennung des Anspruchs auf Wandlung die Verjährung **unterbreche**. Vgl. anderseits Stölzle 368 f. und 380. Hier meint Stölzle: Wenn der Verkäufer den Anspruch auf Wandlung auch anerkennt, so sei damit noch nicht gesagt, daß er sich mit der Wandlung **einverstanden** erklärt; er könne trotz des Anerkenntnisses die Wandlung nicht wollen. Es kommt aber nicht auf den Willen, sondern auf die Erklärung an. Erkennt der Käufer den Wandlungsanspruch verbindlich an, so hat er sich damit einverstanden erklärt. Und wenn er sich nicht damit einverstanden erklärt, so hat er auch nicht anerkannt. Mit Recht bezeichnet Hanke 105 diese Unterscheidung Stölzles für gekünstelt. Sie verstößt gegen die Logik.

[36]) Unrichtig daher Stölzle 379.

als nicht erfolgt, wenn nicht binnen sechs Wochen nach der Beendigung des Prozesses Klage auf Befriedigung oder Feststellung des Anspruchs erhoben wird (§ 490 Abs. II mit § 477 und § 215).

Der Verkäufer ist also nicht genötigt, vor Ausgang des zwischen ihm und dem Käufer schwebenden Rechtsstreits gegen seinen Gewährsmann binnen der im § 490 bestimmten Frist Klage zu erheben, sondern kann ruhig den Ausgang des zwischen ihm und seinem Käufer anhängigen Rechtsstreits abwarten.

Bei der Streitverkündung muß sich der Verkäufer natürlich an seinen unmittelbaren Vormann halten, ein sogen. Sprungregreß ist nicht zugelassen[37]).

Die Streitverkündung unterbricht die Verjährung nur im Fall eines ungünstigen Ausgangs des Rechtsstreits für den Streitverkünder[38]). Gemäß § 211 Abs. 1 BGB. dauert die Unterbrechung durch Klageerhebung fort, bis der Prozeß erledigt ist. Dasselbe gilt für die Streitverkündung (§ 215). § 211 Abs. 2 ZPO. bestimmt: Gerät der Prozeß infolge einer Vereinbarung oder dadurch, daß er nicht betrieben wird, in Stillstand, so endigt die Unterbrechung mit der letzten Prozeßhandlung der Parteien oder des Gerichts. — Es beginnt also mit der Beendigung der Unterbrechung die Verjährungsfrist von sechs Wochen sofort wieder zu laufen. Das kann leicht übersehen werden.

Hat das Gericht gemäß §§ 246 ff. ZPO. das Verfahren durch Gerichtsbeschluß ausgesetzt bis zur Erledigung eines anderweitigen Prozesses, dann dauert die Unterbrechung der Verjährung fort, bis der andere Prozeß rechtskräftig entschieden oder anderweitig erledigt ist. Mit diesem Zeitpunkt beginnt die sechswöchige Verjährungsfrist wieder zu laufen. Der vorsichtige Anwalt wird in Viehgewährschaftssachen dahin wirken, daß weder ein Ruhen des Verfahrens noch eine Aussetzung eintritt. Solange der Prozeß im Beweisverfahren ist, tritt ein Stillstand im Sinne des § 211 Abs. 2 BGB. nicht ein[39]).

V. Wirkungen der Verjährung.

Nach Vollendung der Verjährung ist der Verkäufer berechtigt, die Leistung (d. h. Erfüllung des Anspruchs auf Wandlung oder Schadenersatz wegen Nichterfüllung) zu verweigern (§ 222 Abs. I). Die Verjährung hebt also den Anspruch nicht auf, sondern begründet nur eine Einrede; sie ist daher nicht von Amts wegen zu berücksichtigen. Der Verkäufer kann auf die Einrede der Verjährung (jedoch nicht von vornherein, § 225) verzichten (vgl. unten § 43 III).

Trotz der eingetretenen Verjährung des Gewährleistungsanspruchs ist dem Käufer durch § 490 Abs. 3 das Recht vorbehalten, die Zahlung des Kaufpreises zu verweigern oder mit einer nach § 463 BGB. begründeten Schadenersatzforderung aufzurechnen (s. hierüber den folgenden Paragraphen).

---

37) Hirsch 41; Stölzle 143 (s. hierüber oben § 13).
38) Recht 1912 N. 3173 (RG.).
39) RG. 97, 126; Stölzle 384.

§ 27.

Gewährleistungseinrede trotz Verjährung des Gewährleistungsanspruchs.

I. Durch § 490 Abs. 3 mit § 390 Satz 2 ist bestimmt, daß der Käufer auch nach der Vollendung der Verjährung des Anspruchs auf Wandlung die Zahlung des Kaufpreises verweigern und auch nach der Verjährung des durch § 463 begründeten Schadenersatzanspruchs mit dieser Schadenersatzforderung aufrechnen kann; selbstverständlich sind diese Rechte des Käufers davon abhängig, daß sie abgesehen von der Verjährung bestehen würden.

Wenn der Mangel arglistig verschwiegen wurde, so greift die kurze sechswöchige Verjährung überhaupt nicht durch; der Gewährleistungsanspruch verjährt dann erst in dreißig Jahren vom Vertragsschluß an, so daß sich der Käufer auch für seine Einreden auf den § 490 Abs. 3 nicht zu berufen braucht.

Solange die Gefahr auf den Käufer nicht übergegangen ist, kann der Lauf der Verjährungsfrist nicht beginnen und daher die Anwendung des § 490 Abs. 3 nicht praktisch werden. Es stehen aber natürlich dem Käufer vor dem Übergang der Gefahr alle Rechtsbehelfe und Einreden zu, welche die allgemeinen Rechtsvorschriften verleihen. Unter Umständen kann er sogar Klage auf Wandlung oder Schadenersatz wegen Nichterfüllung erheben (s. hierüber oben S. 42 und 145).

Ist aber die Verjährung des Wandlungsanspruchs bzw. des Schadenersatzanspruchs vollendet, so ist dem Käufer durch § 490 Abs. 3 die einredeweise Geltendmachung der sich aus dem Wandlungsanspruch und dem Schadenersatzanspruch ergebenden Rechte vorbehalten, sofern dem Käufer ein solcher Anspruch zustehen würde, falls er nicht verjährt wäre.

Hinsichtlich der Voraussetzungen dieser Gewährleistungsansprüche besteht bekanntlich ein wesentlicher Unterschied, ob für den betreffenden Mangel eine Gewährfrist eingreift oder nicht. Die Gewährfrist greift stets ein bei Hauptmängeln, bei anderen Mängeln sowie bei zugesicherten Eigenschaften nur dann, wenn eine Gewährfrist besonders vereinbart ist.

In allen Fällen, in welchen eine Gewährfrist eingreift, ist Voraussetzung eines jeglichen Gewährleistungsanspruchs, daß sich der Mangel (Hauptmangel, ein anderer Fehler oder der Mangel einer zugesicherten Eigenschaft) innerhalb der Gewährfrist gezeigt hat und daß — falls der Mangel nicht arglistig verschwiegen wurde — die in § 485 BGB. vorgeschriebene Mängelanzeige richtig und rechtzeitig erstattet wurde. Fehlt es an der ersten Voraussetzung, so ist ein Gewährleistungsanspruch überhaupt nicht entstanden; fehlt die zweite Voraussetzung, so ist der Käufer seines Gewährleistungsanspruchs endgültig verlustig gegangen. In beiden Fällen ist natürlich für die einredeweise Geltendmachung eines Rechtes, das gar nicht besteht, kein Raum.

Wenn aber für einen Mangel eine Gewährfrist außer Betracht zu bleiben hat (und das trifft zu bei allen Nichthauptmängeln und dem Mangel einer zugesicherten Eigenschaft, sofern eine Gewährfrist nicht besonders vereinbart ist), dann ist es keine Voraussetzung des Gewährleistungsanspruchs, daß sich der Mangel innerhalb einer bestimmten Frist gezeigt hat. Wohl aber ist auch in diesen Fällen die Erstattung einer Mängelanzeige unerläßliche Voraussetzung des Gewährleistungsrechts.

Die Handlungen, durch deren Vornahme innerhalb der sechswöchigen Verjährungsfrist hiernach dem Käufer die einredeweise Geltendmachung des Gewährleistungsanspruchs trotz eingetretener Verjährung dieses Anspruchs gewahrt bleibt, sind Anzeige des Mangels (Absendung genügt); Klage, die zurückgenommen und nicht rechtzeitig (§ 212 Abs. 2 BGB.) wieder erhoben ist[1]); Antrag auf Sicherung des Beweises wegen des Mangels; Streitverkündung.

Der Käufer hat bei Verlust der ihm aus dem Mangel zustehenden Rechte den Mangel dem Verkäufer innerhalb der sechswöchigen Verjährungsfrist anzuzeigen oder eine der im § 478 bezeichneten Handlungen vorzunehmen[2]). Die strikte Anwendung des § 490 Abs. 3 würde zu dem gegenteiligen Resultat führen; das erkennt auch die herrschende Meinung an; weil aber diese Abweichung von den allgemeinen Vorschriften der §§ 478, 479 sachlich nicht gerechtfertigt und vom Gesetzgeber offenbar nicht beabsichtigt sei, soll das Fassungsversehen des Gesetzgebers durch Anwendung der §§ 478, 479 berichtigt werden. Da die Theorie die gegen diese Auffassung bestehenden Bedenken zu überwinden vermochte, besteht für den Praktiker um so weniger Anlaß, an der gegenteiligen Auffassung der ersten Auflage festzuhalten, als die herrschende Ansicht zu einem für die Praxis brauchbaren, ja sogar notwendigen Ergebnis führt[3]).

Das Ergebnis geht dahin, daß, soweit keine Gewährfrist in Frage steht, der § 485 mit der Maßgabe anzuwenden ist, daß die Anzeige oder die ihr gleichgestellten Handlungen nicht innerhalb der im § 485 bestimmten Frist, sondern innerhalb der sechswöchigen Verjährungsfrist (§ 490) vorgenommen werden müssen.

Wenn Gewährschaft für gesund geleistet wurde, so findet auf die Gewährleistung aus dieser Zusicherung § 485 BGB. keine Anwendung, wenn die Kuh an Tuberkulose mit Beeinträchtigung des Ernährungszustandes (also an einem Hauptmangel) leidet[4]). Der

---

1) Die Zurücknahme der Klage schließt nicht einmal notwendig einen Verzicht auf den Gewährleistungsanspruch ein. Daß darin ein Verzicht auf die Rechte aus der Mängelanzeige, eine Zurücknahme im Sinne einer Vernichtung der einmal geschehenen Anzeige zu erblicken ist, wird nur in seltenen Fällen unterstellt werden können (vgl. JW. 1905, 46). Ist aber auf den Gewährleistungsanspruch verzichtet, so ist natürlich auch eine einredeweise Geltendmachung des materiell-rechtlich untergegangenen Anspruchs ausgeschlossen.

2) Staudinger, Neumann, Planck, Oertmann RGK. zu § 492; Schneider 187; Sauer 174; Stölzle 402; Recht 1906 617 (Breslau) sowie die Nachweise bei Neumann, Jahrbuch 5. 200; Krückmann 109; OLG. 16, 409; 33, 247; 40, 302; Recht 1908 N. 2651; 1920 N. 3086 (KG.); Gotthard, Seuff.Bl. 74, 16; vgl. auch JW. 1905, 286 (RG.); a. M. Hirsch 80; Neumann, DJZ. 1903, 53.

3) Es handelt sich um den seltenen Fall einer Auslegung contra legem.

4) Der Käufer kann natürlich geltend machen, daß ein Hauptmangel vorliegt. Dann muß er nachweisen, daß sich der Hauptmangel innerhalb der Gewährfrist gezeigt hat und daß er die Anzeige innerhalb der Frist des § 485 erstattet hat. Ist ihm aber Gesundheit zugesichert, so genügt er seiner Beweispflicht, wenn er nachweist, daß das Tier bei der Übergabe nicht gesund war, gleichviel, ob diese Krankheit einen Hauptmangel darstellt oder nicht. Hat z. B. der Käufer die Anzeigefrist des § 485 versäumt, so kann er immer noch innerhalb der Frist von sechs Wochen seit der Ablieferung des Tieres die Wandlungsklage erheben, weil das mit einem Hauptmangel behaftete Tier infolge der durch diesen Hauptmangel dargestellten Krankheit bei der Übergabe nicht

Käufer kann also den Gewährleistungsanspruch für den Mangel der Gesundheit auch dann geltend machen, wenn er Mängelanzeige erst nach Ablauf der Frist des § 485, aber noch innerhalb der sechswöchigen Verjährungsfrist seit Ablieferung erstattet hat. Anders, wenn auch für die vereinbarte Gewährschaft eine Gewährfrist vereinbart ist.

Festzuhalten ist, daß dem Käufer nach der Verjährung seines Gewährleistungsanspruchs das Recht der Einrede aus diesem Anspruch nur dann gewahrt bleibt, wenn er vor dem Ablauf der Verjährungsfrist die Mängelanzeige erstattet hat.

II. Das Einrederecht.

1. Das Recht des Käufers, die Bezahlung des Kaufpreises zu verweigern, ist durch § 490 Abs. 3 Satz 1 festgesetzt. Der Käufer, welcher die Einrede erhebt, macht gegenüber dem Anspruch auf Zahlung des Kaufpreises den Anspruch auf Wandlung geltend. Dies führt, wenn das Wandlungsverlangen an sich begründet ist, zur Aberkennung des gesamten, noch rückständigen Kaufpreises[5]); denn insoweit ist eben trotz eingetretener Verjährung das Wandlungsrecht durch §§ 478, 490 aufrecht erhalten.

Ist auf Grund dieser Einrede des Käufers die Kaufpreisklage rechtskräftig abgewiesen, so mag der Verkäufer wählen, ob er den Rest des Kaufpreises fahren lassen oder die Rechte aus dem Vollzug der Wandlung geltend machen will.

Ist die Kaufpreisklage infolge der Anerkennung des einredeweise geltend gemachten Wandlungsrechtes rechtskräftig abgewiesen, so ist dadurch die Wandlung nicht vollzogen, weil durch die Wandlungseinrede und ihre Anerkennung in den Urteilsgründen Rechtskraft über den Wandlungsanspruch nicht erzeugt wird[6]). Auf keinen Fall kann der obsiegende Käufer auf Grund dieses Urteils das von ihm bereits Geleistete zurückfordern, weil ja sein Wandlungsanspruch verjährt ist und trotz der im Prozeß durchgedrungenen Einrede verjährt bleibt. Aber der Verkäufer kann, wenn er will, den Käufer zwingen, nunmehr die Wandlung im ganzen durchzuführen. Denn wenn man aus dem Umstand, daß die Wandlung noch nicht vollzogen ist, ableiten könnte, daß dem Käufer das ius variandi an sich noch zusteht, er also z. B. mit der Wandlungseinrede in einem Prozeß des Verkäufers auf Rückgewähr einredeweise das Recht zum Schadenersatz aus § 463 geltend machen könnte, so würde die Geltendmachung dieses Rechts doch in concreto mit der Einrede der Arglist aus dem Feld geschlagen. Denn Arglist läge vor, wenn in dem einen Prozeß der Käufer die Kaufpreisklage mit der Einrede aus dem Wandlungsrecht zur Abweisung gebracht hat und in dem zweiten Prozeß sich an das dadurch zum Ausdruck gebrachte Wandlungsbegehren überhaupt nicht mehr binden will, sei es, daß er von der Wandlungseinrede zu der Einrede aus der

---

gesund war. Hatte sich der Hauptmangel innerhalb der Gewährfrist gezeigt, so kommt ihm sogar die Vermutung des § 484 zustatten.

[5]) Vgl. Prot. 1, 681, 705; Stölzle 406 Anm. 11. Unzutreffend Sauer 171, dessen Ansicht der vereinbarte Kaufpreis nach Analogie des Minderungsanspruchs nur entsprechend gekürzt werden soll.

[6]) JW. 1908, 743 (RG.); Stölzle 404. Vgl. über diese sehr bestrittene Frage, die aber praktisch von keiner erheblichen Bedeutung ist, Staudinger-Kober, Bem. II c zu § 478 und dortige Nachweise.

Schadenersatzforderung übergeht[7]), oder daß er erklärt, er wolle jetzt überhaupt nichts mehr von der Wandlung wissen und sei auch bereit, die im Vorprozeß abgewiesene Kaufpreisforderung zu bezahlen. Auf diese Weise erhält der Verkäufer tatsächlich ein Wahlrecht. Voraussetzung ist also, daß, falls eine Gewährfrist infolge Gesetzes (Hauptmangel) oder Vereinbarung anzuwenden ist, der Anzeigepflicht des § 485 genügt ist. Ist keine Gewährfrist in Frage, so muß der Käufer eine Anzeigehandlung innerhalb der Verjährungsfrist vorgenommen haben.

Das Weigerungsrecht des Käufers reicht aber nur so weit, als der Verkäufer sein Recht auf Zahlung auch wirklich aus dem Kaufe für das betreffende Tier geltend macht[8]).

Ist die Kaufgeldschuld durch einen abstrakten Schuldanerkenntnisvertrag noviert, dann steht dem Verkäufer ein von dem Kaufgeschäft unabhängiger Anspruch aus dem Anerkenntnis zu (§ 781). Richtig betrachtet hat in solchem Falle der Käufer seiner Verpflichtung aus dem Kaufvertrage durch das Anerkenntnis genügt. Das Anerkenntnis ist als Leistung auf die Kaufschuld zu betrachten gleich einer Zahlung der Kaufgeldforderung. Die Zahlung einer Forderung aus dem abstrakten Anerkenntnisvertrag kann daher der Käufer dann nicht mehr weigern, wenn der Anspruch auf Wandlung bzw. Schadenersatz wegen Nichterfüllung verjährt ist. Hat also der Käufer ein rechtsförmliches abstraktes Schuldanerkenntnis abgegeben, dann muß er seinen Anspruch aus der Wandlung vor Ablauf der Verjährung geltend machen, auch wenn er den Kaufpreis noch nicht bezahlt hat. Aus der Vollziehung der Wandlung erwächst ihm die condictio des Anerkenntnisses (§ 812).

Im Viehhandel wird häufig ein Schuldschein über die Kaufpreisforderung ausgestellt. Regelmäßig hat ein solcher Schuldschein nur die Bedeutung eines Beweismittels für die Kaufpreisforderung; um einen abstrakten Vertrag annehmen zu können, wäre erforderlich, daß die hierauf gerichtete Absicht der Vertragsteile unzweideutig erhellt. Die Absicht muß auf Begründung einer abstrakten, vom ursprünglich zugrunde liegenden Schuldverhältnis losgelösten Verbindlichkeit gerichtet sein[9]).

Wenn der Käufer für die Kaufpreisforderung dem Verkäufer einen Wechsel gegeben hat, so kommt es darauf an, ob der Wechsel an Zahlungs Statt gegeben und genommen wurde oder nur zahlungshalber. Da es allgemein geschäftsüblich ist, den Wechsel nur zahlungshalber anzunehmen, so muß derjenige, der behauptet, daß der Wechsel an Zahlungs Statt gegeben und genommen sei, dies beweisen. Daran wird durch eine Prolongation nichts geändert, da diese keine Novation ist[10]). Ist der Wechsel nur zahlungshalber gegeben, so gilt die Forderung zunächst nicht als getilgt. Die Hingabe zahlungshalber ist zunächst nur ein Versuch der Zahlung[11]). Wenn der Wechselnehmer den

---

[7]) Im Ergebnis ebenso Planck, Bem. 3 zu § 465; SeuffA. 70 N. 78 (Bamberg); Stölzle 405.
[8]) Stölzle 403 f.; LZ. 1914, 678.
[9]) JW. 1911, 40 (RG.).
[10]) Staub, Anm. 25 zu Art. 83 WO.
[11]) Staub, Anm. 26 zu Art. 83 WO.

Wechsel diskontiert hat, dann ist die ihr zugrunde liegende Forderung immer noch nicht getilgt. Das tritt erst infolge der Zahlung durch den Wechselverpflichteten ein. Vorher kann also der Käufer trotz Verjährung seines Gewährleistungsanspruchs dem Verkäufer gegenüber infolge der ihm durch § 490 erhaltenen Einrede die Zahlung des Wechsels verweigern. Wenn nun aber der Verkäufer den Wechsel weiterbegeben hat, so kann der Käufer dem gutgläubigen Erwerber gegenüber die Einrede nicht geltend machen. Er wird diesem gegenüber unweigerlich zur Zahlung verurteilt und damit wäre dann die Tilgung der Kaufpreisforderung bewirkt. Dagegen kann sich der Käufer auf folgende Weise schützen: Er teilt dem Käufer mit, daß er auf Grund der ihm erhaltenen Wandlungseinrede die Zahlung des Wechsels verweigert; gleichzeitig fordert er den Verkäufer auf, ihm den Wechsel zurückzugeben (§ 812 BGB.). Durch diese Aufforderung wird der Verkäufer in Schuldnerverzug gesetzt und daher schadenersatzpflichtig (§ 286). Muß dann der Käufer an den dritten Wechselinhaber zahlen, so hat er auf Grund des Verzugs des Verkäufers gegen diesen einen Schadenersatzanspruch auf Erstattung der Wechselsumme.

2. Das Recht des Käufers mit dem ihm in Gemäßheit des § 463 zustehenden Ersatzanspruche gegen eine Forderung des Verkäufers aufzurechnen, ist durch § 490 Abs. 3 Satz 2 nicht geschaffen, sondern bestätigt. Der Inhalt dieses Rechtes wird durch § 390 Satz 2 bestimmt. Die Aufrechnung ist aber nur gegenüber der Forderung des Verkäufers auf Zahlung des in diesem Kaufvertrage bedungenen Kaufpreises, nicht auch gegenüber einer anderen Geldforderung des Verkäufers, zulässig[12]).

III. Wenn der Verkäufer auf die Wandlungseinrede des Käufers erklärt, daß er mit der Wandlung einverstanden ist, so ist seine Klage auf Zahlung des Kaufpreises damit hinfällig, denn damit ist die Wandlung vollzogen. Er muß sie zurücknehmen. Verweigert der Beklagte, da über die Klage bereits verhandelt wurde, seine zur Klagezurücknahme erforderliche Zustimmung, so ist die Klage abzuweisen.

Erhebt der Kläger an Stelle des zurückgenommenen Anspruchs auf Zahlung des Kaufpreises in demselben Prozeß durch Änderung seines Antrags den Anspruch auf Vollzug der Wandlung (auf Rückgewähr), so liegt darin eine Klageänderung, die in zweiter Instanz unzulässig ist, aber in der ersten Instanz (abgesehen von einer etwaigen Einwilligung des Beklagten) dann zulässig ist, wenn das Gericht die Klageänderung für sachdienlich erachtet. Der Beklagte wird gut daran tun, mit dieser Möglichkeit zu rechnen, und deshalb ohne Widerspruch gegen die Klageänderung den Rückgewähranspruch des Klägers Zug um Zug gegen die ihm selbst obliegende Rückgewährpflicht sofort anzuerkennen. Dann fallen dem Kläger die Kosten zu.

Zuweilen klagt der Verkäufer nach Verjährung des Gewährleistungsanspruchs seine noch ausstehende Kaufpreisforderung nicht gleich ein, vielleicht weil er damit rechnet, daß der Käufer später den Mangel nicht mehr so leicht beweisen könne. In diesem Fall ist der einfachste und beste Weg, den der Käufer beschreiten kann, die Er-

---

[12]) RG. 56, 167.

hebung einer Feststellungsklage[13]) mit dem Antrag: Es wird festgestellt, daß dem Beklagten (Verkäufer) ein Anspruch auf Zahlung eines Kaufpreisrestes von 600 Mk. aus dem Pferdeverkauf vom 12. November 1926 gegen den Kläger (Käufer) nicht zusteht. Hiefür ist das Amtsgericht zuständig (§ 23 GVG.). Das rechtliche Interesse an der alsbaldigen Feststellung ist stets gegeben, weil mit fortschreitender Zeit der dem Käufer obliegende Beweis des Mangels immer schwieriger wird. Der von Zeiler[14]) vorgeschlagene Weg, wonach der Käufer den Verkäufer durch Aufforderung zum Vollzug der Wandlung und Rücknahme des Tieres nach §§ 295, 293 BGB. in Gläubigerverzug setzen und dann nach §§ 383, 394 BGB. das Tier versteigern lassen soll, ist nicht nur umständlich und unpraktisch, sondern auch rechtlich nicht unbedenklich, da die Annahme, daß der Käufer (wenn auch nur mehr einredeweise) noch wandlungsberechtigt sei, fragwürdig ist. Dagegen kann der Käufer das Tier verkaufen, wenn er vorher dem Verkäufer diese Absicht unter Erbieten zur Wandlung mit dem Beifügen mitgeteilt hat, daß er trotz der Veräußerung seine Wandlungseinrede aufrecht erhalte[15]). Ratsam ist dieser Weg wegen der mit dem Zeitablauf eintretenden Verschlechterung der Beweismöglichkeit nicht.

§ 28.

Verträge, die auf Veräußerung oder Belastung einer Sache gegen Entgelt gerichtet sind.

I. Nach § 493 BGB. finden die Vorschriften über die Verpflichtung des Verkäufers zur Gewährleistung wegen Mängel der Sache auf andere Verträge, die auf Veräußerung oder Belastung einer Sache gegen Entgelt gerichtet sind, entsprechende Anwendung. Es muß sich also um ein Rechtsgeschäft handeln, das auf Veräußerung oder Belastung gerichtet ist, und es muß sich ferner um ein entgeltliches Rechtsgeschäft handeln. Diese Voraussetzungen treffen, abgesehen vom **Kauf**, bei folgenden Rechtsgeschäften zu:

1. Tausch (§ 515 BGB.).

a) Wird ein Pferd gegen einen Hund vertauscht, so kommt es darauf an, welcher Vertragsteil die Wandlung verlangt. Nur wenn das Verlangen von demjenigen ausgeht, welcher das Pferd erhalten hat, kommen die besonderen Vorschriften über die Viehgewährschaft (§§ 481—492) in Anwendung. Wenn dagegen der Vertragsteil, welcher den Hund erhalten hat, Ansprüche wegen eines Mangels dieses Tieres erheben will, so sind ausschließlich die §§ 459—480 maßgebend[1]). Ein solcher Tausch, durch welchen ein unter die privilegierten Tiergattungen fallendes Tier gegen ein anderes diesen privilegierten Tiergattungen nicht angehörendes Tier vertauscht wird, kommt praktisch wohl kaum vor.

---

[13]) JW. 1911, 34 (RG.).
[14]) JW. 1908, 294; vgl. OLG. 12, 266.
[15]) So Stölzle 417.
[1]) Vgl. Sauer-Reuter 193.

b) Dagegen wird im Viehhandel sehr häufig mit Tieren getauscht, die sämtlich den privilegierten Tiergattungen angehören. Im Falle der Wandlung des Tauschgeschäftes führt die entsprechende Anwendung (§ 493 BGB.) der Vorschriften über die Verpflichtung des Verkäufers zur Gewährleistung dazu, daß dem wandlungsberechtigten Tauschpartner die Rolle des Käufers, dem gewährschaftspflichtigen Tauschpartner die Rolle des Verkäufers zufällt. Im Falle der Wandlung des Tauschgeschäfts hat der wandlungsberechtigte Tauschpartner das mangelhafte Tier, der gewährschaftspflichtige Tauschpartner das mangelfreie Tier zurückzugeben. (§ 493 mit §§ 467 und 346.)

Für diese Rückgabepflicht des wandlungsberechtigten Tauschpartners, desgleichen für seine Verpflichtung zum Ersatz der Nutzungen sind in jeder Hinsicht die Grundsätze für die Rückgabe- und Ersatzverpflichtung des Käufers anzuwenden.

c) Dagegen können diese Grundsätze auf die Pflicht des gewährschaftspflichtigen Tauschpartners zur Rückgabe und zum Ersatz der Nutzungen keineswegs angewendet werden, vielmehr ist die Verpflichtung des gewährschaftspflichtigen Tauschpartners grundsätzlich anders bestimmt[2]).

α) Den Zufall hat der Gewährschaftspflichtige nicht zu vertreten; hiefür gilt dasselbe, was oben S. 115, 137, 143 ausgeführt ist.

β) Der gewährschaftspflichtige Tauschpartner ist von dem Zeitpunkte an, in welchem er das in Tausch genommene Tier von seinem Vertragsgegner erhalten hat, für den vollen Schaden verantwortlich, der dadurch entsteht, daß infolge seines Verschuldens das Tier verschlechtert wird, untergeht oder von ihm aus einem anderen Grunde nicht herausgegeben werden kann (§ 467 mit §§ 347 und 989); seine Verpflichtung ist also nicht nur auf den Werterſatz bzw. Ersatz der Wertminderung beschränkt.

Unter die Voraussetzung, daß das Tier aus einem anderen Grunde nicht herausgegeben werden kann, fällt insbesondere die Schlachtung und Veräußerung des eingetauschten Tieres, wobei zu beachten ist, daß die Schlachtung dann als Zufall gilt, wenn sie ohne Verschulden des gewährschaftsberechtigten Tauschpartners aus veterinärpolizeilichen Gründen notwendig geworden ist (s. oben S. 115). Aber nur dann tritt die Schadenersatzpflicht des gewährschaftspflichtigen Tauschpartners ein, wenn die Unmöglichkeit der Rückgabe auf sein Verschulden zurückzuführen ist. Das ist bei einer Veräußerung oder Schlachtung des eingetauschten Tieres regelmäßig nicht der Fall. In diesem Falle hat er den Wert des Tieres zu ersetzen, und zwar jenen Wert, welchen es zur Zeit der Vollziehung der Wandlung gehabt haben würde[3]).

γ) Der gewährschaftspflichtige Tauschpartner hat dem Vertragsgegner die Nutzungen herauszugeben, welche er vom Empfang des von diesem im Tauschweg gegebenen mangelfreien Tieres gezogen hat. Für Nutzungen, die er von diesem Zeitpunkte an nach den Regeln einer ordnungsmäßigen Wirtschaft hätte ziehen können, ist er dem Wandlungsberechtigten zum Ersatze verpflichtet, soweit ihn ein Verschulden trifft. § 467 mit §§ 347 und 987.

---

[2]) Hanke 158; a. M. Stölzle 529 (s. hierüber unten Text Ziff. 3).
[3]) Vgl. oben S. 141.

d) Dagegen kann der Gewährschaftspflichtige für **notwendige Verwendungen**, die er auf das an ihn im Tauschwege gekommene Tier gemacht hat, nach den Vorschriften über die Geschäftsführung ohne Auftrag (§§ 683 ff.) Ersatz verlangen (§ 467 mit §§ 347, 994 Abs. II). Für andere Verwendungen kann er keinen Ersatz verlangen (§ 467 mit §§ 347, 996)[4]). Wegen der ihm zu ersetzenden Verwendungen hat der Gewährschaftspflichtige ein Zurückbehaltungsrecht an dem Tauschtiere (§ 467 mit §§ 347, 1000).

Dagegen vertritt Stölzle 529 ff. die Auffassung, es sei nicht angängig, bei einem Austausch von Tieren, die sämtlich unter § 481 fallen, das fehlerhafte Tier nach §§ 482 ff. zu beurteilen, das fehlerfreie Tier dagegen nicht. Es müsse das ganze Rechtsverhältnis, das ja ein einheitliches Rechtsgeschäft darstelle, einheitlich nach §§ 481 ff. beurteilt werden. Das gegenteilige Ergebnis passe nicht in das System der §§ 481 ff. Es sei auch unbillig. Der gewährschaftspflichtige Tauschpartner müsse daher, wenn er das fehlerfreie Tier nicht zurückgeben könne, nur den **Wert** ersetzen und zum Ersatz von Nutzungen sei er nur soweit verpflichtet, als er sie gezogen habe. Für diese Ansicht kann sich Stölzle auf Staudinger-Kober Bem. II, 7 zu § 487 und RGR. Bem. 6 zu § 487 berufen. Sie ist jedoch völlig unhaltbar aus folgenden Gründen:

§ 467 bestimmt zunächst für den gemeinen Kauf, daß auf die Wandlung die für das vertragsmäßige Rücktrittsrecht geltenden Vorschriften der §§ 346—348, 350—354, 356 Anwendung finden. Nach § 346 sind die Parteien, wenn der Rücktritt erfolgt, verpflichtet, einander die empfangenen Leistungen zurückzuvergüten. Ein Unterschied zwischen den Leistungen des Rücktrittsberechtigten und den Leistungen seines Vertragsgegners wird nicht gemacht. Hieran schließt sich die Vorschrift des § 347, die gleichfalls ohne eine solche Unterscheidung bestimmt, unter welchen Voraussetzungen jeder der beiden Vertragsteile zum Schadenersatz wegen Verschlechterung, Untergangs oder einer anderweitigen Unmöglichkeit der Herausgabe, zur Herausgabe oder Vergütung von Nutzungen und zum Ersatz von Verwendungen verpflichtet ist. § 467 BGB. beseitigt für die Wandlung des **gemeinen Kaufs** nur einen Teil des in § 352 für die Ausübung des Rücktrittsrechts gesetzten Ausschließungsgrundes; für die Wandlung des **Viehkaufs** beseitigt § 487 Abs. 1 die für Ausübung des Rücktrittsrechts gesetzten Ausschließungsgründe der §§ 351—353 vollständig.

§ 487 Abs. 1 und 2 treffen Bestimmungen für den Fall, daß der **Käufer** infolge eines Umstandes, den er zu vertreten hat, außerstande ist, das Tier zurückzugeben. § 487 Abs. 3 erleichtert die sich nach § 347 ergebende Verpflichtung des **Käufers** zum Ersatz von Nutzungen. § 488 verstärkt den sich aus § 347 ergebenden Anspruch des **Käufers** auf Ersatz der Kosten der Fütterung und der Pflege.

Der Sinn des § 467 geht dahin, daß dem wandlungsberechtigten Käufer die Rolle des Rücktrittsberechtigten, dem Verkäufer dagegen die Rolle des Vertragsgegners des Rücktrittsberechtigten zugeteilt wird.

---

[4]) Es kommen die Grundsätze in entsprechende Anwendung, welche für die Ansprüche des wandlungsberechtigten Käufers auf Ersatz der Verwendungen oben S. 131 dargelegt sind, jedoch mit der Ausnahme, daß § 488 hier ausgeschlossen ist.

Für den gemeinen Kauf wird der wandlungsberechtigte Käufer, abgesehen von zwei nicht ins Gewicht fallenden Ausnahmen[5]), nicht günstiger gestellt als der Rücktrittsberechtigte und der Rücktrittsberechtigte steht nicht günstiger als sein Vertragsgegner. Es sind also beim gemeinen Kauf der wandlungsberechtigte Käufer und der gewährschaftspflichtige Verkäufer (abgesehen von den oben erwähnten Ausnahmen), insbesondere hinsichtlich des Ersatzes von Verwendungen und Nutzungen, vollständig gleichgestellt. Dagegen wird bei der Wandlung des Viehkaufs durch die §§ 487 und 488 der Wandlungsberechtigte (Käufer) günstiger gestellt wie der Rücktrittsberechtigte. Die Stellung des Vertragsgegners (Verkäufers) bleibt aber auch beim Viehkauf völlig unverändert, so wie beim Rücktritt die Stellung des Vertragsgegners des Berechtigten ist. Der Grund dieser unterschiedlichen Behandlung des Berechtigten bei der Wandlung und beim Rücktritt liegt auf der Hand. Die Wandlung ist im Gegensatz zum Rücktritt auf einen Umstand zurückzuführen, den der Vertragsgegner des Berechtigten zu vertreten hat, nämlich auf den Mangel, den er nach Kaufrecht zu vertreten hat. Das rechtfertigt durchaus die Vergünstigungen, welche die §§ 487, 488 ausschließlich dem wandlungsberechtigten Käufer gegenüber der durch § 346 getroffenen Regelung zubilligt. Der wandlungsverpflichtete Verkäufer kann deshalb diese Vergünstigung nicht für sich in Anspruch nehmen. Das ist nur recht und billig; denn wenn ihn hinsichtlich des Mangels, der zur Wandlung führt, auch kein Verschulden zu treffen braucht, so hat er diesen Mangel doch zu vertreten. Die Annahme, daß die hier vertretene Auffassung zu Unbilligkeiten führt, ist in keiner Weise begründet.

Die Denkschrift[6]) gibt die Gründe an, aus denen beim Viehkauf die Verpflichtung des Käufers zum Ersatz der Nutzungen erleichtert und sein Anspruch auf Ersatz der Kosten der Fütterung und Pflege verstärkt ist. Es heißt dort: „Eine Ersatzpflicht für Nutzungen, die der Käufer hätte ziehen können, kann ihm billigerweise nicht auferlegt werden, weil er wegen des Fehlers regelmäßig nicht in der Lage ist, das Tier zweckmäßig zu gebrauchen." Der § 481 Abs. 4 mit § 487 Abs. 4 beschränkt daher die Ersatzpflicht des Käufers auf die wirklich gezogenen Nutzungen. Andererseits gewährt § 482 mit § 488 im Anschluß an verschiedene neuere Währschaftsgesetze dem Käufer einen Anspruch auf Ersatz der von der Übergabe an aufgewendeten Kosten der Fütterung und der Pflege des Tieres. Da diese Kosten schnell zu bedeutender Höhe anwachsen und sich bei kranken Tieren eine Ausgleichung durch den von ihnen zu ziehenden Nutzen nur selten zu erzielen ist, so gewinnt das Recht der Wandlung für den Käufer erst durch den bezeichneten Ersatzanspruch vollen Wert."

Die Vergünstigungen, welche die §§ 487, 488 dem Käufer gewähren, haben also ihren Grund gerade in der Mangelhaftig-

---

[5]) Hievon bestehen nur zwei Ausnahmen. Nach § 352 ist der Rücktritt ausgeschlossen, wenn der Berechtigte die empfangene Sache durch Veräußerung oder Umbildung in eine Sache anderer Art umgestaltet hat (§ 352). Nach § 467 ist jedoch im Falle des § 352 die Wandlung nicht ausgeschlossen, wenn der Mangel sich erst bei der Umgestaltung der Sache gezeigt hat. Die andere Ausnahme besteht darin, daß der Verkäufer bei der Wandlung dem Käufer die Vertragskosten zu ersetzen hat; eine Verpflichtung, die dem Gegner des Rücktrittsberechtigten nicht obliegt.

[6]) Denkschrift 68 (Mugdan 2, 1249).

keit des Tieres. Der Gesetzgeber hat bewußt mit Rücksicht auf die Mangelhaftigkeit den Käufer günstiger gestellt als den Rücktrittsberechtigten. Bei Aufhebung des Vertrags durch Rücktritt muß jeder Teil dem anderen die Nutzungen ersetzen, die er hätte ziehen können. Bei Aufhebung des Vertrags durch Wandlung gilt, soweit die Ersatzpflicht des **Verkäufers** für Nutzungen in Betracht kommt, das gleiche. Es ist in der Tat kein Grund zu erkennen, bei der Wandlung den Verkäufer besser zu stellen, als bei der Aufhebung des Vertrags durch Rücktritt der Vertragsgegner des Rücktrittsberechtigten gestellt ist. § 467 bestimmt im Gegenteil, daß der Verkäufer dem Käufer auch die Vertragskosten zu ersetzen hat; im übrigen hat er nach § 347 Satz 3 den von ihm zurückzuzahlenden Kaufpreis (§ 346) von der Zeit des Empfangs an zu verzinsen, ohne Rücksicht darauf, ob er die Zinsen gezogen hat.

Wenn nun der Gewährschaftspflichtige von dem Wandlungsberechtigten als Gegenleistung für das mangelhafte Tier keine Geldsumme (Kaufpreis), sondern ebenfalls ein den Tiergattungen des § 481 angehörendes Tier erhalten hat, so liegt gewiß ein einheitliches Rechtsgeschäft vor. Daraus ist aber mit nichten zu folgern, daß bei Aufhebung dieses einheitlichen Rechtsgeschäfts durch Wandlung die gegenseitigen Verpflichtungen genau in derselben Weise geregelt sein müssen. Der Gesetzgeber kann eine verschiedenartige Regelung treffen und er hat dies auch zweifellos getan. Der wandlungsberechtigte Tauschpartner, der ein mangelhaftes Tier erhalten hat, braucht nur die wirklich gezogenen Nutzungen zu ersetzen, weil er, wie die Denkschrift sagt, wegen des Fehlers regelmäßig nicht in der Lage sein wird, das Tier zweckmäßig zu gebrauchen. Er hat Anspruch auf den vollen Ersatz der Kosten der Fütterung und der Pflege, weil, wie die Denkschrift wiederum erklärt, bei kranken Tieren eine Ausgleichung durch den von ihnen zu ziehenden Nutzen selten zu erzielen ist. Dem wandlungspflichtigen Tauschpartner, der ein fehlerfreies Tier erhalten hat, stehen diese Gründe nicht zur Seite.

Auch die von Stölzle S. 531 Anm. 4 gemachte Einschränkung, daß der **gutgläubige** Wandlungsgegner vor erlangter Kenntnis vom Wandlungsbegehren in der scharfen Weise des § 347 nicht haftbar gemacht werden könne, ist als begründet nicht zu erachten. Denn wenn der Grund dieser Haftung beim vertragsmäßigen Rücktritt darin liegt, daß der Empfänger von vorneherein mit der Möglichkeit der Ausübung dieses Rechtes rechnen müsse, so trifft dieser Gesichtspunkt auch bei der Wandlung zu. Das Gesetz bestimmt, daß der Verkäufer, der seine Gewährleistungspflicht nicht vertraglich ausgeschlossen hat, dem Käufer für gewisse Mängel haftet. Er hat diese Mängel zu vertreten. Das weiß er und er muß deshalb mit der Möglichkeit rechnen, wegen eines Mangels auch dann in Anspruch genommen zu werden, wenn ihm dieser Mangel wegen seiner Verborgenheit unbekannt geblieben ist. Er haftet ja auch für diesen verborgenen Mangel. Wenn man aber die Billigkeit ins Auge faßt, so müßte man es im höchsten Maße unbillig finden, wenn der Tauschpartner, der ein fehlerfreies und für die Benützung brauchbares Pferd hingegeben hat, bei der Rückgängigmachung des Vertrags deshalb keinen Ersatz für Nutzungen bekommt, weil es dem gewährschaftspflichtigen Tauschpartner beliebte, das Pferd nicht zu verwenden, und es wäre ebenso unbillig, wenn der wandlungsberechtigte Tauschpartner, der seine Vertragspflicht ihrem vollen Inhalte nach erfüllt hat, bei einer auf Verschulden seines Vertragsgegners zurückzuführenden Unmöglichkeit der Herausgabe oder Verschlechterung des Tieres nur dessen Wert bzw. die Wertminderung, nicht aber volle Schadloshaltung erzielen könnte.

2. bei der Hingabe an Zahlungs Statt (Erfüllungs Statt) (§§ 364, 365);

3. bei der Versteigerung (§ 156 BGB.) mit den sich aus § 461 BGB. (öffentliche Pfandversteigerung) und § 489 BGB. (Versteigerung auf Grund richterlicher Anordnung) ergebenden Ausnahmen (s. hierüber unten II Z. 8 und 9);

4. beim Vergleich[7]) (§ 779). Erfolgt jedoch die Hingabe des Tieres im Vollzuge eines Vergleichs gerade zu dem Zwecke, um eine Gewährschaftsstreitigkeit über dieses hingegebene Tier zu beseitigen, so liegt darin ein Verzicht auf die betreffende Gewährschaft.

A erleidet durch Ausschlagen eines dem B gehörigen Pferdes Schaden; B lehnt den Schadenersatzanspruch des A ab; schließlich kommt ein Vergleich zustande, wonach A durch Übereignung des Pferdes abgefunden wird. B haftet aus der gesetzlichen Gewährschaft.

M hat von R ein Pferd gekauft und erhebt, da sich nach der Übergabe Verdacht für Vorliegen von Dummkoller ergibt, Gewährschaftsklage wegen Dummkollers. M und R vergleichen sich dahin, daß M das Pferd gegen einen Preisnachlaß behält. Unmittelbar nach dem Vergleich treten bei dem Pferde Erscheinungen auf, welche den Dummkoller außer jeden Zweifel stellen. R kann hierwegen nicht neuerdings in Anspruch genommen werden; denn der Vergleich ist dahin auszulegen, daß auf den Anspruch wegen dieses Fehlers verzichtet ist. Dagegen ist die Gewährleistungspflicht des R begründet, wenn sich ein anderer Hauptmangel (z. B. Rotz) zeigt; die Gewährschaftspflicht ist in diesem Fall vom Ablaufe des Tages an zu berechnen, an welchem der Vergleich perfekt geworden ist, da durch den Vergleich ein neues Rechtsverhältnis zwischen den Parteien begründet wurde. Hat R an Stelle des ihm wegen Dummkollers angesagten Pferdes ein anderes Pferd geliefert, so haftet er natürlich auch, wenn dieses Pferd mit Dummkoller behaftet ist.

Hat übrigens der Verkäufer das Tier infolge der ihm gemachten Mängelanzeige zurückgenommen, so kann der Verkäufer nicht später geltend machen, daß der angesagte Mangel in Wahrheit nicht vorhanden gewesen sei und er sich nur infolge eines Irrtums über das Vorhandensein des Mangels zur Rücknahme entschlossen habe; denn die Wandlung ist vollzogen und es liegt nur ein Irrtum im Beweggrunde vor[8]).

Im übrigen kann ein Vergleich in Gemäßheit des § 779 BGB. angefochten werden. Das kann aber nicht in demselben Prozesse geschehen, der durch den Vergleich erledigt wurde[9]).

---

[7]) Rein 78; Völderndorff 26.
[8]) Vgl. Scherer, Viehgewährschaft 139. Vgl. oben S. 121 N. 41.
[9]) RG. 106, 312.

5. bei Teilungen einer Gemeinschaft (§ 757), insbes. bei Auseinandersetzung einer Gesellschaft[10]) (§ 731 Satz 2), bei Auseinandersetzung der Miterben (§ 2042) und der Gütergemeinschaft (§ 1477).

Drei Freunde haben gemeinschaftlich in der Pferdelotterie ein Los gespielt und gewinnen ein Gespann, bestehend aus zwei Pferden und einem Wagen. Sie teilen den Gewinn in der Art, daß A das Handpferd, B das Sattelpferd und C den Wagen erhält. B und C sind gewährschaftspflichtig, wenn das Handpferd mit Rotz behaftet ist. Der Zweck der Auseinandersetzung legt übrigens die Prüfung der Frage nahe, ob nicht im einzelnen Falle aus den Umständen eine vertragsmäßige Ausschließung der Gewährschaft zu folgern ist. Das wäre z. B. anzunehmen, wenn der Wagen erheblich mehr wert ist, als eines der Pferde; daraus müßte gefolgert werden, daß es den Beteiligten nicht so fast auf eine Gleichmäßigkeit der Verteilung, als auf eine durch das ungleiche Risiko bestimmte radikale Auseinandersetzung ankam.

Ein anderes Beispiel bietet die Auseinandersetzung zwischen den Miteigentümern eines Landgutes, insoweit eine Verteilung des Viehstandes vorgenommen wird. Die Genossen sind einander gegenseitig gewährschaftspflichtig.

A und B besitzen gemeinschaftlich ein Pferd. B überläßt dem A seinen Anteil gegen Zahlung einer Abfindungssumme. B ist gewährschaftspflichtig. Dasselbe gilt für die Annahme eines Tieres gegen Wertanschlag bei einer Erbteilung.

6. bei Bestellung eines Pfandrechts (§§ 1204 ff.) oder Nießbrauchs (§§ 1030 ff.).

II. Dagegen treffen die Voraussetzungen des § 493 nicht zu und können daher auch die Vorschriften über die Verpflichtung des Verkäufers zur Gewährleistung wegen Mängel keine Anwendung finden:

1. bei der Miete und Pacht (§§ 535 ff.), hier ist weder Veräußerung noch Belastung gegeben;

2. beim Leihvertrag (§§ 598 ff.) aus demselben Grunde;

3. bei der Schenkung (§§ 516 ff.); hier mangelt die Entgeltlichkeit.

Eine Abweichung von diesem Grundsatze gilt jedoch gemäß § 524 Abs. II unter Umständen für das Gattungsschenkungsversprechen:

„Hatte der Schenker die Leistung einer nur der Gattung nach bestimmten Sache versprochen, die er erst erwerben sollte, so kann der Beschenkte, wenn die geleistete Sache fehlerhaft und der Mangel dem Schenker bei dem Erwerbe der Sache bekannt gewesen oder infolge grober Fahrlässigkeit unbekannt geblieben ist, verlangen, daß ihm an Stelle der fehlerhaften Sache eine fehlerfreie geliefert wird. Hat der Schenker den Fehler arglistig verschwiegen, so kann der Beschenkte statt der Lieferung einer fehlerfreien Sache Schadenersatz wegen Nichterfüllung verlangen. Auf diese Ansprüche finden die für die Gewährleistung wegen Fehler einer Sache geltenden Vorschriften entsprechende Anwendung."

---

[10]) Vgl. OLG. 22, 237 (offene Handelsgesellschaft).

4. bei der Ausstattung (§ 1624).

Hier gilt gemäß § 1624 Abs. II dasselbe wie bei der Schenkung;

5. bei dem Vermächtnis (§§ 2147 ff.) mit der für das Vermächtnis einer nur der Gattung nach bestimmten Sache durch § 2183 gesetzten Ausnahme;

6. bei der staatlichen Zwangsenteignung (Expropriation); denn ihr liegt kein Vertrag zugrunde. Die Berechtigung zur Enteignung und die Verpflichtung, sie sich gefallen zu lassen, beruht auf dem öffentlichen Rechte. Deshalb ist die vielfach vertretene Auffassung der Enteignung als eines „erzwungenen Kaufes" abzulehnen[11].

Die Bestimmungen über die Gewährleistung des Verkäufers wegen sachlicher Mängel können daher auf Mängel der expropriierten Sachen keine Anwendung finden[12].

Die Zwangsenteignung von Tieren kann insbesondere auf Grund des § 17 und § 25 des Reichsgesetzes über die Kriegsleistungen vom 13. Juni 1873 in Betracht kommen.

Werden auf Anordnung der Obrigkeit aus veterinärpolizeilichen Gründen Tiere getötet und hierfür Entschädigung bezahlt (z. B. nach Maßgabe des § 24 mit § 57 des Reichsviehseuchengesetzes vom 23. Juni 1880 bzw. 1. Mai 1894), so kann § 493 schon deswegen keine Anwendung finden, weil es sich hier gar nicht um eine Veräußerung handelt.

7. Bei der Ausspielung (§ 763 BGB.). Bei einer Pferdelotterie handelt es sich nicht um einen Vertrag, der auf Veräußerung eines Pferdes gegen Entgelt (§ 493) gerichtet ist. Inhalt des Lotterievertrags ist die Einräumung einer Hoffnung auf den zukünftigen Erwerb eines vom Veranstalter zu gewährenden Vermögensvorteils (hier eines Pferdes) für einen bestimmten Preis[13]. Verkauft ist nicht ein Pferd, sondern die Anwartschaft auf den Gewinn eines Pferdes. Diese Anwartschaft bildet den Gegenstand der Leistung des Lotterieunternehmers. Verwirklicht sich die Chance zum Gewinn, so hat der Lotterieunternehmer das Pferd ohne Gegenleistung zu liefern. Wird ein Pferd ausgespielt, so ist nach dem Inhalt der Ausschreibung festzustellen, welche Eigenschaften das Pferd haben muß. Soweit hiefür aus der Ausschreibung, insbesondere aus dem angegebenen Gebrauchszweck, dem hier im Gegensatz zum Kauf eine ausschlaggebende Rolle zukommt, oder aus dem angegebenen Wert, Anhaltspunkte nicht zu gewinnen sind, muß ein Pferd mittlerer Art und Güte geliefert werden. Liefert der Lotterieunternehmer ein hiernach minderwertiges Pferd, so hat der Gewinner lediglich den Vertragsanspruch auf Lieferung eines anderen vertragsmäßigen Pferdes, der unter den Voraussetzungen des § 326 in einen Schadenersatzanspruch wegen Nichterfüllung übergehen kann. Für einen Wandlungsanspruch ist natürlich bei der Besonderheit der Ausspie-

---

[11]) RG. 12, 405 und dortige Nachweise; Roth, deutsches Privatrecht 3, § 246; Henle, bayer. Ges. über die Zwangsenteignung 54.

[12]) Vgl. Lebrecht 20. Zustimmend Stölzle 535.

[13]) RG. 77, 344; SeuffA. 48 N. 255.

lung kein Raum[14]), es wäre damit dem Gewinner auch schlecht gedient, der das Pferd zurückgeben müßte und dafür nur den Preis des Loses zurückbekäme. Ist das auszuspielende Pferd nur der Gattung nach bestimmt, so könnte allerdings, wenn die Vorschriften über Gewährleistung anzuwenden wären, die Lieferung eines anderen Pferdes, welches frei von Hauptmängeln und dem Mangel zugesicherter Eigenschaften ist, verlangt werden (§ 480). Aber bei der Besonderheit der Ausspielung (emptio spei), die nicht als Kauf einer Sache zu erachten ist, können die für den Kauf und andere entgeltliche Veräußerungsverträge geltenden Sonderbestimmungen überhaupt nicht angewendet werden[15]).

8. Bei der Pfandversteigerung.

Nach § 461 BGB. hat der Verkäufer einen Mangel der verkauften Sache nicht zu vertreten, wenn die Sache auf Grund eines Pfandrechts in öffentlicher Versteigerung unter der Bezeichnung als Pfand verkauft wird.

a) Der § 461 schließt nur die Haftung für die Hauptmängel aus, nicht auch die Haftung für zugesicherte Eigenschaften[16]). Es ist kein Grund ersichtlich, weshalb gerade die Vorschrift des § 461 eine zwingende und keine dispositive Norm darstellen soll. Der für die gegenteilige Meinung angeführte Grund[17]), daß außerhalb des Kreises der Rechtsgeschäfte, für welche das Gesetz die Gewährleistungspflicht gemäß §§ 459 ff. aufstellt, eine Gewährleistung durch Vertrag nicht begründet werden könne, ist nicht zutreffend. Das trifft wohl bei der als Beispiel hierfür angeführten Miete zu, aber nur infolge ihrer eine Veräußerung nicht enthaltenden Natur, nicht aber z. B. bei der Schenkung. Wenn der Verkauf der Pfandsache aus freier Hand erfolgt, so muß der Pfandgläubiger so gut wie jeder Verkäufer für die sachlichen Mängel einstehen[18]). Weshalb dann bei öffentlicher Versteigerung der Ausschluß der Haftung zwingend sein soll, ist nicht einzusehen.

Wenn man nun aber den Begriff der Zusicherung so auffaßt, wie das Reichsgericht (Ausdruck des Willens, für das Vorhandensein der Eigenschaft einstehen zu wollen s. oben S. 71), so wird man im Einzelfalle nicht erst zu untersuchen haben, ob in der Zusicherung einer Eigenschaft die Übernahme einer den § 461 ausschließenden Haftung gefunden werden kann[19]); denn die Bejahung liegt schon im Begriff der Zusicherung.

Durch das arglistige Verschweigen eines Mangels wird eine Haftung aus dem Kaufvertrag nicht begründet (es kann die ohnedies bestehende Haftung für Hauptmängel bei Arglist verschärft sein, § 463); doch kann die Anfechtbarkeit und Deliktshaftung durch arglistiges Verschweigen begründet werden[20]). Da bei einer Versteigerung der

---

14) Unrichtig daher Stölzle 534.
15) A. M. Endemann § 188, 3 c; Magendanz in JW. 1902, 535; Stölzle 534.
16) Planck, Bem. 1 zu § 461; Stölzle 155; Hirsch 80; Kloß im Sächs. Arch. 9, 310; a. M. Eccius 314.
17) Eccius 314.
18) Prot. II, 4240 (Mugdan II, 659).
19) So Staudinger, Bem. 1 zu § 461; Oertmann, Bem. 1 zu § 461.
20) Vgl. Stölzle 155; Staudinger, Bem. 3 zu § 461, s. oben S. 20 u. 34.

Käufer regelmäßig nicht direkt mit dem Gegenkontrahenten verhandelt, wird er sich auch weniger darauf verlassen können, daß ihm Fehler des Tieres bekannt gegeben werden. Das bloße Verschweigen wird deshalb bei einer Versteigerung regelmäßig nicht als Arglist anzusehen sein. Ist aber das Verschweigen infolge der besonderen Umstände des Falls ausnahmsweise als arglistig zu erachten, so kann der Ansteigerer gegen den hiefür Verantwortlichen alle mit diesem Tatbestand verknüpften Rechtsbehelfe geltend machen[21].

b) Die Voraussetzungen des § 461 sind folgende:

α) Auf Grund eines Pfandrechtes muß die Veräußerung erfolgen. Das Pfandrecht muß rechtsbeständig sein, nur der wahre Pfandgläubiger ist geschützt[22]. Erfolgt die Versteigerung nicht auf Grund eines Pfandrechtes, so ist gesetzliche Gewährschaft zu leisten, z. B. bei Versteigerung aus dem Bestand eines Kavallerieregiments oder durch den Konkursverwalter; ebenso bei einem öffentlichen Selbsthilfeverkauf auf Grund des § 383 BGB., § 373 HGB.[23].

β) In öffentlicher Versteigerung muß der Verkauf geschehen, mithin in Gemäßheit des § 1235 Abs. 1[24].

Der Begriff der öffentlichen Versteigerung wird durch § 383 Abs. 3 gegeben. Demnach hat die öffentliche Versteigerung durch einen für den Versteigerungsort bestellten Gerichtsvollzieher oder zu Versteigerungen befugten anderen Beamten oder öffentlich angestellten Versteigerer öffentlich zu erfolgen. Zeit und Ort der Versteigerung sind unter allgemeiner Bezeichnung der Sache öffentlich bekannt zu machen.

Eine Versteigerung, welche diesen Vorschriften nicht entspricht, fällt nicht unter § 461[25].

Wenn der Verkauf der Pfandsache aus freier Hand erfolgt (§ 1221), so muß der Pfandgläubiger so gut wie jeder andere Verkäufer für die Mängel einstehen[26]. Nicht minder haftet der Pfandgläubiger, wenn er auf Grund einer Vereinbarung mit dem Eigentümer den Verkauf nach § 1245 in einer von § 1235 Abs. 1 abweichenden Art vornimmt[27].

γ) Als Pfand muß die Sache veräußert werden; d. h. die Sache muß bei der Versteigerung als Pfand bezeichnet werden.

Für das Pfändungspfandrecht ist § 806 ZPO. maßgebend: Wird ein Gegenstand auf Grund der Pfändung im Wege der Versteigerung (§ 814 ZPO.) oder freihändig (§ 825 ZPO.) veräußert, so steht dem Erwerber wegen eines Mangels im Rechte oder wegen eines Mangels der veräußerten Sache ein Anspruch auf Gewährleistung nicht zu.

9. Bei Anordnung der Versteigerung durch den Richter. Nach § 489 kann das im Streit befangene Tier auf Anord-

---

21) Stölzle 155.
22) Planck, Bem. 1 a zu § 461.
23) Stölzle 154.
24) Wenn ein Anwesen mit lebendem Inventar im Wege der Zwangsversteigerung veräußert wird, so kann der Ansteigerer Gewährleistungsansprüche nicht erheben (§ 56 ZwVG.).
25) Planck, Bem. 1 a zu § 461.
26) Prot. II, 4238.
27) Planck, Bem. 1 a zu § 461.

nung des Richters öffentlich versteigert werden (s. unten § 29 II 1 S. 191). Auch in diesem Falle ist die Gewährleistung ausgeschlossen[28]), weil die Veräußerung erfolgt auf Grund der Anordnung des Gerichtes. Veräußerer ist in diesem Falle der Richter; die von diesem mit der Vornahme der Versteigerung beauftragte Person überträgt als Beauftragter des Richters das Eigentum. Für die Anwendung der Gewährleistung ist daher kein Raum. Wie sollte auch vom Richter, dem die Gegenleistung nicht zugeht, die Wandlung durchgeführt werden?! Ordnet das Vollstreckungsgericht auf Grund des § 825 ZPO. eine andere Art der Verwertung als die in § 814 ZPO. vorgeschriebene öffentliche Versteigerung an, ingleichen, wenn ein Anwesen mit lebendem Inventar im Wege der Zwangsversteigerung veräußert wird, so ist die Gewährleistung wegen etwaiger Viehmängel ausgeschlossen (§ 56 ZwVG.)[29]).

Wenn sich auf Vorschlag des Käufers der mit ihm im Wandlungsprozeß stehende Verkäufer damit einverstanden erklärt, daß der Käufer ohne Anordnung einer einstweiligen Verfügung das Tier öffentlich versteigern läßt, so trifft den Käufer, der daraufhin das Tier versteigert hat, dem Ansteigerer gegenüber die volle gesetzliche Gewährschaftspflicht. Eine vertragsmäßige Ausschließung der Gewährleistung ohne Zustimmung des Verkäufers zu diesem Ausschluß wäre als unzulässige Beeinträchtigung der Rechte des Verkäufers zu erachten[30]).

§ 29.

Prozeßrechtliche Fragen.

I. Zuständigkeit.

1. Sachliche Zuständigkeit. Nach § 23 GVG. gehören Streitigkeiten wegen Viehmängel ohne Rücksicht auf den Wert des Streitgegenstandes zur Zuständigkeit der Amtsgerichte. Diese Zuständigkeit ist jedoch keine ausschließliche, vielmehr ist Prorogation an das Landgericht zulässig[1]). Erhebt der Verkäufer Widerklage auf Zahlung des den Betrag von 500 Mk. übersteigenden Kaufpreises, so hat das Amtsgericht gemäß § 506 ZPO. auf Antrag durch Beschluß seine Unzuständigkeit auszusprechen und den gesamten Rechtsstreit an das Landgericht zu verweisen[2]). Klagt jedoch der Käufer auf Feststellung, daß der Verkäufer keinen Anspruch auf Zahlung des Kaufpreises von 2000 Mk. hat, oder erhebt er Klage auf Rückzahlung der bereits bezahlten 2000 Mk., so handelt es sich um Rechtsstreitigkeiten wegen Viehmängel, wenn die Klage damit begründet ist, daß das verkaufte Pferd mit einem Mangel behaftet sei[3]).

---

28) Stölzle 156; Wrede 72; Mainhard 40; Krückmann 50; a. M. Planck, Bem. zu § 489; RGK., Bem. 3 zu § 489; Staudinger, Bem. 4 a zu § 489; Loeffler, JW. 1910, 1033. Hanke 91 mit der Einschränkung, daß sich tatsächlich die Sache so gestalten werde, daß eine Haftung für den Mangel, mit dem der Wandlungsanspruch im Prozeß begründet wird, nicht stattfindet.

29) Stölzle 110.

30) Vgl. RG. 19, 198; Staudinger, Bem. 5 zu § 461; JW. 1904, 560 Nr. 26. Zustimmend Stölzle 158.

1) RG. 9, 349.

2) Vgl. Bl. f. Rechtspfl. im Kammerger. Bez. 1893, 113.

3) Stölzle 54.

Unter „Streitigkeiten wegen Viehmängel“ versteht § 23 GVG. die Geltendmachung aller Ansprüche, welche ihre Wurzel in einem sachlichen Mangel des Tieres haben, gleichviel, ob die Klage auf das Gesetz (Haftung für Hauptmängel und aus der Zusicherung) oder eine besondere Vereinbarung oder auf arglistiges Verschweigen eines Mangels oder einen Betrug des Verkäufers gestützt wird. Es ist also nicht nur die Wandlungsklage des § 487 Abs. 1, sondern auch die Schadenersatzklage des § 463, die Klage auf Lieferung eines anderen Tieres (§ 480)[4], die Klage auf einen durch besondere Verabredung begründeten anderweitigen Anspruch (z. B. auf teilweise Rückzahlung des Kaufpreises), die Klage aus der unerlaubten Handlung (§§ 823 ff.) im Gerichtsstande des § 23 GVG. zu erheben. Der Begriff „Viehmängel“ ist demnach im weitesten Sinne auszulegen; er umfaßt nicht nur den Hauptmangel, sondern auch den Mangel einer zugesicherten oder versprochenen Eigenschaft, wie das Vorhandensein eines arglistig verschwiegenen Fehlers[5]. Auch dann, wenn ein Mangel eines in § 481 nicht genannten[6] Tieres in Frage steht, ist § 23 GVG. einschlägig. Und endlich kommt es nicht darauf an, ob nach der Klage der Mangel vor oder nach der Übergabe entstanden ist.

§ 23 GVG. schlägt selbst dann ein, wenn der Vertrag wegen Irrtums oder arglistiger Täuschung über einen Mangel (gleichviel, ob Hauptmangel oder nicht) angefochten wird.

Wenn der Verkäufer sich verpflichtet hat, das Pferd nach sechs Monaten wieder zurückzunehmen, wenn es nicht bis dahin an Stelle des ausgegangenen Schweifes einen vollen Schweif erhalten habe, so ist für die Klage auf Rücknahme des Pferdes und Rückzahlung des Kaufpreises die Zuständigkeit des Amtsgerichts nach § 23 GVG. begründet[7].

Ist dagegen vereinbart, daß der Käufer das Pferd zurückgeben dürfe, wenn es ihm nicht gefalle, so liegt ein Kauf auf Probe vor; der Käufer, welcher von diesem Rechte Gebrauch macht und die Rückzahlung des Kaufpreises verlangt, macht keinen Viehmangel geltend.

Zweifelhaft liegt die Sache, wenn der Käufer sich ausbedingt, daß er das Tier zurückgeben dürfe, wenn ein bestimmter Tierarzt N. es als mit einem Hauptmangel behaftet erkläre. Nach meinem Dafürhalten trifft § 23 GVG. auf den aus dieser Verabredung abgeleiteten Anspruch zu; denn Grund des Anspruchs ist der Hauptmangel[8]. Die Vertragsteile haben sich nur darüber geeinigt, daß

---

[4]) Sowohl im Falle des § 480 BGB. (Gattungskauf), als im Falle eines beim Vertragsschluß über einen Spezies- oder Gattungskauf getroffenen Vereinbarung, daß im Falle eines Gewährfehlers der Verkäufer auf Lieferung eines Ersatztieres beschränkt sein solle. Ist jedoch dem Käufer das Recht des Umtausches für den Fall eingeräumt, daß ihm die Pferde nicht passen, so ist für die Klage auf Erfüllung dieser Umtauschvereinbarung § 23 nicht einschlägig.

[5]) Vgl. SeuffA. 43 Nr. 221.

[6]) Gaupp-Stein § 1 II d zu § 23 GVG.; Schwarz, Das Bürgerl. Recht 1, 539. A. M. Stölzle 56; PosMSchr. 1904, 143 (LG. Posen). Diese Ansicht kann schon deshalb nicht richtig sein, weil § 23 GVG. vor der Abfassung des BGB. erlassen wurde ohne Rücksicht darauf, ob nach den damals gültigen örtlichen Rechten für besondere Tiergattungen sonderrechtliche Gewährleistungsvorschriften bestanden oder nicht.

[7]) Vgl. SeuffA. 43 Nr. 221.

[8]) Vgl. dagegen SeuffA. 52 Nr. 112 (OLG. München); Stölzle 56.

der Beweis nur durch eine bestimmte Person geführt werden könne. Solche Vereinbarungen sind zulässig. Würde der Tierarzt vorher sterben, so würde die Beweisvereinbarung hinfällig sein.

Ein Rechtsstreit wegen Viehmängel wäre auch gegeben, wenn der Käufer den Verkäufer auf Schadenersatz verklagt, weil der Verkäufer die Maul- und Klauenseuche des verkauften Tieres, durch welches der Viehstand des Käufers angesteckt wurde, arglistig verschwiegen hat (§ 826)[9]).

Wenn die Wandlung durch Zustimmung des Verkäufers zum Wandlungsbegehren des Käufers schon vollzogen ist und auf Erfüllung der sich aus dem Wandlungsvollzug ergebenden Verpflichtung (z. B. Rückzahlung des Kaufpreises) geklagt wird, schlägt § 23 GVG. nicht ein[10]). Für den Anspruch des Käufers auf Schadenersatz wegen eines Sachmangels, den der Verkäufer durch Verschulden bei der Versendung verursacht hat[11]), schlägt § 23 GVG. nicht ein.

2. **Örtliche Zuständigkeit.** Hier sind die allgemeinen Bestimmungen der Zivi.prozeßordnung maßgebend. Insbesondere können die Klagen, welche wegen Viehmängel aus dem Vertrage erhoben werden, im **Gerichtsstand des Erfüllungsortes** angestellt werden. (§ 29 ZPO.) Ist im Kaufvertrag ein bestimmter Erfüllungsort vereinbart, so bezieht sich diese Vereinbarung nicht ohne weiteres auf den Erfüllungsort für den Wandlungsanspruch[12]).

Bei der Wandlungsklage ist streitige Verpflichtung, falls der Vertrag vom Käufer noch nicht oder nicht vollständig erfüllt ist, die Verpflichtung des Käufers zur Zahlung des Kaufpreises, von welcher er befreit sein will[13]). In diesem Falle kann also die Wandlungsklage regelmäßig an dem Gerichte des Ortes erhoben werden, an welchem der Käufer seinen Wohnsitz hat; denn dies ist regelmäßig auch der Erfüllungsort für diese im Streit befangene Verpflichtung des Käufers (§ 269 BGB.). Wenn dagegen der Vertrag vom Käufer bereits vollständig erfüllt ist, dann ist die Verpflichtung des Verkäufers zur Rückzahlung des Kaufpreises im Streite[14]). Weil aber der Verkäufer den Verkaufspreis nur Zug um Zug gegen Rückgewähr des verkauften Tieres zurückzuzahlen hat (§§ 467, 346, 348), ist Erfüllungsort für die Verpflichtung des Verkäufers zur Rückzahlung des Kaufpreises der Ort, an dem sich die Sache dem Vertrage gemäß befindet[15]) (also nicht notwendig der Ort, an welchem das Tier übergeben wurde[16])), und, wenn sie untergegangen ist, dort, wo sie sich befand[17]). Verlangt der Käufer Schadenersatz wegen positiver Vertragsverletzung, so kann die Klage an dem

---

[9]) Nunmehr auch Stölzle 54.

[10]) Stölzle 55; SchlHolstA. 1908, 361 (LG. Kiel). Vgl. oben S. 124 N. 40a.

[11]) Vgl. OLG. 43, 44 (RG.); SeuffA. 76, 6 (Hamburg).

[12]) RG. 57, 13; SeuffA. 63, 24; OLG. 41, 245 (München).

[13]) Vgl. RG. 56, 138; JW. 1900, 150.

[14]) Vgl. RG. 27, 393; Gaupp-Stein, Bem. IV zu § 29; Stölzle 63; Staudinger-Kober, Bem. 2c zu § 465.

[15]) RG. 55, 105; JW. 1903 Beil. S. 95; LZ. 1919, 1231 (RG.); Warneyer 1918, 118; OLG. 37, 84; JW. 1920, 499; 1921, 481; Blum in JW. 1920, 499. Das gilt für die Haupt- und Nebenansprüche aus der Wandlung (OLG. 40, 280).

[16]) RG. 55, 113; 57, 15.

[17]) Gruchot 44, 1148 (RG.); JW. 1900, 553; HansGZ. 1920 Beil. 160 (Hamburg); Gaupp-Stein, Bem. IV zu § 29. A. M. OLG. 17, 309 (Frankfurt).

Ort erhoben werden, der für die Hauptverpflichtung des Verkäufers Erfüllungsort ist, also auch an dem für diese Hauptverpflichtung vereinbarten Erfüllungsort[18]).

Auch für die Anfechtungsklage wegen arglistiger Täuschung kann unter Umständen die örtliche Zuständigkeit durch Bezugnahme auf § 29 ZPO. begründet werden. Die Anfechtung des Vertrages nach § 123 vollzieht sich durch einseitige außergerichtliche Willenserklärung des Käufers (§ 143); die Anfechtungsklage verfolgt die Feststellung des Nichtbestehens des Vertrages und ist somit eine negative Feststellungsklage im Sinne des § 29 ZPO. Auch hier ist die streitige Verpflichtung, wenn der Käufer noch nicht erfüllt hat, dessen Verpflichtung zur Zahlung des Kaufpreises, andernfalls die Verpflichtung des Verkäufers zur Rückzahlung[19]). Es liegt nahe, daran zu denken, daß in analoger Anwendung der Grundsätze, welche das Reichsgericht bezüglich des Erfüllungsortes bei der Wandlungsklage aufgestellt hat, die Anfechtungsklage auch in diesem Falle an dem Gerichte des Ortes erhoben werden könne, an welchen die Kaufsache infolge des Kaufs gebracht worden ist. Allein das Reichsgericht hat diesen Standpunkt abgelehnt[20]).

II. Einstweilige Verfügungen.

1. Versteigerung des Tieres. Ist über den Anspruch auf Wandlung ein Rechtsstreit anhängig, so ist gemäß § 489 BGB. auf Antrag der einen oder der anderen Partei die öffentliche Versteigerung des Tieres und die Hinterlegung des Erlöses durch einstweilige Verfügung anzuordnen, sobald die Besichtigung des Tieres nicht mehr erforderlich ist.

a) Der Anspruch auf Wandlung muß bereits anhängig sein; es muß also die Wandlungsklage bereits erhoben oder der Wandlungsanspruch mittels Einrede oder Widerklage geltend gemacht sein[21]). Wenn der Käufer gegen die Kaufpreisklage des Verkäufers einwendet, es sei nur auf Probe gekauft, ist diese Voraussetzung nicht gegeben[21a]).

b) Darüber, ob die Besichtigung des Tieres nicht mehr erforderlich ist, hat das Prozeßgericht nach seinem Ermessen zu befinden. Kommt das Gericht zu der Ansicht, daß die Besichtigung nicht mehr erforderlich ist, so muß es die einstweilige Verfügung erlassen.

Es wird nicht immer leicht für den Richter sein, die Sicherheit der Beweisführung mit dem durch § 489 erstrebten wirtschaftlichen Zweck in Einklang zu bringen. Die Sicherheit der Beweisführung ist an sich schwerwiegender, als der wirtschaftliche Vorteil einer Versteigerung.

---

[18]) Vgl. JW. 1903, 184; Bolze 19 Nr. 22; 18 Nr. 5.

[19]) Stölzle 63; JW. 1901, 864 (RG.); vgl. RG. 102, 214.

[20]) RG. 49, 423, sogar für den dort erhobenen Anspruch auf Rücknahme der Kaufsache, wobei dem Umstande keine ausschlaggebende Bedeutung beigelegt wurde, daß in dem dort behandelten Falle nicht zugleich auf Feststellung der Vertragsnichtigkeit, sondern lediglich auf die Folgen der eingetretenen Nichtigkeit geklagt war.

[21]) Hirsch 63; Planck, Bem. zu § 489.

[21a]) OLG. 20, 183.

Die Verpflichtung des Prozeßgerichts zur Erlassung dieser einstweiligen Verfügung fällt selbst dann nicht weg, wenn der Gegner des Antragstellers der von diesem beantragten Versteigerung zustimmt[22], das erforderliche Rechtsschutzbedürfnis liegt auch in diesem Falle vor; denn nur auf diese Weise wird bewirkt, daß eine Gewährleistungspflicht aus der Versteigerung entfällt. Deshalb fallen die Kosten der einstweiligen Verfügung dem Antragsgegner auch dann zur Last, wenn er vom Antragsteller vor Einreichung des Antrags nicht zur Einwilligung in die Versteigerung aufgefordert wurde und auch dann, wenn sich der Antragsgegner mit der Versteigerung einverstanden erklärt hatte. Haben beide Parteien die einstweilige Verfügung beantragt, so ist über denjenigen Antrag zuerst zu befinden, der zuerst gestellt wurde. Für den anderen Antrag fehlt es dann an dem erforderlichen Rechtsschutzbedürfnis. Das Gericht wird dem Antragsteller des zweiten Antrags Gelegenheit zur Zurücknahme geben und wenn die Zurücknahme nicht erfolgt, den Antrag abweisen.

Unterliegt der Antragsteller im Hauptprozeß, so hat er die dem Antragsgegner auferlegten Kosten der einstweiligen Verfügung auf Grund seiner Schadenersatzpflicht (§ 945 ZPO.) zu ersetzen.

c) Die Anordnung der Versteigerung des Tieres erfolgt im Wege der einstweiligen Verfügung nach Maßgabe der §§ 935 ff. ZPO.; doch hat der Richter nicht zu prüfen, ob die zivilprozessualen Voraussetzungen für die Erlassung der einstweiligen Verfügung gegeben sind.

Diese einstweilige Verfügung kann nur vom Prozeßgericht erlassen werden[23], weil nur dieses in der Lage ist, zu entscheiden, ob die Besichtigung des Tieres nicht mehr erforderlich ist.

Der Vollzug der einstweiligen Verfügung kann nur von dem Antragsteller herbeigeführt werden[24] und nur innerhalb der einmonatlichen Frist des § 929 Abs. 2 ZPO.[25]).

Die Vollziehung der einstweiligen Verfügung wird durch ein Rechtsmittel (Widerspruch oder Berufung) nicht gehemmt (§ 924 Abs. 3 ZPO.).

d) Die Versteigerung hat öffentlich zu erfolgen, d. h. durch einen für den Versteigerungsort bestellten Gerichtsvollzieher[26] oder zur Versteigerung befugten anderen Beamten[27] oder öffentlich angestellten Versteigerer (§ 383 Abs. 3).

Hat das Gericht über den Ort der Versteigerung keine Bestimmung getroffen, so ist die Versteigerung an dem Orte vorzunehmen, an dem sich das Tier befindet.

---

22) OLG. 33, 285 (Marienwerder).

23) Planck, Bem. zu § 489; Staudinger, Bem. 3 zu § 489; Oertmann, Bem. 3 zu § 489. A. M. Hirsch 64.

24) Stölzle 361; Staudinger, Bem. 4d zu § 489.

25) SeuffA. 64 Nr. 187 (München); Stölzle 361. Die Frist ist gewahrt, wenn vor ihrem Ablauf dem hiefür zuständigen Organ (Gerichtsvollzieher usw.) der Auftrag zur Versteigerung zugegangen ist. Stölzle 361 nimmt dagegen an, daß die Versteigerung innerhalb der Frist erfolgen muß.

26) Nach §§ 214 ff., 240 der bayer. Geschäftsanweisung für die Gerichtsvollzieher (JMBl. 1900, 744 ff., 757).

27) In Preußen und Bayern sind die Notare befugt (Art. 31 des preuß. Ges. über die FGG. bzw. Art. 2 Nr. 3 des bayer. Notariatsgesetzes).

Die Parteien können mitsteigern. §§ 456, 457 sind nicht anwendbar[28]).

Der Ansteigerer kann keine Gewährleistungsansprüche erheben (s. oben S. 187 f.).

e) Für die Hinterlegung des Erlöses gelten nach Artikel 144, 145 EG. die Landesgesetze[29]).

Der Erlös tritt rechtlich an die Stelle des versteigerten Tieres, so daß im Falle der Wandlung der Verkäufer an die Stelle des Anspruches auf Rückgewähr des Tieres einen Anspruch darauf hat, daß der Käufer in die Auszahlung des hinterlegten Erlöses an den Verkäufer willigt[30]). Darauf ist gegebenenfalls schon im Wandlungsprozeß der Antrag des Käufers zu stellen[31]).

Dem Käufer steht endlich der Anspruch auf Herausgabe des Erlöses gegen die Hinterlegungsstelle zu. Auch nach dem Vollzug der Wandlung hat der Verkäufer keinen direkten Anspruch gegen die Hinterlegungsstelle auf Auszahlung des Erlöses. Der Gläubiger des Käufers kann daher auch noch nach dem Vollzug der Wandlung die Pfändung des dem Käufer zustehenden Anspruchs auf Auszahlung des Erlöses erwirken, ohne daß der Verkäufer ein Widerspruchsrecht hätte (vgl. oben S. 124).

f) Schadenersatzpflicht. Wird der Wandlungsanspruch rechtskräftig zurückgewiesen, so hat der Verkäufer, falls er die Anordnung nach § 489 erwirkt hat, dem Gegner nicht etwa den Schaden zu ersetzen, der ihm aus der Vollziehung der angeordneten Versteigerung entstanden ist. § 945 ZPO. kann nicht angewendet werden[32]), weil sich die in § 489 begründete einstweilige Verfügung niemals als ungerechtfertigt erweisen kann.

Die Versteigerung gemäß § 489 unterliegt nicht der Umsatzsteuer (§ 1 Z. 3 UmsatzsteuerGes.)[33]).

2. Andere einstweilige Verfügungen sind nach Maßgabe der §§ 935 ZPO. und der dort aufgestellten Voraussetzungen zulässig, so namentlich die Anordnung von Maßnahmen zur sachgemäßen Behandlung und Benützung des Tieres[34]), z. B. **Unterbringung des Tieres in einem neutralen Stall**, Ermächtigung des Verkäufers, das Pferd alle Tage eine Stunde lang zu bewegen, eine Operation des Pferdes vorzunehmen, das Pferd

---

28) Hirsch 65.

29) Vgl. § 240 der bayer. GeschAnw. für die Gerichtsvollz. (JMBl. 1900, 757).

30) Planck, Bem. zu § 489. Insoferne wird also § 487 Abs. 2 infolge der einstweiligen Verfügung geändert. Der Käufer könnte übrigens auch ohne gerichtliche Anordnung das Tier versteigern lassen; das ist zulässig, wie jede anderweite Veräußerung des Käufers; er muß dann zum Wandlungsvollzug den wahren Wert des Tieres zur Zeit des Wandlungsvollzugs ersetzen. Vgl. oben S. 116 u. 139.

31) Staudinger. Bem. 5 zu § 489.

32) Stölzle 362. A. M. Wrede 76.

33) Stölzle 363 unter Hinweis auf RFH. 8, 275; 12, 257.

34) Der Käufer der die Wandlung begehrt, kann sich nicht auf den Standpunkt stellen, daß den Käufer nichts angehe, was mit dem Tiere geschieht. Der Verkäufer darf, obwohl er die Berechtigung des Wandlungsbegehrens bestreitet, mit der Möglichkeit rechnen, daß er das Tier wieder zurücknehmen muß. Der Richter wird nur solche Anordnungen treffen, welche auch vom objektiv betrachteten Standpunkt des Käufers aus eine sachgemäße, dem Vertragszweck entsprechende Benützung darstellen. Wenn aber die einstweilige Verfügung der Beweisführung, also der Ermittlung der Wahrheit dienen soll, sind natürlich solche Rücksichten nicht ausschlaggebend.

einzufahren, die Zuchtstute decken, dem Pferd den Schieferzahn (s. unten § 36 III S. 221) ausbrechen zu lassen usw.

3. Daß durch einstweilige Verfügung die Ermächtigung zur Tötung des Tieres nicht gegeben werden kann, ist oben S. 134 ausgeführt.

III. Prozeßkosten.

1. Streitwert. Ist lediglich auf Wandlung geklagt, so wird der Streitwert gemäß § 3 ZPO. nach freiem Ermessen festgesetzt. Die Richtschnur für dieses Ermessen gibt das Interesse, welches der Kläger an der Rückgängigmachung des Vertrages hat. Dieses deckt sich weder mit dem Wert der Sache, die der Käufer nicht behalten, noch mit dem Kaufpreis, den er nicht bezahlen oder zurückhaben will, ist vielmehr nur unter Gegenüberstellung beider zu bemessen.

Es wird aber zu den seltensten Ausnahmen gehören, daß der Käufer lediglich auf Einwilligung des Beklagten in die Wandlung klagt. Regelmäßig wird der Käufer auf Vollzug der sich aus der Wandlung ergebenden Verpflichtungen klagen, sei es, daß er diese Leistungsansprüche mit dem Antrag auf Einwilligung des Beklagten in die Wandlung verbindet, sei es, daß er unter Weglassung dieses letzten Antrages ausschließlich die Verurteilung zu den Leistungen verlangt. In diesem Fall ist der Betrag oder Wert der geforderten Leistung maßgebend. Ein Abzug des Wertes der Gegenleistung, die hiefür der Kläger zu machen hat, ist für die Bemessung des Streitwerts unzulässig.

Der Kläger hat z. B. folgenden Antrag gestellt:

Der Beklagte ist schuldig a) in die Wandlung des Pferdetauschvertrages einzuwilligen.

b) Die vom Kläger dem Beklagten im Tauschweg überlassenen beiden Schimmelstuten dem Kläger zurückzugeben oder deren Wert mit 2000 Mk. nebst 4% Zinsen seit 27. Oktober zu ersetzen.

c) Die vom Kläger dem Beklagten am 27. Oktober 1926 bezahlte Tauschaufgabe zu 1000 Mk. nebst 4% Zinsen vom 27. Oktober 1926 — 10. November und von da ab 8% (als Verzugsschaden) zu bezahlen.

d) Die beiden vom Beklagten dem Kläger im Tauschwege übergebenen Rappwallachen zurückzunehmen.

e) Dem Kläger für Fütterung und Pflege der Rappwallachen eine tägliche Entschädigung von 3 Mk. vom 27. Oktober 1926 (Tag der Übergabe) bis zur Rücknahme zu bezahlen.

f) Dem Kläger 50 Mk. Vertragskosten; 70 Mk. (Schmußgeld), 40 Mk. (Transportkosten) und 123 Mk. (Kosten der tierärztlichen Behandlung der Rappwallache) zu bezahlen.

Der Streitwert beträgt dann für den Anspruch b) 2000 Mk; war bei Klageerhebung der Wert der Schimmelstuten in Wahrheit nur 1200 Mk., so ist dieser geringere Betrag maßgebend, weil ja dem Beklagten die Wahl gelassen ist, sich durch Rückgabe der Pferde von dem[35]) Zahlungsanspruch zu befreien.

---

[35]) Wenn aber Kläger C auf den Einwand des Beklagten, er könne die Pferde nicht zurückgeben und könne daher nur zur Zahlung des Wertes verurteilt werden, lebig-

Anspruch c) 1000 Mk.

d) Der Anspruch auf Rücknahme der Pferde ist nicht besonders zu werten, eben so wenig der Anspruch unter a. Wenn § 5 ZPO. vorschreibt, daß für die Wertberechnung mehrere in einer Klage geltend gemachte Ansprüche zusammenzurechnen sind, so ist dabei vorausgesetzt, daß den verschiedenen Anträgen eine selbständige wirtschaftliche Bedeutung zukommt.[36]) Das ist nicht der Fall, wenn auf Rückzahlung des Kaufpreises (hier Rückgabe der vom Kläger hingegebenen Tauschpferde und Rückzahlung der Tauschaufgabe) und Rücknahme des Kaufgegenstandes (hier der vom Beklagten hingegebenen Tauschpferde) geklagt ist. Hier geht der Anspruch auf Rücknahme in dem Anspruch auf Rückzahlung auf.

e) Die Fütterungskosten fallen unter den Begriff der „Schäden" im Sinne der alten Fassung des § 4 ZPO.[37]) Nach dieser alten Fassung hatten daher solche Futterkosten, die als Nebenforderungen geltend gemacht wurden, bei der Wertsberechnung außer Betracht zu bleiben. Durch Art. III 1 des Reichsgesetzes vom 18. August 1923 (RGBl. 813) wurde aber das Wort „Schäden" in § 4 ZPO. gestrichen.[38]) Es verbleibt somit bei der Vorschrift des § 5, wonach Schäden, also auch Fütterungskosten für die Berechnung des Streitgegenstandes auch dann einzubeziehen sind, wenn sie als Nebenforderungen geltend gemacht werden.

Es liegt in der Natur der Sache, daß sich hinsichtlich des Futtergelds, das den Grund des Wachsens in sich trägt, der Streitwert fortgesetzt erhöht[39]) bis die Tiere zurückgenommen werden.

f) Es sind 50 Mk., 70 Mk., 40 Mk., 153 Mk., zusammen 313 Mk. anzusetzen, da diese sämtlichen Posten unter den Begriff des Schadens fallen.

Wenn Huber, der von Maier ein Pferd um 3000 Mk. gekauft, den Kaufpreis aber noch nicht bezahlt hat, auf Wandlung wegen des Hauptmangels der Dämpfigkeit sowie Rücknahme des Pferdes klagt, so ist der Streitwert des Wandlungsbegehrens nach freiem Ermessen zu bestimmen. Wenn aber Huber Feststellung beantragt, daß er nicht verpflichtet ist, den Kaufpreis von 3000 Mk. zu bezahlen, dann ist der Streitwert für diesen Anspruch auf 3000 Mk. zu bemessen,[40]) der gleichzeitig erhobene Anspruch auf Wandlung und Rücknahme des Pferdes aber daneben nicht besonders zu bewerten.

Wenn der Kläger Müller von dem Bauern Heim eine Kuh um den sofort bezahlten Preis von 1000 Mk. gekauft und für die nach der Übergabe wegen Hauptmangels notgeschlachtete Kuh 400 Mk. Schlachterlös erhalten hat, so beträgt der Streitwert für die Wandlungsklage 600 Mk., nicht 1000 Mk., denn die 400 Mk. Schlachterlös bleiben dem Kläger auf jeden Fall.[41])

---

lich den Antrag auf Zahlung von 2000 Mk. aufrechterhält, so beträgt der Streitwert dieses Anspruchs natürlich 2000 Mk.

[36]) Gaupp-Stein, Bem. I zu § 5.

[37]) RG. 52, 164; OLG. 23, 68; 33, 15.

[38]) Das übersieht Stölzle 69.

[39]) JW. 1898, 353.

[40]) RG. 12, 361; 71, 69; JW. 1905, 401; 1911, 816; WarneyerE. 1917, 281.

[41]) Unrichtig Stölzle 68.

Für die Wertberechnung ist an sich der Zeitpunkt der Erhebung der Klage maßgebend (§ 4 ZPO.). Deshalb ist eine im Lauf des Rechtsstreits eintretende Veränderung des Werts der zurückverlangten Tauschpferde belanglos[42]). Wird aber der Antrag selbst geändert, so beeinflußt diese Änderung den Streitwert, aber nur mit Wirksamkeit für den späteren Prozeßteil[43]). Von selbst erhöht sich der Streitwert, wenn fortlaufende Beträge, z. B. tägliches Futtergeld, eingeklagt sind[44]). Für den hienach anzusetzenden Gesamtbetrag ist der Tag des Urteils maßgebend.

2. Kosten eines Vorprozesses s. oben S. 135.

3. Kosten eines Beweissicherungsverfahrens s. oben S. 136.

4. Kosten einer einstweiligen Verfügung s. oben S. 193.

III. Abschnitt.

Der Hauptmängelkatalog der Kaiserlichen Verordnung vom 27. März 1899.*)

§ 30.

Die wissenschaftliche Grundlage der Verordnung.

Die gesetzliche Grundlage der Verordnung ist durch § 482 Abs. 2 BGB. gegeben. Hiernach werden die Hauptmängel und die Gewährfristen durch eine mit Zustimmung des Bundesrates zu erlassende Kaiserliche Verordnung bestimmt. Die Bestimmung kann auf demselben Wege ergänzt und abgeändert werden.

1. Hauptmängel. Es liegt im Wesen des dem Gesetze zugrunde liegenden deutschrechtlichen Systems, daß für jede der bezeichneten Tiergattungen ein für allemal gewisse Mängel bezeichnet werden, welche den Veräußerer zur Gewährleistung kraft Gesetzes verpflichten, wenn sie zur entscheidenden Zeit vorhanden waren, und daß zugleich die gesetzliche Haftung, soweit sich dieselbe nicht aus einer besonderen Zusicherung herleitet, für jeden anderen Mangel ausgeschlossen wird. In der Bestimmung der einzelnen Hauptmängel liegt der Ausspruch, daß diese Mängel solche sind, welche den Wert oder die Tauglichkeit des Tieres zu dem gewöhnlichen oder nach dem Vertrage vorausgesetzten Gebrauche aufheben oder nicht unerheblich mindern. Die Untersuchung nach dieser Richtung wird für diese Fälle durch den Ausspruch des Gesetzes ausgeschlossen[1]).

---

[42]) RG. 67, 82; JW. 1905, 372; OLG. 41, 239.

[43]) RG. 67, 82; JW. 1898, 657; 1905, 372; 1908, 16. Natürlich muß bei einer Erhöhung der Klage die Prozeßgebühr unter allen Umständen nach dem erhöhten Betrag berechnet werden.

[44]) JW. 1898, 353.

*) RGBl. 1899 Nr. 13 S. 219 f.; abgedruckt oben S. 9 ff.

[1]) Mot. II, 252 (Mugdan II, 139).

Die Kaiserliche Verordnung beschränkt sich bei verschiedenen Hauptmängeln nicht auf die Aufstellung des veterinärwissenschaftlichen Ausdruckes, sondern fügt eine nähere Begriffsbestimmung bei, welche nicht lediglich als Belehrung, sondern als bindende Gesetzesvorschrift zu betrachten ist[2]).

2. Gewährfristen. Der Veräußerer haftet für die Hauptmängel nur dann, welche solche in dem Zeitpunkte, in welchem die Gefahr auf den Erwerber übergeht, vorhanden waren (§ 459 mit § 482 BGB. s. oben S. 83), wofür an sich der Erwerber beweispflichtig wäre. Der häufig an Unmöglichkeit grenzenden Schwierigkeit dieses Beweises bei Tieren und der daraus sich ergebenden Unsicherheit des Erfolges begegnet das Gesetz (§§ 482 bis 484 BGB.) durch Aufstellung von Gewährfristen, welche denjenigen Zeitraum umfassen, innerhalb dessen der fragliche Mangel oder die fragliche Krankheit, deren Natur zufolge erfahrungsgemäß sich zu entwickeln oder zu offenbaren pflegt. Offenbart sich einer der fraglichen Mängel innerhalb der dafür festgesetzten Frist, so wird bis zum Beweise des Gegenteils angenommen, es habe der Mangel schon zur entscheidenden Zeit bestanden[3]).

Die Festsetzung der Hauptmängel und Gewährfristen konnte nur an der Hand des Standes der Tierheilkunde zur Zeit der Erlassung der Verordnung erfolgen. Beim weiteren Fortschreiten dieser Wissenschaft wird jedoch eine derartige Festsetzung nach kürzerer oder längerer Zeit der Berichtigung bedürfen. Mit Rücksicht hierauf erschien es angezeigt, die Bestimmung der Hauptmängel und der Gewährfristen, wie auch ihre spätere Ergänzung oder Abänderung einer mit Zustimmung des Reichsrats zu erlassende Regierungsverordnung vorzubehalten[4]). Eine die Bestimmung der Hauptmängel und deren Gewährfristen ändernde Verordnung findet nach den allgemeinen Grundsätzen über die zeitliche Statutenkollision nur auf die nach ihrem Inkrafttreten geschlossenen Verträge Anwendung. Eine abändernde Verordnung kann sich eine rückwirkende Geltung rechtsgültig nicht beilegen[5]).

§ 31.

Der Unterschied zwischen Nutz- oder Zuchttier und Schlachttier.

I.

Dieser Unterschied ist von der Kaiserlichen Verordnung aus dem naheliegenden Grunde eingeführt worden, weil der Gebrauchszweck im Verkehr für die Erheblichkeit der Fehler ausschlaggebend ist, indem manche Mängel für ein zur Schlachtung bestimmtes Tier ohne Bedeutung sind, während sie die Leistungsfähigkeit oder den Zuchtwert des damit behafteten Tieres bedeutend herabdrücken (und umgekehrt). Die Kaiserliche Verordnung hat daher für Nutz- und Zuchttiere und

---

[2]) Hirsch 29.
[3]) Mot. II, 252 (Mugdan II, 140); s. oben S. 88.
[4]) Denkschr. 66 (Mugdan II, 1248); Mot. II, 253 f. (Mugdan II, 140).
[5]) Prot. II, 1462 (Mugdan II, 691).

für Schlachttiere zwei verschiedene Hauptmängellisten aufgestellt. Die Befugnis zu einem solchen Verfahren dürfte nicht zu bestreiten sein[1]).

Sonach steht dem Käufer eines Tieres, welches als Nutz- und Zuchttier veräußert wurde, das Recht auf Wandlung nicht zu wegen eines nur für Schlachttiere aufgestellten Hauptmangels und umgekehrt.

In den Erwägungen des Bundesrats wird folgendes aufgestellt:

„Aus der Scheidung ergibt sich ohne weiteres, daß der Verkäufer eines unter die §§ 1, 2 der Verordnung fallenden Tieres für die im § 1 bestimmten Mängel nur dann haftet, wenn das Tier als Nutz- oder Zuchttier, für die im § 2 bestimmten Mängel dagegen nur dann, wenn es als Schlachttier verkauft wird. Die Vereinbarung über die eine oder andere Art der Verwendung braucht jedoch nicht ausdrücklich getroffen zu sein; es genügt, wenn die Umstände ergeben, daß bei dem Kaufe beide Teile über diesen Punkt einig waren. Besteht Streit, so trifft die Beweislast nach den allgemeinen Grundsätzen den Käufer. Stellt sich nach dem Abschlusse des Vertrages heraus, daß eine Einigung der Parteien nach der bezeichneten Richtung in Wirklichkeit überhaupt nicht erfolgt ist, so wird gemäß § 155 BGB. in der Regel der ganze Vertrag ungültig sein."

Ich kann die Richtigkeit dieser Ausführungen nicht durchweg anerkennen. Daß der Wortlaut der Kaiserlichen Verordnung keineswegs in allen Fällen eine wenn auch stillschweigende Einigung der Vertragsteile über die beabsichtigte Verwendung des Tieres voraussetzt, wird später dargetan werden. Selbst wenn dies aber der Fall wäre, so könnte der Mangel einer solchen Einigung sicher nicht als regelmäßige Folge die Nichtigkeit des Vertrages nach sich ziehen. Nur dann, wenn im speziellen Falle über den nach dem Vertrag vorausgesetzten Gebrauch nach dem konkreten Willen der Vertragsteile eine Vereinbarung getroffen werden sollte, in Wirklichkeit aber keine Einigung vorliegt, könnte die Anwendung des § 155 BGB. in Frage kommen. Und dann wird immer erst zu untersuchen sein, ob anzunehmen ist, daß der Vertrag auch ohne Vereinbarung über den Verwendungszweck geschlossen wäre. Erst im Falle der Verneinung dieser Frage könnte Nichtigkeit des Vertrags angenommen werden[2]).

In der Tat ist eine Einigung der Vertragsteile über den Verwendungszweck des Tieres keine notwendige Voraussetzung[3]) für die Anwendung der Kaiserlichen Verordnung. Wo eine solche Einigung vorliegt, ist sie natürlich maßgebend[4]). Eine Einigung kann auch

---

[1]) Vgl. Denkschr. 66 (Mugdan II, 1248).

[2]) Planck, Bem. 3 zu § 482; Sauer-Reuter 190 f.; vgl. Krückmann 46.

[3]) Planck a. a. O. erachtet in jedem Falle die Einigung über den Verwendungszweck als erforderlich, könne Käufer diese Einigung nicht nachweisen, so sei er abzuweisen. Dem nähert sich Stölzle 95 bezüglich der Beweislast.

[4]) Es kann sogar vorkommen, daß beim Kauf die Schlachtung vom Käufer zur Bedingung gesetzt wird. Mir ist der Fall vorgekommen, daß ein Gutsbesitzer ein Paar alte, ausgediente Kutschpferde an einen Händler zu einem Preis für Schlachtpferde mit der ausdrücklichen Bedingung verkaufte, daß die Pferde geschlachtet werden und zum Nachweise dessen vom Verkäufer die acht Hufe, in welche Merkmale eingebrannt waren, dem Käufer zurückgegeben werden müssen. Der Käufer wollte auf diese Weise seinen ausgedienten Pferden das traurige Los alter edler Pferde ersparen, die im Milchfuhrwerk oder im Karren gehen müssen. Er verzichtete deshalb lieber auf die 400 Mk., die er mehr hätte erzielen können, wenn er dem Käufer freie Hand in der Verwertung gelassen hätte. Wie nun, wenn der Käufer die eingebrannten Hufe nicht zurückgibt? Dann kann der

stillschweigend erfolgen oder mit anderen Worten, sie kann aus den für beide Teile erkennbaren Umständen abgeleitet werden. Ist für Frömmigkeit, Zugfestigkeit, Milchproduktion, Trächtigkeit, Sprungfähigkeit u. dgl. Gewähr geleistet, so sind die Vertragsteile darüber einig, daß das Tier nicht alsbald geschlachtet werden soll. Hat der Käufer in irgend welcher Weise seine Absicht über die Verwendung des Tieres geäußert (z. B. gefragt, ob das Tier ausdauernd sei, ob es bald wieder beschlagen werden müsse) und daraufhin der Verkäufer den Vertrag geschlossen, ohne der hierdurch geäußerten Auffassung des Käufers entgegenzutreten, so ist die Einigung ebenfalls gegeben. Hat der Verkäufer erklärt, daß er das Tier als Schlachttier verkaufe und hat daraufhin der Käufer den Kauf widerspruchslos abgeschlossen, so gilt dasselbe. Bei einem Verkauf nach Gewicht wird wohl ausnahmslos Schlachtverkauf vorliegen. Wird ein Paar zusammengehöriger Tiere als solches verkauft, so handelt es sich regelmäßig nicht um einen Schlachtzweck. Vielfach wird in der objektiven Beschaffenheit der Tiere, wie auch in dem Berufe des Käufers ein ausschlaggebender Umstand zu erblicken sein. Beim Verkauf einer Kälberkuh, eines anscheinend gesunden Zuchtbullen wird keiner der beiden Vertragschließenden daran denken, daß das Tier alsbald geschlachtet werden soll. Bei einem Verkauf an einen Metzger wird der Verkäufer annehmen dürfen, daß jener zum alsbaldigen Schlachten kauft; das Gegenteil ist der Fall bei einem Verkauf an einen Landwirt. Entscheidend sind aber nur die beim Vertragsabschluß vorliegenden Umstände. Zu weit geht daher die Aufstellung, daß sich jeder Käufer, der ein Tier ohne besondere Veranlassung (Unglücksfall) schlachtet, gefallen lassen müsse, daß daraus der Beweis hergeleitet werde, daß er zu Schlachtzwecken gekauft habe[5]). Wenn beim Verkauf selbst eine solche Absicht nicht zutrage getreten ist, dann ist an sich das nachträgliche Verhalten des Käufers gleichgültig. Nur kann vielleicht der Richter die Tatsache des Schlachtens dazu verwerten, um die vom Verkäufer behauptete Äußerung der Absicht zu schlachten als glaubwürdig zu betrachten.

Wie nun, wenn sich eine Einigung der Vertragsteile über den Verwendungszweck nicht feststellen läßt?[6]) Es wird z. B. ein Rind, welches sich gleichermaßen zum Dienstgebrauche wie als Schlachttier eignet, an einen Händler verkauft. Irgend welche Erklärungen und Umstände, aus denen der dem Kauf zugrunde gelegte Verwendungszweck abgeleitet werden könnte, liegen nicht vor; der kaufende Händler weiß selbst nicht, was aus dem Tiere werden soll; er will es weiterveräußern und weiß nicht, ob der Käufer ein Metzger oder ein Bauer sein wird.

Würde man in allen Fällen eine, wenn auch stillschweigende Einigung über den Vertragszweck als unerläßlich halten, so würde, wo diese nicht zu konstruieren ist, der Verkäufer überhaupt von der

---

Käufer Klage erheben mit dem Antrag: Der Beklagte hat entweder die eingebrannten Hufe herauszugeben oder an den Kläger 400 Mk. zu bezahlen.

[5]) So Krückmann 43; Endemann § 161 a Anm. 6 will gleich gar nur die tatsächliche Benützung innerhalb der Gewährfrist entscheiden lassen.

[6]) Die Befürchtung, daß es über diese Frage zu vielen Prozessen kommen würde, hat sich nicht bestätigt. Stölzle 167 gibt an, daß ihm diese Streitfrage praktisch noch nie vorgekommen sei. Ich kann von meiner Praxis das gleiche bezeugen.

Gewährspflicht frei, ein Ergebnis, das mit Recht als unmöglich bezeichnet worden ist[7]).

Man kann dieser Folgerung auch nicht dadurch entgehen, daß man derartige Fälle der gemeinen Mängelhaftung nach § 459 Abs. 1 unterstellt[8]); denn diese Vorschrift ist durch § 482 für alle Tiere der betr. Art ausgeschlossen.

Mit demselben Rechte könnte man annehmen, daß der Verkäufer in einem solchen Falle sowohl nach § 1 als nach § 2 der Verordnung zu haften habe. In der Tat ist auch daran gedacht worden. Eine solche Privilegierung verträgt sich aber nicht mit der Verordnung, die offenbar die beiden Gruppen der Hauptmängel als einander ausschließende aufstellen wollte.

Man kommt also bei der Unterstellung, daß eine Einigung über den Verwendungszweck notwendige Voraussetzung für die Anwendung der Kaiserlichen Verordnung sei, zu keinem brauchbaren Ergebnis. Aber auch die in der ersten Auflage vertretene Ansicht, daß die einseitige Absicht, die der Käufer über die Verwendung des Tieres beim Kaufe hatte, entscheidend sei[9]), läßt sich nicht halten. Zwar erwirbt der Käufer das Tier zu Eigentum und hat daher ausschließlich darüber zu befinden, was mit dem Tiere geschehen soll; aber ebensogut könnte man sagen, daß es doch zunächst Sache des Verkäufers sein muß, beim Kauf zu bestimmen, für welchen Zweck er haften will[10]). Ausschlaggebend für die Preisgabe meiner früheren Ansicht ist für mich aber die Erwägung, daß eine rein innere Tatsache, welche nach außen gar nicht in die Erscheinung getreten ist, keine Rechtsveränderung bewirken kann und der Käufer, wie oben gezeigt, sich bei dem Kauf möglicherweise über den Verwendungszweck gar nicht klar sein kann.

Dagegen gelangt man zu einem logischen und für die Praxis brauchbaren Ergebnis durch einen Vergleich zwischen § 1 und § 2 der Verordnung: dabei ergibt sich, daß die Voraussetzungen des § 1 rein objektive sind, während § 2 nur die subjektive Seite (Verwendungsabsicht) berücksichtigt.

§ 1 bestimmt: „Für den Verkauf von Nutz- und Zuchttieren gelten als Hauptmängel." Nun steht der Begriff der Nutz- und Zuchttiere objektiv fest; die Absicht der Vertragsteile kann an dieser objektiven Eigenschaft nichts ändern. Ein Tier, welches seiner Art und Individualität nach objektiv geeignet ist, durch wirtschaftliche Nutzung oder Zucht verwendet zu werden, ist ein Nutz- oder Zuchttier[11]). An sich fällt unter die Nutzung auch die Schlachtung zwecks Nahrungsmittelgewinnung; denn auch diese ist eine Art der Nutzung. Nun bestimmt aber § 2: „Für den Verkauf solcher Tiere, die alsbald

[7]) Oertmann, Bem. 5 zu § 482 S. 409; vgl. dagegen Planck, Bem. 3 zu § 482.
[8]) Diese Frage hat Krückmann 45 erwogen, ebenfalls ablehnend.
[9]) Schuhmacher, Viehhandel u. Viehprozeß (3. Aufl.) 11, u. 40. Hirsch 32.
[10]) Vgl. Krückmann 45.
[11]) Tiere, welche zu wissenschaftlichen Zwecken (Tierexperimente, Vivisektionen) benützt werden sollen, bleiben deshalb im Zeitpunkt des Verkaufs doch Nutztiere, wenn sie dies ihrer objektiven Beschaffenheit nach sind. Es bedarf in diesem Falle noch besonderer Umstände, um eine stillschweigende Vereinbarung auf Ausschluß der Gewährleistung annehmen zu können. Anders liegt der Fall beim Verkauf an den Schinder. Hier fehlen die Voraussetzungen von § 2 und § 1. Krückmann 41 verneint im Anschluß an Stölzle 95 jedoch mit selbständiger Begründung jede Gewährspflicht bei Verkauf an den Abdecker, an eine Menagerie, an eine Anstalt für Serumbereitung.

geschlachtet werden sollen und bestimmt sind, als Nahrungsmittel für Menschen zu dienen (Schlachttiere) gelten als Hauptmängel." Auch hier handelt es sich an sich um Nutztiere, aber um eine besondere Kategorie. Während aber in § 1 der objektive Begriff zugrunde gelegt ist, ist es bei der Fassung des § 2 ganz zweifellos, daß man die Zugehörigkeit des einzelnen Tieres zu dieser besonderen Kategorie nicht nach objektiven Merkmalen, sondern nur nach den subjektiven Gesichtspunkten bestimmen kann. Nach doppelter Richtung muß der Wille gehen: einmal alsbald zu schlachten und zweitens das Fleisch zur menschlichen Nahrung zu verwenden. Wessen Wille soll nun maßgebend sein? Es ist oben gezeigt, daß die einseitige innere Absicht eines Vertragsteiles gar keine Rechtsveränderung zu erzeugen geeignet ist. Man wird also den Willen der beiden Vertragsteile als erforderlich erachten müssen. § 2 kann also nur angewendet werden, wenn sich die beiden Vertragsteile ausdrücklich oder stillschweigend darüber einig sind, daß das Tier alsbald geschlachtet werden und sein Fleisch zur menschlichen Nahrung bestimmt sein soll. Liegt eine solche Einigung nicht vor, dann ist nach objektiven Merkmalen zu entscheiden, ob das Tier ein Nutz- oder Zuchttier ist, und wenn ja, ist § 1 anzuwenden. So steht also § 2 zu dem § 1 im Verhältnis der Ausnahme[12]). Daß im konkreten Fall die Ausnahme gegeben ist, hat derjenige zu beweisen, der sich darauf beruft.

So gelangt man auch zu einer vernünftigen Entscheidung für jene Fälle, in denen der Käufer ein Tier angeschafft hat in der ausgesprochenen Absicht, das Tier fett zu machen und dann erst (also nicht alsbald) zu schlachten. Der Verkäufer haftet nach § 1[13]) der Verordnung.

Schlachttiere im Sinne des § 2 der Verordnung sind somit nur solche Tiere, welche nach dem übereinstimmenden Willen der Vertragsteile alsbald, d. h. ohne vorherige Mästung oder sonstige Benützung, wenn auch nicht unmittelbar nach der Übergabe und nicht durch den ersten Käufer[14]), aber immerhin noch innerhalb der 14-tägigen Gewährfrist[15]) geschlachtet werden sollen und bestimmt sind, als Nahrungsmittel für Menschen zu dienen[16]). Sind sich Verkäufer und Käufer darüber einig, daß das Tier geschlachtet werden soll, so spricht die Vermutung dafür, daß ihr Wille auf a l s b a l d i g e

---

[12]) I m E r g e b n i s stimmen hierin überein: Oertmann, Bem. 5 zu § 482; Sauter-Reuter 265; Schneider 125; Stölzle 168. Zum gegenteiligen Ergebnis, wonach der Verkäufer im Zweifel nur für Schlachtviehmängel haften soll, kommt Krückmann 48.

[13]) Daß § 2 in solchem Falle nicht angewendet werden kann, ist sicher; Planck, Bem. 3 zu § 482; Krückmann 42. Verfehlt erscheint mir die Aufstellung Krückmanns 42, daß in einem solchen Fall die allgemeinen Grundsätze über den Kauf (§§ 459 bis 480) zur Anwendung kommen sollen. Ein Rind bleibt ein Rind, auch wenn es gemästet werden soll. — Der Käufer hat ausgesprochenermaßen zum Zweck längerer Mästung ein Schwein erworben; es hat ein Bein gebrochen und muß notgeschlachtet werden, dabei stellen sich Finnen heraus, die nur für Schlachttiere im Sinne des § 2 Hauptmängel sind. Der Verkäufer haftet hierfür nicht; das ist nicht mehr als recht und billig; denn der Beinbruch ist ein Unfall, dessen Folgen der Eigentümer tragen muß. Vgl. dagegen Krückmann 42.

[14]) Auch solches Vieh ist Schlachtvieh, welches z. B. gelegentlich einer Viehnot eine Zentrale zusammenkauft, um es den einzelnen Schlächtern ihrerseits abzulassen. Oertmann, Bem. 5 zu § 482; ebenso Planck, Bem. 3 zu § 482.

[15]) Schneider 125; Krückmann 42.

[16]) Planck, Bem. 3 zu § 482.

Schlachtung gerichtet ist; es bedarf also besonderer Umstände, um anzunehmen, daß nicht alsbald geschlachtet werden sollte[17]).

II.

Voraussetzung des § 2 der Kaiserlichen Verordnung ist, daß das Tier zum alsbaldigen Schlachten verkauft wird, und daß es bestimmt ist, als Nahrungsmittel für Menschen zu dienen. Wie das Vorhandensein dieses Gebrauchszweckes festzustellen ist, wurde unter I erörtert.

Zu beachten ist, daß neben dem Gebrauchszwecke des Tieres als Schlachttier das weitere Erfordernis aufgestellt ist, daß das Tier als Nahrungsmittel für Menschen bestimmt ist.

Bei dem Verkauf einer Kuh an den Schinder besteht überhaupt keine Gewährpflicht des Verkäufers; denn es fehlt die Voraussetzung der Verordnung, und zwar sowohl des § 2 wie des § 1 (vgl. oben S. 59).

Wenn der Besitzer einer Menagerie Pferde ankauft, um sie an seine Tiere zu verfüttern, wird man die Gewährleistungspflicht als stillschweigend auf solche Mängel, welche diesen Verwendungszweck beeinträchtigen, beschränkt betrachten dürfen.

Der wissenschaftliche Forscher, welcher ein Pferd zur Vivisektion erwirbt, hat keinen Gewährleistungsanspruch (vgl. S. 59).

Hat der Verkäufer keine besondere Gewährleistungspflicht übernommen, so haftet er beim Verkauf von Vieh zu Schlachtzwecken lediglich für die in § 2 der VO. aufgeführten Hauptmängel. Er haftet daher für andere Mängel auch dann nicht, wenn diese Mängel die Genußfähigkeit des Fleisches völlig aufheben. In dem Verkauf, zu dem dem Verkäufer erkennbaren Schlachtzweck liegt insbesondere nicht ohne weiteres eine stillschweigende Zusicherung, daß das Tier zum Schlachten geeignet und das Fleisch genußfähig (bankmäßig) sein müsse[18]).

Ist ein Hauptmangel der in § 2 bezeichneten Art am lebenden Tier nachweisbar, so ist es keine Voraussetzung des Gewährschaftsanspruchs, daß das Tier vom Käufer tatsächlich geschlachtet wird. Selbstverständlich kann er den Gewährschaftsanspruch auch dann erheben, wenn das Tier (ohne Schlachtung) verendet.

§ 32.

Hauptmängel der Pferde, Esel, Maulesel und Maultiere.

I. Beim Verkauf als Nutz- oder Zuchttiere[1]).

1. Rotz (Wurm)[2]) mit einer Gewährfrist von 14 Tagen[3]). Der Rotz (Wurm) ist eine ansteckende Seuchenkrankheit der Einhufer, die meist langsam und fieberlos — chronischer Rotz — zuweilen aber

---

[17]) z. B. die ausgesprochene oder aus den Umständen (Gepflogenheit des Käufers die Tiere zu mästen) für beide Teile erkennbare Absicht das Tier erst zu mästen.

[18]) Stölzle 171; Fröhner 196.

[1]) S. oben S. 197.

[2]) Näheres s. Fröhner 36 ff.

[3]) Im Gegensatz zu chronischem Rotz, ist bei akutem Rotz die Gewährfrist von 14 Tagen zu lang, da in diesem Fall das Inkubationsstadium nach zahlreichen Impfversuchen nur 3—5 Tage, im Minimum sogar nur zwei Tage beträgt (Fröhner 40).

auch rapid — akuter Rotz — verläuft. Die Krankheit wird auf einen Rotzbazillus zurückgeführt, für den die Respirationsschleimhäute und die Lungen, die äußere Haut, die Lymphgefäße besonders empfänglich sind, der aber auch in Milz, Leber, Nieren, Muskeln und selbst in den Knochen Nährboden findet. Als Merkmale des Rotzes werden auffälliger Nasenausfluß, Anschwellung der Kehlgangsdrüsen, Knötchen oder Geschwüre in der Nasenschleimhaut oder in der äußeren Haut besonders hervorgehoben. Zuweilen sind äußere Merkmale überhaupt nicht sichtbar. Die Krankheit ist unheilbar und kann auch auf Menschen übertragen werden. Die Feststellung des Rotzes kann beim lebenden Tier unter Umständen unmöglich sein; der Sektionsbefund ist ein zuverlässiges Mittel der Feststellung.

2. Der Dummkoller (Koller, Dummsein)[4]) mit einer Gewährfrist von 14 Tagen.

Als Dummkoller ist anzusehen die allmählich oder infolge der akuten Gehirnwassersucht entstandene unheilbare Krankheit des Gehirns, bei der das Bewußtsein des Pferdes herabgesetzt ist. Diese Begriffsbestimmung, welche von der Verordnung gegeben wird, paßt sich den der Wissenschaft bekannten beiden Entstehungsarten der Krankheit an, wonach sich der Dummkoller entweder ganz allmählich und unmerklich (sozusagen von selbst) entwickelt, oder als eine Nachkrankheit der akuten Gehirnwassersucht bestehen bleibt. Die Krankheit ist unheilbar, doch selten tödlich, im übrigen ist ihr Verlauf sehr ungleich; vielfach hält er sich auf einem so niedrigen Grade der Entwicklung, daß der Gebrauchswert des Tieres Jahre lang trotz Vorliegens der Krankheit keine oder doch nur eine ganz geringfügige Minderung erleidet; in anderen Fällen entwickelt sich der Dummkoller in verhältnismäßig kurzer Zeit zu einer völligen Abstumpfung des Seelenlebens, so daß das Pferd nur noch zur Abschlachtung Verwendung finden kann.

Die Symptome der Krankheit lassen sich unter drei Gruppen bringen, wobei jedoch zu beachten ist, daß das Krankheitsbild regelmäßig nicht alle Symptome in sich vereinigt und zuweilen alle Kennzeichen der Krankheit vorübergehend verschwinden, so daß das Pferd ganz gesund zu sein scheint. Für den Sachverständigen ist übrigens die Feststellung der Krankheit am lebenden[5]) Tiere nicht schwer; das Gesamtbild ist maßgebend[6]). Wie beim Menschen, so sind auch beim Pferde die Übergänge vom Gesunden zum Kranken flüssig. Ohne objektiven und deutlichen Nachweis einer Herabsetzung des Bewußtseins ist eine sichere Feststellung des Dummkollers nicht möglich. Dabei braucht die Arbeitsfähigkeit nicht notwendig herabgesetzt zu sein[7]).

Besonders häufig wird die akute Gehirnwassersucht mit Dummkoller verwechselt. Die Verwechselung wird dadurch vollständig aus-

---

[4]) Dieckerhoff 205; Fröhner 43 ff. Dummkoller gilt nicht nur für Pferde, wie man aus der versehentlichen Fassung des § 1 I Z. 2 a. E. ableiten könnte, sondern auch für Esel, Maulesel und Maultiere als Hauptmangel (Hirsch 31; Stölzle 169).

[5]) Durch den Sektionsbefund allein kann Dummkoller weder nachgewiesen noch ausgeschlossen werden (Fröhner 48).

[6]) Zur Diagnose ist der Nachweis eines Symptomenkomplexes (nicht nur eines Symptomes) erforderlich (Fröhner 47).

[7]) Fröhner 47.

geschlossen, daß das Pferd mehrere Tage hintereinander in angestrengten Dienstgebrauch genommen wird. Während beim Dummkoller die Pferde täglich stundenlang ohne erhebliche Änderung der Symptome arbeiten können, führt dies bei der akuten Gehirnwassersucht stets zu einer merklichen Verschlimmerung des Krankheitsbildes[8]).

a) Vermindertes Verstandes- und Gefühlsleben. Das kranke Tier schenkt seiner Umgebung eine verringerte Aufmerksamkeit, was schon in dem stieren Blick der oft halbgeschlossenen Augen zum Ausdruck zu kommen pflegt. Zuweilen lauscht das kranke Tier anhaltend, ohne daß ein äußerer Anlaß hierzu vorhanden ist. Meist aber steht es teilnahmslos, mit gesenktem Kopfe, den es wohl auch auf den Barren aufstützt, im Stande, wobei es seine Ohrmuscheln in ungleicher Stellung hält. Es läßt sich nur schwer veranlassen im Stande auf die Seite zu treten. Daneben ist eine gewisse Unempfindlichkeit gegen äußere Einwirkung vorhanden (das Pferd läßt sich z. B. ohne Reaktion in die Ohren greifen oder auf die Krone treten). Zeitweise hält es in der Nahrungsaufnahme plötzlich inne und behält das halbgekaute Futter geraume Zeit im Maule, bis es das Kauen wieder fortsetzt[9]). Bei der Wasseraufnahme werden die Nasenlöcher in das Wasser, oft bis zur Versagung des Atems eingetaucht. Nicht selten geben kranke Pferde ihren Gliedmaßen eine ganz unnatürliche Stellung, indem sie die Vordergliedmaßen übereinander kreuzen oder die Hintergliedmaßen übermäßig nach vorwärts stellen. Bringt man die Gliedmaßen des Pferdes in eine solche unnatürliche Stellung, so wird sie häufig von dem Tiere ruhig beibehalten.

b) Hand in Hand damit geht häufig[10]) ein widersetzliches Verhalten im Dienstgebrauch. Namentlich drängen kranke Pferde gerne nach der einen oder anderen Seite, auch können sie nur durch fortgesetztes Antreiben in einem einigermaßen gleichen Tempo erhalten werden; werden dem Tiere nicht fortgesetzt nachhaltige Hilfen gegeben, so verlangsamt das Tier die Bewegung und bleibt bald auch ganz stehen. Dies kommt übrigens auch bei Pferden vor, die mit Dämpfigkeit behaftet sind, so daß auch Sachverständige schon Dummkoller begutachtet haben, wo Dämpfigkeit vorlag[11]). Zuweilen wird das Tier infolge der Krankheit zum Beißer und Schläger; in selteneren Fällen kann man eine abnorme Scheu vor ganz gewöhnlichen Gegenständen beobachten.

c) Dazu kommt häufig eine Verlangsamung des Pulses und des Atems.

---

[8]) Dieckerhoff 232, 594, 610. Die Unterscheidung des Dummkollers von Schwindel (Dieckerhoff 239) und Fallsucht, Epilepsie (Dieckerhoff 241) bietet keine Schwierigkeiten, da diesen beiden Krankheiten das anfallsweise Auftreten eigentümlich ist.

[9]) Dies kann aber auch auf Schmerzen an den Zähnen oder Kieferknochen zurückzuführen sein (Dieckerhoff 227).

[10]) An und für sich bildet die Widersetzlichkeit keine notwendige Folge des Dummkollers. Sind jedoch neben dieser Widersetzlichkeit chronische Erscheinungen von herabgesetztem Bewußtsein nachweisbar, dann ist Dummkoller anzunehmen. Es handelt sich dann um die unechte Stätigkeit, um eine unbewußte, aus unrichtigen Vorstellungen hervorgegangene Unfolgsamkeit (Fröhner 51).

[11]) Dieckerhoff 227.

3. Dämpfigkeit (Dampf, Hartschlägigkeit, Bauchschlägigkeit)[12] mit einer Gewährfrist von 14 Tagen.

Als Dämpfigkeit ist anzusehen die Atembeschwerde, die durch einen chronischen, unheilbaren Krankheitszustand der Lungen oder des Herzens bewirkt wird. Nach der von der Kaiserlichen Verordnung aufgestellten Definition kann die Dämpfigkeit auf einem Krankheitszustand der Lungen oder des Herzens beruhen. Dieser Krankheitszustand muß chronisch unheilbar sein. Diese Unheilbarkeit der Krankheit ist von einer großen Tragweite, da durch die Feststellung, daß das Pferd nicht mit Dämpfigkeit behaftet ist, zugleich bewiesen wird, daß das Pferd auch zu einem früheren Zeitpunkt mit Dämpfigkeit (im Sinne der Kaiserlichen Verordnung) nicht behaftet war[13]). Ein im Laufe des Prozesses (etwa in erster oder zweiter Instanz) gestelltes Beweisanerbieten, daß das Pferd dermalen nicht mit Dämpfigkeit behaftet sei, wird daher vom Richter nur dann zurückgewiesen werden können, wenn er auf Grund des bisherigen Ergebnisses der Beweisaufnahme die Überzeugung hat, daß das Pferd auch noch zur Zeit des Beweisantrages mit Dämpfigkeit behaftet ist. Regelmäßig wird daher der Beweisantrag zugelassen werden müssen. — Der Krankheitszustand erfüllt dann den Tatbestand der Dämpfigkeit, wenn er eine Atembeschwerde herbeigeführt hat. Ob eine Atembeschwerde vorliegt, hat der Sachverständige durch Anlegung eines vergleichenden Maßstabes mit der normalen Atmung gesunder Pferde festzustellen. Eine nur geringfügige Abweichung von den normalen Erscheinungen ist natürlich nicht genügend zur Feststellung einer Atembeschwerde. Dagegen erachte ich es als verfehlt, das Erfordernis aufzustellen, daß die Atembeschwerde den ordnungsgemäßen Gebrauch des Pferdes erheblich behindern müsse[14]). Das widerspricht dem Wesen des Hauptmangels; in der Bestimmung der einzelnen Hauptmängel liegt der Ausspruch, daß diese Mängel solche sind, welche den Wert oder die Tauglichkeit des Tieres zu dem gewöhnlichen oder nach dem Vertrage vorausgesetzten Gebrauche aufheben oder nicht unerheblich mindern. Die Untersuchung nach dieser Richtung wird für alle Fälle durch den Anspruch des Gesetzes überflüssig gemacht[15]). Auch würde man bei Anwendung der gegenteiligen Ansicht dazu kommen, einen verschiedenen Maßstab für gewöhnliche Arbeitspferde und edlere Reitpferde anzulegen; eine solche Unterscheidung ist der Verordnung fremd.

Die anormale Atembeschwerde äußert sich während der Ruhe des Pferdes meist nur in geringem Maße. Sichere Symptome sind folgende:

a) Übermäßige Beschleunigung der Atemzüge beim anstrengenden Dienstgebrauch des Pferdes. Während ein bis zum Beginn des Schweißausbruches angestrengtes gesundes Pferd gleich nach dem Anhalten durchschnittlich 40 mal (nicht selten aber auch häufiger) in der Minute atmet, hat ein in gleicher Weise an-

---

[12]) Dieckerhoff 245, 617 ff.; Fröhner 51 ff.
[13]) Dieckerhoff 256.
[14]) A. M. Dieckerhoff 248.
[15]) Mot. II, 252 (Mugdan II, 139).

gestrengtes dämpfiges Pferd bis zu 50, selbst bis zu 100 Atemzüge in der Minute[16]).

b) Eine durch die Atembeschwerde verursachte anormale Zunahme der Atembewegung. Das angestrengte dämpfige Pferd bläht beim Atmen die Nüstern weiter auf, als ein gesundes Pferd. Es zeigt sich beim Einatmen eine sichtliche Erhebung des ganzen Brustkorbes, das Ausatmen erfolgt stoßweise, wobei längs der falschen Rippen eine rinnenartige Vertiefung (Dampfrinne) wahrgenommen werden kann. Daneben zeigt sich ein übermäßiges Heben und Senken der Flanken; auch wird der After herausgedrängt. Das Hervortreten des Afters ist am auffälligsten bei alten und mageren Pferden, besonders bei Stuten.

c) Ein besonders wichtiges Symptom ist die abnorme Verzögerung, welche der Rückgang der durch Anstrengung verursachten Atembeschleunigung zur regelmäßigen Atmung erfordert.

Zur Feststellung der Dämpfigkeit genügt es, wenn nur eines dieser drei Symptome in vollständiger Ausbildung vorhanden ist. Oft sind alle drei Symptome zu erkennen. Daneben sind zuweilen noch andere Begleiterscheinungen vorhanden; namentlich hat die Dämpfigkeit vielfach einen meist dumpfen und matten Husten im Gefolge. Die Dämpfigkeit läßt sich mit Sicherheit nur am lebenden Tiere konstatieren, der Sektionsbefund allein kann regelmäßig nicht maßgebend sein. Der sichere Nachweis der Dämpfigkeit ist schwierig, weil die Zahl und Tiefe, sowie die Beruhigung der Atmung nach der Bewegung schon bei gesunden Pferden sehr schwankt. Bei Pferden, die von der Weide kommen, nicht ausgehabert sind, oder die den Strengel durchgemacht haben, wie auch bei Pferden, die bei geringer Arbeit durch mastiges Futter fett geworden sind, findet man hinsichtlich der Atmung ähnliche Erscheinungen wie bei der Dämpfigkeit, ohne daß solche Pferde wirklich dämpfig sind. Bei temperamentvollen Pferden können sich bei veränderter Umgebung und ungewohnter Dienstleistung infolge Aufregung und Überanstrengungen ähnliche Erscheinungen zeigen[17]). Zur sicheren Feststellung des Mangels ist mindestens dreimalige Untersuchung durch den Sachverständigen erforderlich. Solange das Pferd Fieber hat, ist eine Untersuchung auf Dämpfigkeit nutzlos[18]).

Die Dämpfigkeit führt ausnahmsweise zum Tode, häufig aber zu bedeutender Abmagerung, die unter Umständen die völlige Unbrauchbarkeit des Pferdes zum Dienstgebrauch herbeiführen kann.

4. Kehlkopfpfeifen, (Pfeiferdampf, Hartschnaufigkeit, Rohren)[19]) mit einer Gewährfrist von 14 Tagen.

Als Kehlkopfpfeifen ist anzusehen die durch einen chronischen und unheilbaren Krankheitszustand des Kehlkopfes oder der Luftröhre verursachte und durch

[16]) Es kommt natürlich auch auf das Alter des Tieres an; „ein zwanzigjähriges Pferd kann keine fünfjährige Lunge haben" (Gerlach)).

[17]) Fröhner 57.

[18]) Fröhner 60.

[19]) Dieckerhoff 294 ff., 624 ff.; Fröhner 61 ff.

ein *hörbares Geräusch gekennzeichnete Atemstörung*. Bei dem ausgeruhten Pferde sind in der Regel äußerlich wahrnehmbare Erscheinungen nicht vorhanden. Das ausschlaggebende Symptom ist das pfeifende oder rohrende Geräusch, welches durch das Atmen des Pferdes bei anstrengendem Gebrauch zu hören ist. Bei der Untersuchung ist vor allem darauf zu sehen, daß der Kopf des Pferdes ordentlich beigezäumt wird, da sich bei vielen Rohrern nur dann das charakteristische Geräusch vernehmen läßt[20]). Die Feststellung des Hauptmangels ist oft nicht leicht, da sich manche Pferde aus Spielerei die Hervorbringung ähnlicher Töne angewöhnen können; abgesehen davon ist bei der Bräune oder Druse der Pferde dasselbe Geräusch wahrzunehmen. Der Sachverständige hat daher zunächst den Mangel der übrigen Symptome dieser Krankheit festzustellen; erst, wenn diese Ausschlußdiagnose abgegeben werden kann, ist für die Feststellung des Kehlkopfpfeifens die Basis gewonnen. Eine durch Verengung der Nasengänge verursachte Erschwerung der Atmung fällt nicht unter den Begriff des Hauptmangels[21]). Der von der Verordnung verlangte Nachweis, daß dem Kehlkopfpfeifen ein *unheilbarer* Krankheitszustand zugrunde liegt, ist mitunter nur schwer zu erbringen[22]).

Das Kehlkopfpfeifen gilt immer als ein erheblicher Mangel, ohne daß es auf den Grad desselben sowie darauf ankommen kann, ob durch den Mangel eine Wertminderung verursacht wird[23]).

Tatsächlich hat nämlich das Kehlkopfpfeifen in den niederen Graden seiner Ausbildung bei an und für sich geringwertigen Tieren, die nur zu langsamer Dienstleistung verwendet werden, auf deren Gebrauchsfähigkeit gar keinen Einfluß[24]).

Ein Gegenbeweis gegen die Vermutung des § 484 ist unter besonderen Umständen nicht ausgeschlossen, da das Kehlkopfpfeifen sich in einer kürzeren Frist als 14 Tagen entwickeln kann[25]).

---

[20]) Die Meinung, daß durch zu scharfe Beizäumung für sich allein das Geräusch erzeugt werden könne, ist unrichtig. Dagegen kann durch übermäßig festes Anziehen des Kehlriemens und durch den Druck eines zu kurzen Kummets auch beim gesunden Pferd das Geräusch hervorgerufen werden (Dieckerhoff 317).

[21]) Dieckerhoff 284. über Unterscheidung des willkürlichen Inspirationsgeräusches von Kehlkopfpfeifen: vgl. Dieckerhoff 642.

[22]) Fröhner 67.

[23]) Dieckerhoff 326, der jedoch folgende Ausnahmen aufstellt. Wenn das Pferd mit der Zusage der Fehlerfreiheit oder Gesundheit verkauft und das Kehlkopfpfeifen erst nach Ablauf der Gewährfrist ermittelt werde, so könne der Käufer aus den gesetzlichen Vorschriften über die Hauptmängel keine Rechte geltend machen; er müsse in diesen Fällen vielmehr zur Begründung des Gewähranspruches beweisen, daß der Mangel den Arbeitswert oder den Kaufwert des Tieres erheblich beeinträchtige und mindestens im Anfange seiner Entwickelung (im Keim) schon zu der entscheidenden Zeit vorhanden gewesen sei. Dem kann ich nicht in allen Teilen beipflichten. Unanfechtbar ist die Ausführung über die Beweislast rücksichtlich des Vorhandenseins des Hauptmangels zur entscheidenden Zeit. — Dagegen ist das Kehlkopfpfeifen, nachdem es die Kaiserliche Verordnung schlechthin zum Hauptmangel gestempelt hat, auch für den Verkehr jederzeit erheblich; eine Herabdrückung des Kaufwertes eines solchen mit einem gesetzlichen Fehler behafteten Tieres ist unvermeidlich. Wenn daher für „Fehlerfreiheit" einzustehen ist, fällt hierunter unter allen Umständen auch das Kehlkopfpfeifen. Dasselbe muß gelten, wenn der Verkäufer für „gesund" zu gewähren hat; denn das Kehlkopfpfeifen ist auf einen Krankheitszustand zurückzuführen und derselbe ist nach dem Gesagten erheblich.

[24]) Dieckerhoff 327.

[25]) Fröhner 67.

5. Periodische Augenentzündung (innere Augenentzündung, Mondblindheit)[26] mit einer Gewährfrist von 14 Tagen.

Als periodische Augenentzündung ist anzusehen die auf inneren Einwirkungen beruhende, entzündliche Veränderung an den inneren Organen des Auges. Nach dieser gesetzlichen Definition fällt unter diesen Hauptmangel nur eine entzündliche Veränderung an den inneren Organen des Auges. Innere Organe des Auges sind: Die Regenbogenhaut, der Ciliarkörper, die Aderhaut, die Netzhaut, der Glaskörper und die Kristalllinse. Die Entzündung muß auf einer inneren Einwirkung beruhen; ausgeschlossen von dem Hauptmangel ist sonach jede durch Verwundung oder durch eine andere Erkrankung der äußeren Organe herbeigeführte Entzündung der inneren Organe des Auges. Die Entzündungserscheinungen treten plötzlich auf, dauern einige Tage, zuweilen auch Wochen, und kehren nach kürzeren oder längeren, sich nicht gleichbleibenden Zwischenräumen wieder[27]). Die Entzündung äußert sich durch erhöhte Empfindlichkeit des kranken Auges gegen die Einwirkung des Lichtes und dadurch verursachte Lichtscheu, starke Tränenabsonderung, Rötung, zuweilen auch Schwellung der Bindehaut, Verengung der Pupille, Trübung der Hornhaut durch wässerige Flüssigkeit. Die periodische Augenentzündung führt häufig zu einer teilweisen oder vollständigen Trübung der Linse (grauer Star) oder zu Trübungen im Glaskörper und Ablösung der Netzhaut (schwarzer Star). Hierbei ist jedoch zu beachten, daß sowohl der graue wie der schwarze Star auch auf andere Ursachen zurückzuführen sein können und der Star an und für sich keinen Hauptmangel darstellt.

Oft wird nur ein Auge, zuweilen auch eines nach dem anderen von der Entzündung angegriffen.

6. Koppen (Krippensetzen, Aufsetzen, Freikoppen, Luftschnappen, Windschnappen)[28]) mit einer Gewährfrist von 14 Tagen.

Das Gesetz gibt für diesen Hauptmangel keine Begriffbestimmung. Das Koppen (auch Köken genannt), ist eine Untugend, vermöge deren das Pferd durch inspiratorische Erweiterung des Brustkastens bei gleichzeitigem Zusammenziehen der Bauchmuskeln mit der eingeatmeten Luft das charakteristische koppende Geräusch hervorbringt. Nach der bisher herrschenden Meinung der Tierärzte wird das Ge-

[26]) Dieckerhoff 330 ff.; Fröhner 73 ff.

[27]) Da die Zwischenräume bis zu einem Jahre auseinander liegen können (Dieckerhoff 334), wird der Käufer vielfach die Haftung des Verkäufers mit Rücksicht auf die sonst eingetretene Verjährung nur durch Behauptung von Arglist in Anspruch nehmen können, es ist oben (S. 25 N. 11) ausgeführt, daß es für die Annahme des arglistigen Verschweigens eines Hauptmangels als solchen kein absolutes Erfordernis sei, daß der Verkäufer den Charakter des Mangels gerade als Hauptmangel gekannt hat. Wenn der Verkäufer davon Kenntnis hat, daß das Pferd öfter als einmal an Augenentzündung gelitten hat, so wird man sein Schweigen hierüber regelmäßig als ein arglistiges zu deuten haben; wenn dagegen der Verkäufer nur von einer einzigen Entzündung Kenntnis hatte, dann wird er, zumal wenn sie zeitlich entsprechend weit zurückliegt, regelmäßig das Pferd als geheilt betrachten dürfen. Bei einer Gewährleistung für gute Augen wird man aber auch hier einen strengeren Maßstab anlegen müssen. Es kommt eben alles auf die Umstände des Einzelanfalles an.

[28]) Dieckerhoff 467, 647; Fröhner 78 ff.

räusch durch Verschlucken der Luft erzeugt[29]). Dagegen hat Dieckerhoff[30]) diese Ansicht als irrig dargestellt. Nach dessen Meinung ist das Koppen kein Schluckakt und hat das Pferd bei seiner Ausübung auch nicht die Absicht, Luft zu schlucken, vielmehr beruht die Untugend auf einem willkürlich veranlaßten abnormen Atmungsmodus, durch welchen die Luft in die Rachenhöhle und den Kehlkopf mit dem typischen Geräusch eingetrieben wird, wobei in der Minderzahl der Fälle auch mehr oder weniger Luft in die Speiseröhre und den Magen gelangt. Die Frage muß der Fachwissenschaft zur Austragung überlassen bleiben.

Die Pferde, welchen die üble Angewohnheit des Koppens zu eigen ist, setzen bei ihrer Ausübung zumeist mit den Zähnen auf einem feststehenden Gegenstande auf, z. B. auf dem Rand der Krippe, auf dem Lattierbaum, auf der Deichsel (Krippensetzen, Aufsetzen, Barrendrücken); in selteneren Fällen koppen die Pferde frei in der Luft (Freikoppen). Das Freikoppen geschieht nur bei ruhigem Stehen, nicht aber bei der Arbeitsleistung[31]).

Das für die Feststellung dieses Hauptmangels allein maßgebende Symptom ist die Hervorbringung des eigentümlichen, für den Kenner nicht wohl zu verwechselnden Geräusches. Auch wenn das Pferd alle Anstalten eines Krippensetzers macht, ist der Gewährschaftsfehler des Koppens nicht gegeben, sofern das eigentümliche Geräusch nicht hervorgebracht wird. Auch ausgebildete Kopper lassen übrigens nicht bei jedem Aufsetzen des Geräusch hören. Wird mit völliger Gewißheit auch nur ein einmaliges Koppen festgestellt, dann ist das Pferd auch ein Kopper, da es sonst das Koppergeräusch nie hätte hervorbringen können. In der ersten Zeit seiner Entwicklung ist das Koppen nur schwer festzustellen, weil das Pferd in dieser Zeit nur selten koppt. Sonst ist die Erkenntnis des Mangels bei hinlänglich langer Beobachtung des Tieres im Stalle nicht schwer. Durch eine förmliche Untersuchung wird für die Feststellung des Mangels gar nichts gewonnen, auch die Beobachtung erfolgt am besten von dem Pferde unbemerkt. Zu beachten ist, daß der Kopper bei einer plötzlichen Veränderung seiner Umgebung oft mit dem Koppen mehrere Tage aussetzt, bis er sich an sie gewöhnt hat. Eine längere Übung des Aufsetzens führt häufig zu einer abgeschliffenen Beschaffenheit der Schneidezähne. Das Koppen kann schon im Verlauf mehrerer Tage gelernt werden[31a]).

Das Koppen setzt den Gebrauchswert des Pferdes regelmäßig nicht herab; wenn freilich das mit der Untugend behaftete Tier viel Luft verschluckt, dann treten Verdauungsstörungen ein, die in der Luftkolik ihren höchsten Grad erreichen und dann für das Pferd lebensgefährlich werden können. Der Verkaufswert des Koppers ist dagegen durch diese Eigenschaft immer herabgedrückt; denn es liegt immer die Gefahr nahe, daß sich das Koppen zu einem gefährlicheren Grade ausbildet. Auch können andere Pferde die Untugend von dem Kopper erlernen.

---

29) Vgl. Weißkopf 268.
30) Dieckerhoff, Das Koppen des Pferdes, Berlin 1897; Dieckerhoff, Gerichtliche Tierarzneikunde 467.
31) Dieckerhoff 470.
31a) Fröhner 78.

Hat der Verkäufer für Fehlerfreiheit zu haften, so wird dadurch auch die Haftung für Koppen betroffen, ohne daß es auf die Erheblichkeit des Koppens ankommt [32]). Auf Grund einer Haftung für „frisch und gesund" hat der Verkäufer für Koppen nicht einzustehen, weil dies keine Krankheit, sondern eine Untugend ist. Anders, wenn die Gesundheit des Pferdes unter dem Koppen gelitten hat.

Das Koppen kann durch einen von Dieckerhoff eingeführten operativen Eingriff (Resektion der Brustzungenbein- und Brustschildmuskeln) in vielen Fällen beseitigt werden. Bei einzelnen Pferden kann das Koppen durch diese Operation vollständig geheilt werden; bei anderen Pferden wird zwar das Koppen nicht dauernd beseitigt, indessen wird durch die Operation das schädliche Einpumpen von Luft unmöglich gemacht. Die Operation ist leicht und läßt eine sichtbare Narbe nicht zurück [33]).

II. Beim Verkauf als Schlachttier [34]).

In diesem Fall ist lediglich Rotz (Wurm) mit einer Gewährfrist von 14 Tagen als Hauptmangel erklärt. (S. hierüber oben S. 202.)

§ 33.

Hauptmängel des Rindviehs.

I. Beim Verkauf als Nutz- oder Zuchttier [1]).

1. Tuberkulöse Erkrankung, sofern infolge dieser Erkrankung eine allgemeine Beeinträchtigung des Nährzustandes des Tieres herbeigeführt ist, mit einer Gewährfrist von 14 Tagen [2]).

Gleichbedeutend mit Tuberkulose sind Lungensucht Perlsucht, Franzosenkrankheit, Venerie, Hirsesucht, Meerlinsigkeit.

Der Tuberkulose ist jede Abnormität eines Organes zuzurechnen, welche aus der Ansiedlung von Tuberkelbazillen entstanden ist [3]). Die Verordnung läßt aber nur jene tuberkulöse Erkrankung als einen (gesetzlichen) Hauptmangel gelten, welche eine allgemeine Beeinträchtigung des Nährzustandes des Tieres herbeigeführt hat. Das ist nur dann der Fall, wenn die Tuberkulose derartig vorgeschritten ist, daß sie eine Abmagerung des Tieres notwendig im Gefolge haben muß [4]). Meines Erachtens ist es jedoch nicht erforderlich, daß diese Abmagerung schon während der Gewährfrist tatsächlich eingetreten ist; da der Verkäufer gewährleistungspflichtig ist, wenn nur der Keim des Fehlers zur entscheidenden Zeit vorhanden war, so kann man nicht verlangen, daß der Fehler in völliger Ausbildung (Abmagerung) während der Gewährfrist zutage tritt. Aber die Bedingungen

[32]) S. dagegen Dieckerhoff 476; vgl. oben Anm. 23.
[33]) Vgl. Dieckerhoff in der Berliner tierärztlichen Wochenschrift 1897, 375 und 641; derselbe, Gerichtliche Tierarzneikunde 476.
[34]) S. oben S. 202.
[1]) S. oben S. 197.
[2]) Fröhner 191 ff.
[3]) Dieckerhoff 483.
[4]) Dieckerhoff 494.

für die Abmagerung müssen zur entscheidenden Zeit bereits vorhanden sein; in Gemäßheit der durch § 484 aufgestellten Vermutung ist es daher erforderlich und genügend, wenn innerhalb der Gewährfrist die tuberkulöse Erkrankung in solchem Grade zutage tritt, daß sie notwendigerweise zu einer Abmagerung des Tieres führen muß[5]).

Stölzle verwirft diese Ansicht. Er stellt auf, daß die tuberkulose Erkrankung nur dann als Hauptmangel zu betrachten sei, wenn sich die allgemeine Beeinträchtigung des Nährzustandes innerhalb der Gewährfrist gezeigt hat. Hiefür beruft sich Stölzle auf den Wortlaut der Verordnung. Es heiße dort nicht „herbeigeführt wird", sondern „herbeigeführt ist". Stölzle faßt „Beeinträchtigung des Nährzustandes" und „Abmagerung" als gleichbedeutende Begriffe auf. In Wahrheit sind diese Begriffe verschieden. Ist die Tuberkulose so weit vorgeschritten, daß sie bereits eine allgemeine Erkrankung des ganzen Körpers herbeigeführt hat[6]), so ist eine allgemeine Beeinträchtigung des Nährzustandes vorhanden. Die Abmagerung ist die notwendige Folge dieser Beeinträchtigung. Wenn nun das von Stölzle angeführte Gutachten des Geheimrats Dr. Mayr (Tierärztliche Hochschule München) annimmt, daß sich meine Aufstellung in der Praxis nicht durchführen lasse, da es keine Möglichkeit gebe, die Tuberkulose, bei der die allgemeine Beeinträchtigung des Nährzustandes noch nicht vorhanden sei, in ihrem Entwicklungsstande als eine solche zu erkennen, die notwendigerweise zu einer Abmagerung des Tieres führen muß, so übersieht das Gutachten, daß meine Aufstellung die Begriffe „allgemeine Beeinträchtigung des Nährzustandes" und Abmagerung auseinanderhält.

Im übrigen will es meinem allerdings laienhaften Verständnis nicht eingehen, daß eine allgemeine Beeinträchtigung des Nährzustandes erst dann festgestellt werden könne, wenn die Abmagerung des Tieres tatsächlich schon eingetreten ist. Am lebenden Tier wird es freilich nicht möglich sein. Der Hauptmangel der Tuberkulose läßt sich ja überhaupt nicht am lebenden Tiere mit absoluter Sicherheit feststellen[7]). Wenn aber durch den Sektionsbefund eine allgemeine Erkrankung des ganzen Körpers infolge der Tuberkulose nachgewiesen wird — und das wird doch wohl im Einzelfall möglich sein —, dann sollte ich meinen, daß hiemit auch eine allgemeine Beeinträchtigung des Nährzustandes festgestellt ist, von welcher der Sachverständige behaupten kann, daß sie im weiteren Verlauf notwendigerweise zu einer Abmagerung des Tieres geführt hätte.

Hat der Verkäufer zugesichert, daß das Tier nicht mit Tuberkulose oder mit Tuberkeln behaftet sei, so muß der Verkäufer auch für einen geringfügigen tuberkulösen Zustand des Tieres einstehen[8]), da im Prinzipe auch eine nur geringfügige Abweichung von der zugesicherten Beschaffenheit der Kaufsache die Haftung des Verkäufers nach sich zieht[9]). Hat der Verkäufer für „Fehlerfreiheit" einzustehen, dann ist für die Frage, ob der Verkäufer für eine bei

[5]) Zustimmend LG. München II PrR. N. F. 65/1915 (mitgeteilt von Stölzle 170).
[6]) Fröhner 191.
[7]) Malkmus 424; Fröhner 193.
[8]) Dieckerhoff 484; Fröhner 197.
[9]) Vgl. oben S. 78.

dem Tiere vorhandene tuberkulöse Erkrankung zu haften hat, nicht die gesetzliche Begriffsbestimmung der Kaiserlichen Verordnung maßgebend; es führt vielmehr jede solche tuberkulöse Erkrankung die Gewährschaft dann herbei, wenn sie den Wert oder die Tauglichkeit des Tieres zu dem gewöhnlichen oder nach dem Vertrage vorausgesetzten Gebrauche aufhebt oder erheblich mindert[10]).

Der Hauptsitz der Tuberkeln sind die Lungen und das Brust- und Bauchfell. Die Tuberkulose der Lunge gibt sich durch einen matten, dumpfen Husten zu erkennen. Kein absolut zuverlässiges Erkennungsmittel für die Tuberkulose ist beim lebenden Tiere die Reaktion der inneren Körpertemperatur auf Tuberkulin[11]). Husten bildet für sich allein keinen Beweis für Tuberkulose; er kann ja durch eine andere Krankheit verursacht sein[12]). Eine absolut sichere Feststellung des Hauptmangels (Tuberkulose) ist während des Lebens unmöglich, sie kann nur durch den Obduktionsbefund herbeigeführt werden[13]). Dies hat unter der Geltung des früheren Rechtes vielfach den Gewährleistungsanspruch des Verkäufers illusorisch gemacht. Da der Käufer, welcher seinem Gewährsmann das Tier angesagt hatte, durch die Schlachtung des Tieres seines Gewährleistungsanspruches verlustig ging[14]) und eine prozessuale Handhabe für die richterliche Anordnung der Tötung des Tieres so wenig wie jetzt[15]) gegeben war, konnte der Käufer seiner Beweislast nicht genügen. Nach jetzigem Rechte geht der Käufer seines Wandlungsanspruches durch Schlachtung des Tieres nicht verlustig (§ 487 Abs. 2 mit §§ 467 und 352)[16]). Beim Rind vergehen von der Infektion (durch Eindringen von Tuberkelbazillen) bis zur Entwicklung anatomisch sichtbarer tuberkulöser Veränderungen mindestens einige Wochen[17]).

2. Lungenseuche[18]) mit einer Gewährfrist von 28 Tagen.

Dieser Hauptmangel ist eine dem Rinde eigentümliche Entzündung der Lungen, die ausschließlich durch Ansteckung entsteht und in allen Fällen zunächst eine Zeitlang schleichend auftritt (chronisches Stadium). In diesem Stadium sind die Tiere abgesehen von einem nicht bedeutenden Husten anscheinend gesund. In den meisten Fällen tritt nach einiger Zeit Heilung ein; in den anderen Fällen wird die Krankheit plötzlich akut, es tritt Fieber, häufiger Husten und starke Atembeschwerde ein. Dieses akute Stadium endet fast in der Hälfte der Fälle mit dem Tod des Tieres. Die Lungenseuche ist auch schon im chronischen Stadium gesetzlicher Hauptmangel. Die unumstöß-

10) Vgl. oben S. 80/81 N. 54; Dieckerhoff 491; Fröhner 190.

11) Die Summe der Fehldiagnosen bei der subkutanen Injektion beträgt durchschnittlich 13 %; auch zeigt das Tuberkulin ganz geringfügige tuberkulose Veränderungen an, die den Begriff des gesetzlichen Hauptmangels nicht erfüllen (Fröhner 190).

12) Fröhner 191.

13) Dieckerhoff 488.

14) Dies war z. B. der Fall nach gemeinem Rechte, l. 47 § 1, l. 48 pr. D. 21, 1; Seuffert, Lehrb. des praktischen Pandektenrechts, Bd. 2 § 266 Anm. 10; Scherer, Viehgewährschaftsrecht 129; vgl. dagegen eben denselben a. a. O. 216.

15) S. oben S. 134.

16) S. oben S. 116.

17) Fröhner 200.

18) Fröhner 201 f.; s. Reuter, Deutsche Viehseuchengesetzgebung (1896) 91 ff.

liche Feststellung der Lungenseuche ist nur durch den Obduktionsbefund möglich[19]).

II. Beim Verkauf als Schlachttier[20])

tuberkulöse Erkrankung, sofern infolge dieser Erkrankung mehr als die Hälfte des Schlachtgewichtes nicht oder nur unter Beschränkungen als Nahrungsmittel für Menschen geeignet ist[21]), mit einer Gewährfrist von 14 Tagen.

Eine Beschränkung im Sinne dieser Vorschrift ist nach den Motiven zur KVO. namentlich dann gegeben, wenn es besonderer Sicherungsmaßregeln, z. B. des Abkochens, bedarf, um das Fleisch zum Genusse verwendbar zu machen, oder wenn es zwar solcher Maßregeln nicht bedarf, das Fleisch aber gleichwohl seiner Beschaffenheit wegen auf die Freibank verwiesen wird.

Die Ausführungsbestimmungen zum Reichsfleischbeschaugesetz vom 3. Juni 1900 unterscheiden drei Arten von Fleisch, die einer Beanstandung unterliegen: Das zum Genuß untaugliche Fleisch (§§ 33 bis 35); das nur bedingt, d. h. nach Abkochen und Dämpfen zum Genuß taugliche Fleisch (§§ 37, 38) und das an sich zum Genuß taugliche, aber minderwertige Fleisch (§ 40). Dieses minderwertige, aber ohne weiters (also ohne Abkochen) zum Genuß taugliche Fleisch darf nur auf der Freibank verkauft werden. Auch dieses auf die Freibank verwiesene Fleisch ist im Sinne des § 2 II der Kais. Verordnung „nur unter Beschränkungen als Nahrungsmittel für Menschen geeignet"[22]).

Hat der amtliche Fleischbeschauer mehr als die Hälfte des Schlachtgewichtes wegen Tuberkulose[23]) verschlagen oder nur unter Beschränkungen zum Verkauf zugelassen (auf die Freibank verwiesen), so ist die Entscheidung des Fleischbeschauers auch für das Gericht, das über den Gewährschaftsanspruch zu entscheiden hat, maßgebend. Denn die

---

19) Fröhner 202.

20) S. oben S. 202.

21) Fröhner 193 ff.

22) Herrschende Meinung: RGK., Bem. 3 zu § 482; Staudinger, Bem. 4 c zu § 482; Stölzle 175 und dortige Nachw. Man könnte an sich aufstellen, daß Fleisch, welches zwar minderwertig ist, aber auch ohne Abkochen oder Dämpfen ohne Gefahr einer Gesundheitsschädigung genossen werden kann, als Fleisch zu erachten sei, welches ohne Beschränkung als Nahrungsmittel für Menschen geeignet ist. Diese Auslegung des Begriffs vom rein gesundheitspolizeilichen Standpunkt entspricht aber nicht den deutschen Verhältnissen, die schon vor dem Inkrafttreten des Reichsfleischbeschaugesetzes bestanden haben. Schon früher bestand die Übung, Fleisch, das zwar nicht gesundheitsschädlich, aber minderwertig war, auf die Freibank zu verweisen. Man hielt dieses Fleisch zwar an sich für geeignet zum menschlichen Genuß, aber nicht in dem Maße, daß es unbeschränkt zum Verkauf zugelassen wurde. Auf der Freibank mußte aber das Fleisch, um Absatz zu finden, ungleich billiger abgegeben werden, als vollwertiges Fleisch. Das wer dem Gesetzgeber bekannt. Es ist nicht anzunehmen, daß der Gesetzgeber dem Käufer, der mehr als die Hälfte des Schlachtgewichts zu dem abnorm niedrigen Preis auf der Freibank verkaufen mußte (oder dem Käufer, dem ein Drittel des Fleisches völlig verschlagen wurde, während die restigen zwei Drittel auf die Freibank verwiesen wurden) den gesetzlichen Gewährleistungsanspruch versagen wollte.

23) Nur dann liegt der Hauptmangel des § 2 II vor, wenn infolge tuberkuloser Erkrankung mehr als die Hälfte des Schlachtgewichts nicht oder nur unter Beschränkungen zum menschlichen Genuß geeignet ist. Wird nur ein Drittel des Schlachtgewichts wegen Tuberkulose und ein weiteres Drittel aus einem andern Grund auf die Freibank verwiesen, so ist der Hauptmangel des § II nicht gegeben.

staatlich berufene Stelle (der amtliche Fleischbeschauer) hat das vom Staat als maßgebend erklärte Urteil darüber abzugeben, ob das Fleisch überhaupt oder nur unter Beschränkungen als Nahrungsmittel für Menschen geeignet ist. „Geeignet" im Sinne der VO. ist also das Fleisch, welches durch das maßgebende Urteil des Fleischbeschauers als geeignet befunden wird. Die herrschende gegenteilige, auch in den früheren Auflagen dieser Abhandlung vertretene Ansicht würde zur Unsicherheit des Verkehrs- und zur Untergrabung des Vertrauens zu Staatsverwaltung und Rechtsprechung führen, die miteinander in Einklang stehen müssen.

Wenn mehr als[24]) die Hälfte des Schlachtgewichtes des Tieres infolge der tuberkulösen Erkrankung vom Fleischbeschauer verschlagen oder auf die Freibank verwiesen wird, dann ist die tuberkulöse Erkrankung als Hauptmangel zu erachten, gleichviel, wie hoch der Wert des Fleisches ist[25]). Über das Wesen der tuberkulösen Erkrankung ist bereits oben das Erforderliche gesagt worden[26]). Unter dem Schlachtgewicht ist das Gewicht der beiden Hälften oder der vier Viertel eines frisch geschlachteten Tieres verstanden. Nicht mitgerechnet bei der Bestimmung des Schlachtgewichts werden das Blut, die Haut, der Kopf, die Füße, die Eingeweide mit Ausnahme der Nieren, das Euter der Kuh und die äußeren Geschlechtsteile des Bullen und Ochsen[27]). Maßgebend ist das Gewicht unmittelbar nach der Schlachtung.

Ist die Voraussetzung, daß mehr als die Hälfte des Schlachtgewichts nicht oder nur unter Beschränkungen als Nahrungsmittel geeignet ist, gegeben, so ist die Gewährschaftspflicht des Verkäufers auch dann begründet, wenn der Käufer das Fleisch nicht in den Verkehr setzt, sondern im eigenen Haushalt verbraucht[28]).

§ 34.

Hauptmängel der Schafe[1]).

I. Beim Verkauf als Nutz- und Zuchttier[2]).

Räude[3]) mit einer Gewährfrist von 14 Tagen.

Die Räude ist eine Hautkrankheit, ein Ausschlag, welcher durch sehr kleine, mit dem bloßen Auge nicht wahrnehmbare Tierchen (Räudemilben) verursacht wird. Die mit der Räude behafteten Schafe geben durch Kratzen und Reiben ein heftiges Juckgefühl zu erkennen. Dies ist am stärksten, wenn die Tiere warm geworden sind. An einzelnen Hautstellen bilden sich kleine Knötchen und Bläschen, welche sich mit einem gelblichen Schorfe bedecken, mit welchem die

---

[24]) Ungenau Dieckerhoff 497: „mindestens".

[25]) Mit Recht verwirft daher Stölzle 177 die von Laien vertretene Ansicht, daß Tuberkulose dann kein Hauptmangel sei, wenn der Gesamterlös für das geschlachtete Tier mehr als die Hälfte des Kaufpreises ausmache.

[26]) S. oben S. 210.

[27]) Dieckerhoff 498.

[28]) Dieckerhoff 497; Stölzle 175.

[1]) Reuter, a. a. O. 270 ff.

[2]) S. oben S. 197.

[3]) Fröhner 247.

Wolle leicht abgehoben werden kann. Im weiteren Verlaufe wird das Wollvließ zottig und verklebt, fällt stellenweise aus und hinterläßt kahle Flecken. Durch das fortgesetzte Kratzen und Reiben wird die Haut an einzelnen Stellen zerrissen und blutrünstig, die erkrankten Tiere magern ab und gehen schließlich an Erschöpfung zugrunde.

Die Krankheit entsteht nur durch Ansteckung; zum zuverlässigen Nachweise gehört die Feststellung von Räudemilben. Eine vollständige Heilung der Krankheit kann nur in sehr seltenen Fällen durch eine gründliche Schmierkur herbeigeführt werden.

II. Beim Verkauf als Schlachttier[4]).

Allgemeine Wassersucht[5]) mit einer Gewährfrist von vierzehn Tagen; als allgemeine Wassersucht ist anzusehen der durch eine innere Erkrankung oder durch ungenügende Ernährung herbeigeführte wassersüchtige Zustand des Fleisches.

Ausschlaggebend ist der wassersüchtige Zustand des Fleisches; es läßt sich daher dieser Gewährschaftsfehler erst nach der Schlachtung des Tieres feststellen[6]). Das wassersüchtige Schaf hat ein sehr wasserreiches, an roten Blutkörperchen armes Blut. Das Fleisch ist feucht, schlaff, blaß und sülzig. In der Bauch- und Brusthöhle, im Herzbeutel und auch sonst findet sich häufig eine wässerige Flüssigkeit (Transsudat) vor.

Die Wassersucht kann aus verschiedenen Ursachen entstehen. Die häufigste Ursache ist die Leberegelkrankheit, die als solche kein Hauptmangel ist, aber den Hauptmangel der Wassersucht herbeiführen kann[7]).

§ 35.

Hauptmängel der Schweine.

I. Beim Verkauf als Nutz- und Zuchttier[1]).

1. Rotlauf[2]) mit einer Gewährfrist von 3 Tagen.

Diese den Schweinen eigentümliche Seuche ist eine Infektionskrankheit von akutem Verlaufe. Sie wird von den Laien auch „Bräune", „Fleckfieber", „Schweinetyphus" usw. genannt.

Die Krankheit beginnt in der Regel plötzlich und führt gewöhnlich nach 2—3 Tagen, seltener erst am 4. bis 5. Tage zum Tode; eine Genesung ist selten.

Zu Beginn der Erkrankung ist eine allgemeine Ermattung des Tieres zu beobachten, die Freß- und Sauflust ist bald fast gänzlich aufgehoben; nach einem halben bis zu einem Tage entwickeln sich die der Seuche eigenen roten oder kupferfarbenen Flecken in der

---

4) S. oben S. 202.
5) Dieckerhoff 550 ff.; Fröhner 249 ff.
6) Dieckerhoff 550.
7) Fröhner 250 f.
1) S. oben S. 197.
2) Reuter 270 f.; Fröhner 261.

Haut, insbesondere an der inneren Schenkelfläche, unter dem Bauche, auf dem Rücken, am Halse und an den Ohren.

2. Schweineseuche (einschließlich Schweinepest[3]) mit einer Gewährfrist von 10 Tagen.

Die Schweineseuche und die Schweinepest sind eigentlich zwei verschiedene Krankheiten, die jedoch nach den neuesten Forschungen vielfach ineinander übergehen[4]). Deshalb hat die Kaiserliche Verordnung die beiden Mängel zusammengefaßt. Der Käufer, welcher dem Verkäufer die Schweineseuche angezeigt hat, hat zugleich die Schweinepest gerügt; ob dies auch umgekehrt der Fall ist, könnte bezweifelt werden, ist aber anzunehmen. Dieckerhoff behandelt die beiden Krankheitsbilder unausgeschieden. Die Verordnung will eine Unterscheidung zwischen beiden Krankheiten nicht gemacht wissen. Symptome des Hauptmangels sind allgemeine Ermattung des Tieres, vollständiger Appetitmangel, starkes Durstgefühl, Nasenausfluß, Erbrechen, Durchfall, nicht selten stellt sich auch eine fleckige Röte an den Ohren, am Rüssel, am Bauche und an der Innenfläche der Schenkel ein.

Die Krankheit endet meist nach 6 bis 8 Tagen, mitunter auch noch früher mit dem Tode der Schweine. Nur wenige von den erkrankten Tieren kommen davon, die jedoch zumeist dem Siechtum verfallen.

II. Beim Verkauf als Schlachttier[5]).

1. Tuberkulöse Erkrankung, sofern infolge dieser Erkrankung mehr als die Hälfte des Schlachtgewichtes nicht oder nur unter Beschränkungen als Nahrungsmittel für Menschen geeignet ist, mit einer Gewährfrist von 14 Tagen[6]).

Über die tuberkulöse Erkrankung im allgemeinen s. oben S. 202. Bezüglich der Frage, ob in einem gegebenen Falle die Tuberkulose als ein Hauptmangel zu erachten ist, s. oben S. 214.

2. Trichinen[7]) mit einer Gewährfrist von 14 Tagen.

Die Trichinen sind ganz kleine, mit dem bloßen Auge nicht wahrnehmbare Fadenwürmer, welche im Körper der Schweine schmarotzen. Man unterscheidet Muskeltrichinen und Darmtrichinen. Erstere stellen die Larvenform der Darmtrichinen vor und liegen in den Muskeln in Kalkkapseln. In dieser Kalkkapsel lebt die Trichine in einer Art Scheintod. Sie stirbt aber nicht ab, sondern noch nach Jahrzehnten zeigt sie sich, wenn die Kalkkapsel gelöst wird, bewegungsfähig. Kommt die Kapsel in den Magen eines Tieres oder Menschen, so wird sie durch die Magensäure gelöst, und die Larve entwickelt sich dann zum geschlechtsreifen Fadenwurm (Darmtrichine).

Werden in einem Schweine durch mikroskopische Untersuchung unzweifelhaft Trichinen nachgewiesen, so kommt es auf deren Zahl zur Feststellung des Hauptmangels nicht an. Während die mit Tri-

[3]) Dieckerhoff 557 f.; Reuter, a. a. O. 346 ff. und 341 ff.; Fröhner 265 ff.
[4]) Dieckerhoff 557; vgl. Fröhner 265.
[5]) S. oben S. 202.
[6]) Fröhner 270.
[7]) Fröhner 271.

chinen behafteten Schweine durch die Trichinen keine Beeinträchtigung der Gesundheit erleiden, ist die große Gefährlichkeit des Genusses trichinenhaltigen Fleisches für Menschen bekannt.

3. Finnen[8]) mit einer Gewährfrist von 14 Tagen. Die Finnen sind Blasenwürmer, welche sich insbesondere in der Zunge, im Herzen, in den Muskeln des Halses, der Flanken- und Beckengegend, des Oberschenkels, aber auch anderwärts vorfinden. Im ausgewachsenen Zustande haben die Finnen das Aussehen von erbsen- bis bohnengroßen Bläschen von mattweißer Farbe. Ihre Feststellung bietet dem Fachmann keine Schwierigkeit.

IV. Abschnitt.

Nichthauptmängel und zugesicherte Eigenschaften.

§ 36.

Fehlerfreiheit.

I.

1. Abgesehen von Hauptmängeln haftet der Verkäufer für Mängel des verkauften Tieres nur dann, wenn er die Gewährleistung für diese Mängel durch Verabredung übernommen oder eine Eigenschaft zugesichert hat. Trifft auf Grund einer solchen Vereinbarung den Verkäufer die Haftung für „Fehlerfreiheit" eines Tieres (über die Voraussetzungen einer solchen Haftung siehe oben S. 77), so haftet er, wenn das Tier z. Zt. der Übergabe mit einer Krankheit, einer Abnormität oder einer Untugend behaftet ist, die den Wert oder die Tauglichkeit des Tieres zu dem gewöhnlichen oder nach dem Vertrage vorausgesetzten Gebrauche aufhebt oder erheblich mindert[1]).

Die Zusicherung der Fehlerfreiheit bewirkt, daß der Verkäufer für Hauptmängel nicht nur auf Grund des § 482, sondern auch auf Grund der §§ 459 Abs. 2, 463 haftet (s. oben S. 103).

Fehlerfreie Tiere gibt es so wenig, wie fehlerfreie Menschen. Bezüglich der Pferde sei an den alten derben Spruch erinnert:

„Wer Pferd' und Frauen suchet ohne Mängel,
Hat nie ein Roß im Stall, im Bett nie einen Engel".

Das lebende Tier ist ein Individuum. Ein Normalpferd, das in sich alle Vorzüge vereinigt und frei von allen Mängeln ist, gibt es nicht. Ein Pferd, das einen bestimmten Fehler hat, kann deshalb doch weit wertvoller sein, wie ein Pferd der gleichen Art, das von diesem Fehler frei ist. Wenn daher von Fehlerfreiheit gesprochen wird, so ist dies (auch für den Käufer erkennbar) immer nur ein relativer Begriff, durch den nur solche Mängel ausgeschlossen sind,

---

[8]) Fröhner 273 f.
[1]) In diesem Sinne wird auch SeuffArch. 62 Nr. 82 (Bamberg) zu verstehen sein.

welche die Brauchbarkeit des Tieres für den Vertragszweck wesentlich beeinträchtigen. Es gilt deshalb nicht schon jede Abweichung von dem Idealzustand als erheblicher Mangel. Es kommt wesentlich auch auf den Grad des Mangels an. Es kann beispielsweise bei dem Verkauf eines Pferdes, das nur im minderen Grad widersetzlich ist, dem aber bei einer auf „Frömmigkeit" konzentrierten Zusage diese Eigenschaft abzusprechen wäre, die ganz allgemein geleistete Gewährschaft für Fehlerfreiheit nicht in Anspruch genommen werden. Es darf nicht bloß ein ganz geringer Grad von Widersetzlichkeit gegeben sein, wenn deshalb die Gewährschaft für Fehlerfreiheit in Anspruch genommen werden soll. Immer ist für den Begriff der Fehlerfreiheit der Maßstab mit Rücksicht auf die Individualität des betreffenden Tieres anzulegen; das Alter, die Größe, der Körperbau sind für die Anforderungen maßgebend, die man an das Tier stellen darf.

2. Vorübergehende Mängel und Krankheiten, z. B. Katarrhe, gehören im allgemeinen[2]) nicht zu den erheblichen Fehlern im Sinne einer Gewährleistung für Fehlerfreiheit, weil sie auf den vom Vertrag vorausgesetzten Gebrauch keinen bleibenden Einfluß üben. Deshalb gilt Strengel (Druse) bei Pferden für eine solche Gewährleistung nur dann als erheblich, wenn darunter das allgemeine Wohlbefinden (Geh- und Freßlust) auf eine lange Dauer wesentlich leidet. Die Druse kann sich sehr schnell, schon innerhalb eines Tages entwickeln, besonders infolge eines Transportes bei ungünstiger Witterung[3]).

Die Kolik ist eine akute überaus schnell entstehende Krankheit, die in 85—90% der Fälle vorübergehend, also unerheblich ist. Auch von den tödlich verlaufenden Fällen ist nur ein ganz verschwindender Prozentsatz auf chronische Krankheitszustände zurückzuführen[4]). Über Lungenentzündung und Brustseuche siehe unten S. 228.

3. Aber auch wenn der Mangel an sich erheblich ist, so muß mit Rücksicht darauf, daß die zugesagte Fehlerfreiheit eben ein relativer Begriff ist, im Einzelfalle immer erwogen werden, ob nicht ein Mangel infolge seiner Offensichtlichkeit außerhalb dieser Gewährpflicht zu bleiben hat, weil der Verkäufer annehmen darf, daß der Käufer die offensichtlichen Mängel erkennt und somit den sichtbaren Mangel nicht als unter die Gewährleistung fallend auffaßt. Es kommt dann im Einzelfalle nicht darauf an, ob der Käufer diesen Mangel tatsächlich erkannt hat.

Aus diesem Grunde fallen sichtbare Schönheitsfehler nicht unter die Gewährleistung für Fehlerfreiheit. Es kommt nicht darauf an, ob der Käufer den Schönheitsfehler tatsächlich wahrgenommen hat (§ 464), sondern es ist beim Species-Kauf im Sinne der Vertragsteile zu unterstellen, daß die Gewährleistung für Fehlerfreiheit

---

[2]) Wenn freilich die Ochsen nach dem durch den Vertrag vorausgesetzten Vertragszweck zur sofortigen Arbeit (Erntearbeiten) verwendet werden sollten, so ist in diesem Fall Erheblichkeit des vorübergehenden Mangels anzunehmen (SeuffA. 62 N. 82 Bamberg).

[3]) Fröhner 113. (Eitriger Nasenausfluß und starke Drüsenschwellung kann in drei Tagen ausgebildet sein).

[4]) Fröhner 103 ff.

solche sichtbare Schönheitsfehler überhaupt nicht mitumfassen soll, auch wenn sie an sich erheblich sind. Diese Erheblichkeit ist z. B. regelmäßig nicht gegeben bei bloßen Schönheitsfehlern billiger Arbeitspferde, während solche Schönheitsfehler bei Luxuspferden vom Verkehr sogar als recht erheblich betrachtet werden können.

Darnach wird sich entscheiden, ob das Zungenstrecken bei Pferden ein erheblicher Mangel ist. Wenn die Angewohnheit des Pferdes nur darin besteht, den vorderen Teil der Zungenspitze zeitweilig zwischen den Schneidezähnen hervortreten zu lassen, so ist der Mangel nicht erheblich. Wenn aber das Pferd die üble Angewohnheit hat, den vorderen Teil der Zunge so weit heraushängen zu lassen, daß dies noch in einiger Entfernung unangenehm auffällt, so ist ein solcher Mangel nur für billige Arbeitspferde unerheblich.[5]) Der Fehler des Zungenstreckens läßt sich in vielen Fällen durch ein sogenanntes Löffelgebiß unterdrücken. Der Fehler bleibt für Luxuspferde auch dann erheblich, wenn dies der Fall ist, da durch ein solches Löffelgebiß die Führung beeinträchtigt wird und die Tiere Gefahr laufen, die Zunge mit ihren Zähnen zu verletzen, wenn sie erschrecken oder stolpern. Ein arglistiges Verschweigen ist darin allein, daß das Pferd mit dem Löffelgebiß dem Käufer vorgeführt wird, jedenfalls dann nicht zu erblicken, wenn dieses Löffelgebiß dem Pferde auch sonst immer eingelegt wurde; aber der Fehler wird dadurch zu einem verborgenen.

Es handelt sich aber natürlich überhaupt nicht um einen bloßen Schönheitsfehler, wenn durch den Fehler die Gebrauchsfähigkeit wesentlich beeinträchtigt ist. Es kommt dann darauf an, ob der Fehler offensichtlich ist.

Der Körperbau eines Tieres als solcher, z. B. fehlerhafte Stellung der Gliedmaßen (Überbautsein usw.) begründet die Haftung für Fehlerfreiheit nicht. Auch eine mehr oder minder große Abnützung der Tiere, mag sie auch zu einer Verdickung der Sehnen und Gelenke oder Steifheit der Gliedmaßen geführt haben, ist wegen der Offensichtlichkeit mit der Haftung für Fehlerfreiheit nicht zu vertreten. Man spricht hier von Knickrigkeit oder Struppiertsein. Man nennt ein Pferd struppiert oder verbraucht, wenn die naturgemäße Abnützung durch langen oder übermäßigen Dienstgebrauch in der äußeren Gestaltung der Gliedmaßen, namentlich der Vorderbeine vergegenständlicht ist (Kniehängigkeit, steile Fesselstellung infolge Verkürzung und Verdickung der Sehnen, lose Kniestellung und dadurch bedingtes Zittern der Beine). Bei Wagenpferden spricht man auch von Pflastermüdigkeit. Erheblich ist der Mangel, wenn sich infolge der Abnützung an einer oder mehreren Gliedmaßen ein nicht nur vorübergehender schmerzhafter Zustand (Lahmheit) ausgebildet hat.

II.

Allgemein gültige Regeln für die Frage, welche Fehler im Einzelfalle von der Gewährleistungspflicht für Fehlerfreiheit erfaßt wer-

---

[5]) Dieckerhoff 482; Fröhner 100 („Bei gewöhnlichen Arbeitspferden ist das Zungenstrecken überhaupt kein erheblicher Mangel. Das Zungenstrecken kann sich infolge eines ungewohnten Gebisses schon innerhalb eines Tages entwickeln. Wenn aber das gekaufte Pferd nach dem erstmaligen Anlegen des neuen Gebisses die Zunge im ausgebildeten Maße streckt, dann muß es das schon vor der Übergabe gelernt haben“. [Fröhner 100]).

den, lassen sich nicht aufstellen. Die Verträge sind gemäß § 157 so auszulegen, wie Treu und Glauben mit Rücksicht auf die Verkehrssitte es erfordert. Daß hierbei an die gewährleistete Fehlerfreiheit eines Rennpferdes andere Anforderungen zu stellen sind, wie bei einem Droschkengaul ist klar. Im einzelnen kann man folgende Anhaltspunkte geben:

1. Bei Pferden:

a) Der Verkäufer, der Fehlerfreiheit zugesichert hat, wird einzustehen haben für chronisches Krummgehen[6]);

b) für Mangel der Frömmigkeit[7]), sofern dieser Mangel nicht dem Grade nach unbedeutend ist;

c) für Mangel der Zugfestigkeit[8]), wenn das Pferd zur Arbeit verkauft ist[9]);

d) für habituelles starkes Stolpern im Dienstgebrauch;

e) für ein Reitpferd und ein besseres Kutschpferd ist es regelmäßig ein erheblicher Mangel, wenn es unter der Führung eines gewandten Reiters oder Fahrers nicht im ruhigen Schritt zu halten ist, sondern nur im Zackeltrabe geht, sofern es sich um einen eingewurzelten Fehler handelt.

f) Das Weben (Leinweben, auch Krippengeigen, Barrenwetzen genannt) mindert zwar nicht die Leistungsfähigkeit der mit dieser Untugend befallenen Pferde[10]), wohl aber bei teuren Pferden den Kaufwert. Insofern ist der Mangel erheblich. Bei gewöhnlichen Gebrauchspferden wird auch der Kaufwert nicht beeinflußt[11]).

g) Die Räude (Krätze) ist ein erheblicher Mangel, schon wegen der hohen Ansteckungsgefahr, zu der noch ein recht langwieriger Verlauf kommt. Nur bei Pferden, die in ganz geringem Preis stehen, wird eine Ausnahme zu machen sein.

h) Die Mauke (eine Entzündung der Haut in der Fessellage) kann an sich ebenfalls erheblich sein, weil sie auch im Anfangsstadium erkannt, zuweilen trotz aller Sorgfalt und Pflege die schwersten Folgen haben kann[12]). Indes wird im Rechtsverkehr diesem Mangel nicht die Bedeutung beigemessen, die er an sich hat. Deshalb wird man die Gewähr für Fehlerfreiheit wegen Mauke regelmäßig nicht in Anspruch nehmen können[13]).

i) Das gleiche gilt von dem Hitzausschlag, der auf dem Rücken des Reitpferdes am hinteren Woilachrand auftritt und in seiner äußeren Erscheinung und im Verlauf der Mauke ähnlich ist[14]).

---

[6]) Wegen der Fehler an Beinen und Hufen s. unten § 39 S. 232 ff.; s. dort auch über die Zusicherung, daß das Pferd in 8 Tagen wieder gerade gehe.

[7]) S. hierüber unten S. 244 ff.

[8]) S. hierüber unten S. 241 ff.

[9]) Von ganz jungen Pferden kann natürlich Zugfestigkeit nicht verlangt werden.

[10]) Dieckerhoff, Berl. Tierärztl. Wochenschrift 1897, 146.

[11]) Fröhner 98 (vgl. Dieckerhoff 479 und dagegen Wrangel: das Buch vom Pferde 1, 186).

[12]) Goldbeck, Gesundheitspflege der Militärpferde 178.

[13]) Chronische, das ist alt eingewurzelte Mauke, ist wegen der Hartnäckigkeit als erheblich anzusehen. Indes ist der Mangel bei Pferden ohne Behang offensichtlich. Der Käufer wird aber oft durch die Angabe getäuscht, daß das Pferd in die Kette gekommen sei. Wrede-Oehmke 146. Dann liegt arglistiges Verschweigen, ja sogar Unterdrücken und Vorspiegelung im Sinn des § 263 RStGB. vor.

[14]) Goldbeck 184.

k) Wenn sich das Pferd nicht mehr legt oder nach dem Legen nicht mehr ohne fremde Hilfe wieder aufstehen kann, so ist dieser Fehler erheblich. Nur bei ganz alten billigen Pferden kann wegen dieses Mangels die Gewährleistung für Fehlerfreiheit nicht in Anspruch genommen werden. Der Fehler kann auf unbekannte psychische Einwirkungen zurückzuführen sein, auf chronische Veränderung der Gelenke oder auf innere Krankheiten. Ist der Mangel auf psychische Einwirkungen zurückzuführen, so kann er sehr schnell entstehen[15]. Ist er auf eine innere Krankheit oder auf Veränderungen der Gelenke zurückzuführen, so ist mit dem Nachweis, daß die Krankheit oder die Veränderungen schon vor der Übergabe bestanden haben, an sich noch nicht bewiesen, daß der Mangel auch schon vor der Übergabe zum Nichtlegen geführt hat. Indes spricht dann eine tatsächliche Vermutung dafür, so daß dem Verkäufer der Nachweis zu überlassen ist, daß sich das Pferd in der letzten Zeit vor der Übergabe doch gelegt hat. Wenn aber für Fehlerfreiheit und nicht bloß für Legen und Aufstehen eines Pferdes Gewähr geleistet ist, dann bildet schon die Krankheit (die Veränderung an den Gelenken), die alsbald nach der Übergabe zum Nichtlegen führt, einen erheblichen Mangel. Voraussetzung ist natürlich, daß der Mangel nicht bloß vorübergehend ist[16].

l) Viele Pferde sind schlechte Fresser, so daß darunter der allgemeine Ernährungszustand und die Leistungsfähigkeit des Pferdes leidet. Ein solcher Mangel ist, wenn er nicht vorübergehender Natur ist, erheblich. Im Handel wird öfters besondere Gewährleistung für einen „guten Fresser“ übernommen. Der Verkäufer hat dann dafür einzustehen, daß das Tier die seiner Art entsprechenden mittleren Rationen innerhalb angemessener Zeit auffrißt. Die Freßlust darf auch nach der Arbeitsleistung, soferne sie keine Überanstrengung in sich schließt, nicht schwinden. Häufig ist der Mangel der Freßlust beim Pferd auf einen hervorstehenden Hackenzahn (Schieferzahn) zurückzuführen, durch welchen das Kauen behindert wird. Obgleich diese hinderliche Zahnspitze durch einen einfachen Eingriff des Schmiedes leicht abgestoßen werden kann, so ist doch auch in diesem Falle die Gewährpflicht für einen „guten Fresser“ gegeben; denn tatsächlich bleibt die Verursachung für die Zahnspitzenbildung (zumeist eine zu große Enge des Unterkiefers) bestehen, so daß sich mit der Zeit wieder neue Spitzen bilden[17]. Bei Haftung für Fehlerfreiheit ist der Schieferzahn und die lediglich hierdurch bedingte Unlust zum Fressen nicht als erheblich zu betrachten, weil dieser Mangel, trotz seiner Wiederkehr, doch immer leicht zu beseitigen ist[18].

Dagegen ist ein ausgesprochenes Scherengebiß ein erheblicher Mangel, weil es erhebliche Kaubeschwerden und im weiteren Verlauf Abmagerung herbeiführt; das gleiche gilt vom Treppengebiß und der Zahnfistel[19].

---

15) Fröhner 100.

16) Urteil des LG. Ulm vom 6. Dezember 1912, mitgeteilt von Stölzle 439. Ist für „Legen und Aufstehen“ Gewähr geleistet, so haftet der Verkäufer dafür, daß sich das Pferd unter normalen Verhältnissen zur Nachtruhe legt und ohne fremde Hilfe wieder aufstehen kann. Es ist nicht erforderlich, daß besonders gewährt ist: „ohne Hilfe“.

17) Dieckerhoff 378.

18) Goldbeck 204; vgl. Dieckerhoff 351; Fröhner 169.

19) Fröhner 170 f.

m) Das Alter des Tieres kann gewiß an sich ein Fehler sein. Wenn aber ein altes Pferd verkauft und dabei für Fehlerfreiheit gewährt wird, dann kann es sich naturgemäß nur um die Fehler eben eines alten Pferdes handeln. Die Relativität des Begriffs der Fehlerfreiheit führt im Gegenteil dazu, bei einem solchen Tier Mängel, die eine unvermeidbare Folge des Alters sind, von der Gewährpflicht für Fehlerfreiheit auszuschließen[20]. Ein sechzehnjähriges Pferd kann keine fünfjährige Lunge haben. In gleicher Weise muß die Jugend des Pferdes berücksichtigt werden. Von einem ganz jungen Pferd kann man beispielsweise keine hohe Zugleistung erwarten.

n) Das Greifen (Einhauen der Eisen der Hinterhufe in die Eisen der Vorderhufe) ist nur dann erheblich, wenn es die Sicherheit des Ganges beeinträchtigt, Verletzungen der Hufe herbeiführt oder bei Luxuspferden im Trabe ein fortgesetztes, lautes Geklapper verursacht, das durch zweckmäßigen Beschlag nicht zu beseitigen ist[21].

o) Wenn sich das Pferd bei der Arbeit streift, so ist dieser Mangel unerheblich, soferne er sich durch einen zweckmäßigen Beschlag beseitigen läßt oder hierdurch die Gebrauchsfähigkeit des Tieres bei normalem Dienstgebrauch nicht wesentlich beeinträchtigt wird. Um einen nur vorübergehenden und somit unerheblichen Mangel handelt es sich ferner, wenn das Streifen nur infolge der Jugend oder infolge der Schwächung durch eine überstandene Krankheit oder durch Überanstrengung hervorgerufen ist[22].

p) Unregelmäßigkeiten in der Bewegung der Gliedmaßen, welche nicht auf krankhaften Veränderungen beruhen, z. B. Zügellahmheit, kurzer Tritt, Hahnentritt, begründen wegen der Offensichtlichkeit (vgl. oben I 3 S. 218) dieser Mängel keine Haftung aus der Gewährleistung auf Fehlerfreiheit.

q) Über Fehler an den Augen vgl. unten S. 236.

r) Wegen eines Ganaschenzwanges kann die Gewährleistung für Fehlerfreiheit nicht in Anspruch genommen werden (auch nicht die Gewähr für Frömmigkeit). Es handelt sich hier um eine abnorme Versteifung bei dem Herannehmen und Abbiegen des Pferdes, die zumeist durch den anatomischen Bau des Kopfes und Genickes bedingt ist, aber auch daher rühren kann, daß das Pferd fehlerhaft zugeritten ist. Ist Gewähr für „gut zugeritten" geleistet, dann muß für Ganaschenzwang eingestanden werden, und zwar auch dann, wenn dieser Zwang auf den anatomischen Bau zurückzuführen ist. Ein solches Pferd kann man überhaupt nicht gut zureiten; es kann deshalb auch nicht „gut zugeritten" zugesichert werden. Eine andere Frage ist, ob dieser Mangel offensichtlich (vgl. oben I 3) ist. Für einen Nichtfachmann ist es nicht der Fall.

s) Unerwünschte Trächtigkeit ist bei zur Arbeit gekauften Stuten als erheblicher Mangel anzusehen[23].

---

[20] Wenn der Käufer vom Verkäufer über das Alter getäuscht wurde, ist der Fall natürlich anders zu beurteilen.
[21] Fröhner 164.
[22] Vgl. Fröhner 164; vgl. unten S. 243.
[23] Fröhner 211.

t) Ansteckende Krankheiten sind zumeist erheblich.

u) Schwindel und Epilepsie sind verborgene und erhebliche Mängel, die übrigens sehr rasch entstehen können. Das Alter dieser Krankheiten kann — vielleicht abgesehen von den durch pathologisch-anatomische Veränderung des Gehirns verursachten — nur auf Grund von Zeugenaussagen bestimmt werden[24]).

v) Über Starrkrampf infolge Eindringens des Tetanus-Bazillus s. oben S. 98.

2. Bei Rindvieh.

a) Scheidevorfall bei Kühen wird in den Ländern (z. B. in Bayern), in welchen dieser Mangel nach der früheren Gesetzgebung einen gesetzlichen Währschaftsfehler begründete, von der Verkehrsauffassung regelmäßig als erheblicher Mangel erachtet[25]), auch wenn hierdurch der Gebrauchswert nicht herabgesetzt wird. Es müßte denn sein, daß der Vorfall nur im geringen Maße und nur nach dem Kalben auftritt. Die Verkehrsauffassung, wonach eine mit Scheidevorfall behaftete Kuh als minderwertig gilt, ist übrigens auch begründet; denn wenn auch der Mangel zunächst geringfügig ist, besteht die Gefahr einer Verschlechterung[26]).

Die Entwicklung eines Scheidevorfalles bei Kühen, die im 7. oder 8. Monat trächtig sind, ist auf mindestens 8 Tage zurückzudatieren, sofern eine äußere Veranlassung nicht in Betracht kommt. Ist aber dem Auftreten des Scheidevorfalles eine äußere Einwirkung vorausgegangen, die geeignet ist, falsche Wehen zu erzeugen, z. B. ein anstrengender Transport, so ist mit der Wahrscheinlichkeit zu rechnen, daß sich der Vorfall im Anschluß an diese äußere Einwirkung schnell entwickelt hat. Der nach Geburten auftretende Scheidevorfall entsteht verhältnismäßig rasch. In der Regel entwickelt sich ein Scheidevorfall nur im Zusammenhang mit der Trächtigkeit oder im Anschluß an eine Geburt. Deshalb kann bei nicht trächtigen Kühen vermutet werden, daß der Vorfall spätestens im Anschluß an die letzte Geburt entstanden ist. Eine Feststellung läßt sich aber auf diese Vermutung nur dann gründen, wenn eine traumatische Ursache für die Entstehung des Vorfalles mit Sicherheit ausgeschlossen werden kann[27]). Wird eine trächtige Kuh unter Gewährleistung wegen Scheidevorfall verkauft, so ist der Beginn der Verjährung durch stillschweigende Vereinbarung auf den Zeitpunkt der Beendigung der Trächtigkeit hinausgeschoben (vgl. oben S. 168 f.).

b) Der ansteckende Scheidenkatarrh ist bei Nutz- und Zuchtkühen als erheblicher Mangel zu erachten, da diese Krankheit äußerst ansteckend und hartnäckig ist[28]) und auch den Milchertrag beeinträchtigt.

---

[24]) Fröhner 119.

[25]) Scheidevorfall gilt nicht als bloßer Schönheitsfehler (Stölzle 438, Anm. 13 und die von ihm mitgeteilte Entscheidung des LG. Kempten vom 21. Februar 1921).

[26]) Wenn der Scheidevorfall nur nach dem Kalben und nur im geringen Maße auftritt, so kann allerdings darauf gerechnet werden, daß der Vorfall wieder vergeht (vgl. Dieckerhoff 518).

[27]) Fröhner 211.

[28]) Wrede-Oehmke 167.

c) Strahlpilzerkrankung ist bei Nutz- und Zuchtrindvieh regelmäßig, jedoch bestimmt bei Erkrankung der Zunge oder der Kehlkopfsgegend als erheblicher Mangel anzusprechen[29]).

d) Wenn bei der verkauften Kuh, die eben gekalbt hat, zur Zeit der Übergabe die Nachgeburt infolge einer Verzögerung[30]) nicht abgegangen ist, dann kann die Kuh nicht als fehlerfrei bezeichnet werden. Der Fehler ist jedoch unerheblich, wenn im weiteren Verlauf durch die Zersetzung eine Beeinträchtigung des Befindens nicht herbeigeführt wird. Dann ist die Kuh auch als frisch und gesund zu erachten.

Im Handel wird vielfach Gewährschaft für Reinsein der Kuh geleistet. Ist die Nachgeburt nicht normal abgegangen und besteht dieser Zustand noch zur Zeit der Übergabe, so ist die Kuh nicht rein. Der Käufer kann daher die Wandlung selbst dann verlangen, wenn schließlich die Nachgeburt ohne nachteilige Folgen für die Kuh abgeht. Nicht unter die Gewährschaft für Reinsein fällt der ansteckende Scheidekatarrh.

e) Die sogenannte Brüllerkrankheit, Stiersucht der Kühe äußert sich dadurch, daß die Kuh trotz mehrmaligen Deckens immer wieder brünstig wird, anfänglich zur Zeit der gewöhnlichen Brunstperioden, dann in kürzeren Unterbrechungen, bis sie schließlich immer brünstig bleibt. Dieser krankhafte Geschlechtsdrang ist bei manchen Tieren durch beständiges Brüllen gekennzeichnet. Doch ist diese Erscheinung für den Mangel nicht wesentlich. Die Stiersucht ist als erheblicher Mangel auch schon im Anfangsstadium zu erachten, weil solche Tiere dem allmählichen körperlichen Verfall entgegengehen[31]).

f) Wird Fehlerfreiheit beim Verkauf einer Milchkuh gewährt, so muß die Kuh frei von allen Fehlern sein, welche die normale Milchproduktion beeinträchtigen. Sie darf auch beim Melken nicht widersetzlich sein (s. hierüber unten S. 237 ff.).

g) Widersetzlichkeit im Stall und im Dienstgebrauch ist erheblich (s. hierüber unten S. 244 ff.), wobei jedoch zu beachten ist, daß bei einer allgemeinen Gewährleistung für Fehlerfreiheit die Anforderungen nicht so hoch gestellt werden dürfen, wie bei einer auf Frömmigkeit konzentrierten Zusage.

h) Mangel der Zugfestigkeit fällt, wenn das Rind nach der Voraussetzung des Vertrags zum Zugdienst verwendet werden sollte, unter die Haftung für Fehlerfreiheit, wenn der Grad dieses Mangels kein geringer ist.

i) Ansteckende Krankheiten begründen meistens die Haftung für Fehlerfreiheit. Das gilt vor allem von der Maul- und Klauenseuche[32]).

---

[29]) Wrede-Oehmke 163.

[30]) Normalerweise geht die Nachgeburt in 6, spätestens binnen 24 Stunden ab (Wrede-Oehmke 168).

[31]) Wrede-Oehmke 172.

[32]) Eigenartig ist die Zusicherung dafür, daß das verkaufte Rind die Maul- und Klauenseuche schon überstanden hat. Erfahrungsgemäß ist ein Rind, welches diese Krankheit überstanden hat, auf längere Zeit (2—5 Jahre) gegen diese gefährliche Seuche immun und deshalb ist eine solche Zusicherung von Wert (Reuter 303). Erkrankt das Tier gleichwohl an Maul- und Klauenseuche, dann haftet der Verkäufer nur dann, wenn die von ihm gegebene Zusicherung unwahr gewesen ist, also z. B. daß das Rind

k) Tuberkulose gilt bei Nutz- und Zuchttieren nur dann als Hauptmangel, wenn infolge dieser Erkrankung eine allgemeine Beeinträchtigung des Nährzustandes herbeigeführt ist, und bei Schlachttieren nur dann, wenn infolge der Tuberkulose mehr als die Hälfte des Schlachtgewichtes nicht oder nur unter Beschränkungen als Nahrungsmittel für Menschen geeignet ist.

Daß Tuberkulose, sofern sie einen Hauptmangel darstellt, stets als erheblich zu erachten ist, ist klar. Aber auch eine tuberkulose Erkrankung, die hinter dem für den Hauptmangel erforderlichen Grad zurückbleibt, kann erheblich sein. Ist das verkaufte Tier nach dem durch den Vertrag vorausgesetzten Gebrauch (ausschließlich oder auch) zur Zucht bestimmt, was z. B. bei dem Verkauf einer Kuh an einen Landwirt der Fall ist, dann ist auch eine Tuberkulose geringsten Grads als erheblich zu erachten, weil die Tuberkulose vererblich ist und deshalb Tiere, die an Tuberkulose erkrankt sind, von der Zucht ausgeschlossen werden müssen[33]).

Nutztiere werden durch Tuberkulose nur dann entwertet, wenn eine vorgeschrittene Lungentuberkulose, die Eutertuberkulose, die Darmtuberkulose oder die Uterustuberkulose vorhanden ist[34]). Natürlich ist die Tuberkulose bei Arbeitstieren auch dann erheblich, wenn sie an den Gliedmaßen auftritt und mit Lahmheit verbunden ist[35]).

Bei Schlachttieren ist Tuberkulose dann unerheblich, wenn nur geringfügige Teile des Tieres von der unbeschränkten Verwendung zum menschlichen Genusse ausgeschlossen sind[35]).

l) Entzündung durch Fremdkörper (wie Nägel, Nadeln), welche bei der Nahrungsaufnahme verschluckt wurden, kommt bei Rindern sehr häufig vor; sie äußert sich in der Hauptsache durch eine Magen- und Zwergfellentzündung, als traumatische Herzbeutel-Lungenentzündung, zuweilen auch als traumatische Bauchfellentzündung[36]). Eine durch einen Fremdkörper herbeigeführte Entzündung ist bei Nutz- und Zuchttieren als ein erheblicher Mangel zu erachten. Eine sichere Diagnose der Verursachung der Entzündung ist nur am toten Tiere möglich. Das Alter der Entzündung läßt sich nur auf Grund der bei der Sektion nachgewiesenen Veränderungen feststellen. Die besondere Beschaffenheit der Veränderungen gestattet dem Sachverständigen meist sichere Schlüsse auf die Entwicklungsdauer des Leidens zu ziehen[37]). Dabei sind die Grundsätze des Prima facies-Beweises

---

die Maul- und Klauenseuche schon vor längerer Zeit überstanden hatte, als zugesichert war. Andererseits ist in diesem Falle die Gewährleistungspflicht selbst dann begründet, wenn das Rind nach der Übergabe von der Seuche frei geblieben ist.

33) Hirsch-Nagel 306; Fröhner 199: „Schon der positive Ausfall der Tuberkulinprobe gilt bei sonst negativem Untersuchungsbefund allgemein als ein erheblicher Mangel“ eines Zuchttieres. — Der Verkäufer, der Fehlerfreiheit zugesichert hat, ist also in diesem Falle gewährleistungspflichtig. Dagegen erscheint es mehr als zweifelhaft, ob auf Grund des bloßen Ergebnisses der Tuberkulinprobe die Gewährleistung für „Gesundheit“ in Anspruch genommen werden kann.

34) Fröhner 199; vgl. Hirsch-Nagel 306.

35) Fröhner 199.

36) Sauer-Reuter 302.

37) Wrede-Oehmke 165. Vorsichtiger Fröhner 207: „Das Alter der Entzündung läßt sich mit einiger Sicherheit nur auf Grund der bei der Sektion nachgewiesenen anatomischen Veränderungen beurteilen“. Andererseits sagt Fröhner: „Eine feste, sehnige, nur mit dem Messer lösbare, bindegewebige Verwachsung der Haube mit dem Zwerch-

anzuwenden. Wenn die hohe Wahrscheinlichkeit eines ursächlichen Zusammenhanges zwischen einem gefährlichen Zustand und einem schadenbringenden Erfolg gegeben ist, dann wird der Richter den Kausalzusammenhang als erwiesen annehmen, indem er nach menschlicher Erfahrung mit Rücksicht auf die Sachlage eine Verursachung durch einen anderen Vorgang als ausgeschlossen erachten darf[38]).

m) Unerwünschte Trächtigkeit einer Kuh ist im allgemeinen nicht als ein erheblicher Mangel zu erachten, weil die Kuh auch noch im hochträchtigen Zustande eingespannt werden kann.

3. Bei Schafen.

Die Zusicherung für Fehlerfreiheit kommt beim Schafhandel nach meinen Erfahrungen kaum vor, da Arbeitsleistung nicht in Betracht kommt, und es sich daher nur um Krankheiten handeln kann. Die Gewährleistung für Fehlerfreiheit läuft daher auf Gewähr für Gesundheit hinaus (s. hierüber unten § 37).

4. Bei Schweinen.

Die Schweinehaltung dient der Fleischversorgung. Soweit nicht Zuchtzwecke in Betracht kommen, werden die Schweine entweder als Läufer zur Aufzucht (zum Fettmachen) oder als Schlachttiere verkauft. In beiden Fällen ist die Verwertungsmöglichkeit des Fleisches für den menschlichen Genuß ausschlaggebend, so daß, wenn — was nur in seltenen Ausnahmen geschieht, Fehlerfreiheit zugesichert ist, dieser frühere oder spätere (durch den Vertrag vorausgesetzte) Gebrauch entscheidend ist für die Erheblichkeit eines Mangels.

Ein Mangel des Tieres, der nach der späteren Schlachtung die Tauglichkeit des Fleisches für den menschlichen Genuß erheblich beeinträchtigt, ist erheblich im Sinne einer Gewährleistung für Fehlerfreiheit. Erheblich sind natürlich auch Krankheiten nicht nur vorübergehender Art, durch welche die Gewichtszunahme des Tieres beeinträchtigt[39]) oder eine Gefahr für die Verseuchung des übrigen Viehbestandes des Käufers begründet wird.

Die Beeinträchtigung der Genußtauglichkeit des Fleisches kann auch durch einen abnormen Geruch des Fleisches herbeigeführt werden. Dieser Geruch ist auf mannigfache Ursachen zurückzuführen, z. B. auf ungeeignete Fütterung oder Versendung in Eisenbahnwagen, die mit Karbolsäure desinfiziert sind[40]).

Männliche Schweine, die nicht zur Zucht bestimmt sind, werden in früher Jugend kastriert, weil das Fleisch nicht kastrierter Eber den sogenannten spezifischen Ebergeruch hat, der wegen seiner Ähnlichkeit

fell oder eine harte, schwielige, mehrere Zentimeter dicke Kanalwandung braucht mindestens sechs Wochen zu ihrer Ausbildung. Eine vollständige Verwachsung des Herzbeutels mit dem Herzen oder eine mehrere Zentimeter starke bindegewebige Verdickung des Herzbeutels ist auf mindestens zwei Monate zurückzudatieren." Vgl. oben S. 99.

[38]) Vgl. RG. 8, 167; 10, 141; 2, 190; 15, 339; 29, 140; 95, 68 und 249; JW. 1903, 384; 1908, 197; 1915, 243; 1921, 748; BayObLG. 2, 171. Vgl. oben S. 99.

[39]) Leistenbruch oder Hodensackbruch ist bei Ebern, die zur Zucht verkauft werden, ein erheblicher Mangel, weil sie wegen der Gefahr der Vererbung von der Zucht ausauszuschließen sind. Aber auch bei kastrierten Ebern ist der Bruch ein erheblicher Mangel, weil der Ernährungszustand und sogar das Leben hiedurch gefährdet wird (Hirsch-Nagel 521 f.).

[40]) Vgl. Hirsch-Nagel 524.

mit dem Uringeruch auch als „urinös" bezeichnet wird[41]). Nun gelingt diese Kastration nicht immer; man kommt wegen des Tiefliegens der Hoden (in der Bauchhöhle) nicht bei, so daß beide Hoden oder einer zurückgeblieben sind.

Schweine, bei denen einer oder beide Hoden nicht entfernt werden konnten, weil sie in der Bauchhöhle liegen, nennt man „Ureber" oder „Binneneber" (Kryptorchiten). Der unreelle Handel verdeckt diesen Mangel durch Anbringung eines oder nötigenfalls beider Hautschnitte, aus deren Narben der Käufer folgern soll, daß das Tier richtig kastriert sei[42]). Der so getäuschte Käufer kann natürlich den Vertrag anfechten (§ 123) und daneben das Vertrauensinteresse (§§ 823 Abs. 2, 825) verlangen. Wenn der Käufer aber nicht nachweisen kann, daß der Verkäufer an dem Betrug teilgenommen oder den Mangel gekannt hat, ist er auf die Anfechtung wegen Irrtums beschränkt[43]). Es wird übrigens im Schweinehandel häufig Gewähr für „geschnitten", „gut geschnitten", „rein geschnitten" verlangt. Diese drei Ausdrücke sind gleichwertig. Auf Grund einer solchen Gewährleistung hat der Verkäufer dafür einzustehen, daß beide Hoden vollständig entfernt sind. Die gleiche Haftung trifft den Verkäufer, wenn er „Fehlerfreiheit" zugesichert hat[44]).

Vielfach werden aber auch weibliche Schweine kastriert, um durch Verhinderung der Trächtigkeit eine frühzeitige Mastfähigkeit zu sichern. Werden weibliche Schweine verkauft, so haftet der Verkäufer, der Fehlerfreiheit zugesichert hat, keineswegs dafür, daß die Schweine verschnitten sind. Dazu bedürfte es einer ausdrücklichen Gewährleistung dafür, daß die weiblichen Schweine verschnitten („Nonnen") sind[45]). Ist beim weiblichen Tier Kastration durch falsche Narben vorgetäuscht, so kann der Käufer, auch wenn ihm keinerlei Gewähr geleistet wurde, den Vertrag anfechten (§ 123) und das negative Vertragsinteresse verlangen (§ 823 Abs. 2 BGB.), wenn er dem Verkäufer die Kenntnis dieses Betrugs nachweisen kann. Ist das nicht der Fall, so ist dem Käufer jeder Anspruch versagt, insbesondere auch die Anfechtung wegen Irrtums, weil die in Frage kommende Eigenschaft des Kastriertseins bei weiblichen Schweinen nicht als verkehrswesentlich (§ 119 Abs. 2) zu erachten ist.

Trächtigkeit eines zum alsbaldigen Schlachten bestimmten Schweines ist als ein erheblicher, die Haftung für Fehlerfreiheit begründender Mangel nur dann anzusehen, wenn die Trächtigkeit schon in die zweite Hälfte des Trächtigkeitsstadiums eingetreten ist[46]).

Wenn der Käufer bei Schlachtschweinen für „bankfähig" Gewähr geleistet hat, so hat er für eine solche Beschaffenheit des Tieres einzustehen, daß nach der Schlachtung dessen Fleisch von der zuständigen Behörde ohne Beschränkungen zum Verkauf zugelassen wird[47]).

---

41) Hirsch-Nagel 519.
42) Vgl. Wrede-Oehmke 185.
43) S. oben S. 19/20.
44) Mangels einer solchen Zusicherung steht dem Käufer das Recht der Anfechtung wegen Irrtums zu; s. oben S. 20.
45) Hirsch-Nagel 520.
46) Hirsch-Nagel 523 f.
47) Vgl. hiezu oben S. 213.

§ 37.

Gesundheit[1]).

Wenn Gewährleistung für frisch und gesund übernommen ist, so hat der Verkäufer nur für das Vorhandensein von erheblichen Krankheiten aufzukommen, nicht aber für Abnormitäten und Untugenden, welche keine Störung der Gesundheit bedingen. Die Gewährpflicht ist begründet, wenn die Krankheit bei der Übergabe dem Keime nach vorhanden war[1a]). Auch vorübergehende Krankheiten können, wenn sie nicht ganz unbedeutend sind, die Gewährleistungspflicht für frisch und gesund begründen und zwar selbst dann, wenn eine bleibende Schädigung durch die Krankheit nicht nachzuweisen ist. Es besteht immerhin die Möglichkeit, daß durch eine solche nach der Übergabe vorübergegangene Krankheit eine zunächst nicht nachweisbare Schädigung zurückgeblieben ist. Der Käufer, der sich für frisch und gesund Gewährschaft leisten ließ, braucht das darin liegende Risiko nicht auf sich zu nehmen. War deshalb das Pferd zur Zeit der Übergabe mit Strengel (Druse) oder gar Lungenentzündung behaftet, so kann er die Gewährleistung in Anspruch nehmen. Das gilt erst recht für die Brustseuche, worunter man eine ansteckende Lungen- und Brustfellentzündung versteht. Die Brustseuche kann sich übrigens wie jede Lungenentzündung sehr schnell, schon innerhalb 12 bis 24 Stunden entwickeln[2]).

Im Handel wird häufig dafür Gewähr geleistet, daß das Pferd abgedrust hat. Hierdurch übernimmt der Verkäufer die Haftung dafür, daß der Entzündungsprozeß beendigt ist und daß er auch keine unmittelbaren, nachteiligen Folgen zurückgelassen hat.

Auf Grund einer Zusicherung von frisch und gesund hat der Verkäufer regelmäßig nicht für einen Scheidevorfall der Kuh zu haften: nur wenn durch diesen Mangel die Ernährung der Kuh beeinträchtigt wird, ist sie als krank zu erachten. Über Entzündung infolge eines verschluckten Fremdkörpers s. oben S. 99 und S. 225.

Die Gewährleistung für Gesundheit umfaßt nicht die Stätigkeit. Das schließt natürlich nicht aus, daß, falls die Stätigkeit auf eine krankhafte Veränderung des Gehirns nachweisbar zurückzuführen ist, wegen dieser krankhaften Veränderung die Gewährschaft des Verkäufers für Gesundheit in Anspruch genommen und aus der Stätigkeit die Erheblichkeit dieser Krankheit dargetan wird.

Ist das Tier infolge einer überstandenen Krankheit in der Entwicklung zurückgeblieben, so kann ihm deswegen, sofern die Krankheit vorbei ist, die Eigenschaft der Gesundheit nicht abgesprochen werden[3]).

---

[1]) Zusicherung der Gesundheit ist Zusicherung einer Eigenschaft (SeuffA. 58 N. 4 RG.; JW. 1902, Beil. 270 N. 207 RG.).

[1a]) S. oben S. 98.

[2]) Auch durch die Sektion ist selten nachzuweisen, daß die Lungenentzündung schon vor der Übergabe entstanden ist. Eine brandige Lungenentzündung mit nekrotischen Herden in der Lunge kann sich schon nach drei Tagen ausbilden. Eine echte Bindegewebekapsel kann sich schon in 14 Tagen entwickeln (Fröhner 111 ff.). Ein Katarrh ist nicht als Keim einer Lungenentzündung zu betrachten s. oben S. 98.

[3]) Stölzle 450 unter Berufung auf ein Urteil des LG. Würzburg.

Die Zusicherung (Gewährleistung) für gesund bewirkt, daß der Verkäufer für solche Hauptmängel, welche eine Krankheit darstellen (das trifft regelmäßig nicht zu beim Koppen), nicht nur auf Grund des § 482, sondern auch auf Grund des § 492 bzw. § 459 Abs. 2, haftet (s. oben S. 103 u. 174 N. 4).

Die Haftung für Gesundheit ist hinsichtlich der Krankheiten konzentrierter als die allgemeine Haftung für Fehlerfreiheit. Ist das Tier tuberkulos, so kann es höchstens dann noch als „gesund" bezeichnet werden, wenn der Grad der tuberkulosen Erkrankung ein äußerst geringfügiger ist (vgl. im übrigen oben S. 225).

Bei Schafen und Schweinen wird öfter Gewähr geleistet, daß sie „gesund und klar" sind. Alsdann müssen die Tiere von erheblichen (nicht nur vorübergehenden) Krankheiten frei sein; die Schafe dürfen insbesondere nicht mit der Drehkrankheit (entstehend durch Einwanderung des Gehirnblasenwurmes in das Gehirn) oder mit der sog. Leberfäule (Leberegelkrankheit, Anbruch, Egelkrankheit, Bleichsucht) behaftet sein.

Die Drehkrankheit ist eine parasitäre Gehirnerkrankung, die durch Einwanderung des Drehwurms in das Gehirn entsteht. Es dauert 3—6 Monate seit der Einwanderung, bis die Krankheitssymptome in Erscheinung treten[4]). Zeigen sich solche Symptome innerhalb der sechswöchigen Verjährungsfrist, so steht daher ohne weiteres fest, daß der Mangel dem Keime nach schon bei der Übergabe vorhanden war.

Die Leberegelkrankheit ist eine parasitäre (Egelbrut), meist seuchenartig auftretende Erkrankung, die mit allgemeiner Beeinträchtigung des Nährzustandes verläuft[5]). Sichtbare Krankheitserscheinungen sind erst mehrere Wochen nach der Aufnahme der Parasiten nachweisbar; das Stadium der Bleichsucht beginnt erst 6 bis 12 Wochen, das Stadium der Abzehrung erst 3 Monate nach der Aufnahme der Parasiten[6]).

Bei Gewährleistung dafür, daß die verkauften Schafe nicht „faul", nicht mit der „Fäule" behaftet sind, hat der Verkäufer für alle mit Abmagerung verbundenen inneren Krankheiten zu haften[7]).

§ 38.

Seuchenfreiheit.

Wenn der Verkäufer Seuchenfreiheit zusichert, so trifft ihn die Haftung für alle Seuchen, insbesondere natürlich auch für die Seuchen, auf welche sich das Viehseuchengesetz vom 26. Juni 1909 (RGBl. S. 519) bezieht. Hat jedoch der Verkäufer Seuchenfreiheit nicht zugesichert, so haftet er nur für diejenigen Seuchen, die einen gesetzlichen Hauptmangel darstellen. Das ist lediglich der Fall bei Rotz der Einhufer, Lungenseuche des Rindviehs, Tuberkulose des Rindviehs unter den von der kaiserlichen Verordnung vom 27. März 1899

[4]) Hirsch-Nagel 507; Fröhner 260.
[5]) Hirsch-Nagel 508.
[6]) Fröhner 253.
[7]) Dieckerhoff 147.

bestimmten Voraussetzungen, Räude bei Schafen, die als Nutz- und Zuchttiere verkauft sind, Rotlauf und Schweineseuche einschließlich Schweinepest bei Schweinen, die als Nutz- und Zuchttiere verkauft sind. Für alle übrigen Seuchen hat der Verkäufer nur dann einzustehen, wenn er Seuchenfreiheit, Gesundheit oder Fehlerfreiheit zugesichert hat. Er kann also, wenn er eine solche Gewährleistung nicht übernommen hat, beim Spezieskauf seiner Verpflichtung zur Leistung mit dem sich aus §§ 459 ff. ergebenden Inhalt selbst dann genügen, wenn das verkaufte Tier zur Zeit der Übergabe mit einer einen gesetzlichen Hauptmangel nicht darstellenden Seuche behaftet ist.

Eine andere Frage ist die, ob der Käufer verpflichtet ist, ein solches Tier abzunehmen. Ist dem Kauf eine Besichtigung des Tieres vorausgegangen, so ist, wie oben (S. 45) dargelegt, eine stillschweigende Vereinbarung der Vertragsteile zu unterstellen, daß der Käufer das Tier in dem Zustande zu bekommen hat, der zur Zeit der Besichtigung unzweifelhaft äußerlich wahrnehmbar war, und daß dem Käufer das Recht des Rücktritts vom Vertrage zustehen soll, wenn in diesem äußerlich unzweifelhaft wahrnehmbaren Zustande bis zur Übergabe eine wesentliche Änderung eingetreten ist. War also das Tier zur Zeit der Besichtigung frisch und munter und ist dies zur Zeit der Übergabe nicht mehr der Fall, so kann der Käufer, auch wenn ihm keine Gewähr für Gesundheit oder Seuchenfreiheit geleistet wurde, das in seinem äußerlich wahrnehmbaren Zustande wesentlich veränderte Tier zurückweisen, wenn diese Veränderung auf einer erheblichen, also nicht nur vorübergehenden Krankheit beruht. Bei einer Seuchenkrankheit ist diese Erheblichkeit immer gegeben. Ist aber das bei der Übergabe schon von der Seuche befallene Tier gegenüber dem äußerlichen Zustande bei der Besichtigung noch nicht wesentlich verändert, so besteht an sich die Verpflichtung des Käufers, das Tier trotz der Seuchenerkrankung abzunehmen.

Eine andere Frage ist die, ob der Verkäufer seine Verpflichtung zur Lieferung und der Käufer seine Verpflichtung zur Abnahme erfüllen *darf*. Hier greift das Reichsviehseuchengesetz vom 26. Juni 1909 ein.

Das Viehseuchengesetz (VSG.) bezieht sich auf Milzbrand, Rauschbrand, Wild- und Rinderseuche, Rotz, Maul- und Klauenseuche; Lungenseuche des Rindviehs; Pockenseuche der Schafe; Bläschenausschlag der Pferde und des Rindviehs; Räude der Einhufer und der Schafe; Schweineseuche, soferne sie mit erheblichen Störungen des Allgemeinbefindens der erkrankten Tiere verbunden ist; Schweinepest, Rotlauf der Schweine einschließlich des Nesselfiebers (Backsteinblattern); äußerlich erkennbare Tuberkulose des Rindviehs, soferne sie sich in der Lunge in vorgeschrittenem Zustande befindet oder Euter, Gebärmutter oder Darm ergriffen hat (§ 10 VSG.).

Bricht eine solche Seuche aus, oder zeigen sich Erscheinungen, die den Ausbruch einer solchen Seuche befürchten lassen, so hat der Besitzer des betreffenden Viehs neben der Verpflichtung zur Anzeige bei der Behörde die weitere Verpflichtung, die kranken und verdächtigen Tiere von Orten, an denen die Gefahr der Ansteckung fremder Tiere besteht, fernzuhalten (§ 9 Abs. 1 VSG.). Diese Verpflichtung besteht also schon vor der behördlichen Anordnung von

Schutzmaßregeln. Vorsätzliches Zuwiderhandeln gegen diese Verpflichtung ist durch § 74 Z. 2 VSG., fahrlässiges Zuwiderhandeln durch § 75 VSG. mit Strafe bedroht. Diese Strafvorschriften sind als Schutzgesetze im Sinne des § 823 Abs. 2 BGB. zu erachten. Ihre Übertretung begründet daher die Haftung für jeglichen Schaden, der hieraus anderen entsteht.

Dadurch allein, daß der Verkäufer dem Käufer das Kauftier, welches mit einer ansteckenden Krankheit behaftet ist, übergibt, verletzt er seine Vertragspflicht nicht; vorausgesetzt wird hiebei natürlich daß für diese ansteckende Krankheit dem Käufer nach dem Inhalt des Vertrags keine Gewährleistungspflicht obliegt, es sich also weder um einen Hauptmangel noch auch um den Mangel einer zugesicherten Eigenschaft handelt. Eine positive Vertragsverletzung liegt jedoch dann vor, wenn der Verkäufer den Käufer vor der Übergabe nicht auf die ansteckende Krankheit aufmerksam macht, sei es, daß der Käufer bei der Übergabe diesen Mangel bewußt verschweigt, oder sei es, daß ihm dieser Mangel bei der ihm vor der Übergabe obliegenden Prüfungspflicht aus Fahrlässigkeit unbekannt geblieben ist (vgl. oben § 6 S. 31).

Auch durch die oben erwähnte Verpflichtung des Verkäufers, das von der Seuche befallene Tier oder das verdächtige Tier von Orten, an denen die Gefahr der Ansteckung fremder Tiere besteht, ferne zu halten, wird dem Verkäufer die Übergabe nicht unmöglich gemacht. Er kann diese Sorge dem Käufer überlassen.

Es können aber gemäß § 17 VSG. von der Behörde Maßnahmen angeordnet werden, durch welche die Übergabe unmöglich gemacht wird. Nach § 17 VSG. können u. a. von der Behörde folgende Maßnahmen angeordnet werden: Verbot oder Beschränkung des Treibens von Vieh, das sich im Besitz von Viehhändlern befindet, auf offenen Wegen (§ 17 Z. 2 VSG.). Nach § 19 VSG. kann die Behörde die Absonderung, die Bewachung oder polizeiliche Beobachtung der an der Seuche erkrankten, der verdächtigen und der für die Seuche empfänglichen Tiere anordnen. Der Besitzer eines der Absonderung oder der polizeilichen Beobachtung unterworfenen Tieres hat solche Einrichtungen zu treffen, daß das Tier für die Dauer der Absonderung oder Beobachtung die ihm bestimmte Räumlichkeit nicht verlassen kann, sowie außer aller Berührung und Gemeinschaft mit anderen Tieren bleibt. Nach § 20 VSG. kann die Behörde Beschränkungen des Transportes kranker oder verdächtiger oder für die Seuche empfänglicher Tiere und solcher Tiere, die geeignet sind, die Seuche zu verschleppen, anordnen. Durch solche Anordnungen kann natürlich die Übergabe durch den Verkäufer verhindert werden. Nach § 22 kann die Behörde die Sperre des Stalles, oder des sonstigen Standortes seuchenkranker oder verdächtiger Tiere anordnen, ja sogar die Sperre einer ganzen Ortschaft oder eines noch größeren Gebietes. In dem gesperrten Gebiet darf kein Verkehr mit Tieren, die Träger des Ansteckungsstoffes sein können, stattfinden. Auf Grund dieser Bestimmung kann sowohl die Übergabe durch den Verkäufer, als auch die Abnahme durch den Käufer verhindert werden. Diese Verhinderung der Vertragserfüllung kann eine tatsächliche Unmöglichkeit der Leistung in sich schließen, denn auch Rechtsgründe können die tatsächliche Unmöglichkeit im Sinne des § 306, 275 BGB. begründen[1]).

Da aber die behördlichen Anordnungen nur eine zeitweilige Unmöglichkeit der Erfüllung in sich schließen, so ist im Einzelfalle in Gemäßheit des § 242 zu untersuchen, ob die dadurch herbeigeführte Hinausschiebung der Erfüllung so wesentlich ist, daß hiedurch der Vertragszweck, wenn nicht vereitelt, so doch wesentlich gefährdet würde. Ist diese Frage zu bejahen, dann liegt Unmöglichkeit der Leistung vor. Bestand diese Unmöglichkeit schon beim Abschluß des Vertrages, so ist § 306 einschlägig und § 307 BGB. zu beachten, wonach derjenige, der bei Schließung des auf eine unmögliche Leistung gerichteten Vertrages die Unmöglichkeit der Leistung kennt oder kennen muß, zum Ersatz des negativen Vertragsinteresses verpflichtet ist. Ist die die Vertragserfüllung hindernde behördliche Anordnung erst nach Abschluß des Vertrages ergangen, so wird der Verkäufer von der Verpflichtung zur Leistung frei, soferne er nicht die behördliche Anordnung durch einen von ihm zu vertretenden Umstand, zum Beispiel bewußtes oder fahrlässiges Einbringen eines seuchenkranken Tieres in seinen Viehbestand, verschuldet hat. Ist jedoch die durch die behördliche Anordnung herbeigeführte Hinausschiebung der Erfüllungsmöglichkeit unerheblich, dann liegt eine Unmöglichkeit der Erfüllung nicht vor. Der Käufer muß dann das Tier abnehmen. Das ist zweifellos der Fall, wenn das Tier gesund ist[2]).

§ 39.

Fehlerfreiheit einzelner Organe und Körperteile.

I.

Bei einer Gewährleistung für g u t e B e i n e oder g u t e H u f e haftet der Verkäufer für solche Fehler der Beine oder Hufe, welche den gewöhnlichen oder den nach dem Vertrage vorausgesetzten normalen Dienstgebrauch zu beeinträchtigen geeignet sind. Hier kommen insbesondere Spat[1]), Sehnenklapp, Sehnenverdickung[2]), Schulter oder Buglahmheit[3]), Huffehler in Betracht. Schwierigkeiten wird die Frage bieten, ob die Ursache der Lahmheit schon zur Zeit der Übergabe vorhanden war. Diese Frage muß, soweit der Beweis nicht

---

[1]) Vgl. Warneyer 1918 N. 217; Gruchot 64, 469; RG. 88, 172; 57, 257; 68, 293; 102, 205.

[2]) A. M. Stölzle, weil es nicht ausgeschlossen sei, daß durch das verkaufte Vieh noch eine Ansteckung erfolge und dieser Gefahr sich der Käufer nicht auszusetzen brauche. Diese Aufstellung ist rechtlich und tatsächlich verfehlt. Ist das Tier in der Tat von der Seuche frei, so hat der Käufer keinen Rechtsgrund zur Ablehnung dieses Tieres. Auch aus § 276 kann er einen solchen Grund nicht ableiten. Und in tatsächlicher Hinsicht besteht die Gefahr einer Ansteckung nicht mehr, wenn die Behörde die getroffenen Schutzanordnungen aufgehoben hat. Denn das geschieht erst, wenn die Ansteckungsgefahr ausgeschlossen ist.

[1]) Der Spat ohne Lahmheit wird als erheblicher Mangel nicht angesehen (Dieckerhoff 403; Fröhner 139). Eine deutlich sichtbare, d. h. etwa haselnußgroße, harte, schmerzlose, nicht höher temperierte Exostose braucht zu ihrer Entwicklung mindestens 14 Tage (Fröhner 141).

[2]) S. darüber unten S. 233 f.

[3]) Vgl. Dieckerhoff 401.

durch Zeugenaussagen zu erbringen ist, vom Tierarzt auf Grund der örtlichen pathologischen Veränderungen entschieden werden[4]).

Hat das mit Gewährschaft für gute Beine verkaufte Pferd ein Überbein[5]), so kommt es darauf an, ob das Überbein nach seiner Lage *geeignet* ist, zur Lahmheit zu führen[6]). Es ist nicht notwendig, daß die Lahmheit bereits eingetreten ist. Ein am inneren Griffelbein des Vorderbeins vorhandenes Überbein ist immer bedenklich. Weiche Gallen haben nichts Sonderliches zu bedeuten, man kann die Beine doch noch als gut bezeichnen[7]). Unregelmäßigkeiten in der Bewegung der Gliedmaßen, welche nicht auf krankhaften Veränderungen beruhen (z. B. Zügellahmheit oder kurzer Tritt) sind nicht als Lahmheit anzusprechen[8]). Wegen eines solchen Mangels kann deshalb die Gewährschaft für gute Beine nicht in Anspruch genommen werden. Dagegen ist ein solcher Mangel bei Luxuspferden als erheblich (im Sinne einer Gewährleistung für Fehlerfreiheit) zu betrachten[9]). Eine andere Frage ist die, ob der Käufer den Mangel, der für den Fachmann offensichtlich ist, gekannt hat.

Hasenhacke oder Piephacke schließen nicht unbedingt aus, daß die Beine als gut bezeichnet werden können. Der *Hasenhacke*, einer an der Rückseite des Sprunggelenkes vorkommenden länglich runden Erhabenheit, ist bei einem volljährigen Pferde nur die Bedeutung eines Schönheitsfehlers beizumessen, der regelmäßig unerheblich ist[10]). Auch die *Piephacke*, eine auf der Spitze des Sprungbeines vorkommende, durch Schlag oder Stoß hervorgerufene Quetschgeschwulst ist regelmäßig unerheblich; anders wenn sie ausnahmsweise Lahmheit veranlaßt. Pferde mit Piephacken erregen jedoch stets den Verdacht, daß sie Schläger sind[11]).

Die *Gallen* der Pferde, welche zumeist an den Sprunggelenken sitzen, sind mehr Schönheits- als Gebrauchsfehler und sind selbst dann nicht als erhebliche Fehler anzusprechen, wenn sie sich verhärten und hierdurch einen gespannten, steifen Gang veranlassen. In diesem Falle ist auch noch zu prüfen, ob nicht dieser Mangel offensichtlich ist, und deshalb von der Gewährleistung für Fehlerfreiheit nicht betroffen wird (s. oben S. 218).

Bei einem Arbeitspferde stellt ein habituelles *Anlaufen der Sehnen* in der Ruhe nur dann einen erheblichen Mangel dar, wenn hierdurch die Gebrauchsfähigkeit des Pferdes beeinträchtigt wird. Geht das Pferd nur zu Beginn der Arbeitsleistung krumm, so ist dies für ein billiges *Arbeitspferd* kein erheblicher Mangel, sofern das Pferd

---

[4]) Fröhner 123. Dieser warnt vor einer Überschätzung der Bedeutung eines sichtbaren Schwunds an der Kruppe oder an der Schulter, da sich eine solche Muskelatrophie (Inaktivitätsatrophie) beim Pferde sehr rasch entwickeln könne.

[5]) Ein Überbein kann sehr schnell zur Entstehung gelangen (Wrede-Oehmke 135). Indes läßt sich eine harte, schmerzlose und umschriebene Exostose im allgemeinen nicht über 14 Tage zurückdatieren (Fröhner 147). Ähnlich Wrede-Oehmke: „Die Entstehung einer knochenharten, erbsengroßen Knochenauftreibung wird auf mindestens zwei Wochen zurückzudatieren sein." Überbeine ohne Lahmheit begründen die Gewährschaft für Fehlerfreiheit nicht (Fröhner 146). Vgl. oben S. 98 und 99.

[6]) Vgl. Dieckerhoff 389.

[7]) Goldbeck 164.

[8]) Fröhner 121.

[9]) Fröhner will die Zügellahmheit forensisch überhaupt nicht als Fehler anerkennen.

[10]) Wrangel, das Buch vom Pferde 2, 82. Vgl. Dieckerhoff 417.

[11]) Wrangel, a. a. O. 83.

nach kurzer Bewegung wieder gerade geht. Bei Kniekerigkeit sowie bei Struppiertsein des Pferdes kommt es auf den Grad und den durch den Vertrag vorausgesetzten Gebrauch an[12]). Ist der Grad erheblich, so kann von guten Beinen nicht gesprochen werden. Aber der Mangel ist offensichtlich. Bei einer Sehnenverdickung eines schnellen Pferdes ist, auch wenn die Sehnenentzündung vollständig ausgeheilt ist, immer eine verminderte Widerstandsfähigkeit des Sehnenapparates zurückgeblieben; der Mangel gilt daher bei schnellen Pferden als erheblich, auch wenn das Pferd zunächst seinen Dienst zu machen in der Lage ist[13]); bei Pferden, die nur im gewöhnlichen Trab oder Schritt zu arbeiten haben, ist die vollständig ausgeheilte Sehnenverdickung ohne Belang; die Beine können daher als gut bezeichnet werden.

Wenn der bestimmungsgemäße Gebrauch des Tieres zur Lahmheit führt, so hat es keine guten Beine, gleichviel ob die Wurzel des Lahmgehens in der Schulter, in den Sehnen oder im Huf zu finden ist. Von einem Reitpferd kann man verlangen, daß es auf gutem Gelände auch einen scharfen Galopp machen kann, ohne darnach krumm zu gehen. Zu beachten ist natürlich, daß die Ursache des Krummgehens schon zur Zeit des Gefahrübergangs vorhanden gewesen sein muß, die Sehnen müssen z. B. schon damals so schwach gewesen sein, daß sie einem scharfen Galopp nicht Stand halten.

Nicht selten gewährt der Verkäufer dafür, daß das zur Zeit der Besichtigung nachgebende Pferd wieder gerade gehen werde (daß das Nachgeben vorübergehen werde); damit ist dafür Gewähr geleistet, daß das Pferd zur Zeit der Übergabe mit einer nur vorübergehenden Lahmheit behaftet ist. Wird vom Verkäufer kein Termin festgesetzt, bis zu welchem das Nachgeben vorüber sein muß[14]), dann beginnt die Verjährung des Gewährleistungsanspruches mit der Ablieferung (§ 492); ist jedoch eine Gewährfrist vereinbart, so ist anzunehmen, daß sich das Nachgeben innerhalb der Gewährfrist verlieren muß, dem Verkäufer bleiben dann nur zwei Tage Zeit zur Mängelanzeige (§ 485). Hat der Verkäufer gewährt, daß das Krummgehen binnen 8 Tagen vorüber sei, so ist damit keine Gewährfrist vereinbart, wohl aber ist der Beginn der Verjährungsfrist um 8 Tage hinausgeschoben (vgl. oben S. 70 u. 168). Übrigens ist in solchem Falle besonderes Augenmerk darauf zu richten, ob der Begriff der Zusicherung (oder Gewährleistung) in dem Sinne gegeben ist, daß der Wille des Verkäufers für das Vorhandensein der Eigenschaft einstehen zu wollen zum Ausdruck gebracht wird. Wenn der Verkäufer ausdrücklich erklärt, daß er die Gewährschaft dafür übernehme, daß das Nachgeben vorübergeht, kann dies nicht zweifelhaft

---

12) Vgl. Scherer 3. Jahrgang 209; vgl. oben S. 219.

13) Vgl. Dieckerhoff 138. Derbe Sehnenschwellungen können sich schon nach 8—14 Tagen entwickeln (Fröhner 163).

14) Wenn das Pferd bei sachgemäßer Behandlung länger als vier Wochen krumm bleibt, kann der Käufer die Gewährschaft in Anspruch nehmen. Welche Anforderungen an eine sachgemäße Behandlung zu stellen sind, läßt sich nicht allgemein aufstellen; es kommt auf die Umstände, insbesondere die Art des Krummgehens an. Grundsätzlich kann nicht gefordert werden, daß das Pferd nicht benützt wird. Wenn z. B. Verkäufer den Mangel darauf zurückgeführt hat, daß sich das Pferd angeschlagem habe, wird der Käufer regelmäßig das Pferd ruhig einspannen können; anders wenn Vernagelung des Hufes beim Beschlagen die Schuld tragen soll. Die Beweislast für sachwidrige Behandlung liegt hier dem Verkäufer ob.

sein; ganz anders liegt der Fall, wenn der Verkäufer lediglich seiner Meinung Ausdruck gibt, daß das Krummgehen in einigen Tagen vorüber sein werde; hier drückt der Verkäufer nur eine Erwartung aus, von der sich der Käufer sagen muß, daß sie sich auch nicht verwirklichen kann.

Fehlerhafter Gang (z. B. Streifen oder Einhauen der Eisen der Hinterhufe in die Vorderhufe, s. oben S. 222) fällt nicht unter die Gewährleistung für gute Beine oder Hufe. Auch der Hahnentritt[15]) (Zuckfuß) ist ein fehlerhafter Gang, kein Fehler der Beine im Sinne einer Gewährschaft für gute Beine.

II.

Bei der Gewährleistung für gute Hufe kommen als Fehler insbesondere Rehhufigkeit[16]), Zwangshuf[17]), hohle Wand, lose oder getrennte Wand[18]), Hufkrebs[19]), Schale (Leist)[20], Hornspalt[21]), Steingalle, chronische Hufgelenklahmheit[22]), Hufknorpelverknöcherung[23]) in Betracht.

---

15) Der Hahnentritt ist ein Schönheitsfehler, der bei billigen Arbeitspferden keinen erheblichen Mangel darstellt. Der Hahnentritt kann sich schnell entwickeln (Fröhner 152 f.); er ist offensichtlich (vgl. oben S. 218 u. 222).

16) Vgl. Dieckerhoff 361; Wrede-Oehmke 141. Die Ringbildung an den Hufen ermöglicht ein bestimmtes Urteil über das Alter der Rehe (Fröhner 128).

17) Vgl. Dieckerhoff 368; Fröhner 135.

18) Vgl. Dieckerhoff 377. Die hohle Wand ist für Dienstgebrauch auf harten Wegen stets erheblich; sie ist wohl zu unterscheiden von der getrennten (losen) Wand (Dieckerhoff 375), die regelmäßig keine besondere Bedeutung hat, aber bei Gewährleistung für gute Hufe nur in geringem Umfang vorhanden sein darf. Die Entwicklungszeit für die hohle Wand ist bei mäßiger Ausdehnung des Defektes auf mindestens 4 Wochen zu veranschlagen (Dieckerhoff 377). Fröhner 133 erachtet die lose (getrennte) Wand stets als erheblichen Mangel, die hohle Wand nur dann, wenn sie mit Lahmheit verbunden ist.

19) Vgl. Goldbeck, Gesundheitspflege der Militärpferde 304; Fröhner 137.

20) Schale und Leist stellen nur in jenen Fällen einen Mangel dar, in welchem die Abnormität ein Lahmgehen des Pferdes bedingt (Dieckerhoff 382).

21) Wenn die Hornspalte mit Lahmheit verbunden ist, dann ist der Mangel erheblich (Fröhner 131). Der Hornspalt ist von der Hornritze (Windriß) zu unterscheiden. die sich auf die äußerste Schicht der Hornwand beschränkt und nicht als Mangel zu betrachten ist (Dieckerhoff 370); auch eine in der Hornwand befindliche rinnenförmige Vertiefung (Rinne, Narbenhornrinne) ist regelmäßig unerheblich (Dieckerhoff 373). Dagegen ist ein Hornspalt in der vorderen Wand (Zehenspalt) immer als erheblich zu betrachten. Andrerseits ist der Seiten- und Trachtenwandspalt an einem im übrigen normal gestellten hohen Huf regelmäßig nur bei Luxuspferden als erheblicher Mangel zu betrachten (Dieckerhoff 374). Für die Beurteilung der Zeit, während welcher der Hornspalt bestanden hat, sind die Veränderungen, welche der Spalt an dem Huf hervorgerufen hat, maßgebend. Wenn sich an der Hufkrone im Bereiche des Spaltes bereits „runzeliges" Horn in der Breite von 1 cm gebildet hat, besteht der Mangel schon seit Wochen (Dieckerhoff a. a. O.). Vgl. Fröhner 132. über betrügerisches Verschmieren eines Hornspalts s. oben S. 39.

22) Fröhner 126, der auf die Schwierigkeit der Altersbestimmung dieses Leidens hinweist: „Liegt eine mit der chronischen Hufgelenklahmheit in Zusammenhang stehende Atropie (Verkleinerung) des ganzen Hufes vor, dann kann das Alter der Lahmheit immerhin auf mindestens 4—6 Wochen berechnet werden."

23) Hufknorpelverknöcherung ist an sich nur dann erheblich, wenn sie mit Lahmheit verbunden ist. was bei den weiten Hufen schwerer Pferde meistens nicht der Fall ist. (Fröhner 136.) Bei einer Hufknorpelverknöcherung ohne Lahmheit kann daher die Gewährleistung für Fehlerfreiheit und wohl auch für gute Beine nicht in Anspruch genommen werden; wohl aber die Gewährleistung für gute Hufe; denn ein Fehler des Hufes liegt vor und wenn sich auch noch keine Lahmheit gezeigt hat, so besteht die Gefahr, daß sie noch eintreten kann. Der Fehler ist leicht zu übersehen und mindestens einige Wochen alt (Fröhner 136).

Was insbesondere die Steingallen anlangt, die durch Druck des Eisens auf den Huf entstehen, so sind diese ernst zu nehmen. Bei normal gebautem Huf verursacht die Steingalle bei ordnungsgemäßer Hufbehandlung[24]) regelmäßig keine Lahmheit und ist dann auch nicht als erheblicher Mangel anzusehen. Wenn sich dagegen die Steingalle an einem fehlerhaft gebauten Huf befindet, ist sie wegen der Unmöglichkeit, die Ursache zu entfernen, und wegen der dann stets vorhandenen Gefährdung des Dienstgebrauches als erheblicher Mangel zu betrachten. Als fehlerhafte Hufe kommen hier besonders in Betracht: Trachtenzwang, sowie die breiten Hufe mit gewölbten und nach vorn über einen Teil des Sohlenschenkels geschobenen Trachten; ferner die flachen Hufe mit niedrigen und „umgewickelten" Trachten[25]).

Bloße mechanische Beschädigungen des Hufes, die wieder verwachsen, haben keine Bedeutung; anders wenn der Huf morsch ist und durch normalen Dienstgebrauch Substanzverluste eintreten, welche das Beschlagen wesentlich erschweren.

III.

Bei Pferden wird häufig für „gute Augen"[26]) Gewähr geleistet. Der Verkäufer hat alsdann für wesentliche Abnormitäten und krankhafte Veränderungen des Sehapparates zu haften, sofern sie nicht lediglich vorübergehender Art sind. Das Sehvermögen darf weder gestört, noch erheblich abgeschwächt und noch weniger aufgehoben sein. Bodenscheue ist nicht selten auf Kurzsichtigkeit zurückzuführen. Die Gewährleistungspflicht ist, abgesehen von der auch als Hauptmangel geltenden Mondblindheit, insbesondere auch für die verschiedenen Starleiden begründet.

§ 40.

Tauglichkeit zu einem bestimmten Gebrauchszweck.

I. Zusicherung eines „guten Reitpferdes", einer „guten Schubkuh" usw.

Ist ein „gutes Reitpferd" verbindlich zugesichert (s. oben S. 75 u. 77), so muß es gesund in Atem und Augen sein, ohne Untugend unter dem Reiter und frei von jeder Lahmheit sein. Ist ein „gutes Offiziers-Reitpferd" zugesichert, dann muß noch hinzukommen, daß das Pferd truppenfromm (insbesondere unempfindlich gegen Gewehr- und Geschützknall) ist. „Gute Coupé-Pferde" müssen gesund in Atem und Augen sein, ruhig im Geschirr gehen und dürfen keine wie immer geartete Lahmheit zeigen. Ein „gutes Jagdpferd" muß gesund in Atem und Augen sein, ruhig unter dem Reiter gehen, zur Jagd

---

24) Das Pferd ist besonders sorgfältig zu beschlagen. Wrangel, a. a. O. 83. Geht das Pferd lahm, so ist zu untersuchen, ob dieses Lahmgehen auch dann gegeben wäre, wenn das Pferd mit Berücksichtigung der Steingalle sachkundig beschlagen wäre. Nur dann wäre der Mangel erheblich. Was die Zeit der Entstehung der Steingallen anlangt, so beweist die blaurote oder gelbe Verfärbung des Außenhorns ein Alter von mindestens 14 Tagen; Eiterigkeit der Steingallen kann sich schon in wenigen Tagen ausbilden (Fröhner 130 f.).

25) Dieckerhoff 367.

26) S. oben S. 81, 82, 208.

geritten und im Jagdfelde zu gebrauchen, insbesondere frei von jeder Lahmheit sein[1]).

Wird ein Pferd ausdrücklich als „Jagdpferd" „Reitpferd", „Wagenpferd" verkauft, so sichert der Verkäufer hiermit regelmäßig zu, daß das Tier tatsächlich in der angegebenen Weise benutzt worden ist, und nicht mehr (vgl. oben S. 75).

II. Gut zu jedem Gebrauch.

Hat der Verkäufer dafür zu haften, daß das Tier „gut zu jedem Gebrauch" ist, so werden nur jene Eigenschaften von der Gewährleistungspflicht umfaßt, welche die Gebrauchsfähigkeit des Tieres aufheben oder wesentlich mindern. Selbstverständlich kommen nur die Gebrauchsarten in Betracht, zu welchen das betreffende Tier zufolge der Art, welcher es gehört, und nach den Voraussetzungen der Vertragsteile bestimmt ist. Eine solche Haftung ist nicht gleich der Haftung für Fehlerfreiheit, da letztere weiter geht. Es wird z. B. nicht die Stall- und Schmiedefrömmigkeit des Pferdes von der Haftung des Verkäufers umfaßt, dagegen wohl die Frömmigkeit im Geschirr oder unter dem Reiter. Eine Zusicherung, daß das Pferd „gut zu jedem Gebrauch" sei, schließt auch nicht die Zusicherung in sich, daß das Tier nicht den Hauptmangel des Koppens habe, wohl aber ist das der Fall bei der Zusicherung der Fehlerfreiheit.

Die Haftung für „gut zu jedem Gebrauch" schließt nur jene Krankheiten in sich, welche die Gebrauchsfähigkeit des Tieres aufheben oder erheblich beeinträchtigen, Scheidevorfall einer Kuh wird deshalb regelmäßig nicht hierher gehören. Vgl. oben S. 223.

III. Gute Milchkuh.

a) Wenn der Verkäufer zugesichert hat, daß die Kuh eine „gute Milchkuh" ist, kommt es vor allem auf den Körperbau der Kuh an. Nach Dieckerhoff produziert eine große und schwere Kuh von guter Körperkonstitution bei reichlicher Ernährung in den ersten drei Monaten nach dem Kalben täglich 18 bis 20 Liter Milch. Von einer kleinen Kuh dagegen kann man, wenn sie in den ersten Monaten nach dem Kalben täglich 10 bis 12 Liter Milch liefert, annehmen, daß sie eine gute Milchkuh ist[2]).

Auch hier ist übrigens zu beachten, daß der Verkäufer nur dafür haftet, daß die Kuh zur Zeit des Gefahrüberganges die zugesagte Eigenschaft hat.

Von einer guten Milchkuh kann man eine gute Milch verlangen; diesem Erfordernis genügt eine blutige Milch nicht[3]).

Eine gute Milchkuh darf den Mangel des Hartmelkens nicht haben. Dieser Mangel besteht in einer abnormen Verengung der Strichkanäle, so daß die Milch nur mit besonderem Ziehen und

---

[1]) Diese Bestimmungen gelten auch in dem angesehensten englischen Pferdeauktionsgeschäft (Tatersalls London) für Pferde, die mit den angegebenen Bezeichnungen im Auktionskatalog angeboten werden. Vgl. Wrangel 2, 95.

[2]) Dieckerhoff. 1. Aufl. 254 ff.

[3]) Dieckerhoff. 2. Aufl. 528.

Drücken und auch dann nur in einem abnorm dünnen Strahle hervorgebracht werden kann.

Die Kuh muß auf allen 4 Strichen Milch geben[4]), sie darf auch nicht den Milchfluß (selbsttätiges Ablaufen der Milch) oder die dem Ablaufen der Milch entgegengesetzte Eigenschaft des Aufhaltens (Aufziehens) der Milch haben, auch nicht die üble Angewohnheit, die Milch selbst zu saugen[5]).

Die Kuh darf auch nicht gegen das Melken widersetzlich sein, wobei gefordert werden kann, daß sie sich von jeder Person, welche mit Ruhe und Sachkenntnis verfährt, melken läßt[5a]).

Hat der Verkäufer lediglich zugesichert, daß die Kuh täglich 14 Liter Milch gebe, und ist eine Gewährfrist nicht vereinbart, dann muß der Käufer im Gewährschaftsprozesse nachweisen, daß die Kuh zur Zeit des Überganges der Gefahr das angegebene Quantum Milch nicht produziert hat[6]). Wird eine hochtragende trockenstehende Kuh mit der Zusicherung verkauft, daß sie täglich 15 Liter Milch gibt, so ist diese Zusage dahin zu verstehen, daß dieses Milchquantum nach dem Kalben erreicht wird. Der Beginn der Verjährung ist dann bis zu diesem Zeitpunkt stillschweigend hinausgeschoben (vgl. oben S. 168 f.).

Der Verkäufer hat die Gewährleistung dafür übernommen, daß die Kuh täglich 12 Liter Milch gibt, wofür eine Gewährfrist von vier Wochen vereinbart ist. In den ersten zwei Wochen liefert die Kuh dieses Quantum, in den nächsten zwei Wochen sinkt die Produktion allmählich bis auf täglich 9 Liter. An sich wäre aus der Verabredung einer Gewährfrist zu schließen, daß der Verkäufer dafür zu gewähren hat, daß innerhalb der ganzen Frist von 4 Wochen die Milchproduktion einen Tagesdurchschnitt von 12 Liter ergibt. Allein das kann nicht der Sinn der Verabredung sein, weil die Vertragsteile auch bei normalem Verlauf mit einem Nachlasse der Milchproduktion rechnen müssen. Der Verkäufer wird also nur dann zu haften haben, wenn innerhalb der Gewährfrist ein abnormer Nachlaß eintritt[7]). Dazu ist noch die weitere Einschränkung zu machen,

---

[4]) Vgl. hierüber oben S. 98. Ist eine trocken stehende Kuh mit Gewährschaft dafür verkauft worden, daß sie auf allen vier Strichen Milch gibt, so beginnt die Verjährungsfrist mit dem Kalben. Denn weil sich vorher — wie beiden Teilen bekannt — der Mangel gar nicht zeigen kann, ist in Gemäßheit des § 157 stillschweigend vereinbarte Hinausschiebung des Beginns der Verjährung anzunehmen. Unrichtig SeuffBl. 1912, 575 (LG. Passau). (Vgl. hierzu oben S. 168.)

[5]) Die Fehler des Selbstaussaugens und Aufhaltens der Milch können sich sehr schnell entwickeln. Es handelt sich hier um Dinge, die auf dem Willen der Kuh beruhen, nicht um eine Erkrankung. Die Angewohnheit kann nach kurzer Zeit so eingewurzelt sein, daß die Abgewöhnung unmöglich ist (vgl. Wrede-Oehmke 176 f.).

[5a]) Vgl. oben S. 72.

[6]) Dabei ist zu beachten, daß die Milchproduktion durch einen ermüdenden Transport, durch einen zu kalten Stall, durch schlechtes Futter, auch durch eine infolge der veränderten Verhältnisse erzeugte Unruhe ungünstig beeinflußt wird; vgl. Dieckerhoff 525.

[7]) Bei der Zusicherung von 20 Liter Milch wird ein minus von 5—6 Liter, bei 15 Liter ein minus von 4—5 Liter und bei 10 Liter ein minus von 3 Liter sicher als abnorm zu betrachten sein. Vgl. Dieckerhoff 525. Wenn die Zusicherung dahin geht, daß die Kuh *beim Käufer* täglich 12 Liter Milch geben müsse, so ist damit eine solche Beschaffenheit der Kuh zugesichert, daß sie noch nach der Übergabe wenigstens in der ersten Zeit 12 Liter Milch gibt. Ist das nicht der Fall, so ist der Gewährsfall gegeben. Der Verkäufer kann nicht zu dem Gegenbeweis zugelassen werden, daß bei ihm die Kuh bis zur Übergabe 12 Liter täglich gegeben habe. Denn er hat über diesen

daß die Garantie nur unter der Voraussetzung geleistet wurde, daß die Kuh entsprechend ernährt und gut gepflegt wird. Eine Erkrankung der Kuh kommt dem Verkäufer nur dann zustatten, wenn sie nach dem Übergange der Gefahr entstanden ist. Nach jeder Richtung kommt dem Käufer die gesetzliche Vermutung aus der Gewährfrist bis zur Erbringung des Gegenbeweises zustatten. Es wird also vermutet, daß die Ursache des Produktionsnachlasses schon zur Zeit des Gefahrübergangs, wenn auch nur dem Keime nach vorhanden war.

b) Wenn dafür gewährt ist, daß die Kuh *frischmilchend* ist (gleichbedeutend mit *Kälberkuh*), so hat der Verkäufer dafür einzustehen, daß sich die Kuh zur Zeit der Übergabe noch in jener auf das Kalben folgenden Periode befindet, in welcher sie infolge des Kalbens eine gesteigerte Milchproduktion bringt. Dies muß für das in Frage stehende Tier speziell entschieden werden; die Gewährschaft ist jedenfalls nur dann erfüllt, wenn bei dem betreffenden Tier zur Zeit der Übergabe noch kein merklicher Rückgang von der infolge des Kalbens gesteigerten Milchproduktion eingetreten ist. Dem Käufer kommt es darauf an, daß er noch einen Genuß von der gesteigerten Milchergiebigkeit der betreffenden Kuh hat. Der Verkäufer darf deshalb eine Kuh nicht mehr als frischmilchend bezeichnen, wenn der Höhepunkt der Milchproduktion bereits *überschritten* ist[8]). Mit festen Zeitregeln ist nicht alles gewonnen, weil die Laktationsperioden bei den verschiedenen Kühen durchaus ungleichmäßig verlaufen[9]).

Im allgemeinen dauert die Milchproduktion nach dem Kalben einer Kuh durchschnittlich 7½ Monate, dann gibt die Kuh keine Milch mehr, sie steht trocken (ist güst), sofern sie wieder tragend geworden ist. Beim nächsten Kalben beginnt eine neue Laktationsperiode. In den ersten vier Wochen ist die Milchproduktion am reichlichsten (frischmilchend)[10]). Hat die Kuh nicht wieder aufgenommen, so gibt sie gewöhnlich länger als 7½ Monate Milch. Nach Ablauf der ersten zweieinhalb Monate nach dem Kalben geht die Milchproduktion wesentlich zurück[11]).

c) Bei dem Verkauf von Milchkühen wird der Käufer häufig, namentlich auf Märkten dadurch getäuscht, daß die Kühe an diesem

---

Zeitpunkt hinaus für die Beschaffenheit der Kuh hinsichtlich der Milchproduktion gewährt. Es handelt sich also nicht lediglich um eine Beweisfrage, wie Stölzle 456 aufstellt.

Wenn sich nun bei einer solchen Zusicherung die Übergabe über den beim Vertragsschluß vorausgesetzten Zeitpunkt hinaus verzögert, so muß man trotz dieser Abrede „beim Käufer" und trotz § 459 durch Auslegung und vernünftige Ergänzung des Vertragswillens (§ 157 BGB.) zu der Annahme gelangen, daß die Zusicherung immer noch erfüllt ist, wenn die Kuh nach der Übergabe zwar keine 12 Liter Milch mehr gibt, die Differenz aber dem natürlichen Rückgang der Milchproduktion während der zeitlichen Verschiebung der Übergabe entspricht.

[8]) Wrede-Oehmke 180 unter Hinweis auf ein Urteil des AG. Braunschweig; Hirsch-Nagel 485.

[9]) Hirsch-Nagel 484. Das sogen. Dialysier-Verfahren ermöglicht die Feststellung, wann eine Kuh gekalbt bis zu 3 Wochen nach dem Kalben (Wecke, Münchener Tierärztl. Wochenschrift 1916 Nr. 1).

[10]) Auf ein paar Tage mehr kommt es bei der Zusage für „frischmilchend" nicht an (Dieckerhoff 523). Wenn lediglich „frischmilchend" zugesagt ist, so steht dem Käufer auf Grund dieser Zusage noch kein kaufrechtlicher Gewährleistungsanspruch darauf zu, daß die Milch auch gut ist. Aber zweifellos handelt der Verkäufer, der eine Kuh als „frischmilchend" verkauft, arglistig durch Verschweigen der ihm bekannten Tatsache, daß die Milch nichts wert ist. Der Käufer kann den Vertrag anfechten und Schadenersatz wegen unerlaubter Handlung verlangen.

[11]) Vgl. Dieckerhoff 522.

Tage oder schon einen ganzen Tag vorher nicht gemolken werden. Dieses sogenannte Euterspannen ist Betrug, berechtigt also zur Vertragsanfechtung (§ 123) und zum Anspruch auf Ersatz des negativen Vertragsinteresses (§§ 826, 823 Abs. 2 BGB. mit § 263 RStGB.). Ein anderer zuweilen geübter Betrug besteht darin, daß der Kuh ein ganz junges Kalb unterschoben wird.

IV. Zuchttauglichkeit.

Beim Kauf von Tieren, die zur Zucht verwendet werden sollen, verlangt der Käufer zumeist eine Gewährleistung für Zuchttauglichkeit. Dadurch allein, daß der Käufer dem Verkäufer mitteilte, er wolle das Tier zur Zucht verwenden und daraufhin der Kauf zustande kommt, hat der Verkäufer noch keine Gewähr für Zuchttauglichkeit übernommen. Auch die Bezeichnung des Tieres als „Zuchtstier" oder als „Deckhengst" enthält noch keine Gewährleistung für die Tauglichkeit zum Decken (vgl. oben S. 75). Immerhin wird in einem solchen Falle der Käufer den Kauf wegen Irrtums anfechten können, wenn das Tier zum Decken unfähig ist (vgl. oben S. 16 ff.).

In Ländern, in denen Zuchttiere zur Deckung nur zugelassen werden, wenn sie angekört sind, ist Gewährleistung für Körfähigkeit nicht selten. Der Verkäufer haftet dann dafür, daß der Stier von einer solchen Beschaffenheit ist, daß er von der für die Körung zuständigen Stelle angekört wird[12]).

Wird Gewähr geleistet für „Sprungfähigkeit" des männlichen Tieres, so haftet der Verkäufer dafür, daß das Tier — Hengst, Zuchtstier, Eber, Widder — das Deckgeschäft normal, d. h. ohne Anwendung besonderer Kunstmittel vollführt[13]).

Wenn der verkaufte Bullen nach der Übergabe trotz normaler Entwicklung der Zeugungsorgane lediglich eine Unlust zum Decken zeigt, so ist zu beachten, daß diese Unlust sehr rasch entstehen kann. Die Ursache dieser Unlust ist, wenn das Tier gesund ist und auch keinen krankhaften Zustand an den Zeugungsorganen aufweist, zumeist in Ängstlichkeit zu erblicken, die vielfach durch ungewohnte Verhältnisse hervorgerufen wird. Der Akklimatisationsprozeß wirkt um so nachteiliger, je freier der Farren vorher gehalten wurde und je größer der Unterschied zwischen den alten und neuen Verhältnissen ist (z. B. Übergang von der Weide in den Stall). Es kann auch vorkommen, daß ein Bulle, der beim Deckgeschäft gestürzt ist, für lange Zeit die Lust zum Decken verliert[14]).

Eine Gewähr für „Sprungfähigkeit" wird im Zweifel die Haftung dafür nicht begründen, daß der Deckakt auch zu dem hiemit bezweckten Erfolg, der Erzielung einer Nachzucht, führt[15]). Im Einzelfall kann das ja sehr wohl der Sinn der Zusage sein; aber ohne weiteres ist es nicht zu unterstellen.

Anders liegt die Sache bei Gewährleistung für „Zuchttauglichkeit". Hier hat der Verkäufer auch dafür einzustehen, daß das männ-

[12]) Vgl. Wrede-Oehmke 179.
[13]) Sauer-Reuter 292.
[14]) Hirsch-Nagel 478.
[15]) Sauer-Reuter 292; a. M. Hirsch-Nagel 477 f.

liche Tier zeugungsfähig ist. Da sich das Vorhandensein dieser Eigenschaft erst feststellen läßt, wenn sich gezeigt hat, ob die vom Hengst gedeckten Stuten aufgenommen haben, ist der Beginn der Verjährungsfrist durch stillschweigende Verjährung entsprechend hinausgeschoben[16]).

§ 41.

Zugfestigkeit.

Hat der Verkäufer auf Grund besonderer Gewährleistung dafür zu haften, daß das Tier „gut im Zug", „zugfest", eine „gute Schubkuh" sei, so muß das Tier die mittlere Arbeitsleistung[1]) eines Tieres seiner Art und seines Schlages leisten und auch „gewöhnt" sein[2]). Bei Festsetzung der normalen Arbeitsleistung ist auf Alter, Größe und Körperbau des Tieres Rücksicht zu nehmen. Von besonderer Bedeutung ist für den Gewährsfall der Zugfestigkeit der durch den Vertrag vorausgesetzte Gebrauch, welcher der Vereinbarung über Zugfestigkeit zugrunde liegt. Darnach sind die Anforderungen an das Pferd zu bemessen. Kauft ein Bauer ein Paar Pferde oder ein Paar Gangochsen, so müssen die Tiere auch vor dem Pfluge ziehen. Wenn einem Droschkenkutscher Gewähr für „gut im Zuge" geleistet wird, muß das Pferd die besetzte[3]) Droschke ziehen. Es kommt vor, daß ein Pferd nur anfallsweise die Zugleistung versagt. Namentlich im zweispännigen Zug geht es eine Zeitlang ganz gut, dann bleibt es auf einmal aus den Sielen; leichteren Antreibungsmitteln gibt es nicht nach, stärkeren widersetzt es sich. Oft setzen derartige Anfälle mehrere Tage aus[4]), so daß man sich aus einer Zugprobe kein endgültiges Urteil bilden kann. Versagt das Pferd die mittlere Arbeitsleistung, so ist die Gewährleistungspflicht für Zugfestigkeit begründet, gleichviel, ob das Pferd etwa deshalb nicht zieht, weil es trotz körperlich ausreichender Eigenschaften widersetzlich ist oder weil es zwar zu ziehen willig wäre, hieran aber durch irgend ein körperliches Gebrechen gehindert wird[5]). Dabei muß es sich aber

---

16) JW. 1914, 590 (RG.); s. hierüber oben S. 168 u. unten § 44 III.

1) Man rechnet für ein mittelschweres Wagenpferd 30 und für ein schweres 40 bis 50 Zentner Belastung bei regelmäßiger Verwendung und hügeligem Gelände. Vgl. Reuter 315. Vgl. Nagel 406 f., der für ein mittelstarkes Pferd annimmt, daß es bei ebener Strecke 60 Zentner auf einer guten Chaussee, 36 Zentner auf mittelguter Schotterstraße, 15 1/2 Zentner auf schlechtem Wege ohne Schädigung fortbewegen kann. Mit diesen Ziffern ist praktisch noch nicht alles gewonnen. Ein Tier braucht nicht mehr zu ziehen, als es nach seinem Körperbau ziehen kann. Gibt es sich redlich Mühe die Last wegzubringen und verfährt es dabei sachgemäß, so tut es seiner Zugfestigkeit keinen Eintrag, wenn ihm dies nicht gelingt.

2) Unrichtig Fröhner 85: „Der Begriff ‚zugfest' bedeutet willig zum Zug, nicht etwa ‚fähig' zum Ziehen. Die allgemeine Garantie für ‚schweren Zug' bedeutet dagegen, daß ein Pferd nicht bloß ‚willig' zum schweren Zug also ‚zugfest' ist, sondern auch vermöge seiner Körperbeschaffenheit ‚fähig', tauglich zum schweren Zug." Diese Unterscheidung entbehrt der logischen Berechtigung. Wer sich für „zugfest" gewähren läßt, will Sicherheit dafür haben, daß er das Pferd zum Zuge verwenden kann. Ob das Pferd nicht ziehen will, oder nicht ziehen kann, ist für den Käufer gleichgültig. Die Garantie für „schweren Zug", für „notzugfest" bedeutet lediglich eine graduelle Steigerung der Anforderung, die das Tier leisten muß.

3) Unrichtig Nagel 406, der annimmt, daß bei der Garantie für gut im Zug das Pferd nur den leeren Wagen zu ziehen habe.

4) Dieckerhoff 450.

5) BayZ. 1913, 29 (LG. Kempten).

um ein nicht bloß vorübergehendes Gebrechen handeln. Ist ein Pferd, welches sonst zugfest ist, zur Zeit des Gefahrübergangs am Strengel (Druse) krank, so daß es deswegen die Zugleistung verweigert, so ist damit der Mangel der Zugfestigkeit nicht zu begründen. Wenn aber der Käufer Wert darauf gelegt hat, daß er das Pferd sofort benützen könne und der Verkäufer darauf zugesichert hat, der Gaul sei wieder gesund und sei zugfest, so liegt darin die Zusicherung, daß es schon jetzt zugfest sei[5a]).

Bei einer Garantie für „gut im schweren Zuge"[6]) muß die mittlere Arbeitsleistung eines Tieres dieser Art überschritten werden. Insbesondere ist hier erforderlich, daß das Tier auch auf weichem Boden zieht; es ist nicht notwendig, daß dies ausdrücklich bedungen wird, wie es z. B. mit den Worten „gut im schweren Zug auf hartem und weichem Boden" geschieht.

Die Zugleistung muß unter der Führung einer jeden sachkundigen Person vorhanden sein; es genügt nicht, wenn das Pferd nur unter der gewohnten Führung eines besonders geschickten Knechtes zieht[7]).

Eine Widersetzlichkeit des Tieres, durch welche die Zugleistung beeinträchtigt wird, begründet die Gewährspflicht. Sie ist aber nicht schon deswegen begründet, weil das Tier gegen das Einspannen widersetzlich ist. Ist das Tier strangkitzelig und schlägt im Dienstgebrauch aus (namentlich beim Wenden), so ist es nicht zugfest[8]).

Das Tier muß in normaler Weise, insbesondere in der üblichen Beschirrung ziehen. Bei eleganten Wagenpferden gehört zur Beschirrung der Schweifriemen[9]), bei einem gewöhnlichen Droschkengaul kann man ihn auch weglassen. Darnach bemißt sich auch, ob ein Pferd, welches während der Dienstleistung im Zuge den Schweifriemen nicht vertragen kann und deshalb widersetzlich wird, als zugfest zu bezeichnen ist. Wenn das betreffende Tier nur gegen das Anbringen des Schweifriemens widersetzlich ist, so ist dies ohne Einfluß auf die Eigenschaft der Zugfestigkeit, kann aber nach Maßgabe der obigen Richtpunkte den Mangel der Frömmigkeit begründen.

Hierher gehört auch das gewohnheitsmäßige Fangen der Leitleine mit der Schweifrübe, welches durch eine Kitzligkeit auf der Kruppe oder an den Oberschenkeln herbeigeführt wird. Das Pferd ist, wenn es die Leine gefangen hat, der Leitung entzogen; ein solches Pferd ist nicht zugfest[10]).

[5a]) Vgl. oben S. 218 N. 2.

[6]) Vgl. oben Anm. 2.

[7]) Weißkopf 287. Vgl. unten S. 247.

[8]) Die Strangkitzeligkeit führt nur dann zur Widersetzlichkeit, wenn die Haut des Tieres durch die Zugstränge berührt wird. Dem Käufer kann nicht angesonnen werden, daß er durch hohe Anordnung der Zugstränge und Anwendung einer besonders langen Bracke die Berührung der Zugstränge durch das Pferd tunlichst ausschließt.

[9]) Vgl. hierüber Nagel 412.

[10]) Vgl. Dieckerhoff 451. Das Leinefangen bildet regelmäßig einen erheblichen Mangel, weil die Untugend an sich unheilbar und nur durch eine Schweifamputation zu beseitigen ist. Daran ändert der Umstand nichts, daß man durch ganz außergewöhnliche Aufmerksamkeit dem Leinefangen vorbeugen kann (Fröhner 86). Der Mangel ist jedoch unerheblich und beseitigt auch die Eigenschaft der Frömmigkeit dann nicht, wenn sich das Pferd, ohne widersetzlich zu werden oder gar durchzugehen, die gefangene Leine durch

Einem Arbeitspferd ist deswegen, weil es mehr oder minder starke Hilfen braucht, um im Zuge erhalten zu werden, noch nicht die Eigenschaft der Zugfestigkeit abzusprechen; wenn es aber die Untugend hat, auf einmal ohne äußere Veranlassung aus dem Geschirr zu gehen oder gar stehen zu bleiben, dann ist es nicht als zugfest zu bezeichnen. Wenn ein gewöhnliches Arbeitspferd nur zu Beginn der Arbeit nachgibt, dadurch aber die Leistungsfähigkeit des Pferdes nicht beeinträchtigt wird, so ist weder der Mangel der Zugfestigkeit noch Mangel der Fehlerfreiheit gegeben. Ein Pferd, welches einen Vollhuf hat, ist dann zugfest, wenn es bei kunstgerechtem Hufbeschlag, ohne krumm zu werden, die Arbeit leisten kann. Hat das Pferd den Spat, so ist es dann als nicht zugfest zu erachten, wenn es infolge dieses Mangels nicht mehr imstande ist, die normale Arbeit im Zuge zu leisten. Wenn sich ein Pferd oder Rind im normalen Gebrauche an den Füßen streift (vgl. oben S. 222), so fällt dieser Mangel auch dann nicht unter die Gewährpflicht für Zugfestigkeit, wenn bei regulärem Dienstgebrauch eine vorübergehende Dienstunbrauchbarkeit die Folge dieses Mangels ist.

Hat das Pferd zur Zeit des Gefahrüberganges einen Kummetdruck und verweigert nur deshalb die Zugleistung, so ist der Gewährleistungsfall nicht gegeben, da es sich um eine vorübergehende Behinderung handelt.

Wird ein zusammengehöriges Paar als solches verkauft, so brauchen die Tiere nicht einspännig zu ziehen, wohl aber muß jedes sich gleichmäßig am zweispännigen Zuge beteiligen. Die gleiche Beteiligung muß auch beim Anziehen gegeben sein.

Wird ein einzelnes Pferd als zugfest oder gewöhnt verkauft, so kommt es auf den durch den Vertrag vorausgesetzten Gebrauch an, ob das Pferd als Einspänner oder im zweispännigen Zug zugfest sein muß oder als Ein- und Zweispänner.

Wird ein einzelnes Pferd mit der Gewährschaft „gut im zweispännigen Zuge" ohne weitere Beschränkung verkauft, so muß es sowohl auf der Hand- wie auf der Sattelseite gehen.

Pferde, welche nur dann ziehen, wenn sie vom Kutscher in der Nähe des Kopfes geführt werden, sind regelmäßig nicht als zugfest zu betrachten. Das gilt vor allem für Kutschpferde, aber auch für Arbeitspferde, für letztere jedoch nicht in Ausnahmefällen bei besonders ungünstigen Verhältnissen, z. B. beim Anziehen auf steilem Gelände.

Bei der Zugprobe ist vor allem das Tier darauf zu untersuchen, ob es körperlich in einem leistungsfähigen Zustand, also insbesondere frei von Fieber und schwächenden Krankheiten ist, ferner ob es nicht lahmt und ob es keine schmerzhaften Stellen in der Geschirrlage hat. Besteht irgend ein vorübergehendes Hindernis für die körperliche Leistungsfähigkeit, so muß die Zugprobe verschoben werden, bis das Übel vorüber ist. Sodann ist dem Geschirr besonderes Augenmerk zuzuwenden; insbesondere muß das Kummet (Stirnjoch) richtig sitzen und müssen die Zugstränge gleich lang sein und in horinzon-

---

einen kräftigen Ruck wieder herauszziehen läßt. Man muß hiefür einen Moment lang die Leine locker lassen und sie dann mit plötzlichem Ruck herausreißen.

taler Richtung, eher noch etwas abwärts laufen; der Wagen darf nicht zu lang sein; je schwerer die Last, desto kürzer der Wagen[11]). Die Hinterräder müssen größer sein als die Vorderräder. Es empfiehlt sich, auf die mit höheren Hinterrädern ausgestattete Hinterachse einen entsprechend größeren Lastanteil aufzuladen wie auf die Vorderachse; die Räder derselben Achse sollen gleichmäßig belastet sein.

Wenn der Verkäufer einer Kuh zusichert, daß sie „gewöhnt im Zuge" sei, so geht die Haftung hieraus nicht so weit, als bei einer Zusicherung „gut im Zuge". Denn durch erstere Zusicherung wird nur angegeben, daß die Kuh zu ziehen willig ist (gelernt), nicht auch, daß sie hierzu imstande ist. Wenn daher die Kuh mit einem Klauenleiden behaftet ist, ist deswegen der Verkäufer, welcher nur für „gewöhnt im Zuge" zu haften hat, nicht verantwortlich zu machen. Die Gewährleistung ist erfüllt, wenn das Tier einen leeren Wagen zu ziehen gelernt hat und dies ohne Anwendung von Gewalt tut. Es muß aber hiermit auch Wendungen ausführen.

Ist eine Kuh an einen Landwirt (als gewöhnt) verkauft, so muß sie auch im Pflug und an der Egge zu gehen gelernt sein; sie muß auf die üblichen Zurufe hören; es kann dem Käufer einer gewöhnten Kuh nicht angesonnen werden, daß er zum Führen der Kuh eine zweite Person beizieht.

Für die Beweislast dafür, daß der Mangel der bedungenen Zugfestigkeit schon bei der Übergabe vorhanden war, ist von besonderer Bedeutung, ob hierfür eine Gewährfrist bedungen wurde oder nicht; s. oben S. 94 u. bes. 99 ff.

§ 42.

Frömmigkeit.

Hat der Verkäufer dafür zu haften, daß das Tier „fromm" ist, so darf das Tier im Stall, beim Beschlagen und beim Dienstgebrauch, geeignete Behandlung vorausgesetzt, kein widersetzliches Benehmen zeigen, durch welches Menschen oder Tiere oder das betreffende Tier selbst beschädigt werden können[1]). Für die Anforderungen, welche an ein als fromm verkauftes Tier im Dienstgebrauch zu stellen sind, kommt viel auf den durch den Vertrag vorausgesetzten Gebrauch an.

Man muß zwischen Bösartigkeit und bloßer Unleidlichkeit infolge Futterneids oder Kitzlichkeit unterscheiden. Bloße Unleidlichkeit, die dem Pferd die Eigenschaft der Frömmigkeit nicht nimmt, liegt vor, wenn das Pferd durch sein Verhalten weder seine Umgebung noch sich selbst gefährdet.

Unruhe im Ohrenspiel, Hin- und Herfahren mit dem Kopf, Aufheben des Fußes, Trippeln mit den Füßen sind, wenn es dabei bleibt, harmlose Dinge. Wenn z. B. eine Stute während des Rossens nicht nur beim Harnlassen quitscht und trippelt, sondern auch den Fuß so aufhebt, als wolle sie ausschlagen, vielleicht sogar mit dem Fuß

---

[11]) Nagel 408.
[1]) Dieckerhoff 140, 665.

gegen den Boden herunterschlägt, so ist die Stute doch als fromm anzusprechen, sofern sie nicht wirklich ausschlägt. Unter Ausschlagen ist die mit Wucht und Schnelligkeit ausgeführte Bewegung eines Fußes zu verstehen, durch welche dahinter oder daneben [2]) stehende Menschen und Pferde der Gefahr einer Verletzung ausgesetzt sind. Wird die Schlagbewegung mit beiden Hinterfüßen zugleich ausgeführt, so spricht man von Auskeilen. Wenn also das Pferd nicht bloß in den Boden hineinarbeitet, sondern nach rückwärts oder seitwärts hinausfeuert, dann ist es als bösartig und unfromm zu bezeichnen. Dabei ist jedoch für das Verhalten des Pferdes beim Putzen eine Einschränkung zu machen. Freilich muß sich ein frommes Pferd putzen lassen. Wenn das unter Anwendung der gebotenen Vorsicht ohne Gefährdung der Knochen eines sachkundigen Pferdewärters möglich ist, dann ist dem Pferd die Eigenschaft der Frömmigkeit nicht schon deshalb abzusprechen, weil es während des Putzens starke Unruhe zeigt, auch nach dem Pferdewärter schnappt, ohne jedoch zuzufassen, ja sogar dann nicht, wenn es gelegentlich ausschlägt. Wenn aber das Pferd gegen den die Putzarbeit verrichtenden Wärter in einer Weise schlägt, daß dieser auch bei Anwendung der gebotenen Vorsicht Gefahr läuft, verletzt zu werden, dann ist das Pferd nicht fromm.

Auch das bloße „futterneidische" Verhalten eines Pferdes ist kein Mangel der Frömmigkeit. Doch darf der Futterneid nicht zu einem solchen ungebärdigen Verhalten des Pferdes ausarten, daß hierdurch eine Gefährdung für Menschen oder Tiere entsteht. Ein Pferd, das weder andere Tiere noch Menschen gefährdet, ist gleichwohl dann nicht als fromm zu erachten, wenn es durch seine Aufgeregtheit sich selbst gefährdet, z. B. in den Futterbarren steigt oder über den Lattierbaum springt. Auch wenn das futterneidische Pferd beim Verabreichen des Futters gegen den Pferdewärter oder während der Fütterung und während des Fressens gegen andere Pferde schnappt, ohne zuzubeißen, ist ihm die Frömmigkeit nicht abzusprechen. Während des Fressens gehört es zu einer verständigen Pferdebehandlung, das Pferd in Ruhe zu lassen, also namentlich bis zur Befriedigung der ersten Freßgier nicht wieder zu dem Pferd in den Stand zu gehen.

Ein Pferd, welches erst eine tüchtige Tracht Prügel braucht, um sich von bösartigem Verhalten abschrecken zu lassen, ist nicht fromm; denn es besteht die Gefahr, daß durch diese Verprügelungen das Pferd schließlich vollständig verdorben wird. Wer Anspruch auf ein frommes Pferd hat, der braucht die Frömmigkeit nicht erst durch eine rohe Behandlung, die jedem Pferdebesitzer weh tun muß, zu erzwingen; die Frömmigkeit muß bei einer anständigen Behandlung des Pferdes gegeben sein.

Wenn stallmutige Pferde aus dem Stalle geführt werden und aus Übermut hinausfeuern, so ist das kein Mangel, sondern ein Zeichen der Gesundheit und Gehlust.

Wenn ein Pferd durch das Geschrei aus der Schule stürmender Kinder, oder auch nur durch das plötzliche, ohne vorherigen Anruf also unerwartete Herantreten einer Person erschreckt wird und deshalb

---

[2]) Es gibt ausgelernte Schläger, die nach vorwärts schlagen.

hinausschlägt, so entspricht das der Natur auch eines gutartigen Pferdes;[3] auch daraus ist ein Mangel der Frömmigkeit noch nicht abzuleiten, daß das Pferd aus einem solchen Anlaß durchgeht; es muß sich aber durch sachgemäße Hilfen wieder in den Gehorsam bringen lassen.

Überhaupt begründet das Durchgehen nur dann den Mangel der Frömmigkeit, wenn der kundige Reiter oder Fahrer das Pferd ordnungsgemäß in der Hand hat.

Kopfscheuheit des Pferdes (Überempfindlichkeit des Pferdes bei Berühren des Kopfes) ist nur bei außergewöhnlich hohem Grad als ein erheblicher Mangel und als Mangel der Frömmigkeit anzusprechen. Der Mangel kann äußerst rasch entstehen, aber bei ruhiger Behandlung auch wieder abgewöhnt werden[4])

Das Strangschlagen auch niederen Grades ist als ein erheblicher Mangel anzusehen, durch den die Eigenschaft der Frömmigkeit ausgeschlossen wird. Diese üble Gewohnheit nehmen namentlich junge Stuten beim Einfahren leicht an; sie ist in der Regel nicht mehr zu beseitigen; die Untugend zeigt sich nicht immer im gleichen Grade und zu jeder Zeit. Bei Stuten tritt sie namentlich zur Zeit der Rossigkeit stärker hervor[5]).

Zu erwähnen ist, daß der Mangel der Frömmigkeit sich zuweilen nur periodisch zeigt, insbesondere kann man bei Stuten die Beobachtung machen, daß sie nur während der Rossigkeit widersetzlich sind[6]); solche Stuten sind nicht als fromm zu bezeichnen. Wenn die Ursache der Unfrömmigkeit in Dummkoller liegt, so tritt die Ungebärdigkeit regelmäßig nur zeitweise auf.

Es darf nicht übersehen werden, daß eine Veränderung der Umgebung auf das Verhalten des Pferdes in der ersten Zeit häufig nicht ohne Einfluß bleibt. Das Pferd wird durch den Stallwechsel, durch die Trennung von ihm vertrauten Gefährten, durch die Behandlung eines ungewohnten Pferdewärters aufgeregt, ängstlich und schreckhaft. Man muß ihm Zeit lassen, sich einzugewöhnen; der Pferdewärter darf es im Anfang nicht auf Kraftproben ankommen lassen, er muß sich durch Ruhe und Güte erst das Vertrauen des Pferdes erwerben. Ist dies aber geschehen, und das Pferd zeigt sich gleichwohl auch nach der Eingewöhnungszeit als widersetzlich, dann fehlt ihm die Eigenschaft der Frömmigkeit. Denn sie setzt voraus, daß sich ein Pferd bei richtiger Behandlung auch in neue Verhältnisse gewöhnen muß.

Selbstverständlich können für die Beurteilung der Frömmigkeit nicht durchaus abnorme Verhältnisse herangezogen werden. Das Pferd darf vor solchen Gegenständen nicht scheuen, die nach den Umständen gewöhnlich sind, z. B. nicht vor einem Fahrrad, Eisenbahnzug; wohl aber vor einem Kamel, denn an dessen Anblick ist ein Pferd unter normalen Verhältnissen nicht gewöhnt. Wenn ein Pferd vor Kraftwagen scheut, dann kommt es darauf an, ob das

---

3) Vgl. Fröhner 92 und 94.
4) Vgl. Fröhner 97.
5) Fröhner 85.
6) Ich kannte eine Stute, die merkwürdigerweise nur während der Rossigkeit fromm und sonst ein gefährlicher Schläger war.

Pferd bereits hinlänglich Gelegenheit hatte, sich an solche zu gewöhnen oder nicht. Ersteren Falls ist das Pferd nicht fromm. Wird aber ein Pferd in eine Stadt verkauft, so muß ein als fromm verkauftes Pferd stets automobilsicher sein.

Übrigens ist das Scheuen eines Pferdes vor einem Gegenstand nicht ohne weiteres ein Mangel der Frömmigkeit. Namentlich edle Pferde sind von Haus aus temperamentvoll und nervös. Nicht jede Aufgeregtheit und jeder Sprung begründet den Mangel der Frömmigkeit; er ist nur dann gegeben, wenn sich die Nervosität zur habituellen Widersetzlichkeit und somit zu einem Versagen des Pferdes trotz kundiger Führung steigert[6a].

Anderseits ist ein Pferd im Stall wie im Dienstgebrauch nur dann als fromm zu bezeichnen, wenn es sich der sachgemäßen Behandlung einer jeden kundigen Person unterordnet. Ein Pferd, welches nur durch den ihm vertrauten Wärter[7]) behandelt werden kann, ist nicht fromm (vgl. oben S. 242).

Eine unangenehme Eigenschaft ist das sogen. Kleben (Anhängen) von Reitpferden. Das Pferd will sich nicht von seinem Stalle entfernen, es klebt. Oder es will sich nicht von anderen Pferden, in deren Gesellschaft es geht, wegreiten lassen. Hier kommt es auf den Grad des Fehlers und der hiedurch bedingten Widersetzlichkeit an. Das Kleben an andere Pferde ist zumeist leicht abzugewöhnen, unangenehmer ist das Kleben am Stall. Bringt ein Reiter mittlerer Qualität das Pferd nicht weg, so ist das Pferd nicht fromm[8]).

Das Kleben von Wagenpferden bildet regelmäßig keinen erheblichen Mangel, weil es einem Fahrkundigen gelingt, trotzdem mit den Pferden fertig zu werden und die Untugend mit der Zeit abzugewöhnen[9]). Die Pferde können auch als fromm gelten, wenn die Untugend nicht übermäßig ist.

Der Sattelzwang und ein dadurch bedingtes Bocken des Pferdes nach dem Besteigen schließt die Eigenschaft der Frömmigkeit aus. Dagegen liegt ein Mangel der Frömmigkeit nicht schon darin, daß das Pferd beim Satteln unruhig ist und deshalb dem Satteln gewisse Schwierigkeiten bereitet, sich auch aufbläht, so daß später nachgegurtet werden muß.

Ein Kutschpferd, welches die üble Angewohnheit des Leinenfangens (s. oben S. 242) hat, ist nicht fromm.

Ein Pferd, welches in sehr erheblichem Grade die Untugend hat, gegen die Stallwände zu schlagen, ist nicht als fromm zu bezeichnen, weil sich das Pferd hierdurch selbst gefährdet[10]).

6a) Vgl. Fröhner 95.

7) Es gibt Pferdewärter, die auch mit dem ärgsten Massik fertig werden. Furchtlosigkeit und dadurch herbeigeführte Sicherheit des Auftretens gegenüber dem Pferd ist die wichtigste Voraussetzung dieser Behandlungskunst. Einer allenfallsigen Widersetzlichkeit folgt eine energische aber kurze Bestrafung unmittelbar auf dem Fuß. Solche Leute halten auch ein bösartiges Pferd im Zaum. Aber das Pferd ist deswegen nicht als fromm zu bezeichnen. Solche Pferdewärter, die dem Pferd die Schneid abzukaufen wissen und es dabei doch nicht verderben, sind selten. Als fromm kann ein Pferd nur bezeichnet werden, wenn es sich von jedem tüchtigen Wärter mittlerer Art und Güte behandeln läßt.

8) Vgl. Nagel 400. Vgl. auch Dieckerhoff 662.

9) Fröhner 86.

10) Nagel 426.

Wenn sich ein Kutschpferd widersetzlich gegen das Anlegen von Scheuklappen zeigt, so liegt, wenn der Grad der Widersetzlichkeit eine Gefährdung in sich schließt, Mangel der Frömmigkeit vor, da das Fahren mit Scheuklappen der Kutschpferde gemeinüblich ist[11]).

Beschränkt sich die Zusage auf „stallfromm" oder „schmiedefromm" oder „fromm im Geschirr", so ist auch nur das Verhalten des Pferdes im Stall oder auf der Beschlagbrücke oder beim Dienstgebrauch unter Haftung gestellt. Diese spezielle Haftung ist aber in ihrer Beschränkung konzentrierter als bei einer allgemeinen Haftung wegen Frömmigkeit.

Manche Pferde haben zumeist infolge eines Juckreizes die üble Angewohnheit des Hautnagens oder Aderbeißens (auch Deckenreißen genannt). Dieser Mangel ist erheblich, steht aber mit der Frömmigkeit nicht in Beziehung. Das Krippenbeißen, Nagen an den Lattierbäumen, Abstreifen des Halfterriemens, Augenscheuern beeinträchtigen die Eigenschaft „stallfromm" nicht[12]); dagegen ist ein gewohnheitsmäßiger Weber nicht als stallfromm zu bezeichnen. Einem Pferde ist deswegen, weil es die Angewohnheit hat, so weit aus dem Stande zurückzutreten als der Halfterriemen reicht[13]), die Eigenschaft der Stallfrömmigkeit nicht abzusprechen.

Dagegen sind Rinder, welche gewohnheitsmäßig ein Bestreben haben von der Kette los zu kommen, wegen der hiermit verbundenen Selbstgefährdung (Erwürgen)[14]) nicht als fromm zu bezeichnen.

Hat ein Pferd die üble Angewohnheit, mit den Vorderfüßen zu scharren, und nimmt dies ein solches Ausmaß an, daß der Beschlag der Pferde darunter leidet[15]) und infolge der hierdurch nötigen öfteren Erneuerung die Hufe gefährdet werden, so ist das Pferd nicht stallfromm. Die nur allgemein gegebene Zusicherung der Frömmigkeit würde ich dagegen nicht als verwirkt betrachten. Einem Pferde, welches die Gewohnheit hat, im Stall einen Fuß auf die Krone des Nebenfußes zu stellen, wodurch leicht ein Kronentritt herbeigeführt werden kann[16]), möchte ich deshalb die Stallfrömmigkeit nicht absprechen; denn diese Untugend steht mit dem Begriffe der Frömmigkeit nicht in Beziehung. Ebensowenig sind Pferde, welche die Gewohnheit haben, das Haberfutter durch Ausstreuen zu vergeuden[17]), deshalb der Stallfrömmigkeit verlustig.

Schmiedefromm oder beschlagfromm ist jenes Pferd, welches die zu einem ordnungsgemäßen Hufbeschlage nötigen Handlungen willig, d. h. ohne Anwendung von Zwangsmitteln (die Nasenbremse ausgenommen)[18]), vornehmen läßt. Es dürfen zum Beschlagen nicht mehr als zwei Personen (Beschläger und Aufhalter) nötig sein. Wenn sich ein Pferd nur im gewohnten Stalle, aber nicht in der

---

11) Fröhner 97.
12) Vgl. Nagel 427.
13) Wrangel, Buch vom Pferde 1, 180.
14) Reuter 313.
15) Wrangel, a. a. O. 184.
16) Wrangel, a. a. O. 184.
17) Wrangel 186.
18) Reuter 295; Fröhner 88.

Schmiede beschlagen läßt, wenn es sich nur von seinem gewohnten Wärter den Fuß aufheben läßt, ist es nicht schmiedefromm[19]).

Wegen der Beweislast für das Vorhandensein des Mangels der Frömmigkeit zur Zeit des Gefahrüberganges s. oben S. 99 f.

§ 43.

Gewährleistung für Trächtigkeit.

Die Übernahme der Gewährleistung für Trächtigkeit spielt im Viehhandel eine große Rolle. Hiebei handelt es sich nicht etwa um eine Bedingung, von deren Erfüllung der Vertrag abhängig ist, auch nicht um einen neben dem Kauf hergehenden Nebenvertrag besonderer Art (pactum sui generis), auf den die Vorschriften über den Kauf nur entsprechend anzuwenden wären, sondern um eine besonders geartete Zusicherung einer Eigenschaft im Sinne der §§ 459 Abs. 2, 492 BGB.[1]). Diese Auffassung liegt der gesamten Rechtsprechung über Gewähr für Trächtigkeit zugrunde[2]). Dagegen ist die Streitfrage, wann bei Zusicherung der Trächtigkeit der Gewährleistungsanspruch des Käufers verjährt, immer noch nicht endgültig ausgetragen.

I.

Unter Trächtigkeit ist der Zustand eines weiblichen Tieres zu verstehen, während dessen sich ein Junges im Mutterleib befindet[3]).

So wird der Begriff der Trächtigkeit von der Wissenschaft, aber auch vom rechtlichen Verkehr aufgefaßt. Der Verkäufer eines Tieres, der die Gewährleistung für Trächtigkeit übernimmt, will für nichts weiter einstehen, als daß das Tier mit Erfolg gedeckt ist. Weiter geht sein Verpflichtungswille nicht. Er haftet also nicht dafür, daß das Tier geeignet sei, normalerweise Junge zur Welt zu bringen und somit frei von Fehlern sei, die das normale Kalben verhindern[4]).

Folglich haftet der Verkäufer auch nicht dafür, daß die vorhandene Trächtigkeit eine normale ist. Der Verkäufer hat also seiner Gewährleistungspflicht auch dann genügt, wenn bei dem Tier eine Extra-uterin-Trächtigkeit (Bauchhöhlen-Trächtigkeit) vorhanden ist[5]).

Anders wäre der Fall zu beurteilen, wenn etwa festgestellt werden könnte, daß das Tier zur Zeit der Übergabe eine schon im Absterben befindliche, oder gar schon abgestorbene Frucht in sich trug, denn eine solche Kuh ist nicht mehr trächtig im Sinne des Vertrags.

II.

Die früher herrschende, auch jetzt noch von Stölzle[6]) mit Nachdruck vertretene Ansicht ging dahin, daß bei einer Gewährleistung für Trächtigkeit (ohne Gewährfrist) den Vorschriften der §§ 492 und 490

---

[19]) Reuter 295.

[1]) Stölzle, JW. 1902, 118 und Viehkauf 486; HessRspr. 1901, 171 (LG. Mainz); Fromherz bei Gruchot 55, 224; SchlHolstA. 1910, 267 (Kiel).

[2]) Vgl. die Urteile die unten S. 256 aufgeführt sind.

[3]) Recht 1917 Nr. 33 (RG.). (Vgl. Stölzle 472; Malkmus 597.)

[4]) Recht 1917 Nr. 33 (RG.).

[5]) A. M. Stölzle 472; Malkmus 597.

[6]) Stölzle 485 ff.

BGB. entsprechend der Wandlungs- oder Schadenersatzanspruch in 6 Wochen seit der Ablieferung des Tieres verjähre.

1. Zutreffend geht Stölzle davon aus, daß in der Zusicherung der Trächtigkeit ohne Festlegung eines Endtermines die Vereinbarung einer Gewährfrist nicht liege. Dagegen ist seiner Annahme, daß in einer solchen Zusicherung auch nicht die Vereinbarung einer Hinausschiebung des Beginns der Verjährungsfrist liege, entschieden entgegenzutreten.

Gewiß ist die Trächtigkeit eine Eigenschaft und nach dem Gesetz gibt es daher an sich nur zwei Möglichkeiten: entweder es ist eine Gewährfrist vereinbart, dann verjährt der Gewährleistungsanspruch in 6 Wochen vom Ende der Gewährfrist an, oder aber es ist eine Gewährfrist nicht vereinbart, dann beginnt die sechswöchige Verjährung mit der Ablieferung des Tieres. Stölzle hat ganz recht, wenn er sagt, eine gesetzliche Bestimmung, daß die Verjährungsfrist in Viehgewährschaftssachen erst von der Kenntnis des Mangels an laufen würde, gibt es nicht, und daß somit nach dem Gesetz der Gewährleistungsanspruch auch dann der kurzen Verjährung unterliegt, wenn der Mangel erst nach Ablauf der Verjährung entdeckt wurde, ja vorher gar nicht entdeckt werden konnte[7]). Stölzle irrt jedoch, wenn er aufstellt, daß sich damit alle weiteren Ausführungen in der zweiten Auflage meiner Viehgewährschaft (1908) erledigen. Denn es ist anerkannten Rechtes und wird an anderer Stelle[8]) auch von Stölzle nicht übersehen, daß die gesetzlichen Vorschriften über den Beginn der Verjährung nachgiebiges Recht sind und somit die Vertragsteile den Beginn der Verjährungsfrist durch Vereinbarung, also auch durch stillschweigende Vereinbarung hinausschieben können. Damit sind wir erst beim Kernpunkt der Streitfrage angelangt. Eine stillschweigende Willenserklärung ist in einem solchen Verhalten zu finden, das nach Lage der Sache keine andere Deutung zuläßt, als die, daß dadurch einem anderen ein bestimmter Wille kundgegeben werden soll. Es genügt, wenn die schlüssigen Handlungen mit Gewißheit und jede andere Deutung ausschließend den nicht ausgesprochenen Willen erkennbar zum Ausdruck bringen. Hiefür sind die besonderen Umstände im Zusammenhalt mit der Vorschrift des § 157 BGB. maßgebend. Darnach muß jeder seine Erklärungen, auch die stillschweigenden, in dem Sinne gegen sich gelten lassen, in dem sie von dem anderen nach Treu und Glauben und nach der Auffassung des Verkehrs zu verstehen sind[9]). Wenn nun beim Kauf die Haftung des Verkäufers für einen Mangel in Frage steht, von dem der Käufer vor Ablauf der kurzen gesetzlichen Verjährungsfrist eine sichere Kenntnis gar nicht erlangen kann, dann führt die Anwendung des gesetzlichen Grundsatzes, daß der Gewährleistungsanspruch gleichwohl in dieser kurzen Frist verjährt[10]), zu einer unverständlichen Unbilligkeit. Der darin liegenden Härte des Gesetzes kann eine verständige Vertragsauslegung durch die Fest-

---

[7]) Stölzle 477.
[8]) Stölzle 494.
[9]) Vgl. RGK. Vorbem. vor § 116; Warneyer 1919 Nr. 132; RG. 67, 433; 68, 128; JW. 1910, 573; 1915, 19.
[10]) RG. 61, 177.

stellung begegnen, daß nach dem stillschweigend erklärten Vertragsinhalt die Verjährung erst mit dem Zeitpunkte beginnen soll, in welchem sich der Mangel herausstellt[11]. Darin allein, daß eine gesetzliche Vorschrift zu einem als unbillig empfundenen Ergebnis führt, kann freilich noch nicht der Ausschluß dieser Vorschrift durch stillschweigende Vereinbarung gefunden werden. Es müssen noch weitere Umstände hinzukommen, um diese Annahme zu rechtfertigen[12]. Derartige Umstände sind aber darin zu erblicken, daß gerade eine solche Eigenschaft ausdrücklich zugesichert wird, von der die Vertragsteile von vorneherein wissen, daß sich der Mangel dieser Eigenschaft innerhalb der kurzen Verjährungsfrist bei normalem Verlauf gar nicht herausstellen kann. Diesen Umstand wird man für sich allein als genügend erachten müssen. Es tritt aber bei der Zusicherung der Trächtigkeit der weitere Umstand hinzu, daß die Vertragsteile ferner wissen, daß durch ein in der Zukunft aber bestimmt eintretendes Ereignis eine Änderung, insbesondere eine Veränderung im Zustande des Tieres (hier durch das Werfen, oder bei anormalem Verlauf durch das Verwerfen oder den Tod des Tieres) herbeigeführt werden und mit dieser Änderung die Entscheidung darüber fallen wird, ob die zugesicherte Eigenschaft vorhanden ist oder nicht. In einem solchen Fall hätte die Zusicherung überhaupt keinen vernünftigen Sinn, wenn die Vertragsteile nicht unterstellen würden, daß dem Käufer der Gewährleistungsanspruch für diese zugesicherte Eigenschaft bis zu dem Zeitpunkte gewahrt sein soll, in welchem diese Veränderung eintreten und damit die Entscheidung fallen wird. Unter solchen Umständen ist der Schluß zwingend, daß die Vertragsteile stillschweigend den Beginn der Verjährungsfrist auf diesen Zeitpunkt verschoben haben.

In Anwendung dieser Grundsätze hat das Reichsgericht bei dem Verkauf eines Hengstes unter der Zusicherung der Zuchttauglichkeit, deren Vorhandensein sich erst nach Ablauf einer gewissen Zeit feststellen läßt[13], entschieden und den Umstand, der in zwingender Weise auf eine stillschweigende Hinausschiebung des Verjährungsbeginns schließen läßt, schon darin gefunden, daß von vorneherein — wie den Vertragsteilen natürlich klar war — die Möglichkeit ausgeschlossen war, innerhalb 6 Wochen eine Feststellung über die Zuchttauglichkeit zu treffen, so daß in diesem Falle die Zusicherung, wenn sie überhaupt einen Sinn hatte, nur so von den Parteien gemeint sein konnte, daß gleichzeitig dem Käufer das Recht zu einer entsprechenden späteren Geltendmachung des Mangels eingeräumt wurde. „Diese Vereinbarung bedurfte, da sie sich aus der Natur der Sache ergab, nicht eines besonderen Ausdruckes in den Parteiabreden“[14].

Diese Gründe treffen wörtlich und sogar in verstärktem Maße auch auf die Zusicherung der Trächtigkeit zu; denn auch hier ergibt

---

11) Staub-Pinner, Bem. 144 zu § 377 HGB.; Staudinger-Kober, Bem. 5 zu § 477.

12) Gruchot 55, 919 (RG.); JW. 1909, 169 (RG.).

13) Es muß erst abgewartet werden, bis sich zeigt, ob der Hengst in der Tat mit oder ohne Erfolg deckt. Dazu ist nachgewiesene Trächtigkeit einer vom Hengst gedeckten Stute erforderlich.

14) JW. 1914, 590 (RG.).

sich bei einer verständigen Vertragsauslegung aus der Natur der Sache, daß dem Käufer nicht zugemutet und von ihm nicht übernommen werden sollte, sich mit einer Gewährleistung zu begnügen, deren Wertlosigkeit den beiden Vertragsteilen bewußt gewesen wäre. Der Käufer wollte eine solche wertlose Gewährleistung sicher nicht haben und der Verkäufer war sich darüber durchaus im Klaren. Indem er die vom Käufer verlangte Gewähr für Trächtigkeit im Bewußtsein leistete, daß sich der Käufer die Geltendmachung des Gewährleistungsanspruchs bis zur Herausstellung des Mangels wahren wollte, erklärte er stillschweigend seine Zustimmung zu dieser Auffassung des Käufers. Auf diese stillschweigende Erklärung des Verkäufers nicht auf seinen etwa entgegenstehenden inneren Willen kommt es an[15]).

Die Trächtigkeitsgewähr bildet einen werterhöhenden Umstand, sie ist die dem höheren Kaufpreis entsprechende Gegenleistung des Verkäufers. Sie soll dem Käufer nicht eine scheinbare, sondern eine wirkliche Sicherheit dafür bieten, daß das Tier auch in der Tat trächtig ist. Diese Sicherheit hat der Verkäufer aber nur dann, wenn ihm die Geltendmachung seines Anspruchs bis zu dem Zeitpunkte gewahrt bleibt, in welchem sich erst entscheiden kann, ob diese Eigenschaft vorhanden ist[16]). Bei der Vertragsauslegung muß man voraussetzen, daß die Parteien redlich und vernünftig handeln wollten. Das ist aber nur dann der Fall, wenn beide Teile darüber einig waren, daß der Käufer einen Rechtsverlust durch Verjährung solange nicht erleiden soll, als er den Mangel der zugesicherten Eigenschaft nicht wissen und nicht geltend machen kann[17]). Dieser Schluß ist unter den angegebenen Umständen zwingend.

2. Hier erhebt nun Stölzle[18]) den Einwand, es sei gar nicht richtig, daß der Mangel der Trächtigkeit in der sechswöchentlichen Frist nicht festgestellt werden könne. Dies sei auch dann möglich, wenn beim Kaufabschluß und bei der Übergabe das verkaufte Tier eben erst trächtig geworden sei. Damit glaubt Stölzle, die Beweisführung für eine stillschweigende Vereinbarung aus den Angeln heben zu können. Aber dieser Angriff verfehlt das Ziel.

Stölzle erwähnt zunächst die Versuche, die Dr. Wecke[19]) mit dem sogenannten Abderhaldenschen Verfahren angestellt hat, wobei sich bei 56 Versuchen nur 3 Fehlresultate ergeben hätten. Dr. Wecke fasse die Ergebnisse seiner Arbeit dahin zusammen, daß das Dialysierverfahren mit sehr großer (!) Sicherheit eine Feststellung der Trächtigkeit bei Kühen, besonders in ihrem frühen Stadium ermögliche. Die Mikrostickstoffbestimmung sei bei Kühen eine ausgezeichnete Ergänzung des Dialysierverfahrens. Sie liefere genau parallele Ergebnisse und sei daher eine vorzügliche Kontrolle. Auch bei Stuten

---

15) BayZ. 1913, 53 (LG. Würzburg, 5. März 1912); Gruchot 55, 228 (LG. Karlsruhe, 24. Sept. 1910); RG. 68, 128; JW. 1915, 19. Damit erledigt sich der Einwand Stölzles 502, daß der Verkäufer nicht über die gesetzliche Verjährungsfrist hinaus haften wolle und gerade deshalb nur für Trächtigkeit ohne Angabe eines Endtermins Gewähr leiste.

16) Hanke bei Gruchot 58, 624 f.

17) BayZ. 1911, 471 (LG. Schweinfurt, 17. November 1911).

18) Stölzle 510 ff.

19) Münchener Tierärztl. Wochenschrift 1916 Nr. 1, 6.

lasse sich das Verfahren mit gutem (!) Erfolg anwenden. Sodann verweist Stölzle auf die Ansicht verschiedener Sachverständiger[20]) wonach durch manuelle Untersuchung die Trächtigkeit schon in einem sehr frühen Stadium festzustellen sei. Es sei mit entsprechender Übung und Erfahrung heute den allermeisten (!) Tierärzten möglich eine Trächtigkeit beim Rind von der sechsten Woche an, sehr guten schon am Ende der vierten Woche durch Abtasten der inneren Geschlechtsorgane von der Scheide und vom Mastdarm aus festzustellen[21]). Hinsichtlich der Stuten verweist Stölzle auf Knauer[22]).

Sogar aus dieser Auswahl von Stimmen der tierärztlichen Wissenschaft wäre die Folgerung zu ziehen, daß selbst bei Anwendung der modernsten Untersuchungsmethoden und bei manueller Untersuchung durch die geschicktesten Tierärzte die Feststellung der Trächtigkeit in den ersten sechs Wochen problematisch ist. Die Praxis weist noch größere Schwierigkeiten auf. Sicher kann man einem Bauern, der eine trächtige Kuh gekauft hat, nicht zumuten, daß er die Kuh auf eine Tierarzneihochschule zur Untersuchung schickt; aber es sind auch nicht überall besonders geübte Tierärzte vorhanden, die im frühen Stadium die Trächtigkeit einwandfrei, nämlich mit absoluter Sicherheit feststellen, und, was noch schwieriger ist und worauf es allein ankommt, ausschließen können. Es ist auch im Verkehr nicht üblich, schon in den ersten Wochen das Tier auf Trächtigkeit untersuchen zu lassen, wodurch — namentlich wenn der Tierarzt aus weiter Entfernung geholt werden müßte — nicht unerhebliche Kosten erwachsen[23]). Und endlich sind für die Auslegung von Willenserklärungen nicht etwaige Ergebnisse der wissenschaftlichen Forschung maßgebend, sondern die Auffassung der Vertragsteile. In den am Rechtsverkehr beteiligten Kreisen ist allgemein die Ansicht verbreitet, daß man mindestens in den ersten sechs Wochen nach der Aufnahme des Tieres die Trächtigkeit mit Sicherheit nicht ausschließen kann. Wenn aber lediglich Trächtigkeit gewährt ist, hat der Verkäufer seiner Gewährpflicht auch dann genügt, wenn das Tier erst unmittelbar vor der Übergabe trächtig geworden ist.

Indes entsprechen die von Stölzle ausgewählten Stimmen von Sachverständigen keineswegs der herrschenden Ansicht der tierärztlichen Wissenschaft. Es genügt, hiefür auf die erste Autorität zu verweisen: Professor Fröhner, der den tierärztlichen Teil des Viehkaufs von Stölzle verfaßt hat, aber dort über diese Frage nicht zum Wort gekommen ist, spricht sich folgendermaßen aus[24]).

„Die sichere Feststellung der Trächtigkeit ist beim Rind im allmeinen erst innerhalb der letzten vier bis fünf Monate, mithin im vierten Trächtigkeitsmonat möglich (Durchschnittsdauer neun Mo-

---

20) Namentlich Dr. Zieger, Berl. Tierärztl. Wochenschrift 1922, 49 ff.; Dr. Falcoianu, Professor in Bukarest, Berl. Tierärztl. Wochenschrift 1923, 110; Dr. Zieger u. Dr. Zschische, „Die Diagnose der Trächtigkeit des Rindes und die Sterilität", 2. Aufl. (Leipzig 1922).

21) Dr. Nörr, Professor an der Universität Sofia, bei Stölzle 514.

22) Knauer, „Die Bedeutung der interferometrischen Methode für den Nachweis der Trächtigkeit bei Stuten" (Deutsche Tierärztl. Wochenschrift 1923, 354).

23) Das kann ihm nicht zugemutet werden. OLG. 40, 302 (OLG. Kiel, 13. Dezember 1919).

24) Fröhner, Geh. Regierungsrat und o. Professor, Direktor der medizinisch-forensischen Klinik der Tierärztl. Hochschule in Berlin, Lehrbuch der gerichtlichen Tierheilkunde (5. Auflage, 1921) 219 f.

nate = 40 Wochen = 280 Tage). Geübte Untersucher können die Trächtigkeit beim Rind auch schon im zweiten und dritten Trächtigkeitsmonat rektal nachweisen. Für die forensische Diagnose allein entscheidend ist der palpatorische **Nachweis** des Fötus von der rechten Bauchwand aus, das **Fühlen** und Sehen der Eigenbewegungen des Fötus **und die rektale Untersuchung** . . . .

Durch die **Rektaluntersuchung** läßt sich die Trächtigkeit auch bei Stuten im allgemeinen im 4. bis 5. Trächtigkeitsmonat, von **geübten Untersuchern** schon im 3. bis 4. Trächtigkeitsmonat, ferner durch die äußere Untersuchung (Palpation der linken Bauchwand) vom 7. bis 8. Monat ab sicher feststellen (Durchschnittsdauer 11 Monate). Das Nichtvorhandensein der Trächtigkeit ist gewöhnlich intra vitam mit Sicherheit nicht festzustellen.

Ob die von Abderhalden zum Nachweis der Trächtigkeit empfohlene Methode, sowie das Dialysierverfahren völlig zuverlässig und für forensische Zwecke praktisch geeignet ist, erscheint fraglich. Schattke (Zeitschr. f. Vet. 1913) hat je 54 trächtige und nicht trächtige Rinder untersucht, und glaubt, daß das Dialysierverfahren eine zuverlässige diagnostische Methode ist, wegen ihrer Schwierigkeit jedoch nur in besonderen Instituten ausgeführt werden kann. Auch Mießner (DTW. 1914), Rehbock (Berl. Arch. 1914), Richter (Zeit. f. Tiermed. 1913) und Weise (Arch. f. Hyg. 1916) haben über günstige Resultate bei Tieren berichtet, betonen jedoch, daß dem Verfahren keine ausschlaggebende Rolle zukommt, sondern daß wegen der nicht seltenen Fehlresultate nur eine Wahrscheinlichkeitsdiagnose gestellt werden kann (Unterstützung des klinischen Befunds)."

Es muß somit entgegen der Aufstellung Stölzles nach dem derzeitigen Stand der Wissenschaft als feststehend erachtet werden, daß das Vorhandensein der Trächtigkeit bei Kühen und Pferden in den ersten sechs Wochen der Trächtigkeitsperiode mit Sicherheit nicht ausgeschlossen werden kann[25]).

3. Es ist also daran festzuhalten: In der Gewährleistung für Trächtigkeit liegt nach der Natur der Sache zugleich auch eine stillschweigende Vereinbarung über eine entsprechende Hinausschiebung des Beginns der Verjährungsfrist. Es fragt sich nur, wo die zeitliche Grenze zu finden ist. Der Natur der Sache entspricht es, den Beginn der Verjährung bis zu dem Zeitpunkte hinauszuschieben, in welchem sich mit Sicherheit herausstellt, ob die zugesicherte Eigenschaft der Trächtigkeit vorhanden ist oder nicht. Das ist der Ablauf der natürlichen Trächtigkeitsdauer. Ob man die Höchstträchtigkeitsdauer oder die normale Trächtigkeitsdauer annimmt, spielt für die Praxis keine Rolle. Mir ist kein Fall bekannt, in welchem es auf diesen Unterschied angekommen wäre. Es wird aber grundsätzlich anzunehmen sein, daß die Höchstträchtigkeitsdauer entscheidet. Wird Trächtigkeit zugesagt, so kann der Käufer nicht mehr verlangen, als daß das Tier eben erst mit Erfolg gedeckt ist. Der Käufer muß also auch

[25]) Die Prozeßerfahrung lehrt ja, daß schon wiederholt Sachverständige eine Kuh, die sich später als hoch trächtig erwiesen hat, trotz eingehender Untersuchung als nicht trächtig bezeichneten (Hanke bei Gruchot 58, 628).

dann zufrieden sein, wenn das Tier erst zu einem die normale Trächtigkeitsperiode überschreitenden Zeitpunkt wirft[26]). Eine andere Auffassung ist gar nicht möglich. Man setze den Fall, daß am 1. August eine Kuh mit der Gewährschaft für Trächtigkeit seit zwei Monaten verkauft wurde. Die normale Trächtigkeit würde am 12. März ablaufen. Die Kuh wirft aber erst am 30. April. Wie soll hier festgestellt werden, ob der Verkäufer seine Gewährpflicht erfüllt hat. — Klagt er vorher, so wird er abgewiesen.

Da die stillschweigende Hinausschiebung des Verjährungsbeginns auf der Erwägung der Vertragsteile beruht, daß eine Gewährleistung keinen Wert hat, die schon erlischt, bevor sich bei normalem Verlauf der Mangel herausstellen kann, so sind sie auch darüber stillschweigend einig, daß die Verjährung, falls sich ausnahmsweise der Mangel schon vor Ablauf der Trächtigkeit mit Sicherheit herausstellen sollte[27]), schon mit diesem früheren Zeitpunkt beginnen soll. Es ist Sache des Verkäufers, zu beweisen, daß dies der Fall war. Weil die Erfahrung lehrt, daß sich der Tierarzt bei der Ausschließung der Trächtigkeit täuschen kann, so wird durch ein tierärztliches Gutachten, das beim lebenden Tier Trächtigkeit ausschließt, diese Sicherheit noch nicht begründet, noch weniger dadurch, daß die Kuh wieder rindert (die Stute wieder rossig wird). Von praktischer Bedeutung wird daher nur der Fall sein, daß die Nichtträchtigkeit durch Sektion des toten Tieres festgestellt wird oder daß — bei Trächtigkeitszusage mit fest bestimmter Dauer — sich beim Verwerfen zeigt, daß der Reifegrad des Fötus dieser Zusage nicht entspricht.

4. Sieht man von der praktisch wenig bedeutsamen Meinungsverschiedenheit darüber ab, ob die höchste oder die normale Trächtigkeitsdauer entscheidet und ob schon durch die frühere sichere Kenntnis des Käufers von der Nichtträchtigkeit die Verjährung in Lauf gesetzt wird, so ist festzustellen, daß bei Zusicherung für Trächtigkeit die neuere Rechtsprechung (seit 1909) sich weitaus überwiegend der in der zweiten Auflage meiner Viehgewährschaft (1908) vertretenen Ansicht angeschlossen hat, und den Beginn der Verjährung durch stillschweigende Vereinbarung auf den Zeitpunkt verschoben erachtet, zu wel-

---

[26]) Krückmann, JW. 1912, 578; Fromherz, Gruchot 55, 229; Staudinger-Kober, Bem. 1 d zu § 492; BadRspr. 1910, 16 (LG. Mosbach); Gruchot 55, 228 (LG. Karlsruhe, 24. September 1910). Für normale Trächtigkeitsdauer tritt dagegen ein Hanke 58, 625, weil die Parteien nicht einen außergewöhnlichen, sondern den regelmäßigen Verlauf der Dinge ins Auge fassen. Ähnlich AG. Aschaffenburg (25. Oktober 1907).

In einem gewissen Widerspruch zu der Ansicht Hankes steht aber seine in anderem Zusammenhang aufgestellte und zweifellos richtige Bemerkung, daß der Käufer mit einer Garantie für Trächtigkeit nicht zusichere, daß gerade bis zum Ablauf der normalen Trächtigkeitsdauer ein Junges erscheine und daß daher die Kuh dem Vertrag entspreche, wenn die Kuh erst später kalbe. — Wenn für hochträchtig gewährt ist, wird man mit der Annahme, daß die Verjährung mit dem Ablauf der normalen Trächtigkeitsperiode beginnt, nicht durchkommen. Denn der Verkäufer hat doch nur dafür einzustehen, daß der Grad der Trächtigkeit ein hoher ist, nicht dafür, daß das Tier auch zu dem diesem Grad entsprechenden Zeitpunkte wirft.

[27]) Nur in diesem Sinn ist Kenntnis des Käufers von dem Mangel anzunehmen. Mit dieser Kenntnis lassen die Verjährung beginnen: Fromherz bei Gruchot 55, 232; Staudinger-Kober, Bem. 1 d zu § 492. Vgl. auch Krückmann, JW. 1912, 573; RG. 65, 121. Dagegen halten Schefold im Recht 1910, 803 ff.; Hanke bei Gruchot 58, 628 an den Endtermin der natürlichen Trächtigkeitsperiode für den Beginn der Verjährungsfrist auch dann fest, wenn sich schon vorher die Nichtträchtigkeit herausgestellt hat.

chem die natürliche Trächtigkeitsperiode abgelaufen ist. In diesem Sinne sind folgende Entscheidungen ergangen:

1. LG. Marburg (1. April 1909, 3 S. 168, 08);
2. LG. Memmingen (8. Mai 1909, Samml. Stölzle 181);
3. LG. Mosbach (6. Nov. 1909, Bad. Rspr. 1910, 16);
4. LG. Memmingen (8. Juli 1910, SeuffBl. 75, 776);
5. LG. Karlsruhe (24. Sept. 1910, Gruchot 55, 228);
6. LG. Schweinfurt (17. Nov. 1911, BayZ. 1911, 471);
7. LG. Marburg (15. Jan. 1912, 3 S. 198, 11);
8. LG. Würzburg (5. März 1912, BayZ. 1913, 53, bei Gewährschaft für ein Kalb);
9. LG. Gießen (15. Sept. 1914, Hess. Rspr. 1915, 279);
10. OLG. Kiel (13. Dez. 1919, OLG. 40, 320);
11. Hierher ist auch RG. JW. 1914, 590 zu rechnen, da die Zusicherung der Trächtigkeit in diesem Punkte genau so zu beurteilen ist, wie der dort vom RG. behandelte Fall der Zuchttauglichkeit eines Hengstes (vgl. oben S. 241).

Auch das Urteil des RG. vom 18. Febr. 1906 II 227/06 (s. oben S. 169 N. 24) kann hiefür angeführt werden. Dort hat das RG. bei Zusicherung der Vollbluteigenschaft eines Pferdes die Annahme des OLG. gebilligt, das die stillschweigende Hinausschiebung des Beginns der Verjährung bis zur bedungenen Lieferung des Pedigrees durch den Verkäufer aus dem Umstand abgeleitet hat, daß der Käufer erst durch die Einsicht in das Pedigree in die Lage versetzt wurde, das Vorhandensein der Vollbluteigenschaft festzustellen.

Hinsichtlich der Trächtigkeit wird meine Ansicht ferner geteilt von Staudinger-Kober Bem. 1d zu § 492; Planck, Bem. 2 zu § 492; Fromherz bei Gruchot 58, 628; Andrae, Hess. Rspr. 1920, 44; Ohnsorge, Sächs. A. 1913, 82; Hanke, GruchotsBeitr. 58 625; im Ergebnis auch von Hirsch, WürttZ. 1914, 244; Schefold, Recht 1910, 803 und JW. 1914, 780; Krückmann, 68 und JW. 1912, 578[28]). Landgerichtsdirektor und Universitätsprofessor Dr. Sauer, der Verfasser der „Gewährleistung bei Viehveräußerungen" teilte mir am 23. Nov. 1926 nach Durchsicht meines Manuskriptes mit, daß er sich hinsichtlich der Hinausschiebung der Verjährungsfrist meiner Anschauung durchweg anschließe.

Die Ansicht Stölzles dagegen wird seit dem Jahre 1909 nur noch von folgenden Kollegialgerichten gebilligt:

---

[28]) Krückmann schiebt den Beginn der Verjährung unter Zuhilfenahme des § 202 BGB. (Hemmung) hinaus. Der Verkäufer könne sich gegenüber dem Wandlungsbegehren darauf berufen, daß der Käufer erst einmal die Zeit abwarten müsse, bis zu deren Ablauf sich die Gewährleistung noch erfüllen könne. Es müßte aber doch erst bewiesen werden, aus welchem gesetzlichen Grund der Verkäufer berechtigt sein soll, bis zum Ablauf der Trächtigkeitsperiode die Zustimmung zum Wandlungsbegehren zu verweigern. Man würde auch hiefür nur eine stillschweigende Vereinbarung annehmen können. Weil aber der Verkäufer nach Krückmann vor Ablauf der Trächtigkeitsperiode nicht zur Zustimmung verpflichtet ist, könnte ihn der Käufer auch nicht vorher darauf verklagen. Bei der von mir vertretenen stillschweigenden Hinausschiebung des Beginns der Verjährung ist der Käufer natürlich zur Klage schon vorher berechtigt. Hierin besteht der praktische Vorzug dieser Ansicht. In JW. 1912, 573 führt Krückmann allerdings aus, daß der Käufer schon früher klagen könne, wenn er den Beweis als einen unwiderleglich offenbaren erbringen könne.

1. LG. Aschaffenburg (3. Mai 1912, BayZ. 1913, 52);
2. LG. Schneidemühl (23. Nov. 1915, Posen MSchr. 1915, 152);
3. LG. Augsburg (11. Nov. 1916, F. 92, 16);
4. LG. Freiburg (28. Okt. 1919 in Sachen Müller . . Schmelzle);
5. LG. Göttingen (1. Juni 1921, 1 S. 114/21/7).

Die von Stölzle 515 f. gegebene Zusammenstellung über die Rechtsprechung der Gerichte ist geeignet, einen unrichtigen Eindruck zu erwecken. Er stellt dort 18 Entscheidungen, die seinen Standpunkt vertreten, 8 Entscheidungen des gegnerischen, von mir vertretenen Standpunktes gegenüber. Während letztere 8 Entscheidungen sämtlich aus der Zeit nach dem Jahre 1908 stammen, datiert weitaus die überwiegende Zahl der den Standpunkt Stölzles vertretenden Entscheidungen aus der Zeit vor dem Jahre 1909 und unter den von Stölzle angeführten Entscheidungen ist auch eine Entscheidung des LG. Schweinfurt aus dem Jahre 1908 und eine Entscheidung des OLG. Kiel vom Jahre 1909 aufgeführt, während das LG. Schweinfurt im Jahre 1911, das OLG. Kiel im Jahre 1919 den Standpunkt Stölzles preisgegeben haben. Mit Recht bezeichnete es Hanke schon im Jahre 1914 (Gruchot-Beitr. 58, 625) als unrichtig, wenn Stölzle seine Ansicht damals noch als die herrschende bezeichnete. Völlig unverständlich ist es, wenn Stölzle (1926) S. 472 bemerkt, er habe an seinen bisherigen Ausführungen nichts zu ändern, um so weniger, als die Mehrzahl der Gerichte, insbesondere das Reichsgericht in seiner Entscheidung vom 10. Nov. 1916, Recht 1917 Nr. 33 seinen Standpunkt gebilligt habe. Denn die neuere Rechtsprechung hat den Standpunkt Stölzles weitaus überwiegend verlassen und in der von Stölzle erwähnten Entscheidung des Reichsgerichts ist lediglich ausgesprochen, daß in der Zusicherung der Trächtigkeit nichts weiter enthalten sei, als die Zusicherung, das in Frage kommende Tier trage ein Junges, nicht aber auch die Zusicherung dafür, daß das Tier geeignet sei, normalerweise ein Junges zur Welt zu bringen. Von der Verjährung ist in dieser Entscheidung mit keinem Wort die Rede.

Im Schrifttum wird die Ansicht Stölzles nur noch geteilt von RGK. Bem. 3 u. 4 zu § 492; Soergel-Lindemann, Bem. zu § 492; Fischer-Henle, Bem. 3 zu § 477.

III. Gewähr für Trächtigkeit „unverjährbar“.

Wie sehr sich Stölzle auf seine Meinung festgelegt hat, geht daraus hervor, daß er selbst dann, wenn beim Handel für Trächtigkeit mit der ausdrücklichen Abrede „unverjährbar“ Gewähr geleistet ist, aufstellt, daß gleichwohl der Gewährleistungsanspruch innerhalb sechs Wochen seit der Ablieferung verjährt und zwar deshalb, weil die natürliche Trächtigkeitsdauer wegen ihrer Unbestimmtheit als Gewährfrist (!) nicht in Betracht kommen könne, und weil sich infolgedessen (!) der Anfang der sechswöchigen Verjährungsfrist überhaupt nicht bestimmen lasse. Dabei ist anerkannten Rechtes, daß der Beginn der Verjährung hinausgeschoben werden kann und es dabei nicht nötig ist, daß dieser Zeitpunkt von vorneherein nach Tagen, Monaten oder Jahren ausdrücklich bestimmt ist, es vielmehr zulässig ist, den Beginn auf den Eintritt eines bestimmten künftigen Ereignisses zu verlegen[29]), ja sogar bei einer Unklarheit über die zeitliche Grenze der Richter diese Lücke so auszufüllen hat, wie es nach den gegebenen Umständen Treu und Glauben erfordern[30]).

Mit Recht hat das AG. Aschaffenburg die Zusage für „Trächtigkeit unverjährbar" dahin ausgelegt, daß hierdurch zwar nicht die Verjährung entgegen der zwingenden Vorschrift des § 225 BGB. überhaupt ausgeschlossen, aber der Beginn der sechswöchigen Klagefrist auf den Ablauf der Trächtigkeitsperiode verschoben werden sollte[31]).

IV.

Bei der Übernahme der Gewährleistung für Trächtigkeit sind verschiedene Fälle zu unterscheiden:

a) es wird für Trächtigkeit ohne jede Zeitangabe gewährt;
b) es wird gewährt, daß das Tier eine gewisse Zeit lang, zum Beispiel 3 Monate oder seit Mai trächtig ist;
c) es wird gewährt für das Werfen zu einem bestimmten Zeitpunkte;
d) es wird ein Kalb (ein Fohlen) gewährt ohne Angabe eines bestimmten Zeitpunktes;
e) es wird ein Kalb (ein Fohlen) zu einem gewissen Zeitpunkt gewährt.

Für alle diese Fälle gilt gleichmäßig der Grundsatz, daß der Beginn der Verjährung bis zu dem Zeitpunkt hinausgeschoben ist, in welchem die durch den Vertrag vorausgesetzte natürliche Trächtigkeitsperiode abgelaufen ist. Ist ein bestimmter Zeitpunkt als Endtermin der Trächtigkeit im Vertrage ausdrücklich bedungen, so ist natürlich dieser Zeitpunkt maßgebend. Es liegt im Sinne des Vertrags, daß die Trächtigkeitsperiode beim Spezieskauf[32]) vom Vertragsschluß an, beim Gattungskauf von der Übergabe an zu berechnen ist.

Zu a): Ist einfach für Trächtigkeit gewährt, so geht die Gewährleistungspflicht dahin, daß das Tier eben trächtig geworden ist.

Der Beginn der Verjährung ist durch stillschweigende Vereinbarung bis zu dem Zeitpunkt hinausgerückt, in welchem die natürliche Trächtigkeitsperiode abläuft.

Wenn das Tier zwischen Vertragsabschluß und Übergabe verwirft, so hat dafür der Verkäufer einzustehen, weil die gewährleistete Eigenschaft zur Zeit des Übergangs der Gefahr vorhanden sein muß. Verwirft aber das Tier erst nach der Übergabe, so trifft hiefür den Verkäufer keine Haftung, weil seine Gewährleistungspflicht schon dann erfüllt ist, wenn das Tier bei der Übergabe überhaupt trächtig war[33]). Wenn freilich der Käufer nachweisen kann, daß schon vor der Übergabe die unmittelbare Ursache zu dem alsbald einge-

---

29) RG. 62, 433.
30) JW. 1914, 590 (RG.).
31) AG. Aschaffenburg, 25. Oktober 1907 Nr. 25 A/07 (Samml. Stölzle 185).
32) Hanke bei Gruchot 58, 627.
33) Recht 1917 Nr. 33 (RG.).

tretenen Abortus gesetzt war, dann ist der Verkäufer gewährleistungspflichtig, weil eine schon in diesem Zustande befindliche Kuh nicht mehr als trächtig im Sinne des Vertrages zu erachten ist[34]). Der Mangel der Trächtigkeit war dem Keime nach schon bei der Übergabe vorhanden und das genügt.

Zu b). Ist dafür Gewähr geleistet, daß die Stute im fünften Monat trächtig ist[35]), so ist der Beginn der Verjährungsfrist in entsprechender Weise festzustellen. Es sind von der natürlichen Trächtigkeitsperiode 4 volle Monate in Abzug zu bringen. Verwirft das Tier vor dem Zeitpunkt, in welchem hienach die Trächtigkeitsperiode abläuft, und kann der Käufer aus dem Befund des Abortus nachweisen, daß die Stute bei der Übergabe erst im zweiten Monat trächtig war, so ist der Verkäufer gewährleistungspflichtig; die Verjährung beginnt jedoch schon mit dem Zeitpunkte des Verwerfens. Entspricht jedoch der Fötus der zugesagten Dauer der Trächtigkeit, so trifft den Verkäufer keine Haftung für das Verwerfen.

Im Zweifel ist die Zusage, daß die Kuh seit 4 Monaten trächtig ist, dahin auszulegen, daß die Zusage auch dann erfüllt ist, wenn die Trächtigkeit schon in einem weiter vorgeschrittenen Stadium ist, zum Beispiel die Kuh schon im 7. Monat trächtig war. Ausnahmsweise kann jedoch die Abrede anders gemeint sein.

Bei Gewährleistung für Kalbgriffigkeit muß eine Trächtigkeit von mindestens 25 Wochen vorhanden sein[36]).

Bei Gewährleistung für „Hochträchtigkeit“ hat der Richter nach Treu und Glauben unter Berücksichtigung der besonderen Umstände, namentlich der in der betreffenden Gegend bestehenden Verkehrsauffassung festzustellen, welcher Grad der Trächtigkeit damit nach dem Vertrage gemeint ist. Im allgemeinen wird man eine Kuh, die im 7. Monat, eine Stute, die im 8. Monat trägt, als hochträchtig bezeichnen dürfen[37]).

Wenn der Verkäufer dafür Gewähr leistet, daß die Kuh am 1. Februar angerindert hat, so ist es eine Frage der Auslegung, ob der Verkäufer hiedurch die Gewähr für Trächtigkeit übernommen hat. Wenn aus den Umständen erhellt, daß der Käufer Sicherheit für eine wirklich trächtige Kuh haben wollte, und den Verkäufer darüber nicht im Zweifel gelassen hat, so wird diese Frage zu be-

[34]) Vgl. Stölzle 524.

[35]) Wenn der Verkäufer Trächtigkeit zusichert und dem Beklagten einen Beschälschein übergibt, wonach die Deckung am 31. Mai erfolgte, so ist dies dahin auszulegen, daß der Verkäufer für Trächtigkeit seit dem 31. Mai Gewähr geleistet hat (LG. Karlsruhe, 24. September 1910, bei Gruchot 55, 228).

[36]) BadRspr. 1903, 208; Fromherz bei Gruchot 55, 223; Stölzle 519.

[37]) Vgl. dagegen Wrede-Oehmke 182, wo aufgestellt wird, daß eine hochträchtige Kuh (erst) seit mindestens 5 Monaten trächtig sein müsse. Stölzle 475 stellt auf: Wenn nach Angabe von Sachverständigen unter der Gewährschaft für Hochträchtigkeit die Zusicherung zu verstehen sei, daß die Kuh in spätestens 3 Wochen kalbe, dann sind diese 3 Wochen als Gewährfrist zu betrachten. Hier setzt sich Stölzle mit der von ihm sonst vertretenen Auffassung in Widerspruch, daß eine Gewährfrist nur dann vorliegen kann, wenn die Frist genau bestimmbar sei. Würde ein solches Gutachten von Sachverständigen abgegeben, so würde es übrigens auf Rechtsirrtum beruhen; wer Hochträchtigkeit zusichert, hat nicht dafür einzustehen, daß das Tier nach Ablauf der normalen Trächtigkeitsperiode wirft. Nur für den Grad der Trächtigkeit hat er zu haften, nicht auch dafür, daß das Werfen in dem diesem Grade entsprechenden Zeitpunkt eintritt.

jahen sein[38]); denn dann ist anzunehmen, daß der Verkäufer mit dem Ausdruck „Anrindern" eine erfolgreiche Deckung gewährleisten wollte. Anders wäre zu entscheiden, wenn nur dafür Gewähr geleistet ist, daß die Kuh am 2. Mai beim Stier gewesen sei; denn diese Äußerung ist im Gegensatz zu dem Ausdruck „anrindern" eindeutig.

Zu c). 1. Wenn für das Werfen (kalben oder fohlen) bis zu einem bestimmten Zeitpunkt gewährt wird, so will damit der Verkäufer lediglich die Haftung dafür übernehmen, daß die Trächtigkeit bis zu dem zugesagten Zeitpunkt beendet ist, nicht aber dafür, daß die Kuh auch wirklich ein Kalb, die Stute ein Fohlen bringen wird. Soll die Haftung auch hiefür übernommen werden, so wird „ein Kalb" („ein Fohlen") gewährt. Der zugesagte Zeitpunkt ist lediglich als der späteste zu verstehen, an welchem die Trächtigkeit beendet sein soll, so daß der Verkäufer nicht haftet, wenn das Tier schon früher wirft. Das ist wenigstens im Zweifel anzunehmen. Es ist nicht ausgeschlossen, daß ausnahmsweise der Sinn einer solchen Gewährleistung, z. B. für kalben im Mai, dahin aufzufassen sei, daß das Tier nicht eher kommen darf. Die Unterstellung eines solchen Vertragswillens hätte jedoch der Käufer aus den besonderen Abreden oder den beim Vertrag zugrunde gelegten Umständen nachzuweisen.

Für die Haftung im Falle eines Verwerfens sind die unter b) aufgestellten Grundsätze maßgebend. Darnach ist die Gewährleistungspflicht des Verkäufers nur dann begründet, wenn der Käufer aus dem Befund des Fötus nachweisen kann, daß die Kuh, auch bei Einbeziehung einer Frühgeburt, nicht bis zu dem zugesagten Endtermin hätte kalben können. Das gleiche gilt, wenn die Kuh umsteht und dieser Nachweis erbracht werden kann. Deswegen allein, weil infolge des durch Zufall eingetretenen Todes des Tieres das Kalben unmöglich geworden ist, trifft den Verkäufer keine Haftung[39]).

Hat aber die Kuh rechtzeitig gekalbt, dann trifft den Verkäufer auch dann keine Haftung, wenn der zugesagte Endtermin nur deshalb eingehalten wurde, weil die Kuh eine Frühgeburt hatte. Man kann nicht sagen, weil die Kuh nur infolge des Zufalls der eingetretenen Frühgeburt rechtzeitig gekalbt habe, dürfe dieser Zufall dem Verkäufer nicht zugute gerechnet werden. Es kommt nur darauf an, ob die Kuh in der Tat und rechtzeitig gekalbt hat, also keinen Abortus hatte. Die gegenteilige Annahme, wonach dann, wenn ein schwaches Kalb kommt, ein Gutachten von Sachverständigen über den Reifegrad — man denkt mit Schrecken an § 1717 BGB. — maßzugeben hätte, ist für die Praxis unannehmbar. Sie ist aber auch rechtlich unbegründet; denn sie läuft darauf hinaus, daß dem Verkäufer eine Haftung für normales Austragen überbürdet würde. Das hat er aber nicht zugesagt und das, was er zugesagt hat, das Kalben hat die Kuh gehalten, auch wenn sie eine Frühgeburt (also keinen Fötus) bringt[40]).

---

[38]) Stölzle 521 stellt dagegen auf, daß diese Zusicherung nichts anderes besage, als daß die Kuh an dem betreffenden Tage beim Stier gewesen sei, nicht aber, daß sie trächtig sei.

[39]) Stölzle 522 und das von ihm mitgeteilte Urteil des LG. Bremen III vom 4. März 1902 (BR. 291, 01); Hirsch-Nagel 559.

[40]) Anderer Meinung mit der oben widerlegten Begründung: Stölzle 521, Hanke 150.

Bei der Gewährleistung für Werfen bis zu einem bestimmten Zeitpunkt ist der Beginn der Verjährung stillschweigend auf den Ablauf des Tages hinausgeschoben, auf welchen der zugesagte Endtermin fällt, und wenn die Kuh verworfen hat oder umgestanden ist, auf den Ablauf des Tages, an welchem dieses Ereignis eingetreten ist. Von einer Gewährfrist kann in diesem Falle nicht die Rede sein.

Stölzle verteidigt auch jetzt noch die Ansicht, daß bei Garantie für kalben (fohlen) bis zu einem bestimmten Zeitpunkt die Vereinbarung einer Gewährfrist zu unterstellen sei, die mit diesem Zeitpunkt ende. Diese Ansicht ist unhaltbar. Unter Gewährfrist ist diejenige genau bestimmte gesetzliche oder vereinbarte Frist zu verstehen, innerhalb welcher sich der Hauptmangel oder der Mangel der zugesicherten Eigenschaft zeigen muß, wenn den Verkäufer die kaufrechtliche Haftung für den Mangel treffen soll. Der Mangel muß sich innerhalb der Frist zeigen, nicht die diesem Mangel entgegengesetzte Eigenschaft. Das verwechselt Stölzle und auf diesem grundlegenden Irrtum beruht seine verfehlte Konstruktion. Daß sie verfehlt ist, zeigt auch § 484 BGB., der die Vermutung aufstellt, daß der Mangel, welcher sich innerhalb der Gewährfrist zeigt, schon bei der Übergabe vorhanden war, und somit vom Verkäufer zu vertreten sei. Das Wesen der Gewährfrist besteht mithin darin, daß sie diejenige Frist ist, innerhalb welcher sich der Mangel zeigen muß und daß, wenn dies der Fall ist, eine widerlegbare Vermutung begründet wird. Wenn nun dafür Gewähr geleistet wird, daß die Kuh binnen drei Monaten kalbt, so kann sich der „Mangel" erst mit dem Ablauf der Frist zeigen. Vorher ist dies begrifflich unmöglich. Erst wenn die Frist abgelaufen ist, steht fest, daß der Mangel vorhanden ist. Es ist also die bestimmungsgemäße Funktion einer Gewährfrist ausgeschlossen. Innerhalb der 3 Monate kann sich zwar zeigen, daß der Mangel nicht vorhanden ist, aber es kann sich bei normalem Verlauf nicht zeigen, daß der Mangel vorhanden ist. Es kann also die begriffsgemäße Bestimmung der Gewährfrist (§ 482) überhaupt nicht zur Geltung kommen; § 484 kann gleichfalls nicht angewendet werden; denn sobald sich mit dem Augenblick des Fristablaufs der Mangel zeigt, der sich vorher gar nicht zeigen konnte, steht er unwiderleglich fest. Für eine bloße Vermutung ist so wenig Raum, wie für einen Gegenbeweis. Unter diesen Umständen ist die Unterstellung, daß die Vertragsteile eine Gewährfrist stillschweigend vereinbaren wollten, geradezu unmöglich[41]). Sie läuft der Natur der Sache zuwider. Sie führt auch zu einem unvernünftigen Ergebnis; denn sie führt unweigerlich dazu, daß innerhalb 2 Tagen vom Ablauf des Tages an, für welchen das Kalben zugesichert wurde, die Mängelanzeige des § 485 bei Verlust des Gewährleistungsanspruchs zu erstatten ist[42]). Der Mangel im Sinne des § 485 würde hier darin bestehen,

[41]) SeuffBl. 75, 773 (LG. Neuburg).

[42]) Das ist in der Tat der einzige praktische Unterschied, zu dem die Konstruktion Stölzles im Gegensatz zu der hier vertretenen Ansicht über Hinausschiebung des Beginns der Verjährung führt. Und dieses einzige praktische Ergebnis ist so unpraktisch, daß es die Vertragsteile sicher nicht gewollt haben. Dieser Umstand drängt zu der Annahme, daß die Vertragsteile den Beginn der Verjährung hinausschieben wollten, wodurch dieses

daß innerhalb des vereinbarten Zeitraumes das Tier nicht geworfen hat. Solange dieser Zeitraum noch nicht abgelaufen ist, besteht der Mangel noch nicht, und er kann infolgedessen nur dann angezeigt werden, wenn das Tier überhaupt nicht trächtig ist; denn nur in diesem Falle kann der Mangel als schon vor dem Ablaufe der Frist vorhanden betrachtet werden. Ist aber das Tier trächtig, so müßte nach Stölzle der Käufer das Ende der Frist abwarten; dann erst könnte er Mängelanzeige erstatten und dafür bleiben ihm dann nur zwei Tage Zeit (§ 485).

Überdies ist die Zusage der Trächtigkeit seit einem bestimmten Zeitpunkt und der Trächtigkeitszusage mit Endtermin im wesentlichen wirtschaftlich gleichwertig. Denn auch im ersteren Fall kann der Käufer wenigstens annähernd den Endtermin berechnen und bei dieser wirtschaftlichen Gleichwertigkeit ist eine Verschiedenheit der rechtlichen Konstruktion unverständlich und willkürlich, die dazu führt, daß in dem einen Fall die Verjährung [43]) mit der Ablieferung, im anderen dagegen erst mit dem Endtermin beginnt. Auch daran, daß die Gewährfrist im Zeitpunkt der Übergabe beginnt, die Zusage des Kalbens binnen drei Monaten (beim Spezieskauf) jedoch schon vom Tage des Vertragsschlusses ab zu berechnen ist, kann man erkennen, daß es sich in letzterem Fall nicht um eine Gewährfrist handelt [44]).

Die Zusicherung kann übrigens im Einzellfall auch so lauten, daß der Endtermin der Trächtigkeit zeitlich nicht genau, sondern nur ungefähr bestimmt wird. Es sichert zum Beispiel der Verkäufer zu, daß die Kuh Ende September anfangs Oktober kalben werde. Auf diesen Fall ist Stölzle von Hanke (Gruchot Beiträge 58 S. 618) aufmerksam gemacht. Stölzle schweigt sich aber hierüber sowohl in seiner Entgegnung, wie in seinem Viehkauf aus. Hanke hat zweifellos recht; in einem solchen Falle ist die Annahme einer Gewährfrist aus dem Grunde ausgeschlossen, weil es an der nach § 482 Abs. 1 BGB. zum Wesen der Gewährfrist gehörigen absoluten Bestimmbarkeit [45]) fehlt und somit Stölzle von seinem Standpunkt aus annehmen müßte, daß hier die Verjährung ohne Weiteres durch die Übergabe des Tieres in Lauf gesetzt werde [46]). Es ist aber ein für die Praxis völlig unannehmbares Ergebnis, daß der Käufer, dem im November 1926 für Kalben im Mai 1927 Gewähr geleistet wurde, diesen Anspruch noch 6 Wochen nach dem 31. Mai 1927 gerichtlich geltend machen kann, während dann, wenn ihm gleichfalls im November für Kalben „Ende Mai, anfangs Juni" Gewähr geleistet wurde, sein Wandlungsanspruch schon 6 Wochen nach der Ablieferung verjährt.

Bei der hier vertretenen Ansicht einer stillschweigenden Hinausschiebung des Beginns der Verjährung hat der Richter in Zweifelsfällen unter Berücksichtigung von Treu und Glauben festzustellen, bis zu welchem Zeitpunkte nach dem Willen der Vertragsteile dieser Be-

---

unvernünftige, in den Vorstellungskreis der Vertragsteile sicher nicht eingetretene Ergebnis vermieden wird.

[43]) Hanke bei Gruchot 58, 624.

[44]) Hanke bei Gruchot 58, 616.

[45]) Stölzle 518.

[46]) Das hat das LG. Ulm (1. Dezember 1906, Stölzles Sammlung 178) in der Tat angenommen. Stölzle 518 beruft sich auf dieses Urteil.

ginn hinausgeschoben werden soll. Es ist nicht notwendig, daß dieser Zeitpunkt nach Abrede genau bestimmbar ist[47]).

Im Falle der Zusicherung des Kalbens (Fohlens) bis zu einem bestimmten Zeitpunkt wird die stillschweigende Vereinbarung einer Gewährfrist angenommen von RGK. Bem. 3 zu § 492, Wrede 82; Schwarz: Das Bürgerl. Recht, Berlin 1909, 1, 545; Bürgner, Die Gewährleistung beim Viehhandel, Landsberg 1922, 22, Amtsgericht Kempten 416 A 11, vom 1. Mai 1911; Fromherz, Gruchot 55, 233, BayZ. 1913, 52 (LG. Aschaffenburg, 3. Mai 1912) SeuffBl. 1911, 273, (LG. Würzburg, 14. Juni 1910), ferner Hirsch Württ. Z. 27, 244).

Dagegen lehnen mit mir die Annahme einer Gewährfrist ab: Malkmus, Handbuch der gerichtlichen Tierheilkunde 1921, 600; Staudinger-Kober Bem. 1 d zu § 492; Hanke bei Gruchot, 58, 616; Schneider 127; Krückmann 65; Seuff. Bl. 1910; 773 (LG. Marburg). SeuffBl. 75, 773 (LG. Neuburg).

Zu d) Wenn ein Kalb (ein Fohlen) gewährt wird ohne Zeitangabe, so haftet der Verkäufer dafür, daß die Kuh spätestens bis zu dem Zeitpunkte, in welchem die dem Vertrag zugrunde gelegte natürliche Trächtigkeitsperiode endet, ein lebendes Kalb bringt. Es genügt, wenn es lebt, wie lange, ist gleichgültig; normal braucht es nicht zu sein. Der Verkäufer haftet in diesem Falle natürlich, wenn die Kuh verwirft. Steht die Kuh infolge Zufalls selbst um, so haftet der Verkäufer nur, wenn die Kuh bei der Übergabe überhaupt nicht trächtig war, oder wenn die Kuh infolge des Verwerfens, oder des Geburtsaktes umgestanden ist und dadurch das Kalb zu Verlust ging; denn, wer ein Kalb verspricht, hat dafür einzustehen, daß die Kuh frei von solchen Mängeln ist, die das normale Kalben verhindern, mit anderen Worten, daß sie die Eigenschaften hat, die erforderlich sind, um ein lebendes Kalb auch wirklich zur Welt zu bringen.

Die Verjährungsfrist beginnt mit dem Ablauf der natürlichen Trächtigkeitsperiode und, wenn die Kuh verworfen hat oder umgestanden ist, mit dem Ablauf des Tages, an dem dieses Ereignis eingetreten ist.

Zu e) Ist ein Kalb (Fohlen) bis zu einem bestimmten Zeitpunkt zugesichert, so liegt darin die Gewähr für eine derartige Beschaffenheit der Kuh, daß sie bis zu dem zugesagten Zeitpunkt ein Kalb (ein Fohlen) bringen wird. Im Zweifel ist anzunehmen, daß der zugesagte Termin nur der späteste sein soll, an dem das Kalb kommen muß. Die Haftung des Verkäufers für die Beschaffenheit des Kalbes, ferner seine Haftung beim Verwerfen oder Umstehen des Muttertieres ist unter d) erörtert, der Beginn der Verjährungsfrist unter c). Eine Gewährfrist ist aus den bei c) dargelegten Gründen auch hier nicht zu unterstellen.

V. Beweis der Nichtträchtigkeit.

Der Käufer hat den ihm obliegenden Beweis, daß das Tier zur Zeit der Übergabe nicht trächtig war, nicht schon dann erbracht, wenn das Tier bis zum Ablauf der Höchstträchtigkeit nicht geworfen

---

[47]) JW. 1914, 590 (RG.).

hat. Denn es bleibt die Möglichkeit offen, daß es vorher verworfen hat. Dem Grundsatz nach muß deshalb der Käufer auch nachweisen, daß dies nicht der Fall war. Indessen können an diesen Beweis strenge Anforderungen nicht gestellt werden, da sonst dem Käufer ein probatio diabolica auferlegt würde. Eine Untersuchung durch einen Sachverständigen wird wohl in vielen Fällen das Verwerfen mit Sicherheit nicht ausschließen können. Der Käufer wird seiner Beweispflicht genügt haben, wenn er dartut, daß Umstände, welche auf ein Verwerfen schließen lassen, nicht zutage getreten sind. Der Knecht, der ständiger Wärter der Stute war, bezeugt, daß ihm im Verhalten der Stute nichts aufgefallen ist, daß er in der Streu niemals Blut oder einen Fötus wahrgenommen hat. Das genügt. Äußerstenfalls wäre dem Käufer zur Ergänzung seines Beweises noch der Überzeugungseid aufzuerlegen.

VI. Schadenersatzpflicht.

Wenn Trächtigkeit zugesichert wird, so kann der Käufer beim Mangel dieser Eigenschaft statt der Wandlung Schadenersatz wegen Nichterfüllung verlangen[48]) Voraussetzung ist jedoch hiefür, daß es sich in der Tat um eine Zusicherung im Sinne des § 459 Abs. 2, nicht blos um die Übernahme einer Gewährleistung im Sinne des § 492 BGB. gehandelt hat. (Über den Unterschied s. oben S. 68). Diese Frage wird im Einzelfall schwer zu entscheiden sein. Der Käufer weiß ja, daß der Verkäufer ein bestimmtes Wissen über den Zustand der Trächtigkeit gar nicht haben kann. Andererseits ist dem Käufer schließlich nicht damit gedient, daß er nach Monaten die Kuh zurückgibt und dann ein für die Aufzucht bestimmtes Kalb, das er sich mit der Zusage der Trächtigkeit sichern wollte, nicht hat. Dieses auch dem Verkäufer bekannte wirtschaftliche Interesse des Käufers ist so stark, daß man im Zweifel die Zusage des Verkäufers als Zusicherung, nicht als bloße Übernahme der Gewährleistung betrachten muß, so daß anstatt der Wandlung Schadenersatz wegen Nichterfüllung gefordert werden kann.

Wenn die Zusage auf Trächtigkeit von bestimmter Dauer (Trächtigkeit im 5. Monat) gegeben ist, dann gilt das Gleiche, wenn das Tier überhaupt nicht trächtig oder nicht solange trächtig war, als zugesagt ist. Es wird nur schwer sein das letztere nachzuweisen, da man bei der Beurteilung von der Höchstträchtigkeitsdauer ausgehen muß.

Wenn ein Fohlen (ein Kalb) zugesagt wurde, so kann Schadenersatz wegen Nichterfüllung nur beansprucht werden, wenn das Tier überhaupt nicht trächtig war; das ergibt sich ohne weiteres aus der Voraussetzung des § 463, daß der Mangel schon zur Zeit des Vertragsschlusses vorhanden sein muß.

Wird „Kalben" bis zu einem bestimmten Zeitpunkt oder „ein Fohlen" bis zu einem bestimmten Zeitpunkt zugesichert, so kann Schadenersatz wegen Nichterfüllung verlangt werden, wenn das Tier überhaupt nicht oder doch nicht solange trächtig war, daß es bei der

---

48) Vgl. Stölzle 481 f.

Mindestträchtigkeitsdauer bis zu den bestimmten Zeitpunkt werfen konnte.

VII. Unerwünschte Trächtigkeit.

Für unerwünschte Trächtigkeit besteht weder bei Nutz- noch bei Schlachttieren eine gesetzliche Haftung des Verkäufers. Auch ist keine stillschweigende Zusicherung für Nichtträchtigkeit zu unterstellen[49]). Ist für Fehlerfreiheit Gewähr geleistet, so gilt Trächtigkeit bei Stuten als erheblicher Mangel, nicht dagegen bei Kühen, weil diese auch noch in hochtragendem Zustand zur Arbeit verwendet werden können (vgl. oben S. 222 u. 226, und für Schweine oben S. 227).

Wenn der Verkäufer auf Grund des vorausgesetzten Vertragszweckes weiß, daß der Käufer ein trächtiges Tier nicht erwerben will und unter Verschweigung des Umstandes, daß er selbst mit der Trächtigkeit des Tieres rechnet, den Verkauf abschließt, so kann der Käufer den Vertrag wegen arglistiger Täuschung anfechten (§ 123 BGB.[50]) und Schadenersatz aus der unerlaubten Handlung (§ 826 BGB) verlangen[51]).

§ 44.

Zusicherung über Alter, Größe, Gewicht und Abstammung.

Hat der Verkäufer ein bestimmtes Alter des Tieres zugesichert, so kann er sich nicht darauf berufen, daß der vorhandene Unterschied zwischen dem wirklichen und dem zugesagten Alter für den Gebrauchszweck nicht erheblich sei. Man gibt aber das Alter von Pferden wie bei Menschen nach vollen Jahren an. Solange ein Pferd noch nicht sechs Jahre alt ist, wird es als fünfjährig bezeichnet. Bei Vollblutpferden ist es hergebracht das Geburtsjahr bei der Altersangabe nicht mitzurechnen[1]). Ein „zweijähriger" Vollblüter ist in Wahrheit drei Jahre alt. In der bloßen, im Laufe der Verhandlungen erfolgten Angabe des Alters liegt aber noch nicht ohne weiteres eine vertragliche Zusicherung (vgl. oben S. 73). An und für sich ist es selbstverständlich, daß der Käufer eines Pferdes nach dem Alter fragt und der Verkäufer darüber Angaben macht. Aber damit ist noch keine Zusicherung gegeben[2]). Hat der Verkäufer beim Handel dem Pferde ins Maul geschaut und darauf dem Käufer gesagt, das Pferd sei neun Jahre alt, so hat er damit noch nicht einmal ein Alter angegeben, sondern nur seine Schätzung des Alters.

Der Käufer, dem ein Alter von 5 Jahr vertragsmäßig zugesichert ist, muß beweisen, daß das Pferd älter war; maßgebend ist hier nicht der Zeitpunkt des Gefahrübergangs, sondern die Zeit der Zusicherung. Wenn für das Pferd kein Geburtszeugnis beschafft oder sonst die Zeit der Geburt genau ermittelt werden kann, so kann von besonderen Umständen abgesehen (z. B. Nachweis daß das

---

49) Stölzle 526.
50) S. hierüber oben S. 20. Vgl. Stölzle 526.
51) S. hierüber oben S. 34.
1) Fröhner 166.
2) BayZ. 1926, 46 (München).

Pferd schon vor 4 Jahren vom Vorbesitzer eingespannt wurde) das Alter nur nach der Beschaffenheit der Zähne festgestellt werden. Aber diese Feststellung ist nicht zuverlässig[3]). Der gewissenhafte Sachverständige wird auf Vorhalt zugeben müssen, daß er bei seiner Altersschätzung einen Spielraum von mindestens einem Jahr, bei Pferden über 12 Jahren sogar einen Spielraum von 3 Jahren offen lassen muß[4]).

Beim Rind ist die Altersbestimmung noch schwieriger und nur etwa vom zweiten bis vierten Jahr einigermaßen sicher[5])

Gelingt der Nachweis der Altersdifferenz, so ist die Gewährleistungspflicht für das zugesicherte Alter begründet, wenn die Differenz nicht ganz bedeutungslos ist. Auf eine Differenz von einigen Wochen oder Monaten kommt es nicht an, ein Unterschied von einem Jahr ist sicher erheblich und zwar auch dann, wenn etwa Sachverständige bekunden würden, daß dieser Unterschied für den Wert unerheblich sei; denn tatsächlich ist das Tier ein Jahr früher verbraucht und darauf kommt es an.

Im Verkehr ist der Befund der Zähne das relativ zuverlässigste Mittel um einen Anhaltspunkt über das Alter des Pferdes zu gewinnen. Das Alter ist aber für den Wert eines Pferdes von größter Bedeutung. Gewissenlose Verkäufer suchen dies durch betrügerische Maßnahmen auszubeuten, indem sie an den Zähnen künstliche Veränderungen vornehmen. In der Sprache der Pferdehändler nennt man das „gitschen" oder „mallauchen" auch „beschofeln" oder „manguren". Ein junges Pferd wird durch Ausbrechen von ein Paar Milchschneidzähnen um ein Jahr älter gemacht[6]). Man kann diesen Betrug daran erkennen, daß in den Zahnlücken die Kronen der Ersatzzähne noch nicht wahrzunehmen sind und die Zahnlücken einen narbigen Verschluß zeigen. Alte Pferde werden dadurch jünger gemacht, daß an den Schneidezähnen künstliche Bohnen eingefeilt und diese Vertiefungen (meist mit Höllenstein) schwarz gebeizt werden. Die grauen Kopfhaare werden natürlich gefärbt. Der Kenner kann die Fälschung leicht erkennen, weil die natürliche Bohne von einem Schmelzring umgeben ist, die falsche nicht; auch daran, daß das Gebiß eines alten Pferdes gewinkelt ist, während die Zähne eines jungen Pferdes wie die Klammern einer Zange senkrecht aufeinander stoßen[7]).

---

[3]) Hirsch-Nagel 526; Fröhner 167; BayZ. 1926, 46 (München). Das kommt daher, daß der Zahnwechsel von der Rasse, dem Temperament und der Fütterungsweise abhängt (frühzeitige Haberfütterung bewirkt Frühreife des Gebisses); andrerseits haben beispielsweise in Müllereibetrieben aufgezogene Pferde weicheres Zahnmaterial, das sich daher auch rascher abnützt, so daß diese Pferde in späteren Jahren ein höheres Alter markieren, als sie haben. (Hirsch-Nagel 527.)

[4]) Fröhner 167 f. auf Grund der im Schrifttum festgestellten Ergebnisse der Untersuchung von Militärpferden.

[5]) Fröhner 243.

[6]) In Belgien und Luxemburg ist es vielfach üblich, jungen in den Handel kommenden Pferden die Milchzähne auszuziehen, um die kräftig gebauten Pferde älter und daher verkäuflicher zu machen. Zieht man mit 1 1/2 Jahren die Zangen, mit 2 Jahren die Mittelzähne und mit 2 1/2 Jahren die Eckzähne, so wird der Durchbruch der Ersatzschneidezähne beschleunigt, so daß das dreijährige Pferd als fünfjährig erscheint (Hirsch-Nagel 532).

[7]) Sauer-Reuter 317; Hirsch-Nagel 532.

Der getäuschte Käufer kann den Vertrag anfechten[8]) (§ 123) und das negative Vertragsinteresse beanspruchen (§§ 826, 823 Abs. 2 BGB. mit § 263 R.St.G.B.) Vertragliche Gewährleistungsansprüche auf Wandlung (§ 482) oder Schadenersatz wegen Nichterfüllung (§ 463) kann er nur erheben, wenn der Verkäufer ein bestimmtes Alter vertragsmäßig (s. oben S. 265) zugesichert hat. Wenn dem Verkäufer nicht bewiesen werden kann, daß er von der mit den Zähnen vorgenommenen Manipulation Kenntnis hatte, so ist natürlich die Anfechtung wegen arglistiger Täuschung versagt. Es greift aber dann die Anfechtung wegen Irrtums durch. Der Irrtum liegt darin, daß der durch das Gebiß erzeugte Eindruck nicht der naturgemäße ist. Ein Pferd mit verfälschtem Gebiß ist und bleibt minderwertig. Der Verkäufer kann also gegenüber der Anfechtung wegen Irrtums oder arglistiger Täuschung nicht einwenden, daß der frühere natürliche Zustand des Gebisses einen in Wahrheit unrichtigen Eindruck hervorgerufen habe und das Pferd in Wahrheit das Alter habe, welches durch den veränderten Zustand des Gebisses dargestellt wird.

II.

Bei Zusicherung über das Größenmaß eines Pferdes ist zunächst festzustellen, ob hierbei das Stockmaß (Galgenmaß) oder das Bandmaß zugrunde gelegt wurde. Das Bandmaß ergibt stets 6—8 cm mehr Höhe als das Stockmaß, da es den Bogen den die Schulter beschreibt, mitmißt, und dieser Unterschied ist um so größer, je besser das Pferd genährt, je breiter dessen Rumpf und je gewölbter der Brustkorb ist. Wer sich bei einer Zusicherung auf das Bandmaß verläßt, muß eine Differenz von 1—2 cm in den Kauf nehmen.

In jedem Falle ist die Höhe eines Pferdes durch Ermittlung der Entfernung des höchsten Punktes des Widerristes vom Boden festzustellen.

Angaben über das Gewicht eines Tieres sind regelmäßig nicht als Zusicherungen einer *Eigenschaft*, sondern als reine Quantitätsangabe zu werten[9]).

Über betrügerisches Überfüttern eines nach Lebendgewicht verkauften Tieres s. oben S. 29.

III. *Abstammung.*

Wenn der Verkäufer eine bestimmte Abstammung zugesichert hat, so ist der Verkäufer, sofern das angegebene Gestüt oder der angegebene Viehzuchthof Bestätigungen über die Abstammung (Auszug aus dem Herdenbuch oder den Gestütsstammrollen, Pedigree)

---

[8]) Er braucht nicht nachzuweisen, daß das Alter des Pferdes in der Tat ein anderes war, als der vorgetäuschte Eindruck. Denn er ist durch diesen Eindruck zum Geschäftsabschluß bestimmt worden. Nach der Rechtsprechung des RG. (s. oben S. 146) kann wegen einer vorgespiegelten Eigenschaft, auch wenn sie nicht vertraglich zugesichert wurde, Schadenersatz wegen Nichterfüllung verlangt werden.

[9]) S. oben S. 70, 77.

den Tieren mitgibt, nach der Verkehrsauffassung[10]) (§ 242 BGB.) verpflichtet, diese Urkunde dem Käufer zu übergeben, auch wenn dies nicht besonders vereinbart ist. Solange der Verkäufer diesen Auszug aus der Stammrolle des Gestüts (aus dem Herdenbuch) dem Käufer nicht liefert, macht der Verkäufer dem Käufer den Nachweis des Mangels der zugesicherten Eigenschaft unmöglich. Daraus ergeben sich zwei Rechtsfolgen. Die Beweislast für den Nachweis des Mangels kehrt sich um[11]). Nicht der Käufer hat den Mangel zu beweisen, sondern der Verkäufer muß nachweisen, daß die zugesicherte Abstammung gegeben ist. Die zweite Folge ist die, daß der Beginn der Verjährung des Gewährleistungsanspruchs bis zur Nachlieferung des Pedigrees durch stillschweigende Vereinbarung hinausgeschoben ist (s. hierüber oben § 26 S. 169 N. 28).

---

[10]) Man kann diese Pflicht aus § 444 BGB. durch dessen entsprechende Anwendung ableiten. Vgl. Staudinger-Kober, Bem. 3, wo aus § 444 eine Verpflichtung zur Auslieferung von Zeugnissen über amtliche Prüfung oder Untersuchung des Kaufgegenstandes abgeleitet wird.

[11]) Denn in der Vorenthaltung des Pedigrees liegt ein gegen Treu und Glauben verstoßendes Verhalten, durch das dem Käufer die Beweisführung wesentlich erschwert wird (vgl. RG. 5, 28; 20, 5; 60, 152). Wenn der Verkäufer einwendet, daß er das Pedigree nicht besitze und den Editionseid, den der Käufer verlangen kann, geleistet hat, so bleibt immer noch seine Verpflichtung bestehen, den Nachweis für die Abstammung zu erbringen. Er mag seinen Vormann, von dem er das Pferd gekauft hat, als Zeugen benennen. Dieser wird dann als Zeuge angeben müssen, woher er das Pferd hat, so daß sich schließlich schon herausstellen wird, ob die zugesicherte Abstammung gegeben ist oder nicht. Dem Verkäufer geschieht dadurch kein Unrecht; denn wenn er die Abstammung zusichert, muß er auch in der Lage sein, sie nachzuweisen.

Sachregister.

Die Zahlen verweisen auf die Seiten

F.

H.

N.

U.

Kolibri 360 GmbH
Ferdinand-Jühlke-Straße 7
99095 Erfurt, Deutschland
produktsicherheit@kolibri360.de